Militares e militância

FUNDAÇÃO EDITORA DA UNESP

Presidente do Conselho Curador
Mário Sérgio Vasconcelos

Diretor-Presidente
Jézio Hernani Bomfim Gutierre

Superintendente Administrativo e Financeiro
William de Souza Agostinho

Conselho Editorial Acadêmico
Danilo Rothberg
Luis Fernando Ayerbe
Marcelo Takeshi Yamashita
Maria Cristina Pereira Lima
Milton Terumitsu Sogabe
Newton La Scala Júnior
Pedro Angelo Pagni
Renata Junqueira de Souza
Sandra Aparecida Ferreira
Valéria dos Santos Guimarães

Editores-Adjuntos
Anderson Nobara
Leandro Rodrigues

PAULO RIBEIRO DA CUNHA

Militares e militância

UMA RELAÇÃO DIALETICAMENTE CONFLITUOSA

2ª edição revista e ampliada

editora
unesp

© 2020 Editora Unesp

Direitos de publicação reservados à:
Fundação Editora da UNESP (FEU)
Praça da Sé, 108
01001-900 - São Paulo – SP
Tel.: (0xx11) 2242-7171
Fax: (0xx11) 3242-7172
www.editoraunesp.com.br
www.livrariaunesp.com.br
atendimento.editora@unesp.br

Dados Internacionais de Catalogação na Publicação (CIP) de acordo com ISBD
Elaborado por Odilio Hilario Moreira Junior - CRB-8/9949

C972m
    Cunha, Paulo Ribeiro da
        Militares e militância: Uma relação dialeticamente conflituosa – 2ª edição revista e ampliada / Paulo Ribeiro da Cunha. – 2. Ed. – São Paulo: Editora Unesp, 2020.

        Inclui bibliografia.
        ISBN: 978-65-5711-013-3

        1. Brasil – Política e governo. 2. História. 3. Ditadura. I. Título.

2020-2675
                                    CDD 320.981
                                      CDU 32(81)

Esta publicação contou com apoio da Fundação de Amparo
à Pesquisa do Estado de São Paulo (Fapesp).

Editora afiliada:

Sumário

Apresentação à segunda edição   7
   Samuel Alves Soares

Prefácio   23
   Prof. Dr. João Roberto Martins Filho

Introdução   27

Parte I

Um preâmbulo necessário ou à guisa de conclusão?   35
Capítulo I – A política, a esquerda militar e a democracia: uma problematização   93
Capítulo II – Uma reflexão contemporânea   141

Parte II

Capítulo III – Comunismo e Forças Armadas: tempos de insurreição   205
Capítulo IV – O Antimil: origens de uma organização   271
Capítulo V – Um manifesto elaborado no calor das batalhas   337

Capítulo VI – O general Miguel Costa e a Coluna
   Prestes: uma reflexão na história   **357**

Referências bibliográficas   **399**
Anexos   **455**

Apresentação à segunda edição

Um fator essencial na história política dos países, e de há muito, é como se dá a conjugação entre os que concentram a responsabilidade pelas decisões políticas e os que detêm os dispositivos de força letal dos Estados. Nas democracias liberais, em geral, busca-se distingui--los, de modo a garantir que as decisões que afetam a sociedade não sejam impingidas pela força, mas sim sejam o resultado de consensos, acordos ou pactos. De outra forma, em situações de ruptura com a ordem liberal, as transformações mais profundas advêm de processos revolucionários, casos em que coletivos assumem o centro da decisão. De qualquer modo, ao poder armado devota-se ampla atenção, muitas vezes impulsionada por certo pelo temor de que as armas extrapolem seu papel de instrumento para constituírem-se em artífices autônomos na esfera da decisão política.

Reside, nesse ponto, um dos desafios mais longevos aos quais se dedicam as ciências sociais como objeto de análise e, mais ainda, os desafios à agenda política concreta. Trata-se de analisar processos históricos e indicar parâmetros para que a decisão política derive de atores legitimados para exercer o mando. Pelo menos este seria um indicativo forte da existência de regras inerentes a processos democráticos mínimos.

Ao revés, quando os detentores dos meios de força letal se insurgem e impõem sua vontade à sociedade, está corrompida a vontade coletiva, mesmo nos casos em que seus canais sejam adstritos aos marcos de uma democracia formal e restritiva. Mais ainda, em terras de carências democráticas, nas quais os traços do escravismo, da desigualdade perversa, da hierarquia como gramática perene das relações sociais é a tônica, o fato de que militares – detentores dos meios de força – passem a agir autonomamente na esfera da decisão política é um temível agravante. Este é o caso brasileiro, dentre outros países que vivem sob o jugo de complexas relações de segmentos sociais orientados para subtrair direitos e impedir conquistas sociais.

Tal interpretação, contudo, deixa escapar diferenciações fundamentais. A primeira delas é o equívoco do monismo político e ideológico em relação aos militares. O tratamento dos militares como um bloco monolítico não é estranho na área acadêmica, aqui como alhures. Esta é a primeira camada desfeita com brilho por Paulo Ribeiro da Cunha. Ao apresentar ao público uma versão revista e ampliada de seu *Militares e militância: uma relação dialeticamente conflituosa*, e em uma conjuntura agravada pela participação ativa de militares no atual governo, o autor vem nos advertir sobre o fascínio das interpretações fáceis, e que confundem processos de despersonalização do eu, como propõe Goffman ao tratar das instituições totais, com resultados absolutamente convergentes de uma pretensa máquina de produzir autômatos.

Bem ao contrário, em sociedades tão díspares, também os militares se diferenciam. Contudo, é inegável que as últimas décadas fornecem subsídios para que as avaliações sobre as ideologias do meio castrense incorram na sofreguidão analítica e se ocupem de enxergar nas fardas cores monofásicas. O aprofundamento dessa leitura superficial recebe impulso a partir do assombroso expurgo impingido pelo golpe de 1964, que atingiu militares nacionalistas, democráticos, legalistas, progressistas e de uma esquerda mais combativa, com o emprego que vai desde os regulamentos para impedir progressão nas carreiras, até os crimes de tortura, desaparecimento e morte de militares não golpistas. Ademais, há outras formas de extrusão, como os autoexílios induzidos pela postura reacionária de segmentos militares predominantes.

Esta é a primeira lição do professor Paulo Cunha. E não o faz baseado em elucubrações ensaísticas. Antes, e muito bem embasado, brinda-nos com uma leitura densa e com referencial histórico-sociológico para fornecer as evidências de que nos blocos castrenses há fissuras e mesmo rachaduras visíveis. O ímpeto do autor é desconstruir, aos poucos e com vigor, retomando passagens e processos de um tempo largo para indicar processos de participação militar na política por vias bastante distintas. O vigor analítico é acompanhado por um cuidado em não adotar uma narrativa peremptória e dogmática. Bem ao contrário, é cuidadoso ao indicar que permanecem lacunas importantes nas pesquisas sobre militares, mais ainda aqueles à esquerda ou de esquerda.

A segunda camada é ainda mais pertinente e perspicaz. Ainda que parte inerente de toda a análise política seja orientada por alguma carga normativa, que cumpre um papel de uma válvula de escape mínima para que a interpretação de aludidos fatos não seja apenas uma conformação inerme do que seria a realidade efetiva, há limites para que esquemas analíticos escapem da dimensão normativa necessária e se convertam em máximas inteiramente alheias às realidades de países centrais. Em parte dos países centrais, com passado colonialista ou imperial, houve relativo êxito no afastamento dos depositários dos meios de força da esfera precípua dos decisores políticos legítimos.

É essa literatura que sofre um revés importante na análise das relações civis-militares empreendida por Paulo Cunha. Dedicadamente retoma autores como Huntington e Stepan, dentre outros, não para desmontar inteiramente os arcabouços analíticos propostos, mas sim para indicar seus claros limites em sociedades diversas como a brasileira. Se aquela literatura se empenha em analisar o que mantém os militares afastados do poder político e intenta formular tipologias não só analíticas como também para fornecer subsídios para uma teoria da ação, é por vezes acometida por tal carga normativa que apanha a realidade desde uma posição idealizada.

Os marcos da análise concentram-se em "reajustar seu enfoque a partir de um pressuposto contrário às leituras castrenses, acadêmicas ou políticas, ou seja, o paradigma de que os militares não devem participar do processo político, limitando-se a ser espectadores passivos das grandes causas nacionais." (p. 141).

A análise empreendida no presente livro conjuga um olhar duplo: retoma as análises "de fora para dentro", ao mesmo tempo que costura liames de "dentro para fora". A combinação não é tão usual como se poderia esperar. A primeira costuma conduzir parcela importante das concepções acerca do controle civil sobre os militares. Tais estudos podem incorrer nos dois equívocos apontados, o já indicado monolitismo castrense e a idealização decorrente dos postulados liberais de controle dos militares pelos civis.

Afastamento dos militares da política, no caso brasileiro, é uma peça de ficção, se podemos chegar a uma primeira conclusão da leitura da obra. É disto que trata o livro agora retomado e atualizado. Militares e política, no Brasil, têm tido um elo até agora inquebrantável. Esse incômodo está presente em todo o livro. O autor, por mecanismos inclusive de repetição, relembra constantemente o leitor desta máxima: os militares estão fortemente inseridos na política.

Há um convite constante ao longo da obra para acompanhar a história política brasileira e recomendar cautela. Trata-se, em primeiro lugar, de uma trajetória que vai minando as categorias de análise liberais e importadas para uma realidade muito diferenciada. Por outro lado, apresenta uma faceta usualmente desconsiderada ou ao menos pouco referenciada. A atuação militar é sim predominantemente uma afirmação e um aprofundamento da ordem liberal e conservadora. Porém, já desde o século XIX, com ainda mais vigor no XX, há fundamentais ações de militares que afrontam a ordem estabelecida. O autor sugere três fases de atuação de segmentos militares do campo da esquerda. Até 1935, o foco é insurrecional. De 1945 a 1964, é a defesa da legalidade democrática. E, mais próximo aos anos 1980, o empenho pela restauração da democracia. Pode-se sintetizar esse tríplice modo de operação como sendo a ação política dos militares. Ainda, o tríplice formato de atuação política à esquerda deve ser contemplado em um quadro mais amplo: a atuação preponderante de militares em intervenções diretas, usualmente de forma violenta, nos processos políticos; as rupturas da legalidade; as tentativas de imposição da legitimidade por uma legalidade imposta; as afrontas aos direitos humanos; a traição inclusive aos heróis das próprias Forças Armadas.

Fosse apenas esse o propósito do livro – analisar com precisão a ação política à esquerda –, o autor já teria cumprido boa parte de seus objetivos, já que cada um dos modos de ação política dos militares é criteriosamente destrinchado ao longo dos capítulos. Todavia, é pouco para esse renomado especialista.

A história política brasileira pode ser retomada por distintas angulações, e podem ser destacados atores de segmentos também muito variados. Porém, seria extremamente danoso se o enfoque analítico abstraísse de atentar para um ator absolutamente central: os militares. Nesta apresentação propõe-se a composição de uma chave de acesso para a obra, considerando que Paulo Ribeiro da Cunha adiciona instigantes camadas de análise e interpretação em seu livro. Apresentam-se *quatro teses* que cimentam a análise do autor, conforme a leitura realizada.

A primeira tese é a da *militância*. O autor a converte na ação política, e a compreenderá, com brilho, como sendo "dialeticamente conflituosa", parte do título do livro. A militância, como entendida pelo autor, traduz a política *no* e *do* Exército, uma reavaliação da proposição de Góis Monteiro. A militância alude aos que detêm os instrumentos de força à disposição do Estado, e nesse bojo estão militares das Forças Armadas assim como das polícias. Se não há identidade entre os dois grupos, haveria uma unidade, conforme considera o autor. A proposta é provocativa e o autor debruça-se sobre vários casos em que a atuação é conjunta, reforçando a proposição da unidade.

A militância é a tese central do livro ora brindado não somente a estudiosos dos militares, e sim para aqueles olhares mais atentos sobre a realidade brasileira, incompreensível se o segmento militar não é somado às análises sobre partidos ou eleições, por exemplo, ou que buscare descortinar o vertiginoso giro à direita no país na situação presente.

A segunda tese é que, para o autor, é possível, analiticamente, considerar em conjunto os *militares à esquerda e os militares de esquerda*. A ambivalência das duas proposições vem bem a calhar. Com esse enfoque há bem mais margem para entender a ação política dos militares, uma denominação ampla, porém plena de sentido. O gradiente dos militares contra a ordem predominante, desde aqueles que destoam por manterem compromissos com a legalidade; dos que se movimentam para garantir direitos, dos que afrontam a ordem para uma transformação mais radical.

Uma das formas de atuação militar, não mais dos setores de esquerda, mas dos grupos majoritários, é a intervenção. Ocorreu com golpes, ações preventivas, pronunciamentos. O termo "intervenção", por sua vez, é também empregado pelo autor para descrever a ação do PCB em relação às Forças Armadas. É singular que a mesma expressão designe ações de campos antípodas. É um revelador de que as Forças Armadas, se possível, ou militares, ao menos, atuem como atores centrais em processos revolucionários. De outro modo, o PCB não propunha por militares voltados para uma atuação exclusivamente externa. Ao contrário, a expectativa era que se constituíssem como detonadores revolucionários e, como consequência, se aplicassem na luta anti-imperialista.

Ainda que minoritários, a atuação de militares de esquerda empolgou setores populares e concretizou-se com o setor militar, o Antimil. A posição antimilitarista, anti-imperialista, nacionalista e democrática é a marca principal do grupo. Os números sugeridos de representação proporcional comparados aos dos setores conservadores ou de direita conferem uma posição secundária aos militares de esquerda ou à esquerda. Contudo, como nos alerta o autor, a questão ultrapassa um mero registro contábil. O impacto é bem mais substantivo do que números por si só. Está presente na Coluna Prestes, ou Miguel Costa/Prestes, como propugna o autor; deixará marcas profundas nos levantes de 1935; na campanha pela participação do Brasil na Segunda Guerra Mundial; na própria composição da

FEB; na atuação contundente no período de ampliação democrática (1945-1964); na organização de células nas três Forças e na valorização dos escalões intermediários da hierarquia militar.

A terceira tese refere-se à *composição social* dos militares. De praxe, boa parte das pesquisas devota mais atenção ao alto escalão militar. Esse enfoque produz relevantes perspectivas acerca da atuação das instituições armadas, no caso com mais destaque para as Forças Armadas, entretanto deixa de compor matizes da atuação militar. Ao retomar a perspectiva da composição social, é possível entrever o comportamento de militares, à esquerda e de esquerda, com maior nitidez.

A tese da composição social permite enxergar uma das facetas mais medonhas do funcionamento dos mecanismos de repressão interna das casernas e de como os regimes autoritários se valeram da hierarquia e da disciplina para a repressão *interna corporis*. Na análise de dentro e para dentro surge um retrato pouco comentado: o dos sargentos ou, de maneira mais geral, dos praças. A hierarquia e a disciplina, como historicamente vem se apresentando, servem como um peso, um jugo sobre os estratos inferiorizados na caserna. Não à toa surgem importantes líderes de esquerda exatamente entre os sargentos, o que permite somar à terceira tese a questão dos interesses de classe.

Acrescente-se aqui a informação de que, para além dos sargentos punidos, presos, torturados e mesmo mortos, a categoria sofreu ainda um revés pouco explorado. A partir de 1964, os sargentos deixaram de ser considerados instrutores militares e passaram à condição de monitores. Este é um rebaixamento e uma desvalorização profissional, cujo intento, muito provavelmente, foi evitar uma maior aproximação com a tropa e assim reduzir as possibilidades de doutrinação considerada subversiva à ordem. É um segmento que, por se constituir na parte mais substantiva dos militares profissionais, sofre os maiores reveses.

Tais mudanças estruturais são essenciais para o entendimento do período pós-1964. É uma forma de exílio para dentro: a transformação dos sargentos em monitores, sendo a função de instrutores exclusiva para oficiais. Os praças tiveram redução significativa dos canais de comunicação com a tropa e os oficiais passaram a exercer o papel de caixa de ressonância da instituição no sentido de confirmarem ditames das cúpulas militares. Um possível resultado é que a pauta da luta por direitos se viu bloqueada e praticamente extinguiu a militância comunista nos quartéis. Daí que cabe muito bem o questionamento do modelo de relações hierárquicas, tal como postula o autor, e que se apresenta de forma clara na expressão "sargento também é povo".

O modelo de relações hierárquicas constitui, possivelmente, o cerne dos movimentos pelo associativismo ou unionismo militar, outra seção relevante trazida à tona no livro. É parte, em certo sentido, do que propôs o autor em outra obra: que os processos de anistia no Brasil "têm sido socialmente limitados e ideologicamente norteados". O caso dos sargentos reflete exatamente esse quadro e reforça posições tomadas para a defesa de direitos e pelo processo de luta pela democratização das Forças Armadas, um desafio de alta envergadura, na medida em que os militares são parte de uma sociedade profundamente desigual, o que é somado às características herméticas da hierarquia militar. Em alusão "ao deliberado esquecimento" com o qual foi tratada a Força Expedicionária Brasileira, pode-se empregá-lo como mote em outra direção para designar o tratamento concedido às praças militares.

Uma das facetas mais ardilosas de manifestação da hierarquia é a instauração de inquéritos policiais militares, ou de outra instância de averiguação de fatos que são as sindicâncias. O verniz da legalidade pode servir aos fins mais perversos. Pode, como exemplo, levar a uma punição formal de um militar considerado perpetrador de um crime ou por ter afrontando alguma norma interna de comportamento. Pode ainda não conduzir a uma punição direta, porém criar barreiras para promoções ou ser indutor de transferências, como mais de uma vez foi apresentada na obra como alternativa para o afastamento de militares de células comunistas. A política de encarceramento, por outro lado, sem reduzir o vilipêndio a direitos, serviu em mais de uma ocasião para o fortalecimento ideológico dos presos, outro ponto destacado no livro. Enfim, inquéritos e sindicâncias constituem uma possibilidade de criar fissuras, reorganizar o vetor da ordem, reenquadrar escalões, reduzir direitos.

Por isto mesmo chama a atenção como o PCB buscava atingir objetivos conflitantes. De um lado, a busca por maior democratização das Forças Armadas, no sentido de acolher demandas por direitos mais igualitários no interior da caserna, uma luta secular por ao menos um tratamento digno. De outro, o partido deixava claro que não confrontaria os ditames da hierarquia e da disciplina. Os dois objetivos, por certo, se buscados concomitantemente, criam dificuldades de alta monta para que sejam atingidos. São nuances da luta que o livro revela em suas múltiplas dimensões.

A quarta tese refere-se aos *interesses corporativos*. Militares não flutuam em uma espacialidade amorfa. Antes estão também condicionados às estruturas organizacionais. Pode aqui se inserir uma tensão entre a tese da composição social e os processos de socialização nas casernas. O comportamento de militares está sujeito a essas duas ordens de questões. Um resultado desse imbricamento é que a militância dos militares também se apresenta eivada pelo corporativismo. O comportamento corporativo alude tanto às mobilizações por direitos legítimos quanto por buscas e/ou manutenção de privilégios, como a ocorrida contra a reforma previdenciária dos militares estabelecida em 2019. Essa tese de alguma forma surge na parte inicial do livro, uma narrativa praticamente dos primeiros cem dias de governo Bolsonaro, ainda que a questão estivesse em fase inicial de debate. A reforma previdenciária reforçaria a posição corporativa castrense, mas privilegiando o topo da hierarquia e provocando posições contrárias de associações de praças.

Apresentadas o que se considera como teses do autor, cabem comentários sobre o delineamento do livro. O primeiro ponto a destacar é o "tom" do texto. O tema, por suas características, é fortemente sedutor para a apresentação de um texto contundente e até mesmo sarcástico. O autor não se deixa conduzir por esse caminho mais fácil. Antes toma ao menos dois importantes cuidados. Um de caráter metodológico, na medida em que o livro é baseado em rigorosa investigação, que compreende bibliografia já consagrada, mas com uma atenção relevante para novos trabalhos. Daí o desfilar de teses e dissertações que estão a confrontar as concepções engessadas, obrigando a novas perspectivas analíticas. Um conjunto de entrevistas-chave conforma a metodologia empregada. Atores centrais, de significativo peso em vários processos políticos, foram entrevistados e contribuem para que a análise seja mais aprofundada e nuançada. Ademais, nesse quesito, o emprego de fontes primárias relevantes, algumas de difícil acesso. Como mais uma mostra de compromisso acadêmico, apresenta algumas em anexo.

O segundo cuidado, ainda que guarde traços metodológicos, apresenta a essencial faceta da honestidade intelectual. Paulo Cunha é muito cuidadoso em indicar que há brechas em muitas análises, decorrentes da falta ou impedimento ao acesso a fontes primárias. Em vez de apresentar conclusões apressadas, superficiais e destituídas de comprovação, prefere o caminho correto de apresentar novas questões. Esta é outra característica do livro: a apresentação de uma vasta agenda de pesquisa. Um chamamento a denodados pesquisadores que aceitarem o desafio de dedicar-se a um tema ao mesmo tempo apaixonante e de difícil composição. O autor nos traz pistas e proposições fundamentais. É preciso tatear, buscar pistas, montar mosaicos com peças faltantes, rever certezas. O autor é talentoso em cobrir lacunas com hipóteses plausíveis e consistentes, para logo na sequência advertir para as limitações e alcances das análises então advindas.

O resultado é uma coloquialidade que convida para o diálogo, um construir caminhos. O autor é afeito ao contraditório, ao contraste, por isso mesmo é atento ao que é produzido mais recentemente; ademais, encaminha um inventário detalhado de pesquisas que descortinam questões pouco notadas e que trazem luz para um entendimento mais qualificado da temática militar.

A obra se organiza em duas grandes partes, tendo como mote geral um dos subtítulos: Militares e a política ou militares na política. O preâmbulo é dedicado a questões contemporâneas, um primeiro balanço que abarca o governo Temer até o primeiro semestre do governo Bolsonaro. Entre outros pontos, para o âmago da discussão do livro, é o período inicial do desmonte do processo de retomada do passado, como a imposição de novos membros da Comissão da Anistia e uma postura muito distanciada das providências indicadas pela Comissão Nacional da Verdade. Cabe o registro acerca do papel central do autor no caso da CNV. Foi membro ativo nos trabalhos desenvolvidos, um reconhecimento à sua trajetória de pesquisador. Esteve à frente dos trabalhos, dentre outros, dos militares perseguidos. Graças também ao seu empenho ficaram patenteadas as ações repressivas contra militares nacionalistas, democratas, legalistas e de esquerda.

Ao tratar do governo Bolsonaro, o autor identifica uma ala militar, constituída por parcela de oficiais que passaram a estabelecer ditames para o governo, tendo ocupado postos-chave na estrutura decisória, assim como em diversos órgãos de governo, em quantidade jamais vista, mesmo no período da ditadura militar. Por certo uma análise "a quente" embute percepções momentâneas, mais ou menos precisas, porém fundamentais para situar o jogo político e considerar elementos que fazem parte do movimento bolsonarista que deita raízes em períodos nascentes já nos primeiros anos da década de 2010. O esquadrinhamento de atores militares apresenta um retrato bem geral dos acomodamentos e vicissitudes dos primeiros atos do atual governo.

No Capítulo I, o autor retoma a obra original e adiciona novos elementos de reflexão para debater fatos geradores de tensões, nos quais militares do segmento conservador e mesmo reacionário contribuíram para o aprofundamento de crises, com destaque para o golpe desferido contra a presidente Dilma Rousseff. A atualização de fatos permite uma visão em perspectiva em que a referida ala militar, agora no governo Bolsonaro, já agia a contrapelo para minar as bases da institucionalidade, dentre outros motivos como uma reação à iniciativa do primeiro governo Rousseff em iniciar os trabalhos da CNV. Por certo há muitos outros elementos articulados no imbróglio político, mas são ressaltadas as afrontas ao poder constitucional levadas a cabo por artífices da retomada acelerada de militares ao centro do poder político.

É no referido capítulo que o problema central a ser analisado é apresentado de forma precisa. Trata-se de discutir, em aberto, como pondera o autor, acerca da esquerda militar.

O Capítulo II é um jogo de lentes. Ora retroage para estabelecer marcos de análise para o entendimento da atuação da esquerda militar, ora aproxima-se do tempo presente para identificar pontos de ligação entre o passado e o presente. Tome-se como ilustrativa, a atualização da Doutrina de Segurança Nacional e sua concepção de inimigo interno que ganha novas roupagens em 2009, com o Manual Secreto do Exército, afunilado e transformado em ação na primeira versão do Manual de Garantia da Lei e da Ordem, em 2013. É espantoso que em pleno governo de um partido considerado progressista haja um posicionamento com tais postulações, que setores comunitários, sindicais e de movimentos sociais recebam a pecha de forças oponentes ou adversas. Ainda assim, o autor outra vez recomenda cautela e o faz trazendo à baila novos estudos e pesquisas. Dentre outros pontos, pode-se extrair a existência de um plano ou projeto militar de poder, mais ou menos bem articulado e que deita raízes há um tempo mais largo.

O Capítulo III, já na Parte II, é dedicado à análise do comunismo nas Forças Armadas. A Parte II concentra-se na questão da participação à esquerda e de esquerda entre militares. O capítulo em tela indica que se trata de uma abordagem ainda embrionária. O foco recai entre a instituição Forças Armadas e a categoria social militares, como a denominou Heloísa Fernandes. O tema é tratado de um ponto de vista histórico e teórico-conceitual. É uma contribuição rica e instigante e traz novos temas e questões que fortalecem a linha argumentativa adversa à visão do monolitismo político entre militares. É um capítulo que permite inclusive uma leitura em separado e permite afiançar que os "registros sobre a presença comunista na instituição [militar] são esparsos e pontuais". Entretanto, não significa pouca importância! Bem ao contrário, é um capítulo revisitado, atualizado, apresentando um quadro multifacetário dos imbricamentos entre militares e as perspectivas marxistas.

O Antimil, já citado, é objeto de análise no Capítulo IV. Há muitos pontos reveladores de como se constituiu o movimento ou a organização, com quais propósitos e são colocados em relevo atores centrais. De fato, é tema parcamente conhecido e o texto garante uma entrada densa e refinada sobre o Setor Militar do PCB, que se articula basicamente em duas vertentes, uma voltada para a oficialidade e outra para os praças, apesar das tentativas de organização unificada. Ressalte-se, nesse ponto, como o PCB, retomando, operava em linha em relação aos pilares da hierarquia e da disciplina.

A atuação de uma esquerda nacionalista é basicamente o teor do Capítulo V. Em um período de fragilização política do Estado Novo, nota-se que o papel da esquerda militar nacionalista contribuiu para a derrocada do regime. O ambiente internacional contribuiu, considerando a derrota do Eixo e a centralidade da URSS na vitória militar no conflito. Essa combinação serviu como marco para a esquerda militar. Um dos resultados foi a eleição de Luiz Carlos Prestes como o senador mais votado em 1946. Nova fase tinha início, com o empenho de militares nacionalistas na campanha do Petróleo é Nosso. Ainda que a campanha seja mais conhecida, não por isto o papel militar tem sido objeto de uma análise pormenorizada, o que é retomado no presente livro. Outra vez cabe a ressalva do autor de que há muito a ser pesquisado e deve ser colocada em perspectiva a relevância da participação militar no período.

A apresentação da trajetória da esquerda militar encerra-se no Capítulo VI. A questão é a discussão sobre o papel do general Miguel Costa na Coluna tenentista iniciada em 1924. Esse novo recuo é producente e lança novas questões articuladas aos capítulos anteriores, tais como a concepção empregada pelo autor do que são os militares, assim como para reafirmar postulados da esquerda militar.

Este novo livro de Paulo Ribeiro Rodrigues da Cunha é um incentivo, um alento em tempos obscenos. Há, de alguma forma, esperanças transversais na obra, como se o autor aguardasse desfechos com novas orientações, surpreendentes porque se chocariam com uma resultante de peso na conformação da mentalidade militar nas últimas décadas. De modo algum, por sua vez, o autor é aparelhado por um olhar conformado. É de proveito retomar a epígrafe acerca da esfinge. Decifrá-la é tarefa portentosa. É o que nos apresenta o autor em *Militares e militância: uma relação dialeticamente conflituosa*. Cai por terra a proposição de Miguel Costa, "lugar de militar é no quartel", porém reacendem-se alertas.

Qual o grau de normatividade a orientar a análise de um tema político? Qual o propósito que leva uma sociedade a dotar com armas um segmento específico? Com todo o empenho de setores à esquerda e de esquerda entre militares, o resultado é "que o povo faltou ao encontro", como citado em nota de rodapé no livro. São questões em aberto, que merecem o mais dedicado escrutínio analítico e tomada de posição orientada para uma ação política.

É nesse sentido que o livro também contribui para o debate sobre a autonomia militar. Sendo a militância outra forma de fortalecer os espaços de atuação política, a configuração de instituições "mudas" é parte de uma visão idealizada e mesmo um simulacro dos países centrais. Entretanto, retomando os questionamentos, conflui para considerar em que medida os armados estão legitimados a intervir nos processos políticos, e de maneira majoritária, no sentido de aprofundar injustiças e ampliar desigualdades.

Porém, autonomia, além disso, fornece elementos para outro debate. As concepções exógenas, importadas, são outro reflexo da influência que amplia a dependência, epistêmica, em primeira ordem, e reduz a condição de formulações aderentes à história política brasileira.

Não à toa, a questão da força letal do Estado como forças de defesa não mereça nenhuma linha no livro. Não se trata de olvido, mas da constatação de que suas práticas se voltam para dentro. As participações em missões de paz, por exemplo, em boa medida serviram como laboratório para emprego das forças no âmbito interno, como repressoras, moralizadoras, tuteladoras, salvadoras. Afastadas, pelo menos no corrente, de posturas mais nacionalistas ou progressistas, restam forças de preservação e aprofundamento da ordem liberal.

Em conclusão, a nova edição do livro de Paulo Ribeiro da Cunha apresenta ares de nostalgia. Ao analisar posturas democráticas, nacionalistas, à esquerda e de esquerda de setores militares, poderia nos reacender a esperança de que é possível outro posicionamento da militância militar. Entretanto, vai distante o tempo em que era possível esperar ao menos uma atitude legalista. Como pensar e vivenciar a democracia quando as armas ditam regras, interferem, intervêm, militam e rompem com propostas de mudanças, ainda que tímidas? Sem buscar causalidades, não há de ser mera coincidência que a presença militar na política fique mais evidenciada após períodos de governos com algum teor progressista.

Este pode ser outro ponto de destaque no presente livro. Não se trata de cair no vaticínio de etapas rígidas de abertura e fechamento. Trata-se, com urgência, de estabelecer, pelos parâmetros democráticos, o papel a ser desempenhado pelos militares no país. Pelo visto, há que se esperar um tempo mais largo. Por agora, resta a resistência!

São Paulo, setembro de 2020

Samuel Alves Soares

Prefácio

O novo livro de Paulo Ribeiro da Cunha que o leitor tem em mãos é, mais uma vez, uma peça polêmica de história e de reflexão política, de um autor cuja dedicação ao estudo da esquerda, e especificamente da esquerda militar, é reconhecida. Basta lembrar seu estudo sobre o pensamento de Nelson Werneck Sodré, publicado em 2002 com o título *Um olhar à esquerda*; ou, mais recentemente, a dedicação no resgate da presença da esquerda na Polícia Militar. Em todos esses trabalhos, revelam-se ao leitor as complexas e surpreendentes relações existentes entre a esquerda brasileira, principalmente o Partido Comunista Brasileiro (PCB), e os aparelhos militares, ou, em outros termos, a presença histórica da "esquerda militar", para resgatar o termo proposto no livro clássico de João Quartim de Moraes.

No período que vai do surgimento propriamente dito de uma esquerda militar, nos anos 1920, ao final da Segunda Guerra Mundial e do Estado Novo, em 1945 – tema do presente livro –, essas relações foram intensas e fizeram-se em duas direções: não apenas o mundo militar foi marcado pela presença da militância comunista, como o PCB foi um partido marxista em cuja direção havia forte presença de antigos militares, dos quais Luiz Carlos Prestes é apenas o mais famoso. Nesse sentido, não é absurdo pensar que as violentas relações existentes entre comunistas e militares deviam-se, pelo menos em parte, à disputa de um mesmo território, o da representação da Nação e de sua modernização.

Mas, como dissemos, este é um texto sobre história, mas ao mesmo tempo um texto político. Nele se misturam teses políticas e descobertas historiográficas. A questão da legitimidade da participação política dos militares perpassa todo o tecido da análise de Paulo Cunha, em reflexões que ora se referem ao presente, ora ao passado pré-1945, ora ao passado mais recente. Para o autor, analisar o passado é também uma forma de introduzir um tema atual: o das relações dos militares com a democracia, que para ele significa sua possibilidade de participação na vida político-partidária. Na visão deste livro, na medida em que a história das Forças Armadas foi a história de um mundo dividido pelas mesmas cisões políticas e ideológicas presentes na sociedade mais ampla, seria melhor admitir esse fato e, no Brasil atual, reconhecer a legitimidade da presença da esquerda nas Forças Armadas.

É esse o aspecto mais polêmico do livro, pois a tese de Paulo vai na contramão da ideia amplamente aceita, tanto em meios liberais (desde a obra clássica de Samuel Huntington, *O soldado e o estado*), como em meios progressistas e republicanos, de que a democracia só tem a ganhar com o afastamento dos militares da política. Na visão inaugurada pelo livro de Morris Janowitz, *O soldado profissional*, o controle civil objetivo de Huntington não garante uma política de defesa democrática, pois falta o elemento subjetivo, consubstanciado na adesão dos militares a uma cultura democrática. Mas, note-se, nessa tradição não se fala em abertura do meio militar ao debate político ou de "militância militar", para usar o termo de Paulo Cunha. Homens armados não devem ter a mesma participação que homens desarmados na vida política da Nação. Confesso que me inclino mais por essa última vertente, mas admiro a coragem do autor deste livro ao renovar o apoio a teses sempre presentes.

Ao lado disso, entremeado com o debate político, desenvolve-se nos capítulos desta obra a análise histórica do período em que a militância dos militares de esquerda se deu sob o signo da insurreição. Aí, revelam-se, mesmo ao conhecedor do assunto, aspectos até hoje pouco explorados. É o caso da investigação realizada no Capítulo III – "Comunismo e Forças Armadas: tempos de insurreição" – sobre a influência marxista nas fileiras do Exército, com a análise de periódicos pouco conhecidos e mesmo da presença do espírito revolucionário na insuspeita Marinha, nos anos 1920. A mesma originalidade alcançada pela incansável pesquisa das mais variadas fontes vem à luz no capítulo dedicado ao Antimil, a quase invisível organização comunista voltada para a militância no interior das Forças Armadas. Cunha revela nessas páginas os aspectos organizacionais, os pequenos órgãos de imprensa e os temerários atores que marcaram a militância dos comunistas do PCB num meio minado por múltiplos perigos. No quarto capítulo, o mesmo diapasão de originalidade permanece na abordagem do "Manifesto da FEB", de abril de 1945, com seus trezentos signatários, resultado da militância permanente do PCB no meio militar, mesmo depois da trágica rebelião comunista de 1935. Por fim, o quadro completa-se com uma análise político-biográfica da trajetória do general Miguel Costa e da tentativa bem pouco inocente de colocá-lo à altura de Prestes no episódio da coluna famosa.

Enquanto não temos em mãos o estudo de Paulo Cunha sobre os períodos posteriores da militância de esquerda no meio militar, temos que nos contentar com a análise do período heroico examinado nas páginas seguintes. Ela basta, no entanto, para revelar o caráter ideológico das narrativas conservadoras e anticomunistas construídas em torno da ideia da "traição" da Pátria e do Exército, supostamente constitutiva da presença das ideologias de esquerda num meio que se atribuía – e talvez ainda se atribua – o monopólio do nacionalismo.

Mais do que isso, vêm à tona no presente estudo os mais tristes aspectos de nosso atraso social, expressos na intolerância e na violência como moedas correntes da vida política brasileira, cujo aspecto mais triste foram os métodos bárbaros utilizados contra os líderes de 1935, com apoio do ditador Getúlio Vargas e com o consentimento e a participação dos generais e almirantes dos anos 1930. Métodos esses depois retomados no início de 1950 e no pós-1964. É essa herança de intolerância e autoritarismo que até hoje lutamos para superar. É nesse tema mais amplo que se insere a polêmica e atual questão das relações entre militares e militância política nos quadros da democracia. Não é do passado apenas que fala este livro, é dos tempos atuais e dos futuros. Concordando ou não com as teses de Paulo Cunha, é fundamental reconhecer a importância de seus estudos.

João Roberto Martins Filho
(Universidade Federal de São Carlos)

Introdução

O presente volume de *Militares e militância: uma relação dialeticamente conflituosa* está inserido em um esforço teórico e analítico maior no sentido de resgatar uma problemática, em grande medida, ausente de estudos específicos concernentes às Forças Armadas e polícias militares na política, em especial sobre um componente cuja apreensão desperta tensões e paixões no Brasil: a esquerda militar. É igualmente um esforço que se traduz numa problematização em aberto; para efeito da análise que procuramos elaborar nestes ensaios, o conteúdo reflete uma temática e uma temporalidade também associadas a uma agenda política de intervenção, com várias hipóteses relacionadas a esse objeto cujo desenvolvimento será exposto ao longo da coletânea. Com efeito, a partir dessa reflexão e sua imersão nessa trajetória, o resultado ainda será inconclusivo, ou melhor, remeterá à complexidade de um tema que está relacionado a um processo histórico, mas fundamentalmente político, cuja presença é um objeto empírico e de estudo a ser avaliado, e não somente resgatado.

Nessa linha de análise, este primeiro volume remete a uma agenda da esquerda militar fundamentalmente *insurrecional*, resgatando um debate sobre os primórdios de sua intervenção até 1945, portanto, *dialeticamente conflituosa*; o volume II procurará explorar vários movimentos e intervenções até 1964, cuja agenda – em nossa leitura – será nucleada em *defesa da legalidade democrática*. O golpe civil-militar de 1964 possibilitará o início de uma nova etapa dos militares e da política no Brasil; porém, no que concerne à esquerda militar, remete a uma terceira agenda de intervenção, com foco num volume III homônimo, mas cuja expressão será de a de *restauração da democracia*, e temporalidade finalizada com a data de 1992, sintomaticamente pouco depois da promulgação da primeira anistia, do início de um processo de luta dos militares de esquerda na constituinte, bem como da dissolução do setor militar do Partido Comunista.

Todavia, não cabe em nossa leitura ponderar sobre o fim da esquerda militar: sua rearticulação se dá em outras bases, com novos movimentos nas Forças Armadas, incluindo nessa reflexão as Polícias Militares de vários estados atuando de formas diversificadas. Por essa razão, teremos uma outra agenda de intervenção no quarto e último volume, pautada fundamentalmente na *democratização das Forças Armadas*.

O volume que ora apresentamos consiste inicialmente em um Preâmbulo, tendo em vista um esforço de reflexão sobre a atual conjuntura política no Brasil no governo Bolsonaro e o papel dos militares, combinado a seis ensaios sobre a temática, tendo uma perspectiva de problematização em aberto. Como sinalizado, esta segunda edição foi consideravelmente revista, o que, decerto, se repetirá em futuras outras edições, sobretudo com a emergência de outros trabalhos e a liberação de arquivos militares. Evidentemente, o Preâmbulo, redigido no olho do furacão em vista de uma reflexão só pautada nas informações disponibilizadas pela imprensa no primeiro semestre de 2019, tende igualmente a ser objeto de reelaboração futura. Para uma maior clareza, e em função de informações e trabalhos novos, o que era o Capítulo I da primeira edição foi, aqui, desdobrado em dois; quanto aos demais, alguns deles, publicados em revistas e livros, também foram consideravelmente revisados para esta 2ª edição, alguns dos quais reelaborações resultantes das reflexões de suas primeiras publicações, agora numa versão mais

MILITARES E MILITÂNCIA 29

amadurecida.[1] Além dos livros que compõem a Bibliografia e se apresentam como referências maiores desses ensaios, foram igualmente incorporados neste volume alguns trabalhos e documentos relacionados a essa problematização e ao período em questão, possibilitando que este conjunto seja uma fonte a mais de consulta.

Por fim, cabem alguns agradecimentos, sempre com riscos de imperdoáveis omissões. Inicialmente à Fapesp, pelo apoio a essa pesquisa, cuja continuidade nesse projeto temático prevê a elaboração dos demais volumes citados desta coletânea. Aos amigos presentes nesta apresentação, João Roberto Martins, pelo aprendizado e muitos diálogos, um dos meus primeiros interlocutores sobre a temática militares e política; a Renato Luis do Couto e Lemos, pelo incentivo de refletir sobre esta leitura, e que se apresenta como resultado também em um dos ensaios; e a Sérgio Aguilar, colega de Unesp e amigo, com quem muito aprendo sobre a caserna, e que, ademais, possibilita e demonstra que uma interlocução entre pontos de vista diferenciados, e mesmo com interlocutores de outra formação, enriquece e pavimenta a construção do conhecimento.

---

1 Na 1ª edição, o Capítulo I, "A política, a esquerda militar e a democracia: uma problematização", foi uma reflexão apresentada como trabalho no VI Encontro Nacional Associação Brasileira de Estudos de Defesa (Abed), em 2012, na cidade de São Paulo; teve uma versão resumida editada no livro *Pensamento brasileiro em defesa* (2013). Esse capítulo sofreu considerável reelaboração e atualização, e, portanto, foi desdobrado aqui em dois capítulos, mas sem alteração da tese e hipóteses postas. Quanto aos demais ensaios deste volume, todos revistos e com acréscimos, inicialmente o Capítulo III, "Comunismo e Forças Armadas: tempos de insurreição", teve uma versão preliminar, mas bem condensada, publicada com o mesmo título na revista *Mouro* (2011), e foi inteiramente reelaborado para esta edição; nessa linha, o Capítulo IV, "O Antimil: origens de uma organização", teve igualmente uma versão preliminar publicada na revista *Lutas Sociais* (2012); o Capítulo V, "Um manifesto elaborado no calor das batalhas", foi inicialmente publicado em um livro organizado por Penna (2009), com o mesmo título, mas incorporando dados novos de pesquisas recentes, cuja contribuição também se refletiu na reescrita do Capítulo VI, "O General Miguel Costa e a Coluna Prestes: uma reflexão na história", versão consideravelmente revisada de um texto, publicado em livro, cujo título original é "O General Miguel Costa e a Coluna Prestes" (Rodrigues; Barbosa, 2011).

Nesta segunda edição, meus agradecimentos pela apresentação a Samuel Alves Soares, e também a Cláudio Beserra de Vasconcelos e Eurico de Lima Figueiredo, valorizando esse esforço de reflexão com suas instigantes observações na orelha e quarta capa. Todos amigos, interlocutores e mestres. Registro ainda a amizade e os muitos diálogos com Marly Vianna, cujos trabalhos foram fundamentais para esta reflexão; seu compromisso com a história norteia os pressupostos de uma outra visão de mundo, a resgatar e construir. Particularmente agradeço aos colegas da Associação Brasileira de Estudos de Defesa (Abed), entidade cujo compromisso de pavimentar pontes de diálogo entre civis e militares se constitui atualmente em uma referência para se pensar um projeto para o Brasil; dentre eles, os muitos amigos que pautam o estímulo e o incentivo nesta reflexão sobre a esquerda militar no Brasil, em especial, Eurico Lima Figueiredo, Manuel Domingos Neto, Samuel Alves Soares, José Miguel Arias Neto, Eduardo Heleno, Vagner Camilo e Luiz Claudio Duarte. Não poderia deixar de estender esse reconhecimento a alguns alunos de graduação, hoje mestres e futuros doutores, que já são interlocutores de uma original reflexão com interfaces sobre o tema: Guilherme, Tiago, Ricardo, Carlos Ruiz, Felipe; os funcionários da Unesp pelo apoio constante, como Edna e Renato; e também pelo profissionalismo e atenção, registro meus agradecimentos à editora Unesp e toda sua equipe. Entre os demais amigos acadêmicos que se fazem presentes, vale destacar Angélica e Paulo, Anderson, Jefferson, Tullo, Héctor, Suzeley. A Maria Cláudia, presente de alguma forma, e mais ainda enquanto uma saudosa memória. Entre os militares e policiais militares, agradeço especialmente pelos muitos diálogos a Francisco Carlos P. Cascardo, Fernando Santa Rosa, Sugar Ray, H. Bessa, Geraldo Campos, Bolívar Marinho S. Meirelles; Paulo Novaes Coutinho, Antônio Duarte, Paulo Conserva; e, *in memoriam*, a Sued Lima, Rui Moreira Lima, Geraldo Cavagnari, Sérgio Cavalari e Hélio Anísio. Por fim, meus sinceros agradecimentos pela atenção e envio de dados e informações, a Rodrigo Linhares, analista do Departamento Intersindical de Estatística e

Estudos Socioeconômicos (Dieese); e também ao assessor parlamentar do Departamento Intersindical de Assessoria Parlamentar (Diap), Marcos Verlaine.

Ao final, incentivadores de uma leitura entre recortes e conflitos numa convivência que, muitas vezes, os confronta com dificuldades em entender as opções de um pai, mas que, assim mesmo, procuraram estar presentes, Gonçalo e Maíra, a vocês, meu amor e carinho.

Parte I

Um preâmbulo necessário ou à guisa de conclusão?

"Hegel observa, em uma de suas obras, que todos os fatos e personagens de grande importância na história do mundo ocorrem, por assim dizer, duas vezes. E esqueceu-se de acrescentar: a primeira vez como tragédia, a segunda como farsa."

(Karl Marx)

Um preâmbulo, nesse meio-tempo, e com os dois capítulos subsequentes articulados com a recente história dos militares no Brasil ou na sua história são necessários, particularmente, para iniciar o diálogo e situar essa problematização no tempo, e que também se traveste, sobretudo, em um desafio teórico e político no espaço. A razão é devida a algumas análises postas em um primeiro ensaio e publicado na primeira edição de *Militares e militância*, e que, de certa forma, expressa uma linha de argumentação desenvolvida e articulada com os demais ensaios, todos reflexões históricas, mas igualmente se refere a militares democratas, constitucionalistas e de esquerda, em sua maioria, *militares perseguidos*, recorrendo à nomenclatura operacionalizada pela Comissão Nacional da Verdade (CNV). Entretanto, o pressuposto deste preâmbulo urge não somente pela necessidade de uma reflexão sobre o conturbado cenário em que se encontra o país no primeiro semestre de 2019; mas, com o exposto na passagem em epígrafe, para refletirmos em uma outra linha de apreensão, na constatação de um cenário inédito de retorno dos militares à política. Talvez melhor: uma *militância* ou *ação política*[1] de um grupo de oficiais conservadores, aparentemente bem articulados, à frente do governo Bolsonaro, aliás, cenário nada visto desde a redemocratização, cuja face pública atualmente é a de um presidente caricato que procura expressar, ou ser porta-voz, dessa nova expressão política e de poder; sem sucesso ou em nada convincente. Retornaremos a esse ponto.

Assim, o desafio deste preâmbulo, é enorme, para não dizer, ao mesmo tempo, inconclusivo. Além das várias mediações postas em sua apreensão, há também o fato de essa elaboração estar sendo redigida no olho do furacão do primeiro semestre de 2019 (com alguns pequenos adendos, feitos no final do ano, de acontecimentos do início do segundo semestre), cujas fontes principais são matérias da imprensa (jornais e revistas) ou declarações públicas de seus expoentes. Noutras palavras, é uma reflexão sujeita a um amadurecimento futuro e, mesmo, a uma reavaliação, especialmente por ter ainda como objetivo dialogar também com os capítulos subsequentes a partir de apontamentos postos na primeira edição, de 2014, publicada pouco antes das eleições presidenciais que consagraram Dilma Rousseff a um segundo mandato, quase coincidindo com o lançamento do relatório final da Comissão Nacional da Verdade.

Os desdobramentos políticos que se seguiram são de conhecimento geral, com Dilma Rousseff ficando totalmente refém da crise política em seu segundo mandato que então se iniciava, em

---

1 Sobre o conceito de ação política, recorremos a Héctor Saint Pierre (2000, p.27): "Assim como a ação política pode ser caracterizada como tomada ou conservação em relação ao poder, ou como positiva ou negativa, em relação à administração político-parlamentar, achamos que, do ponto de vista das relações de força, a política pode ser caracterizada pela sua posição de equilíbrio do sistema de forças. Nesse sentido, a ação política pode ser orientada na procura da estabilidade das relações de forças, para os que querem manter o *status quo* garantindo por esse equilíbrio, ou a instabilidade, para os que desejam mudá-lo".

2015, cuja consequência foi a total paralisia do governo nos dois anos subsequentes. O epílogo veio a ser o golpe parlamentar contra uma presidente honesta, eleita legitimamente, acusada de crime de responsabilidade, sob o argumento de recorrer a pedaladas fiscais, práticas comuns de todos os seus antecessores e, posteriormente, legalizadas por seu sucessor. Vale destacar que o *impeachment* ocorreu sem a intervenção direta dos militares; porém, diante do imobilismo consequente do governo até sua deposição, frustrou a expectativa de continuidade dos trabalhos da CNV, tendo em vista suas recomendações, entre elas, a de número 26: "Estabelecimento de órgão permanente com atribuição de dar seguimento às ações e recomendações da CNV".

Ademais, o resultado desse trabalho de dois anos e meio tornou sem efeito o conjunto das 29 recomendações, todas democráticas, algumas relacionadas à instituição militar, como a número 6, "Modificação do conteúdo curricular das academias militares e policiais, para promoção da democracia e dos direitos humanos"; ou a número 4, "Proibição da realização de eventos oficiais em comemoração ao golpe militar de 1964, e que, conjuntamente com as demais, sequer foram objeto de atenção; a despeito de o relatório final ter sido bem avaliado e tido reconhecimento internacional" (Sikkink; Marchesi, 2015).

Historicamente, sua não implementação teve por significado maior, no Brasil, a impossibilidade de jogarmos uma pá de cal nessa longa e inconclusiva transição, ou seja, a de realizarmos o acerto de contas com a história, como aconteceu em vários países sul-americanos. Frustrou também a expectativa de milhares de perseguidos políticos, entre os quais os militares, a categoria proporcionalmente mais atingida pelo golpe civil-militar de 1964, como veremos no capítulo subsequente. Nesse cenário, sobretudo, conservador que se apresenta a partir de 2019, inegavelmente com laivos reacionários, a história recuava no tempo; um retrocesso em curso, e não somente face às muitas alterações institucionais postas no governo Temer, e agravadas na administração Bolsonaro, entre elas, uma bem preocupante, já que remete ao quesito anistia dos militares. Objeto anterior de tentativas de revisão, esse ponto não somente respalda um dos eixos centrais desses dois primeiros ensaios; mas também está relacionado à legitimidade e ao reconhecimento dessa categoria na política em um Estado democrático de direito, bem como o seu reconhecimento aos militares de baixa patente, praças e policiais, e que, em última instância, tem por significado maior o direito a uma cidadania plena. O debate, contudo, está longe de ser conclusivo. Vamos por partes.

O desgoverno do governo Temer e os militares

Nos dois anos que seguiram ao caótico governo Michel Temer, algumas iniciativas (que serão objeto de breves apontamentos), já indicavam alterações e rupturas com a política anterior, uma delas a troca dos membros da Comissão da Anistia, ou mesmo controvérsias como a tentativa de recriação do antigo Serviço Nacional de Informações (SNI). As recomendações postas no relatório final da CNV ficaram bem distantes da agenda desse governo, e Temer esteve bem mais preocupado em finalizar seu mandato à custa do erário público, aliás, sem medir consequências à nação (Góis, 2018). De tal ordem foi o descalabro em seu governo e a política econômica aventada, em tudo antinacional, tendo por resultado o agravamento da crise política e institucional corrente ao longo de 2018, que algumas surpresas vieram à tona em círculos acadêmicos. Dada a especificidade de conjuntura, dois proeminentes intelectuais, influentes no pensamento político brasileiro, Ives Gandra Martins – intelectual e jurista intimamente associado ao campo conservador – e Moniz Bandeira – cientista político, identificado com a esquerda trabalhista –, apresentaram teses próximas, ambos defendendo uma intervenção militar, ainda que dentro de marcos constitucionais (Amorim, 2017; Gandra, 2016). Após o término do mandato, Michel Temer é preso pouco tempo depois por acusações de corrupção, e liberado em poucos dias, embora tendo de responder a vários processos de corrupção (ver Guimarães et al., 2019).

Na agenda militar desse conturbado biênio, houve inicialmente algumas vacilações quanto a nomes para a pasta da Defesa (uns repercutiram negativamente na caserna), tendo, por fim, a nomeação de Raul Jungmann, parlamentar que ficou à frente do ministério por quase dois anos, e depois designado ao recém-criado Ministério Extraordinário da Segurança Pública, tendo em vista a intervenção no estado do Rio de Janeiro. O dado novo é que, em seu lugar, assumiu o general de Exército Joaquim de Luna e Silva, cuja nomeação causou certo desconforto em setores da sociedade civil, já que quebrava uma tradição recente, a de um civil ocupar o Ministério da Defesa desde sua criação em 1997. É importante ressaltar que os militares também foram instados em seu governo a ter uma presença mais efetiva no cenário nacional por vários setores civis e políticos, particularmente devido às muitas greves no período, entre as quais a dos caminhoneiros, bem como à paralisação dos policiais do Espírito Santo, e, por fim, em vista da questionável medida envolvendo os militares em ações de garantia da lei e da ordem, a exemplo de Brasília, muitas vezes tomadas politicamente à revelia dos próprios comandos.

Ao final, o resultado exposto desse biênio é kafkiano, uma situação em que, constitucionalmente, Michel Temer, em tese, era o comandante das Forças Armadas, embora ostentasse os mais baixos índices de popularidade da história republicana conferidos ao seu governo: parcos 3% de aprovação; noutras palavras, politicamente não comandava, quiçá, o próprio palácio presidencial. Não obstante essas considerações, entre outras possíveis, relacionadas a esse governo fundamentalmente caracterizado por um cenário político de quase *anomia*[2] institucional, lembrando Durkheim, é que, por hipótese, emergiu das sombras, talvez, aos poucos, mas organizadamente, o Grupo do Haiti. Objeto de menção pela imprensa, e posta nessa linha de qualificação por englobar um conjunto de oficiais generais que participaram do Minustah à frente das tropas da ONU, refletia uma nova forma de intervenção e presença política nessa

---

2   O conceito de anomia refere-se à ausência de regras e normas no estado social, desconsiderando os indivíduos no controle social que rege determinada sociedade.

etapa da democracia brasileira. Tudo indica que sua homogeneidade não é norma; na verdade, havia desavenças bem perceptíveis entre seus membros, passados pouco meses do atual governo; entre eles, destacam-se os generais Augusto Heleno, Floriano Peixoto e Santos Cruz (este último substituído pelo general Luiz Eduardo Ramos Batista), não coincidentemente, todos com as mesmas credenciais. Optamos por denominar esse grupo como Ala Militar, e que expressa a caracterização e a presença desses militares, entre outros generais, no atual governo, contemplando ainda oficiais não necessariamente identificados com essa mesma origem, como o vice-presidente Mourão e o general Villas, ou o general Maynard Marques Santa Rosa, que se exonerou posteriormente, alegando incompatibilidades na linha do exposto pelo general Santos Cruz.

Por esse viés de análise, uma contribuição teórica esclarecedora que antecede a caracterização desse grupo, ou melhor, dessa Ala Militar, e dada sua amplitude, é o ousado ensaio "Bolsonaro e os quartéis: a loucura como método", de Eduardo Costa Pinto (2019), que confere fundamento à tese de uma identidade desse conjunto de oficiais, aliás, em nada contraditória quando apreendemos sua atual linha de intervenção na política. Mas há outros apontamentos postos. Nele, o docente traz interessantes e ousadas reflexões, entre as quais uma relacionada a esse grupo, e que, além de resgatar com propriedade a tese do "marxismo cultural" e a influência de setores da extrema direita americana que se fazem presentes no atual governo, sustenta ainda que essas ideias já vinham sendo germinadas havia muitos anos junto a esses oficiais no Clube Militar, particularmente em função da presença frequente de Olavo de Carvalho na instituição, ou também da leitura dos livros do general Augusto Avellar Coutinho. Costa Pinto *arrisca* dizer, palavras dele, que essas ideias viraram doutrina no Exército, dada a sua repetição corrente entre os oficiais.

Essa é uma leitura recente, mas há outras que despertam vivas polêmicas, uma delas, a de Rodrigo Lentz,[3] que reporta em entrevista

---

3 Em entrevista, Lentz chama atenção sobre sua hipótese: "Eu organizo esse conteúdo em três grandes grupos: um núcleo duro, um núcleo político e um

e ensaio que há, historicamente, um "ativismo no DNA" das Forças Armadas, confrontando diretamente a tese de Costa Pinto e trazendo outros instigantes apontamentos. Chamaremos atenção dessa polêmica somente em nota, mais a título de ilustração, e sem maiores aprofundamentos, até porque sua pesquisa ainda está em curso.[4]

---

núcleo operacional. No primeiro, que é o centro nervoso dessa doutrina, há uma forte presença do pensamento de Santo Tomás de Aquino. Eles afirmam claramente a existência de uma crença em Deus, em um princípio transcendental e na ideia de um bem comum. Há também a ideia de que o fim do ser humano é a felicidade e que ela jamais vai ser alcançada na terra, mas somente no reino dos céus. Quando a gente vê hoje os militares ou o próprio Bolsonaro falando em Deus é porque isso faz parte do tronco do pensamento deles. Além disso, há uma crença na natureza humana, que também vem um pouco de Tomás de Aquino, e uma noção orgânica da sociedade, baseada na Teoria dos Sistemas, segundo a qual a sociedade tem uma organização sistemática, esse sistema tem um objetivo e para ele ser atingido os seus órgãos, as partes que compõem o todo, devem ser preservados". Ver: <https://www.sul21.com.br/areazero/2019/06/nos-vamos-ver-os-militares-na-politica-brasileira--por-um-bom-tempo-diz-pesquisador/> e <http://www.anpocs.com/index.php/encontros/papers/42-encontro-anual-da-anpocs/gt-31/gt31-17/11380--o-pensamento-politico-dos-militares-brasileiros-a-doutrina-de-seguranca--nacional-revisitada-1930-1985/file>.

4 Quanto à polêmica, assim relata: "Eu escrevi um artigo recentemente fazendo uma crítica a um ensaio do professor Costa Pinto, da Economia da UFRJ, que defendeu a existência de uma congruência ideológica dos olavistas com os militares a partir de uma doutrina do general Coutinho, um general da reserva que é muito ativo nas redes sociais. Ele faz uma série de críticas ao marxismo cultural e procura construir uma série de conceitos de algo que poderíamos chamar de anticomunismo do século XXI. O comunismo e o marxismo não morreram com a queda do Muro de Berlim, diz ele, e desenvolveram uma roupagem nova com o politicamente correto, o marxismo cultural, a ideia de direitos humanos e por aí vai. Isso estaria quebrando a coesão dos valores tradicionais da sociedade. Costa Pinto tomou algumas declarações do Mourão e do Villas Bôas dizendo que há um dissenso na sociedade que tem promovido a quebra da coesão nacional e que o politicamente correto está sendo usado contra essa coesão nacional. No meu texto, eu sustento que não tem nada a ver uma coisa com outra. A ideia de coesão interna vem muito mais da visão orgânica de sociedade, baseada na teoria dos sistemas, do que de uma suposta congruência com a doutrina do general Coutinho. Os militares não endossam o olavismo. Já tivemos vários episódios demonstrando isso. A crítica ao marxismo cultural não aparece no pensamento dos militares. Por serem realistas, eles não endossariam uma teoria dessas. O que eles têm em comum é a crítica ao sistema político em geral. Há, é

Porém, concordamos em parte com ambas as leituras no tempo e na história, mas, a despeito das controvérsias, a tese recente de Costa Pinto se sustenta ao resgatar em seu ensaio o posicionamento político de muitos membros dessa Ala Militar, e que, por hipótese, confere alguma influência que se faz presente na instituição, bem como entre vários outros oficiais da ativa e da reserva, embora seja arriscada sua generalização ao conjunto de seus membros, particularmente dada a lacuna de informações. Voltaremos a esse ponto, mas a estreiteza de visão desses militares sinalizados pode assim ser sintetizada, nas suas palavras:

> O que surpreende é que esses autores da extrema direita (da conspiração do "marxismo cultural") estão desenvolvendo os seus argumentos na década de 1990, logo após a queda do muro de Berlim e do fim da União Soviética, e consideram que os movimentos ativistas identitários pós-modernos seriam muito mais próximos do marxismo do que dos movimentos libertários (com forte vinculações com os liberais). Isso é no mínimo um erro metodológico acompanhado de anacronismo e de paranoia, pois a extrema direita, tanto alhures como aqui, acredita que as mudanças atuais não teriam sido de um movimento adotado pela própria sociedade, mas sim seria fruto do marxismo cultural que teria inoculado a bactéria dos valores comunistas, em especial do politicamente correto. (Pinto, 2019)

Retomando a linha de argumentação, percalços de várias ordens se seguiram até o final do mandato de Michel Temer e a eleição presidencial em 2018; algumas linhas a mais relacionadas aos militares merecem análise, sem a menor expectativa de esgotar essa introdução. Antes, vamos recuar no tempo e ao ano de 1989, quando ocorreu a primeira eleição presidencial pós-ditadura, vencida por um candidato jovem, de porte atlético, retórica moralista, Fernando

---

certo, uma certa convergência de valores conservadores. Os militares são uma instituição conservadora. O modelo de sociabilidade dos militares também desempenha um papel importante aí" (Weissheimer, 2019).

Collor de Mello, em tese, expressão também do novo, embora gestado nas entranhas do antigo regime, para recorrer a um conceito de Tocqueville. Prometia o então "caçador de marajás" acabar com a corrupção e debelar a crise econômica, e, sem rodeios, dizia que tinha somente *uma bala na agulha*. Arrogância era seu mote, humildade como expressão de sabedoria, para lembrar Aristóteles, não cabia em seu vocabulário e, aos poucos, mas sem maiores surpresas, apesar da retórica, seu governo passou a se assemelhar cada vez mais com o antigo que prometera substituir; ficou distante de negar a *velha política*, e sucessivos escândalos de corrupção e malversação de recursos públicos foram erodindo sua popularidade. Após dois anos de desgoverno, auxiliado ainda por graves denúncias em seu círculo familiar, adveio o *impeachment* do primeiro presidente eleito por voto direto após o fim do ciclo militar.

Comparações na história são inevitáveis: uma delas enfoca a questão dos militares, sendo forçoso reconhecer que o então presidente diminuiu a presença dos generais no primeiro escalão do governo e, de modo republicano, as Forças Armadas se mantiveram à parte das questões políticas, não se envolvendo nos meandros de sua queda ou sucessão. Talvez a memória não muito grata e recente da ditadura militar contribuísse com essa posição de cautela.

Após os desdobramentos políticos descritos sucintamente acima, a história apresentou, depois de trinta anos, um cenário em que é impossível não ser tentado a novas comparações, sinalizando mais uma vez para uma tragédia quase que anunciada, para lembrar a frase em epígrafe. Vamos por partes, e temos o cenário de 2019 e seus desafios a serem analisados.

Concretamente, os militares se manifestaram de forma ostensiva ao longo de 2018, entre eles, alguns oficiais da reserva encastelados no Clube Militar ou até mesmo alguns generais da ativa, individualmente, que, havia até pouco tempo, estavam nessa condição; bem como por meio de dezenas de grupos procurando intervir no debate político, aliás, a maioria somando a candidatura da chapa militar – Bolsonaro e Mourão. O próprio comandante do Exército, general Villas, atuou na linha de frente, trazendo à luz os fantasmas de uma intervenção militar, embora haja controvérsias (Pinto, 2019, p.21), já que sua atuação poderia ser vista na ocasião como manifestações bem mais dirigidas ao público interno. A despeito de o mesmo ter dado demonstrações de serenidade ao se manifestar com discrição contra o Estado de Emergência decretado pelo governo Temer, Villas teve uma manifestação reconhecida como um grave elemento de pressão e ingerência sobre o Supremo Tribunal Federal (STF), quando da polêmica decisão judicial que decidiu sobre a impossibilidade de o ex-presidente Lula disputar as eleições em 2018.

Bolsonaro: um novo tempo ou a volta do que já passou?

Certa vez, José do Patrocínio disse: "Somos um povo que ri, quando devia chorar"; decerto, essa citação é válida e expressa contemporaneamente um sentimento real de perplexidade ou hesitação que acometeu a maioria da população brasileira em 2018, e por várias razões, justificáveis ou não. E a política não fugiria mais uma vez dessa assertiva desafiadora aos militares; na verdade, a última eleição presidencial também demoliu teses aparentemente consolidadas sobre o amadurecimento político da sociedade e o processo democrático e eleitoral no Brasil. A principal veio à tona na disputa à presidência da República, tendo à frente um folclórico candidato capitão, medíocre intelectualmente, propondo uma agenda conservadora, para não dizer reacionária, em relação a várias pautas. Oriundo das fileiras do Exército, Jair Bolsonaro não contava com apoio da instituição, até porque nunca fora um bom militar, embora auferisse algum prestígio nos baixos escalões pela defesa de melhores soldos, sinalizando, inclusive, com um explosivo plano de ameaças de bombas nos quartéis do Exército. Processado por sua conduta e condenado por unanimidade por um Conselho de Justificação, é posteriormente absolvido numa polêmica decisão do STM, segundo algumas fontes, uma decisão mais política que técnica (Carvalho, 2018; Nogueira, Kiko, 2018a; Vaz, 2018; Egypto, 2011), leitura essa, recentemente, bem fundamentada no pioneiro trabalho biográfico de Carvalho (2019). É visto por seus pares como um péssimo oficial e um oportunista, opinião que já fora igualmente referenciada por um expoente do regime militar, o ex-presidente Geisel,[5] e também pelo ex-ministro e coronel Jarbas Passarinho:

> Ele é um radical e eu não suporto radicais, inclusive os radicais da direita. Eu não suportava os radicais da esquerda e não suporto os da direita. Pior ainda os da direita, porque só me lembram o livrinho da Simone de Beauvoir sobre "O pensamento de direita, hoje": "O pensamento da direita é um só: o medo". O medo de perder privilégios. [...] Ele irrita muito os militares também, porque quando está em campanha, em vez de ele ir ao Clube Militar, como oficial, ele vai pernoitar no alojamento dos sargentos (risos). Pra ganhar a popularidade dele. Quando eu fui ministro da Justiça, recebi a visita de uma viúva de um brigadeiro de quatro estrelas. Ela era pensionista, portanto. Sabe que a pensão dela, naquela ocasião, no governo Collor, era o que um cabo recebia na ativa? O Collor me autorizou a tentar fazer uma modificação daquilo, pra ter pelo menos um pouco mais de dignidade. Ele (Bolsonaro) me viu fazendo isso. Ficou calado, veio com a esposa dele lá do Rio (de Janeiro), e em seguida ele foi pra tribuna e deu aquilo como projeto de lei dele. Por aí tu vês qual é a pessoa. [...] Foi mau militar, só se salvou de não perder o posto de capitão porque foi salvo por um general que era amigo dele no Superior Tribunal Militar (STM). O ministro (do Exército), que era o Leônidas (Pires Gonçalves), rompeu com esse general por causa disso (em 1986, Bolsonaro liderou um protesto pelo aumento do soldo dos militares). Ele começou a se projetar quando aluno da escola de aperfeiçoamento de capitães. Deu uma entrevista falando dos baixos salários que nós recebíamos.[6]

---

5 Palavras do ex-presidente Geisel (D'Araújo; Castro, 1997, p.113): "Presentemente, o que há de militares no Congresso? Não contemos o Bolsonaro, porque Bolsonaro é um caso completamente fora do normal, inclusive um mau militar".
6 Noutra passagem, complementa: "Ele já teve um aborrecimento comigo. Um cadete meu, que depois foi paraquedista e fez parte da luta contra a guerrilha do

Apesar de seu potencial eleitoral ter chegado a um patamar significativo de 20% no início da campanha eleitoral em 2018, não foram poucas as análises que sugeriam seu esgotamento e limite; aliás, razões não faltavam para essa conclusão, afinal, havia outros candidatos de um arco reconhecidamente conservador, que, tal como ele, assumiriam a agenda de segurança (e corrupção), mote maior do candidato. Outra razão era seu despreparo em debater qualquer pauta de forma consistente, e que muitas vezes levava seus próprios apoiadores ao constrangimento, embora suas "pérolas" enriquecessem o anedotário político da imprensa, bem como a crítica de seus opositores. A própria fragilidade de sua aliança, aparentemente descolada de outras forças políticas mais significativas em seu próprio campo conservador, confirma essa tese, que, no limite, se traduziu em ter como vice-presidente – por falta de outras opções – um general, filiado a um nanico e inexpressivo partido, o Partido Renovador Trabalhista Brasileiro (PRTB), agremiação mais conhecida no meio político pelo folclórico presidente da sigla. Voltaremos a esse personagem em seguida.

Nesse meio-tempo, apesar desse significativo índice de opção de voto de 20%, havia poucos críticos à tese exposta anteriormente

---

Araguaia, Lício Maciel, que esteve à morte, uma guerrilheira atirou na boca dele... Quase foi o fim. E o Lício Maciel foi na conversa do Bolsonaro, que o levou para uma sessão (no Congresso). Ele entrou e levou o Lício, que foi na conversa dele e começou a dizer: '(José) Genoino, você tenha a coragem de dizer aqui na minha frente que foi torturado... Você mente! Você foi preso por mim, pelo meu grupo'. Depois eu soube, por uma mulher da esquerda, que ele (Genoino) confessou que lá ele não foi torturado, mas depois. Então, Bolsonaro submeteu esse rapaz a um vexame, porque ele entrou numa sessão do Congresso. Eu escrevi um artigo e mostrei a total imprudência e irresponsabilidade do deputado. Submeter um oficial brilhante, digno, que tinha exercido sua atividade contra a guerrilha sem nunca ter participado de uma violência física, e ao contrário, sofreu, para depois ser expulso de uma sala da maneira vergonhosa como foi!... Ele escreveu para o *Correio Braziliense* me metendo o pau. Era a primeira vez que ele tinha coragem, depois de tantos atritos. Ele (Bolsonaro) me insultou, dizendo que eu era um escondido da esquerda, um infiltrado, não sei o quê. E mais ofensas de natureza pessoal. O *Correio* não publicou. Ele ficou indignado. Eu não gosto nem de falar sobre ele, porque tudo isso vem à mente" (Nogueira, 2018).

sobre a real factibilidade da eleição de Bolsonaro; entretanto, a história trouxe suas armadilhas. Frente ao fato de estar em curso uma onda conservadora mundial, não seria de estranhar que ela chegasse também à América Latina, se é que já não estivesse operando havia algum tempo no Brasil; mas, à crise econômica e política, um fator aparentemente pouco avaliado de início, quiçá considerado, se somou ainda nesse cenário eleitoral a um outro dado: um particular sentimento antipetista (e estendido às demais esquerdas) bem trabalhado nas mídias, com um forte viés macarthista,[7] e que, por hipótese, foi identificado, e talvez com dimensão só comparável, com o comunismo nos Estados Unidos dos anos 1950. Contribuiu para o quadro de derrota, além da exploração de vários escândalos de corrupção, vista na história como uma particularidade dos governos do PT, uma agenda centralizada na *segurança* contraposta a uma *cidadã*, para não intitular, esta última, de civilizatória; mas, não bastasse, viu-se ainda a incapacidade das forças de esquerda e progressistas em construir politicamente uma alternativa democrática, a partir da expectativa de que o ex-presidente Lula, embora preso, pudesse vir a concorrer a mais uma eleição – o que não aconteceu.

Nessa polarização entre direita e esquerda, eivada em parte de um saudosismo dos tempos do regime militar, possibilitou-se a consolidação de uma candidatura conservadora com laivos reacionários, e que se refletiria numa campanha atípica em 2018, auxiliada por

---

7 Originalmente um movimento de forte teor anticomunista nos Estados Unidos entre 1950 e 1957, cujo expoente mais conhecido foi o senador Joseph McCarthy, o macarthismo esteve associado historicamente a acusações de traição. Teve por característica maior uma intensa campanha contra os comunistas e a União Soviética, particularmente reivindicando o patriotismo e definindo como bom americano o cidadão avesso a qualquer crítica ao sistema ou ao modo de vida capitalista, atribuindo essas características aos adversários políticos, em geral acusados de simpatizantes do comunismo. Não por outra razão, milhares de americanos foram expostos à execração pública e à perseguição de várias ordens, tendo carreiras destruídas, muitos perdendo os empregos, além daqueles que foram presos e submetidos a processos juridicamente questionáveis, que depois acabariam anulados. Sobre essa especificidade associando o comunismo ao antipetismo no Brasil, ver Motta (apud Bohoslavsky; Motta; Boisard, 2019, p.75 e ss.).

uma forte inserção dos segmentos evangélicos e uma militância reacionária valendo-se, com habilidade, de recursos inovadores como Twitter, WhatsApp e outras redes sociais, cujos financiamento e legalidade são objeto de questionamentos, inclusive estando sob investigação; bem como vazamentos seletivos de informações sigilosas por membros do Judiciário antes do primeiro turno eleitoral, alguns destes vindo a compor a equipe do futuro governo (Mello, 2018; 2018a). Apesar de desmentidos públicos iniciais, o prêmio por essa insuspeita parcialidade foi recentemente revelado por Bolsonaro, ao dizer que o juiz Sérgio Moro recebeu a promessa de uma vaga no Supremo Tribunal Federal dada por ocasião do processo eleitoral, cujos procedimentos processuais são agora postos mais uma vez em xeque quanto à lisura e confirmados após uma série de reportagens cujo conteúdo não foi negado pelos envolvidos, em particular um personagem muito afeito à visibilidade midiática, o procurador Deltan Dallagnol (Marreiro, 2019; Barcelos; Galvão, 2019; Konchinski, 2019; Filho, 2019).

Todavia, vistos ainda antes do escrutínio, e face à polarização decorrente, esses fatores foram decisivos para o resultado eleitoral, cuja pá de cal no resultado teve auxílio de uma facada desferida em Bolsonaro por um maníaco e que muito facilitou sua eleição, além de *justificar*, com esse argumento questionável, sua ausência do debate político nacional. São todos fatores que, somados de forma articulada ou casual, desembocaram nessa vitória; muito mais que uma vitória real, ampla e contundente como alegado pela chapa Bolsonaro, talvez tenha ficado mais próxima de uma *vitória de Pirro*;[8] não por

---

8 A expressão *Vitória de Pirro* é recorrente contemporaneamente, e sempre associada a uma vitória obtida a um alto custo; muitas vezes, com consequências danosas, noutras palavras, quase representando uma derrota; origina-se do Rei Pirro do Epiro, que, na ocasião da vitória sobre o Exército romano, especialmente a segunda, teria dito que, em caso de obter mais um sucesso como aquele, voltaria sozinho para casa, já que perdeu grande parte de seu Exército na Guerra Pírrica (280 a.C.-275 a.C.). Por analogia, a expressão também se apresenta à política bem como à economia e a outras áreas, como a literatura e a justiça, sempre associada a um prejuízo consequente à vitória. A título de ilustração, a 28ª fase da Operação Lava Jato foi batizada Vitória de Pirro (Nome..., 2016).

outro motivo, os dados finais das eleições merecem atenção, quiçá algumas considerações, mesmo que breves. A diferença de votos entre ambos os candidatos finalistas não foi tão significativa no segundo turno; inclusive pelo fato de o candidato derrotado, Fernando Haddad, ter tido um crescimento exponencial em bem poucas semanas de campanha, uma evidente ascensão na reta final. Importa também registrar que, nesta suposta e muito festejada *renovação política*, um terço da população não votou ou anulou seus votos, perfazendo, segundo dados do Tribunal Superior Eleitoral (TSE), 31,3 milhões de brasileiros que não compareceram para votar, dado ainda mais revelador por se configurar na maior soma de votos brancos e nulos desde 1989.⁹

Correlato a este cenário houve também várias surpresas com viradas eleitorais de última hora, e candidatos novatos, sem nenhuma tradição política foram eleitos para governador em São Paulo, Rio de Janeiro e Minas Gerais, e na Câmara dos Deputados, mais da metade dos parlamentares não conseguiram a reeleição, situação quase análoga vista no senado. De um terço das cadeiras em disputa, somente nove senadores conseguiram a reeleição, decepada que atingiu, inclusive, parlamentares históricos, alguns de reputação ilibada, vistos como exemplos que dignificam a atuação política. Entre algumas viradas eleitorais surpreendentes que aconteceram às vésperas do pleito, destaco Roberto Requião (MDB-PR); Miro Teixeira (Rede-RJ); Cristovam Buarque (PPS-DF), Eduardo Suplicy (SP), bem como a ex-presidente Dilma Roussef, candidata ao Senado por Minas Gerais (Calgaro; Mazui; Garcia, 2018; Senado..., 2018).

No bojo dessa onda conservadora que adveio com a eleição de Jair Bolsonaro em 2018, houve registro no TSE de 961 candidaturas

---

9 O candidato vencedor, Jair Bolsonaro, atingiu o percentual de 55,13% e 57.797.847 de votos; seguido por Fernando Haddad, com 44,87% e 47.040.906 de votos, de um total de votantes de 115.933.451. Há de se considerar, nesse universo, que foram 104.838.753 de votos válidos (90,43%); 2.486.593 (2,14%) de votos em branco; 8.608.105 de votos nulos (7,43%); e, por fim, 31.371.704 de abstenções (21,3%) (Mazui, 2018).

de representantes militares (número que salta para 1.137 quando somados, nesse conjunto, policiais civis) e que, segundo o Diap,[10] se refletiu nessa legislatura com um significativo número de 70 parlamentares eleitos ao Congresso Nacional, dos quais 9 senadores e 61 deputados, conjunto identificado como Bancada da Bala, cujas pautas advogam, além da maioridade penal, o fim das penas alternativas e a modificação do Estatuto do Desarmamento e da Criança e do Adolescente. O Diap ainda destaca o significativo crescimento desse grupo comparado à legislatura anterior, inclusive tendo em sua maioria parlamentares de um primeiro mandato (embora alguns nomes assim identificados não tenham sido reeleitos), com a bancada praticamente dobrada em número e mantendo a mesma posição crítica quanto aos trabalhos da CNV. O PSL abrigou a maioria, quase 60%, além de outros presentes no PP e no PR, e alguns poucos eleitos na Rede. Há vários parlamentares de origem não militar e policial, ou mesmo alguns reformados, que também se identificam com essa pauta.

O fenômeno também se expressou em disputas pelos Executivos nos estados, tendo 22 nomes a governador ou vice em algumas delas, com militares disputando o segundo turno, sem maiores surpresas, salvo o Rio de Janeiro, cujo eleito, além de juiz, teve uma passagem pela Marinha. A região Sudeste é que teve a maioria de militares eleitos – vale dizer, alguns com expressiva votação –, fenômeno visto em várias Assembleias Legislativas. Relacionados às corporações entre os eleitos, há dezessete policiais militares, quatro oriundos da Polícia Federal (três delegados e um escrivão), nove membros da Polícia Civil, um dos Bombeiros, quatro da Polícia Rodoviária Federal e, por fim, seis oficiais das Forças Armadas. Não é um grupo homogêneo, nem provavelmente será coeso, a depender da pauta específica relacionada a cada corporação, porém, sem dúvida, o resultado das eleições de 2018 pode ser visto como um retrocesso civilizatório,

---

10 Agradeço ao assessor parlamentar do Diap, Marcos Verlaine, pelo envio dos dados relacionados à matéria: Diap (2018); Rodrigues (2018); Gelape, Moreno e Caeser (2018); Na esteira... (2018); Candidatos... (2018); O fenômeno... (2018); Gonçalves (2018).

ameaçando conquistas na área de direitos humanos que já faziam parte da agenda brasileira ou abortando a possibilidade de retomada dos trabalhos da Comissão Nacional da Verdade; algo muito distante da pauta dos vencedores ou de sua conturbada agenda. E qual a razão? Talvez possamos recorrer a Max Weber, sociólogo alemão, e nos aproximarmos do conceito de *dominação* para uma possível explicação desse fenômeno, não antes de situar sucintamente a diferença entre PODER, conceito visto por ele como "a capacidade de oportunidade de impor sua própria vontade, no interior de uma relação social, até mesmo contra resistências, pouco importando em que repouse tal oportunidade"; e DOMINAÇÃO, cuja legitimidade, por sua vez, se apresenta pela "probabilidade de encontrar obediência a um determinado mandato, podendo fundar-se em diversos motivos de submissão". Weber opera em sua obra com três tipos de dominação: *racional legal, tradicional* e *carismática*, e mesmo sem desconsiderar outras possibilidades de apreensão, o recorte operacionalizado pelo *carisma* possibilita um diálogo para o entendimento do personagem e do processo eleitoral no Brasil, bem como sua apreensão na linha exposta, já que o princípio é pautado no postulado de que a obediência se baseia na dedicação afetiva a líderes com qualidades pessoais consideradas extracotidianas. Noutras palavras, o poder emana do indivíduo, ou pelo seu conhecimento intelectual, ou por talento, ou por crença, ou por feitos heroicos, e extingue-se com o indivíduo. Vamos a um breve resgate do conceito:

> A dominação carismática [se dá] em virtude de devoção afetiva à pessoa do senhor e a seus dotes sobrenaturais (carisma) e, particularmente: à faculdade mágica, a revelações ou heroísmo, a poder intelectual ou de oratória. O sempre novo, o extracotidiano, o inaudito e o arrebatamento emotivo [...] constituem aqui a fonte da devoção pessoal. Seus tipos mais puros são a dominação do profeta, do herói guerreiro e do grande demagogo. A associação é de caráter comunitário, na comunidade ou no seu séquito. O tipo que manda é o líder. O tipo que obedece é o apóstolo. Obedece-se exclusivamente

à pessoa do líder por suas qualidades excepcionais e não em virtude de sua posição estatuída ou de sua dignidade tradicional; e, portanto, também somente enquanto essas qualidades lhe são atribuídas, ou seja, enquanto seu carisma subsiste. Por outro lado, quando é "abandonado" pelo seu deus ou quando decaem sua força heroica ou a fé dos que creem em suas qualidades de líder, então seu domínio se torna caduco. (Weber, 1981, p.134-135)

A primeira expressão do *carisma*, em Weber, é a do *grande guerreiro ou herói guerreiro*, que não cabe a Bolsonaro; apesar de sua retórica belicosa e de valentia, especialmente contra as mulheres (Nogueira, Kiko, 2018a; Souza, 2014), é opinião corrente, inclusive entre seus pares da caserna, e mesmo enquanto expressão militar no Congresso, que não se pode contar com Bolsonaro, porque "é um caso completamente fora do normal, inclusive um mau militar" (Geisel, 1997, p.113). A do *sacerdote* ou *profeta*, menos ainda, a despeito de sua postura religiosa conservadora, para não dizer oportunista; mesmo se dizendo católico, aceitou ser batizado por pastores evangélicos (Remigio, 2018), além do fato de ter defendido, com fervor, valores familiares conservadores em campanha, esquecendo-se, porém, de mencionar publicamente que teve duas famílias. Postura que lhe rendeu dividendos eleitorais, já que esse segmento evangélico votou maciçamente em Bolsonaro, e foram votos decisivos na sua eleição (Diniz, 2018), influenciando ainda suas agendas de campanha e, atualmente, de governo. Por fim, a terceira, e que concerne uma explicação, é a do *demagogo*, expressão corrente que o encontra na companhia de outras figuras correlatas no Brasil, como Jânio Quadros, Adhemar de Barros, Fernando Collor. Essa é uma possibilidade de análise que traz mediações e explicações bem fundamentadas, além de abrir outras possibilidades de análise.[11]

---

11 Como sugere a recente pesquisa da antropóloga Rosana Pinheiro-Machado, intitulada "Da esperança ao ódio: política e pobreza do lulismo ao bolsonarismo", ainda não publicada – ver entrevista em Borges (2019); ou o recente livro de Flávio Henrique Calheiros Casimiro (2018).

Porém, é *mito* para uma parte de seus seguidores, dispensando maiores adjetivos ou qualificações; independentemente da *demagogia* enquanto expressão de *dominação* como a posta em Weber, vale dizer que muitos desses seguidores são tão fanáticos que incorporaram esse carisma num nível próximo de uma identificação doentia ou messiânica. Não compõem a maioria de seus eleitores, felizmente, mas decerto representam um grupo fiel, belicoso e fanático, tão obtuso politicamente, que, ao serem confrontados a críticas de articulistas conservadores, alguns desses representantes, reconhecidos como de direita (e com laivos de arrependimento de uma anterior e virulenta retórica antipetista), são insultados nas redes e rotulados de comunistas, quando não agredidos fisicamente.[12] Para os demais eleitores, seguramente, o voto foi uma aposta, ou talvez, o deram por se sentir reféns de uma histeria coletiva arquitetada enquanto protesto; muitos já se arrependeram, afinal, o candidato em si se revelou bem antes do presidente, ou nunca assumiu de fato essa posição ou condição de ser um dignitário, ou melhor, expressão de um *chefe de Estado*.

O personagem Bolsonaro, no entanto, dispensa maiores apresentações quanto a essa aproximação, afinal, é um parlamentar de várias legislaturas e poucos projetos aprovados, bem mais identificado no Parlamento com o *baixo clero*, diante de sua residual expressão política. Além do fato de se situar na extrema direita, sua maior característica pública é ser portador de uma retórica moralista e preconceituosa, para não dizer racista, homofóbica, xenófoba, machista e misógina (Bolsonaro..., 2017; Bolsonaro, 2011; Sou..., 2018; 100..., 2016; Vitor, 2015; Xenofobia..., 2019; Azevedo, Rita, 2019; Pompeu, 2017; Franca, 2014; Deputados..., 2019; Campos, 2018), atuando na defesa da liberação do porte de armas, ou com uma agenda mais pautada em um *discurso de ódio* contra os *direitos humanos*, bem presente em toda sua trajetória, que suavizou na campanha eleitoral (Discurso..., 2018; Fogliatto, 2019; Paulo..., 2018; Marchao,

---

12 Diogo... (2019); ver também o recente ensaio de Motta (apud Bohoslavsky; Motta; Boisard, 2019, p.75 e ss.).

2019a). Mas por pouco tempo: logo voltou às suas origens, já na condição de presidente, esquecendo o *decoro* do cargo, quando divulgou um vídeo obsceno, para não dizer pornográfico, de um episódio ocorrido no Carnaval associando-o à postura do cidadão comum ou enquanto expressão de uma representação coletiva;[13] ou até reacendendo o debate sobre a misoginia ao afirmar que, para tomar decisões, consulta todos os seus ministros, "até a Damares [Alves]" (Sahd, 2019), sua ministra; ou sobre o racismo e o preconceito, ao ordenar a retirada do ar de uma peça publicitária do Banco do Brasil a favor da diversidade; ou demonstrando total insensibilidade e cegueira quanto à crescente miséria ao dizer que "falar em fome no Brasil é mentira" (Amparo, 2019; "Falar...", 2019; Cerioni, 2019).

Portanto, não surpreendeu que o seu total despreparo para ocupar a presidência fosse reconhecido por muitos analistas e acadêmicos, nem que fosse objeto de preocupação a sua expectativa enquanto presidente de vir a *endireitar o Brasil*, leitura não somente auxiliada por suas limitações intelectuais: comprovável sempre que era instado a emitir uma opinião, fora a sua estreita visão de mundo. Apesar de enxergar o *espectro* da esquerda em qualquer crítica que lhe é dirigida e pregar sua destruição, posição correlata historicamente do fascismo, chegou a afirmar, em sua posse, que iria "livrar o país do socialismo" [sic]; embora, antes, tivesse manifestado publicamente sua admiração por Hugo Chávez, "uma esperança para a América Latina" (Lopes, 2017). Recentemente, esteve afinado com a política intervencionista americana na Venezuela, posição que preocupou os militares brasileiros, receosos das consequências de uma guerra em nossa vizinhança (Fernandes, Leonardo, 2019; Bolsonaro..., 2019b) e de seus desdobramentos no continente. Por fim, suas posições ideológicas constrangem até mesmo seus pares europeus mais extremados, a destacar a crítica de Marine Le Pen na

---

13 Fato agravado por sua subsequente indagação pública sobre o significado de *golden shower*, com repercussões negativas internamente, inclusive de seus apoiadores, mas também em âmbito internacional (Bolsonaro..., 2019a; Após postar..., 2019).

França;[14] ou quando, após tecer elogios às torturas e crimes do regime militar, suavizou a figura de Hitler na história, chamando-o de grande estrategista e minimizando o Holocausto; Bolsonaro também teceu generosos elogios ao ditador Alfredo Stroessner, um governante pedófilo e corrupto, de triste memória, que, em seu governo, transformou o Paraguai num santuário de nazistas (Nogueira, Davi, 2018; Carneri, 2019).

O companheiro de chapa a vice-presidente, o general Hamilton Mourão, era até então um soldado profissional e desconhecido fora da caserna, cuja biografia política começou a ser percebida nos estertores do governo Dilma ao sinalizar para possibilidade de um golpe militar. Há muitas convergências entre Mourão e Bolsonaro; ideologicamente, o primeiro também se situa em um arco de extrema direita, cujos posicionamentos, em várias manifestações políticas, já eram vistos mesmo antes de sua oficialização como candidato a vice-presidente, de caráter reconhecidamente golpista ou pautados por rompantes laudatórios ao golpe de 1964 e ao regime militar – incluindo elogios ao Coronel Carlos Alberto Brilhante Ustra, um torturador reconhecido e condenado pela justiça (Nassif, 2017; General..., 2018a; Borges, 2017; Suhet, 2018; Bolsonaro..., 2018a; Tartuce, 2015; Santiago, 2012; Cordeiro, 2018). Não foi punido na ocasião e, após a sua ida à reserva, disputou eleição do Clube Militar e fez da instituição um púlpito que o avalizou publicamente para compor a chapa de Bolsonaro, conquanto não fosse o preferido do candidato a presidente.[15] A rigor, começou a revelar suas reais intenções pouco depois da posse e, de posse da confortável posição de ser o único membro do governo indemissível pelo presidente, veio se somar à história republicana como mais um na tradição de vices com perfil complicado e problemático, eleitos já tendo desavenças ou

---

14 Disse numa entrevista: "Bolsonaro diz coisas desagradáveis, intransponíveis na França" (ver Marine..., 2018a).
15 Suas opções indicavam preferência por outro militar, o general Heleno, ou mesmo pela advogada Janaina Paschoal; depois, manifestou publicamente que seria o príncipe seu candidato a vice (Andrade; Mattos, 2018; Ciscati; Mello, 2018; Vice..., 2018b; Mourão..., 2018a).

incompatibilidades com o titular da cadeira presidencial antes mesmo de eleito; entre esses antecedentes, destacam-se Café Filho, João Goulart, Itamar Franco, Michel Temer, entre outros. Voltaremos a esse personagem ao final.

Direita, volver... mas para onde?

Não obstante essas considerações, diriam os franceses do antigo regime, *rei morto, rei posto*: empossado o novo governante, não demorou mais que poucas semanas para que ficasse evidente a diferença entre seu projeto de governo – se é que havia, salvo o da ala militar, cujo plano de poder parecia bem articulado ao qual o vice-presidente seria o expoente público – e o governo anterior. A realidade, no entanto, começou também a impor uma agenda, e vale uma pitada de tradicional sabedoria política aprendida não somente dos clássicos da teoria política relacionada aos riscos e acertos do exercício do poder como também dos próceres do antigo PSD mineiro, raposas políticas da velha cepa que ainda se fazem presentes na história com uma frase: "Política é como nuvem, um dia está de um jeito, e no outro dia, de outro". Ou talvez, melhor ainda, um clássico do pensamento político, dada a falta de *virtù*, lembrando um conceito muito caro a Maquiavel quanto ao exercício da boa política e no trato da coisa pública, ausente logo no início do mandato, se some ao imponderável da *fortuna*; a partir desse pressuposto, a dúvida a respeito de quem de fato estava à frente do governo ou era o poder de fato.

Concretamente, o significado da presença de ter um capitão e um general à frente do governo denotava, para muitos setores da sociedade, a volta dos militares ao poder; Bolsonaro manteve o precedente criado por Temer e nomeou um general para o Ministério da Defesa, além de oficiais designados para outros cargos, a maioria generais da reserva, dando fundamento à tese. Ainda assim, várias fontes militares também demonstravam certa preocupação com o envolvimento da instituição – Exército – nessa equação, muito mais pelo receio das consequências futuras que poderiam advir, tendo em vista a não muito remota lembrança da era de torturas do regime militar. Preocupação que encontra fundamento numa pesquisa do Instituto Brasileiro de Opinião Pública e Estatística (Ibope), que revelou queda de 13 pontos na preferência por governo militar, quando ainda não havia sido sequer finalizado o primeiro semestre da administração, quadro seguramente agravado pelo crescente declínio da popularidade de Bolsonaro vista numa segunda pesquisa, esta produzida em parceria por Instituto MDA e Confederação Nacional do Transporte (CNT) (Toledo, 2019; Andrade, H., 2018). São pontos relacionados diretamente ao eixo de nossa reflexão, que deixam no ar uma pergunta: qual seria o eixo nacionalista ou patriótico propagado na campanha e expresso no slogan *Brasil acima de tudo*?

Em que pese a existência de muitos militares nesse governo, aliás, em número crescente e pouco visto anteriormente, mesmo comparado a administrações dos generais pós-1964, muitos deles ocupando cargos em áreas sensíveis não necessariamente limitadas ao primeiro escalão (Valente, 2019a; Neves, 2019), não há proximidade com nenhum projeto nacional ou patriótico que Bolsonaro reivindique ou sugira enquanto analogia às posições nacionalistas históricas dos militares; isso é criticado por acadêmicos na sociedade civil, a destacar o recente manifesto *Defesa Nacional Ameaçada* (Estudiosos..., 2019; Pesquisadores..., 2019). Antes, é importante sinalizar que no governo Lula, a despeito de este não haver tocado em um item central na formação dos militares, *a alteração curricular* (proposta elaborada pelo então ministro da Defesa, Nelson Jobim, e reafirmada depois enquanto recomendação pela CNV), foi no seu mandato que houve uma ampla política de valorização salarial dos militares, bem como de reequipamento das Forças Armadas, haja vista o desengavetamento e a retomada dos projetos estratégicos, especialmente após a quase aniquilação da Indústria Nacional de Defesa vista no governo Fernando Henrique Cardoso. Em artigo recente, a atual deputada Gleisi Hoffmann escreveu sobre este ponto, e não houve nenhuma contestação aos dados apresentados:

Para cumprir esses objetivos, o orçamento da Defesa (incluindo as três Forças) passou de R$ 33 bilhões para R$ 92,3 bilhões nos governos do PT. Segundo o respeitado Instituto Internacional de Pesquisas da Paz de Estocolmo, o gasto militar brasileiro passou de US$ 15 bilhões em 2002 para US$ 25 bilhões em 2014 (dólar médio de 2015). Ou seja: um país que há 150 anos não tem conflitos de fronteira passou a ocupar a 11ª posição em investimentos militares no mundo (em dois anos de golpe já perdemos três posições e desde fevereiro o Exército voltou a reduzir o expediente por corte de verbas). Iniciamos a construção do submarino nuclear, submarinos convencionais, navios-patrulha e mísseis antinavios. Renovamos a frota de helicópteros, investimos R$ 4,5 bilhões para a Embraer desenvolver o cargueiro KC-390, um sucesso mundial, e contratamos os caças Grippen, escolhidos pela Aeronáutica por critérios técnicos, com transferência de tecnologia. Contratamos o Satélite Geoestacionário de Defesa e Comunicação Estratégica, para garantir a soberania nas telecomunicações, os blindados Guarani e os fuzis IA2, fabricados no Brasil. (Hoffmann, 2019)[16]

Aliás, Bolsonaro, noutra linha, chegou a afirmar publicamente que a "Amazônia não é nossa"; e propôs a abertura econômica da região aos Estados Unidos, chegando a considerar autorizar a instalação de uma base americana em território brasileiro; mas não somente, criou também desconforto aos militares brasileiros ao abrir um precedente concordando com a presença de militares israelenses no Brasil quando da tragédia de Brumadinho, cuja intervenção na área foi pouco efetiva, quiçá nula, embora, ao final, tenham sido condecorados com a Ordem Nacional do Cruzeiro do Sul (Éboli, 2019a; Bolsonaro..., 2019c; Bolsonaro..., 2019d; Brum, 2018). Soma-se a essa política antinacional a possibilidade de privatização da Petrobras e a venda da Embraer, ou mesmo a possibilidade de aceitar a presença de um general brasileiro enquanto vice no Comando Sul

---

16 Em audiência pública, a deputada levantou mais uma vez a questão e não houve contestação ao exposto (Pereira, 2019).

dos EUA, vista por alguns analistas, e mesmo por um ex-ministro da Defesa, Celso Amorim, como incompatível com a política nacional de Defesa (Bolsonaro..., 2019e; Gaier, 2019; Bolsonaro..., 2019f). Por fim, em sua viagem aos EUA, assinou um acordo de cessão da Base de Alcântara, aliás, célere para os padrões diplomáticos, cujos dispositivos encontram vários óbices ao emprego dos recursos auferidos no Programa Aeroespacial, como bem conclui Eurico Lima Figueiredo, diretor do Instituto de Estudos Estratégicos (Inest) da Universidade Federal Fluminense (UFF), e tem por significado maior

a submissão do Brasil aos interesses dos EUA. O setor aeroespacial hoje é uma das grandes questões da soberania dos países. Quando se tem lançadores próprios, um país tem condições de ter soberania da sua rede própria de comunicações; nós não temos e não vamos ter. (Pimentel, 2019)

Inegavelmente, quando se resgata o conceito de soberania nacional, muito caro aos militares, qualquer que seja sua amplitude face à abordagem conceitual dada pelos vários clássicos da ciência política, temos um atentado a esse princípio enquanto pressuposto a ser considerado nesse tratado, correlato a iniciativas danosas à soberania brasileira anteriores tentadas desde o governo FHC. Mas tudo indica que houve ou há em curso pressão de alguns militares nesses ministérios ou nas Forças Armadas contrária a algumas dessas iniciativas ou manifestações; além da péssima repercussão dessas propostas junto a caserna, ocorreram alguns recuos, como quanto à instalação de uma base americana, visto como "caso de um menino fraco que chama o amigo forte para enfrentar os valentões da rua", palavras de um oficial general (Para militares..., 2019), confrontando, ainda nos bastidores, as políticas de venda do patrimônio público.

Não obstante, persiste a dúvida: em que medida esses generais não seriam caudatários, ou se pelo menos alguns deles podem ser identificados como herdeiros daquele grupo entreguista e golpista contrário ao *monopólio do petróleo* ou à *internacionalização da*

Amazônia nos anos 1950, além do frágil compromisso demonstrado por alguns deles com a democracia. Somam-se ainda um terceiro componente, o núcleo familiar, e alguns ministros civis identificados como o núcleo duro do bolsonarismo, vistos, do mesmo modo, como o seu *calcanhar de aquiles*. Razões não faltam, e sinais públicos de um aparente desgoverno, ou mesmo questionamentos, ou reflexos nessa linha por vários atores sociais e políticos saltam aos olhos, bem como emerge, a todo momento, a lacuna sentida quanto a um projeto nacional (talvez salvo pelo vice-presidente e pelos militares, como veremos em seguida), inclusive, visto na presença anódina do presidente em Davos.

Naquele palco do grande capital, mais uma vez nada disse de consistente ou soube se apresentar a contento, nem utilizou o tempo a que tinha direito, sendo objeto de chacota em vários jornais do Brasil e na imprensa internacional (Stumpf, 2019; Reinaldo..., 2019; Imprensa..., 2019; "Jair...", 2019). Nada muito diferente da posterior visita aos Estados Unidos, ou em conversas com empresários e investidores, tendo sido ridicularizado pela imprensa americana por grotescas manifestações, não somente decorrentes das muitas escorregadelas na linguagem, como também pela forma como lidou com temas sensíveis, como o assassinato de Marielle Franco, entre atentados à geografia (confundiu Washington com a Disney), bem como demonstrações de subserviência, ao dizer que "o povo americano, os Estados Unidos, sempre foi inspirador para mim e grande parte das decisões que tomei". Nessa linha, isentou os cidadãos americanos de visto de entrada no Brasil (sem exigir reciprocidade aos brasileiros na via inversa), e manifestou apoio à construção do muro idealizado por Donald Trump, desconsiderando que os EUA são um país formado por imigrantes, sob a justificativa de que a maioria deles "não tem boas intenções" (Resende, 2019; Amaral, 2019a; 2019b; Souza, 2019a; Mídia..., 2019; Washington..., 2019; Faiola, 2019).

Constrangimentos quanto a esses posicionamentos foram do mesmo modo partilhados por diplomatas, jornalistas, acadêmicos, entre outros setores da sociedade brasileira, e o presidente passou a ser visto como a expressão maior do *complexo de vira-lata*, como aludiu certa vez o teatrólogo Nelson Rodrigues. Um cenário bem exposto pelo editorial de um jornal reconhecidamente conservador, *O Estado de S. Paulo*, que sintetizou com um conceito mais sofisticado a sua vergonhosa política, e que, tendo em vista a luta contra o comunismo, punha o Brasil deliberadamente como *subalterno* na sua relação com os Estados Unidos (Brasil..., 2019; Schreiber, 2019; Amorim, 2019; Bagatini, 2019; Azevedo, Reinaldo, 2019a). Numa posterior viagem ao Chile, os constrangimentos não foram menores, despertando a ira de setores civis da sociedade chilena quando Bolsonaro elogiou Augusto Pinochet; centenas de manifestantes foram às ruas em protesto causando conflitos, e houve também o repúdio por parte de parlamentares. Até o anfitrião, o presidente do Chile Sebastián Piñera, igualmente de direita, não escondeu, na ocasião dessa visita, seu desconforto, classificando as frases do mandatário brasileiro como "tremendamente infelizes" ("Frases...", 2019; Colombo, 2019).

Por fim, em visita a Israel, gafes não foram diferentes das anteriores, somando-se a outros constrangimentos, alguns até evitáveis, mas que não pouparam sua imagem e a do país. Bolsonaro corroborou, por exemplo, uma ridícula manifestação do chanceler brasileiro (que será retomada em seguida) ao afirmar, no Memorial do Holocausto, que o nazismo era um movimento de esquerda, o que lhe rendeu não poucas críticas em Israel e na Alemanha por mais essa fraude intelectual. Entre outras admoestações de acadêmicos e políticos no Brasil, houve, entre elas, uma pública, por parte de seu vice, o general Mourão, além de ter sido confrontado na imprensa com a classificação temática operacionalizada nas bibliotecas do Exército, que classifica o nazismo como de extrema direita.[17] Pouco tempo de-

---

17 Perguntado se concordava com a opinião do chanceler Ernesto Araújo, de que o Partido Nazista de Hitler havia sido um movimento de esquerda, Bolsonaro respondeu: "Não há dúvida. Partido Socialista, como é que é? Partido Nacional-Socialista da Alemanha". Some-se ainda a tudo isso, na ocasião de uma visita a Israel, uma desastrada, para não dizer irresponsável, frase de um dos filhos do presidente, senador, em resposta a uma crítica do Hamas a respeito do novo posicionamento brasileiro quanto à causa palestina, em tudo distante de

pois, retomou mais uma vez a polêmica declarando, a um grupo de evangélicos no Brasil, que é possível "perdoar o Holocausto", manifestação logo seguida de mais uma constrangedora retratação pública e pitadas de desculpas ao governo de Israel (Em carta..., 2019).

No campo de apoio ao governo entre as demais forças políticas internas, Bolsonaro, antes mesmo de iniciar seu mandato, já demonstrava seu despreparo com a escolha de ministros e auxiliares, alguns convidados e, em seguida, desconvidados, outros demitidos antes mesmo de tomar posse (Mattoso, 2019a; Primeira..., 2019; Mozart..., 2018; Bolsonaro..., 2018b), tudo compondo o quadro de uma tragédia anunciada. Propostas ou iniciativas de aparentes avanços de uma nova ordem foram seguidas de recuos, como a não extinção do Ministério de Trabalho, tendo ainda reflexos negativos na economia em face à liberalização ou à abertura de importação de leite dos países europeus e mesmo da distante Nova Zelândia, associados a ácidas críticas à China, ignorando esta como maior parceiro comercial do Brasil, especialmente na exportação da soja.[18]

Protestos de setores políticos e empresariais e mal-estar à parte, seguidos de alguns recuos retóricos, as consequências políticas e comerciais ainda não estão devidamente contabilizadas na balança comercial; são exemplos de iniciativas ou manifestações políticas desastradas algumas anteriores à posse. Duas delas já apresentam

---

uma tradição conciliatória que caracterizou a diplomacia brasileira: "Quero que vocês se explodam". Logo em seguida, retirou a frase da rede, mas suas consequências são difíceis de avaliar junto ao explosivo grupo e no mundo árabe (No Memorial..., 2019; Castilhos, 2019; Flavio Bolsonaro..., 2019; Godoy, 2019a).

18 O Império do Centro, como a China é historicamente conhecida, não mandou recado, e alertou com veemência o presidente sobre os procedimentos diplomáticos que devem permear relações bilaterais entre ambos os países, quase lembrando que a política externa a ser conduzida entre diferentes regimes políticos deveria, no mínimo, ser pautada pelo *pragmatismo responsável*, recorrendo à postura do então presidente Geisel (responsável pelo reatamento das relações com a China, após rompimento em 1964), além do alerta ao presidente para não ficar refém da postura do candidato. Não ficou somente na retórica e, de imediato, em resposta ao rompante do eterno candidato, cancelou um acordo de compra de soja, optando por adquirir o produto em outro mercado, o dos Estados Unidos (Magnoli, 2019; Após posicionamento..., 2019).

significativo impacto social e econômico no período de transição. A primeira, o questionamento da presença e da validade dos diplomas dos médicos cubanos, que levou à retirada destes do país, deixando mais de 700 municípios descobertos nessa área, noutras palavras: mais de 3 milhões de brasileiros ficaram sem assistência médica (Mais..., 2018; Madeiro, 2019). A segunda adveio da frustrada mudança da embaixada do Brasil, de Israel para Jerusalém. Essas propostas contribuíram para o seu desgaste nos planos interno e externo, ameaçando a erosão de um capital político que todo governo aufere em início de mandato.[19] Suas consequências já se refletem em um importante setor econômico, um deles o agronegócio, agravadas pelo descaso no tratamento da questão ambiental nas queimadas e incêndios na Amazônia. Por fim, somam-se a essa linha de descontentamento ruídos recentes e crescentes da Frente Parlamentar da Segurança Pública, mais conhecida como Bancada da Bala, haja vista os sinais de autonomia, quiçá de afastamento do governo de vários de seus integrantes, cenário agravado mais recentemente pelo descumprimento de acordos de campanha com os praças e policiais relacionados à questão da previdência.[20]

---

19 Correlata ao plano político, e com inevitáveis consequências econômicas, esta última remete ao fim da *lua de mel* com a bancada evangélica, o fiel da balança eleitoral e responsável por algumas das propostas assumidas pelo candidato, entre elas, a delicada questão sobre a mudança da embaixada para Jerusalém. A bancada deixou explícito que seu apoio político estava condicionado ao cumprimento da promessa, e deu recado público de sua independência em relação ao governo; uma relação muito provavelmente agravada pela rendição do presidente à real política em sua posterior visita a Israel e trocar a promessa de transferência da representação diplomática por um *escritório de representação*. Não se sabe por quanto tempo nem como será equacionado o crescente ressentimento com esse grupo, ou se essa política, intitulada de Jabuticaba Diplomática, que visa agradar gregos e troianos, no caso, evangélicos, israelenses, americanos, sem desagradar os países árabes, vai ser bem-sucedida e trazer, de fato, frutos (Turtelli; Haubert, 2019; Bolsonaro..., 2019g; Gielow, 2019a; Galiotto, 2019; Ao menos..., 2019).

20 Concretamente, o setor agropecuário é o que sofre as consequências primeiras com a perda de tradicionais mercados, e não somente com a soja para China, mas também com o corte da exportação de frango para os demais países do Oriente Médio ou a política de leite citada; por essa razão, manifestou

Além dessas tensões que emergiram pública e rapidamente logo após sua posse, muitas ainda no primeiro semestre, todas atreladas a confronto de frações de classe no plano interno, articularam-se ao conjunto, além dos devaneios e da desarticulação na política, as propostas econômicas ultraliberais e tecnocráticas de Paulo Guedes, vistas como descoladas pelos compromissos assumidos pelo candidato, muitas em contradição com os interesses de alguns setores econômicos e distanciadas de uma política externa consequente. Além da perda de mercado e empregos, ainda não totalmente previsível a médio prazo, talvez o reflexo maior, conjuntamente com as razões que serão elencadas na continuidade dessa reflexão, seja o surpreendente decréscimo de sua popularidade, como ressaltado, nada visto em um presidente com tão pouco tempo de mandato (Oliveira, Thais Reis, 2019a; Popularidade..., 2019). Isso pode ser visto pela baixa adesão a uma convocação às ruas em 26 de maio de 2019 em apoio ao seu governo por seus partidários (Faria, 2019a; Ramalhoso, 2019).

A *anomia* como norma: quem é poder de fato?

Na perspectiva de *anomia*, vê-se a surpreendente e rápida erosão do capital político do presidente, ainda no primeiro semestre de mandato, cujo agravamento também pode ser visto na composição ministerial a exemplo de duas áreas sensíveis do Estado, com reflexos diretos na sociedade. Entre os ministros nomeados ao primeiro escalão do governo, Ernesto Araújo, nas Relações Exteriores, e Ricardo Vélez, no Ministério da Educação (MEC), ambos indicados por Olavo de Carvalho, *filósofo brasileiro*, segundo seus seguidores,

---

desconforto, para não dizer arrependimento, por apoiar Bolsonaro. Publicamente, chegou a ensaiar-lhe críticas e sinalizar um possível afastamento dele, segundo o presidente da Sociedade Rural Brasileira. Mais recentemente, soma as críticas a liderança do rei da soja, o ex-ministro e governador Blairo Maggi (Agronegócio..., 2019; Militão, 2019; Muller, 2019; Mazieiro, 2019; Zaia, 2019; Teixeira, 2019).

ou Bruxo da Virginia,[21] mais adequado, como sugere um articulista insuspeito de suas posições em um campo antípoda à esquerda (Magnoli, 2019), e que consagra sua sapiência ao defender teses *inéditas* sobre uma Terra plana, no que foi contestado publicamente e com indignação, para não dizer constrangimento, por quem viu o planeta do espaço, o ministro astronauta do governo, Coronel Marcos Pontes (Olavo..., 2019a; 2019b; 2019c; Marcos..., 2019; Fellet, 2019; Miguel, 2019).

Talvez ele possa ser mais bem caracterizado como Rasputin tupiniquim, dada a influência política, para não dizer intimidade com o clã Bolsonaro, a nova *família imperial brasileira*, a despeito de sua origem plebeia, como assim sinalizou o ex-presidente Fernando Henrique Cardoso (Clã..., 2019). Um aspecto que não pode ser desconsiderado, tanto é que, em sua primeira viagem oficial aos Estados Unidos, Bolsonaro o encontrou antes mesmo do próprio presidente norte-americano Donald Trump (Amaral, 2019c) – tendo ainda a presença do guru de ambos, Steve Bannon –, demonstrando mais uma vez sua subserviência ao Império, ao realizar uma *visita surpresa* à Agência Central de Inteligência (CIA).[22] Coerência não faz parte de sua trajetória ou de seu vocabulário, não sendo capaz de manter um civilizado diálogo nas polêmicas em que se envolve, mesmo entre seus pares e apoiadores; recentemente, Carvalho voltou suas

---

21 Confortavelmente instalado a milhares de quilômetros de distância do Brasil, em residência nos Estados Unidos, o personagem Olavo de Carvalho é mais conhecido pela verborragia com que destila seus argumentos pobres ou mesmo carentes de fundamentação, a despeito de menções, aqui ou acolá, de clássicos em suas falas, que denotam, sobretudo, desonestidade intelectual. Mas não só isso. Além de não esconder simpatias pela monarquia, ou de defender um discurso moralista familiar, ora católico, ora muçulmano, chegou a ter três esposas simultaneamente, segundo relato de sua filha (Carvalho, Cleide, 2019).

22 Segundo De Orte e Soares (2019): "Questionado diversas vezes, o Planalto havia afirmado que o presidente teria uma agenda privada. Participam da comitiva o ministro da Justiça e Segurança, Sergio Moro, e o deputado federal Eduardo Bolsonaro. O encontro também não constava na agenda oficial de Moro. A informação foi publicada no Twitter pelo deputado Eduardo Bolsonaro, que escreveu: 'Será uma excelente oportunidade de conversar sobre temas internacionais da região com técnicos e peritos do mais alto gabarito'".

baterias contra seus discípulos instalados no governo, entre eles os militares, dos quais nenhum foi poupado de adjetivos impublicáveis, uma característica de sua retórica que desafia a lógica (Motta apud Bohoslavsky; Motta; Boisard, 2019, p.92).

Um deles, o vice Mourão, entre outros oficiais que passaram a ser seu alvo, *traidores fardados*, segundo Carvalho, respondeu publicamente em tom de deboche com *beijinho*, gerando um crescente desconforto no círculo militar do governo com relação a *esse senhor*, forma como, inicialmente, se referiu a esse pretenso *guru* o até então influente secretário de governo, general Carlos Alberto dos Santos Cruz, complementando conclusivamente: um "desequilibrado" (Amaral, 2019d; General..., 2019a). A resposta veio na mesma medida, na forma de baixo calão que caracteriza o *guru*, com o agravante de ter sido respaldada pelo clã familiar, atingindo o conjunto de militares encastelados no governo, cuja reação, além de ameaças de demissão, pode ser sintetizada pelo general Vilas, que chamou o personagem de "Trótski da direita" ("Trótski...", 2019; Faria, 2019b). Após essa quebra de braço, houve a demissão do general Santos Cruz,[23] concluindo com uma amarga frase o significado do governo Bolsonaro: "um show de besteiras".

Pérolas à parte, são indicações que refletem também a dimensão intelectual equestre dos indicados pelo *filósofo*, como o ministro das Relações Exteriores, Ernesto Araújo, para citar um exemplo de área sensível aos militares. Contrariando setores militares, não bastou sua admiração por Trump, deificado e reconhecido por ele como o salvador do mundo; mas o incômodo devido à posição de subserviência do atual chanceler defendendo um *alinhamento automático*, uma política quase que *carnal com os Estados Unidos* (expressão que remete comparativamente à subserviência de Carlos Menem na Argentina), mas também vista na questão da Venezuela. Nessa linha de limitação intelectual, partilha da tese de que os problemas climáticos

---

23 Segundo a imprensa, por recusar a aprovar um projeto de R$ 400 mil mensais para programa de Olavo de Carvalho na comunicação oficial do governo, ideia capitaneada por um dos filhos do presidente (Santos..., 2019).

mundiais decorrem do *marxismo cultural*, e não se constrange em sua subserviência, como visto em uma solenidade de novos diplomatas, quando comparou Bolsonaro a Jesus Cristo. São opiniões vistas com desdém e levadas ao ridículo internacionalmente; Araújo, inclusive, foi eleito pela revista *Jacobin* "o pior chanceler do mundo" (Globo..., 2019; Souza, 2019b); houve muitos constrangimentos por quadros da respeitada instituição que está à frente, o Itamaraty, agravados ainda por manifestações estapafúrdias, se não desonestas histórica e academicamente, na defesa da tese de que o nazismo é um fenômeno de esquerda. A resposta aos críticos se dá na perseguição a diplomatas e desafetos, despertando ou revelando uma até então insuspeitada *vocação inquisitorial*, nas palavras do ex-chanceler Celso Lafer (Ernesto..., 2019; Chanceler..., 2019; Bilenky, 2019).

No caso da indicação do primeiro ministro da educação, Ricardo Vélez, um colombiano naturalizado brasileiro, a mesma dimensão equestre foi vista como no caso anterior: além de um admirador declarado da monarquia, Vélez demonstrou total despreparo à frente do ministério, assumindo a proposta de implementar a Escola sem Partido e desideologizar a instituição, cujo significado maior dessa política apresentada sem rodeios é implementar ideologicamente a *Escola de um Partido*, a do seu partido. Proposta conservadora, para não dizer reacionária; além disso, advogou a tese de que as universidades têm de ser para uma elite, somada à negação de golpe no Brasil em 1964, propondo, inclusive, a alteração dos livros didáticos escolares sobre este tópico, entre muitos outros, como uma política a ser seguida do MEC, tese essa exposta sem maior fundamentação, embora não surpreendente, já vista em algumas linhas em vários rompantes na campanha eleitoral de Bolsonaro.[24]

---

24 Pouco afeito a críticas, todas vistas por ele como de esquerda, Vélez demonstrou total falta de autoridade ao contrariar seu mentor, Olavo de Carvalho, sendo publicamente desautorizado por ele, ouvindo ainda que os integrantes do governo, seus discípulos encastelados em sua pasta, faziam parte de um "puteiro chamado Brasil", palavras dele, sugerindo-lhes a saída dos cargos do governo. Entre recuos ou alterações internas advindas de outras influências que não a sua, particularmente dos militares, não houve resposta ou contestação de sua

Sumariamente demitido por sua incompetência, é substituído por um obscuro personagem na área da educação, Abraham Weintraub, cuja maior qualificação revelada em seu currículo acadêmico não é a de docente, e sim a atuação, por duas décadas, no setor financeiro. Defensor confesso das ideias de Olavo de Carvalho (Agostini, 2019; Oliveira, Cida de, 2019), demonstrou sua singular erudição em audiência na Câmara ao se referir a Franz Kafka, um autor tcheco de língua alemã, como um tradicional prato árabe, *kafta*; talvez não tenha causado maior surpresa, dado o currículo, afiançar, pouco tempo depois da posse, a iniciativa de Bolsonaro em sustar qualquer apoio federal aos cursos de sociologia e filosofia, vistos como de pouco retorno produtivo à sociedade [sic] (Bolsonaro..., 2019h), seguida de um brutal corte de recursos às universidades brasileiras, medida sem paralelo em nossa história. Igualmente um adepto da monarquia tal qual seu antecessor, chamou de *infâmia* a república por ocasião das comemorações dos 130 anos da proclamação, e, por osmose, de *traidor* o marechal Deodoro; teve como resposta o repúdio de jornais em editoriais, um deles exigindo sua demissão, e a indignação de setores políticos, e mesmo a repulsa de alguns militares do Exército, estes se referindo a ele como *ministro da falta de educação*. Sem se desculpar, o ministro não recebeu da parte do presidente ou do vice nenhuma admoestação pelas ofensas à instituição da qual dizem se orgulhar de fazer parte (Em crítica..., 2019; Godoy, 2019b; Em português..., 2019); muito pelo contrário, teve solidariedade de

---

parte a essas colocações, e ainda ofendeu publicamente o povo brasileiro, ao dizer que, em viagens ao exterior, são ladrões e canibais, como se esse grupo majoritariamente de classe média e alta não fosse, em sua maioria, eleitor de Bolsonaro. Somou mais uma ao exigir que o hino nacional fosse cantado nas escolas e gravado em áudio a ser enviado ao seu ministério, e claro, sob a repetição do slogan da candidatura presidencial, o que em tese, se configura em crime. Além de responder a uma notificação judicial exigindo explicações, nada aconteceu e seguiu no cargo por mais um tempo; entre constrangedores pedidos de desculpas, somou outras pérolas, tantas que poderiam compor o anedotário político de sua presença no governo por muitas páginas (Ministro..., 2019a; Ministro..., 2019b; "O brasileiro..., 2019; D'Agostino, 2019; Dimenstein, 2019a; Fellet, 2019; Alucinado..., 2019).

um dos filhos de Jair Bolsonaro, Carlos, e de parlamentares do PSL. Outros tempos, seguramente.

Finalmente, polêmicas ou desastrosas declarações públicas relacionadas à ministra da Mulher, da Família e dos Direitos Humanos, Damares Alves, não saem do noticiário; além de ter reivindicado publicamente ser portadora de títulos de mestrado que, na verdade, eram inexistentes, expôs seus preconceitos com *críticas* à política de gênero ou à liberação sexual na Holanda; entre outras pérolas, aconselhou os pais de meninas a saírem do Brasil. Quanto aos militares perseguidos, afirmou em entrevista que tinha por objetivo pôr uma pá de cal nos processos de anistia, desconhecendo totalmente a magnitude e a complexidade da questão que envolve os anistiados ou os direitos humanos no tempo e na história:

> A legislação fala que a anistia seria em relação a um determinado período. As pessoas que sofreram as possíveis perseguições políticas já estão bem velhinhas. Ela vai ter que ser encerrada uma hora, porque é específica para um período. Acredito até que já estão apresentando emendas na Câmara e no Senado no sentido de que essa comissão tenha um prazo para ser encerrada. O que está acontecendo? Estamos tendo muito trabalho com pedidos de anistia que, na realidade, são indenizações trabalhistas. Estamos vendo ali que não é perseguição política. São questões trabalhistas. Essa comissão precisa caminhar para o encerramento. Nesse período todo que ela ficou aberta, deu tempo de todo mundo que se sentiu perseguido apresentar o seu pedido. [...] Uma coisa que eu vi muito na comissão é que ela começou a fazer produção literária. Gastou-se muito dinheiro com livros os mais variados possíveis. Livros em inglês, espanhol. E eu entendo que a comissão tinha um papel que era julgar se a pessoa era merecedora ou não, ou se ela seria anistiada ou não. Acabou que a comissão passou a executar projetos, e não é esse o papel dela. É uma comissão de julgamento. Comecei a observar que há alguns contratos que precisam ser revistos. Estamos pedindo uma revisão de todos os contratos. Uma análise de todos os contratos, e a CGU já mandou um técnico para cá. Não estou falando apenas da

concessão dos benefícios, mas de como a comissão gastou o dinheiro. (Prazeres, 2019)

Por fim, em consonância à nova orientação, claramente persecutória e partidarizada, houve a troca de reconhecidos e preparados membros da sociedade civil na Comissão de Mortos e Desaparecidos por militares e membros do PSL, entre outros componentes saudosistas do golpe de 1964, cujo preparo ou compromisso com a temática é questionável. Para alguns, o anistiado é o terrorista, e um deles, inclusive, defende, na linha de muitos expoentes do atual governo, a vinculação do nazismo ao socialismo [sic] (Biasetto; Leali, Cople, 2019; Bolsonaro..., 2019i; Bermúdez, 2019; Mattoso, 2019b; Nuzzi, 2019; Marchao, 2019b). Voltaremos a esse ponto e como *consagração* a mais sobre a Ministra, citamos sua manifestação no dia *Internacional da Mulher* (Prazeres, 2019), cuja fala que veio ao encontro do exposto junto ao grupo evangélico que representa; porém, uma decepção quando confrontada aos avanços dos últimos anos nesta área. É uma personagem que se caracteriza pelo total desconhecimento da agenda e preparo que deveria nortear a atuação à frente da pasta; embora a rigidez de seu discurso moralista tenha sido arranhada pelos elogios bem pouco discretos à beleza de um parlamentar na audiência pública na Câmara dos Deputados (Tajra; Quierati, 2019).

Conjuntamente com os demais ministros, alguns estão mais afeitos ao papel de pastores ou líderes messiânicos que ocupantes de cargos públicos com visão de estado. Mas vale dizer que não foram as únicas, soma denúncias bem graves e vistas como verdadeiros escândalos que vieram à tona, já que sete entre os 22 ministros nomeados estavam sob suspeitas, ou mesmo tendo processos ou sob investigação, algumas de maior gravidade, e que atingiria pouco tempo depois outros graúdos membros presentes no escalão maior de seu partido, o PSL, entre os quais 2 ministros, um deles afastado e não muito tempo depois, veio à público externar críticas e sua decepção.[25] Além desses

---

25 Duas delas quanto à utilização de laranjas na eleição, acusações relacionando o atual ministro do Turismo, Marcelo Álvaro e, nessa linha, também o ministro

escândalos; houve a descoberta de desvio de dinheiro público no círculo íntimo familiar do presidente; com acusações de corrupção, desvio de dinheiro contra seu filho Flávio Bolsonaro, resvalando inclusive em depósitos mal explicados na conta da primeira dama. A revelação relacionada a seu filho, a época deputado estadual, além de estar sob suspeita de enriquecimento estratosférico em pouco tempo e repasses de salários de seu gabinete na sua conta, veio à tona junto de ligações com as milícias do Rio de Janeiro. Vários de seus membros por ele homenageados trabalharam em seu gabinete, e que o aproxima de alguma forma, mesmo tangencial, com o assassinato da Vereadora Marielle Franco; fato ainda agravado por denúncias recentes ampliando essa controversa presença e ligação aos demais membros do clã familiar (Seabra, 2019; Seabra; Nogueira, 2019).

A esses constrangimentos nessa composição ministerial, vista por uns como *dança das cadeiras*, por outros como *caça às bruxas*, se somam denúncias ou à espera de investigação, ou anestesiadas em processos inconclusivos, e sem data-limite no horizonte para serem solucionadas, dependendo do caso (como o de Queiroz e suas ligações umbilicais com as milícias); há também muitas perguntas sem respostas, todas demolidoras de uma reputação moralista construída em família na campanha, e que, a olhos vistos, contribuem para o desabamento ético desse governo ainda antes de encerrado seu primeiro semestre. A gravidade dos fatos, alguns elencados e novos vindo a público, constrangem mesmo expoentes históricos aliados do clã Bolsonaro, e se somam ao desconforto de segmentos empresariais, políticos e militares, entre outros apoiadores, alguns considerando, inclusive, a opção de se transferir para uma nova sigla partidária, a

---

Gustavo Bebianno, secretário-geral da presidência e ex-presidente do PSL, seu partido. O primeiro teve sua situação agravada por novas denúncias, mas permaneceu no cargo; este último acabou sendo exonerado, não antes de ter sido solicitada sua demissão, recusando como prêmio de consolo uma diretoria da Itaipu Binacional ou a embaixada do Brasil na Itália, um dos melhores postos do Itamaraty. Ainda quanto a Bebianno, vale registrar que, recentemente, ele veio a público com ácidas críticas ao presidente e ao governo, como podem ser vistas em Sanches (2019).

princípio a nova UDN.[26] Dado o posterior racha no PSL, Bolsonaro e seus adeptos optaram por construir uma nova agremiação, a "Aliança pelo Brasil", cujo ideário conservador e de extrema direita está bem exposto em seu documento de fundação, com inegáveis laivos fascistas e o lema *Deus, pátria e família*, inspirado no movimento integralista de Plínio Salgado dos anos 1930. Este movimento contava com forte influência católica, ao contrário da recente versão caricata idealizada pelo presidente, cujo apoio mais explícito nesse processo de construção é o da Igreja Universal (Zanini, 2019; Franco, 2019; Crivella..., 2019). Voltaremos a esse ponto no Capítulo IV.

Militares e a política ou na política?

Contudo, uma indagação é necessária: há uma explicação consistente para esse cenário? Seguramente, ela é difícil, mas se insere entre os muitos desafios teóricos postos. Cabe salientar que, quanto a essa conjuntura, bem como aos atores envolvidos, especialmente diante da emergência dessa Ala Militar, podemos, sim, em teoria, inferir hipóteses explicativas. Uma delas, a possibilidade de apreensão desses oficiais generais enquanto recorte analítico e expressão de um Partido Militar, conceito operado por Rouquié (1980), e que sugere uma aproximação com o exposto. Apesar de se visualizar passagens na história republicana brasileira em que o Exército tenha de fato atuado na política enquanto partido, não cabe no exposto sobre essa conjuntura operar com esse modelo analítico, na medida em que essa presença não reflete a corporação em seu conjunto, e sim um

---

26 Caso da deputada Janaina Paschoal, católica fervorosa, cuja visão messiânica da política a aproxima dos evangélicos em questões de governo, que disse numa matéria que "Deus deve ter algo muito grande para eu fazer". A despeito de algumas considerações em contrário, a opção inicialmente aventada como saída para o grupo familiar do presidente e seus aliados seria um novo partido em formação, a União Democrática Nacional (UDN), agremiação de direita que existiu nos anos 1950, de triste memória para a democracia (Janaina..., 2019; Caso Queiroz..., 2019; Quem..., 2019; Rebello, 2019; A postura..., 2019; Um dia..., 2019; Caso Fabrício..., 2019; Mariz, 2019; Godoy; Venceslau, 2019; Hupsel Filho, 2019).

grupo militar específico, a nossa hipótese. Noutra linha de reflexão, um competente analista sugere que essa presença militar e a atual intervenção na política reflete uma "lógica de guerra" (Domenici, 2019), discorrendo, inclusive, com o conceito de *guerras híbridas*. A tentação é enorme por um diálogo com essa concepção de análise, porém, identificamos como mais adequado dialogar em outra perspectiva teórica, e valorizamos a linha *instrumental*, que também será retomada no próximo capítulo.

Antes, ainda que brevemente, cabe dizer que essa leitura *instrumental* se apresenta de forma mais categorizada a um autor e referencial teórico caro aos militares brasileiros, Samuel Huntington, visto positivamente por seu recorte conservador, bem como pela dimensão da política que confere ao papel das Forças Armadas, em *O soldado e o Estado* (1996). Nesse clássico, o autor reconhece as relações civis e militares, legitimando sua presença na política, mas tendo como foco a valoração e o papel dos generais. Entre instigantes e provocativos apontamentos desenvolvidos em sua obra, há dois conceitos basilares, o *controle civil subjetivo*, cujo pressuposto é pautado pelo empoderamento dos civis sobre militares tendo em vista uma identidade ideológica (muitas vezes, posta por meio da personificação do poder), não livre de riscos aos envolvidos; essa possibilidade é contraposta ao *controle objetivo*, conceito que tem em vista a neutralidade dos militares por sua profissionalização. Há uma interessante passagem em sua obra que remete a essa problematização, bem como uma polêmica:

> A política se situa além do escopo e da competência militar, e a participação dos militares na política enfraquece o profissionalismo, reduz a competência profissional, divide a profissão contra si mesma e substitui valores profissionais por valores estranhos. Politicamente o militar tem que permanecer neutro [...] A extensão à qual ele pode levar a apresentação de seus pontos de vista é difícil de definir, mas cumpre-lhe reconhecer e aceitar o fato de que há limites. De um modo geral, ele tem o direito e a obrigação de apresentar suas opiniões aos organismos públicos, sejam executivos, sejam legislativos, que

são encarregados da distribuição de recursos entre militares e outros pleitos. (Huntington, 1996, p.89-90)

Talvez seja uma possibilidade de nos aproximarmos com o desafio de entender o cenário atual dos militares e a política no Brasil de 2019; e independentemente das válidas aproximações teóricas postas, sujeitas a uma reflexão mais detida, não é nada estranho nesse governo que o poder de fato sugerisse estrelas nos ombros, muitas das quais com uma firme e crescente intenção de brilhar. Aliás, não é nada confortável um general bater continências a um capitão (e, além disso, péssimo oficial, conforme visto historicamente, de forma reservada, ou nem tanto, por seus pares). Não por outra razão, temos por hipótese que a presença de um núcleo formado por generais, salvo melhor identificação, recebe em nossa leitura a alcunha de Ala Militar, que, mesmo não sendo um grupo homogêneo, já que apresentava fissuras que vieram à tona no passar dos meses, tudo indicava que hegemonizaria o governo Bolsonaro. Mas quem são seus componentes? Vamos a alguns deles.

O primeiro deles, o general Heleno, atual homem forte do governo, obteve alguns holofotes por ocasião da polêmica relacionada à demarcação da Reserva Raposa Serra do Sol; porém, ao contrário do general Santos Cruz, outro (ex-)membro dessa Ala Militar, reconhecido por seu preparo, o primeiro chama mais atenção por ridículos questionamentos públicos relacionados à tese de a terra ser redonda (Pereira, 2018), ou pela fragilidade ao se manifestar sobre algum tema político, como ao partilhar publicamente a visão de Bolsonaro de que o Brasil, até então, era um país "à caminho do socialismo" [sic] (Aragão, 2019). Posicionamento que o levou, mais uma vez, a explicar publicamente uma teoria conspiratória associada à esquerda, e ter de esclarecer sobre uma ação de espionagem que envolveu um encontro da Igreja Católica. Ao que tudo indica, essa milenar instituição é vista pelo atual governo como mais um inimigo interno aos militares, que se incomodaram com o programado Sínodo Extraordinário de Bispos sobre a Amazônia convocado pelo papa (Flávio Dino..., 2019; Bolsonaro..., 2019j). De qualquer forma, o general Heleno é a *eminência parda* do atual governo, alcunha que não encontra contestação dada a sua fidelidade canina ao presidente, sempre demonstrada em manifestações ou posicionamentos na forma de rompantes característicos de um oficial de cavalaria. É provável que esteja cada vez mais isolado de seus pares de armas; e, talvez, não seja coincidência que o general Santos Cruz, ao sair do governo, tenha exposto no limite os dramas de consciência; nessa linha, com a mesma dignidade, o general Floriano Peixoto, outro destacado oficial desse grupo, apesar de ter sido rebaixado de posto, preferiu ficar no governo. Mais recentemente, somou-se ao grupo que pediu o boné o conceituado general Maynard Marques Santa Rosa, seguido de três outros oficiais generais.

Nessa Ala Militar, somam-se ainda, sem maior clareza de uma identificação anterior ou mesmo próxima (dada as rusgas frequentes), alguns oficiais mais políticos, como os generais Mourão e, posteriormente, Villas Bôas. Vemos neste segundo personagem posicionamentos controversos e curiosos. A despeito de ele ter sido um dos mais longevos ministros do Exército, pontificou que a era Bolsonaro significava tirar "o país da amarra ideológica que sequestrou o livre pensar" e "o pensamento único e nefasto" (Bolsonaro..., 2019k). Entretanto, sua vocação democrática, ou mesmo a reavaliação de uma atuação legalista em momentos críticos durante o governo Temer, ficou definitivamente arranhada no quesito isenção, não somente por aceitar um cargo no atual governo estando em delicada situação de saúde, mas, principalmente, por uma frase pública do presidente na transmissão de posse do novo ministro do Exército: "General Villas Bôas, o que já conversamos morrerá entre nós. O senhor é um dos responsáveis por eu estar aqui" (Bresciani, 2019).

Tempos depois, questionado sobre o episódio em uma entrevista, ele desmentiu que uma conversa com esse teor tenha de fato ocorrido entre eles. Revelou que teria sido procurado por dois parlamentares de esquerda, que a assessoria parlamentar do Exército teria sondado a possibilidade da decretação do estado de defesa por ocasião do *impeachment* da presidente Dilma. O general Villas Bôas não citou nomes, e da presidente foi cobrado publicamente que revelasse quem eram os parlamentares e, mais particularmente, a razão de ele não ter reportado, naquela ocasião, um fato de tal gravidade aos seus superiores hierárquicos, o ministro da Defesa e a presidente da República, o comandante supremo das Forças Armadas (Traumann, 2019; Dilma..., 2019).

Tudo indica que os demais generais estão intimamente articulados a esse campo, face à presença inicial de oito deles no primeiro escalão do governo, conjuntamente com mais de uma centena de oficiais de altas patentes em postos de relevo, bem com um número exponencialmente crescente de militares de outras patentes sendo incorporados à administração; e, como salientado, em nada comparado na história republicana e ou nos governos militares do pós-1964. Números que indicam que esta *Ala Militar*, muito provavelmente, detém ou acreditava deter o poder de fato, refletindo em tese um projeto, mas sugerindo um cenário político futuro e várias possibilidades de análise (Betim, 2019; Dimenstein, 2019b).

É importante ressaltar que, em face do despreparo de Bolsonaro, de suas muitas e frequentes gafes, de sua ignorância sobre qualquer tema quando desafiado a opinar, ou de tudo o que o distancia da condição de presidente (por mais que haja outros exemplos medíocres na história recente da política brasileira), não são de estranhar algumas análises bem consistentes vindas de personalidades políticas e articulistas, já com respaldo de alguns órgãos da grande imprensa em editoriais, como *O Estado de S. Paulo*, alertando para a necessidade de ele sair antes do cumprimento do mandato, ou mesmo pontificando que não finalizará seu mandato, pelo risco de sofrer *impeachment* ou de renunciar. Mais recentemente, nessa linha, com o sugestivo título "Espiral de infâmias", soma em editorial a *Folha de S.Paulo* (Racha..., 2019; Souza, 2019c; Presidente..., 2019a; Nassif, 2019; Espiral..., 2019). Possibilidade igualmente vista e manifesta com preocupação em seu círculo de ministros civis, parlamentares e militares (Faria, 2019c; Balbúrdia..., 2019), embora essa leitura seja contraposta por outras mais conciliadoras, sugerindo a continuidade do mandato.

Independentemente de uma expectativa de término precoce ou não do mandato de Bolsonaro, trata-se de um presidente politicamente fraco, refém desse grupo de generais, dessa turma ou junta, tendo em vista a militarização do crescente papel e da influência dos militares (Marine..., 2018b; Nogueira, David, 2018; Nogueira, 2019); ou, no limite, emergiu a ideia da implementação do parlamentarismo, um *ás de espadas* na manga da camisa de vários setores políticos civis e que sempre vem à tona em momentos de crise política. Hipóteses, sem dúvida, sujeitas a erros ou a vicissitudes da política, bem como sua imprevisibilidade na conjuntura do dia a dia, ou das nuvens, como diziam os próceres do velho PSD mineiro; diagnósticos conclusivos, portanto, são prematuros e mesmo arriscados tendo em vista somente um semestre de governo.

Mourão paz e amor?

Essa, no entanto, é uma das teses factíveis, entre outras possibilidades de afastamento. Ganha contornos de admissibilidade quando se observa um certo distanciamento da crise por parte dessa Ala Militar (ou de parte dela), que talvez esteja se preservando; bem como quando se nota a presença e o envolvimento crescente do general Mourão no cenário político, de forma ora ostensiva, ora exposta com cautela, mas seguramente tendo em vista o mandato presidencial. Ao que tudo indica, mesmo na perspectiva de um projeto nacional conservador, há o incômodo do grupo familiar em relação a Mourão, com ácidas críticas aos seus movimentos e declarações expostas publicamente pelo guru filósofo residente nos Estados Unidos e pelos filhos do presidente. Apesar de alguns acenos conciliadores iniciais, como a outorga da medalha Tiradentes a Mourão por indicação de Carlos Bolsonaro, este voltaria, pouco tempo depois, a se desentender com o vice quando da nomeação do filho de Mourão a um segundo e bem remunerado cargo de gerência no Banco do Brasil, insinuando nepotismo.

Mourão nada disse sobre a indicação do *deslumbrado* irmão de Carlos, Eduardo, à embaixada do Brasil nos Estados Unidos feita pelo pai; um ato de flagrante violação à Constituição (Súmula 13 do STF), além de ferir uma tradição do Itamaraty em nomear principalmente diplomatas experientes e preparados para esse delicado e mais importante posto diplomático brasileiro (ou, no limite, de indicar destacadas personalidades, como foi o caso de Oswaldo Aranha), ainda mais diante do registro de que sua principal qualificação advinda da experiência internacional era ter "fritado hambúrguer" naquele país por ocasião de um intercâmbio (Olavo..., 2019d). Dada a polêmica, não houve sua nomeação. A consequente sabatina pelo Senado evitou o desprestígio da instituição diplomática brasileira (precedente único em países democráticos), agravada por ter sido patrocinada por setores políticos empresariais nos Estados Unidos (Rosa, 2019).

Aliás, ainda antes do primeiro trimestre de 2019, já havia esse desconforto em relação à postura do vice, que se acentuou nos meses seguintes, seja na crítica por sua autonomia e desenvoltura, contradizendo seu chefe maior em vários momentos, seja por abrir portas de diálogo autonomamente com setores financeiros, empresariais e políticos, inclusive alguns da oposição, com o claro o objetivo de se cacifar para um futuro mandato. Uma lua de mel de bem curta duração essa com a família presidencial, e, apesar de algumas tentativas apaziguadoras, inclusive de militares, não se prolongou (Carlos..., 2019; Militares..., 2019); nessa linha, o incômodo de sua atuação e de seus posicionamentos acabou se refletindo em outros setores de apoio ao governo Bolsonaro, especialmente entre os evangélicos. Um de seus expoentes mais categorizados, o vice-líder na Câmara, apresentou um inédito pedido de *impeachment* do vice-presidente, que não encontra paralelo nos anais da história política brasileira (Marco..., 2019). Fica no ar uma indagação: procede?

Essa estratégia do vice-presidente se iniciou bem pouco tempo depois da posse, com uma reciclagem radical na postura, no linguajar e nos modos a partir de um intenso curso de *media training*, que o fez assumir a light e palatável face do Mozão (Quadros, 2019a; Dimenstein, 2019c), quase numa versão *Mourão paz e amor*. Metamorfose que já colhe resultados positivos, inclusive no plano internacional, haja vista matérias recentes em vários jornais, com destaque para o *Financial Times* (Brazil's..., 2019; Stuenkel, 2019), que o classificam como a "voz de moderação no governo populista".

É interessante chamar atenção para esses posicionamentos logo no início do mandato, um sinal público de que o vice navega em curso próprio, seguramente representando um projeto que não encontra proximidade com o conjunto das propostas que o novo governo diz afiançar, embora não tenha deixado de se expor ao ridículo em várias ocasiões, especialmente durante a campanha.

Numa delas, chegou a propor o fim do 13º salário e do pagamento de férias, benefícios que classificou como "jabuticabas brasileiras" [sic] (Nogueira, Kiko, 2018b; General..., 2018b); noutra, em encontro com maçons, soltou a pérola de que um dos problemas mais urgentes e prementes no país era quebrar a "questão cultural" que caracteriza negativamente o brasileiro, tese que fundamenta ao somar a preguiça do índio à malandragem do negro, mais o privilégio que tem o português, cujo resultado final se apresentaria como uma das maiores razões do nosso atraso. Aparentemente, esse apontamento não causou maiores celeumas entre os militares, mas deveria, no mínimo, ser objeto de repúdio, já que confronta uma tese intimamente relacionada ao Exército. Nas escolas militares, é ensinado, cultuado e cultivado o ideal de nacionalidade forjado na Batalha de Guararapes, em que lutaram o negro, o índio e o branco – junção das três culturas formadoras do povo brasileiro, que acabou desqualificada e vista por ele como negativa (Soares, 2018; General..., 2018c).

Postura, ademais, mais do que preconceituosa: Mourão desconsidera, decerto por ignorância, uma possibilidade positiva de se pensar essa questão mesmo entre os clássicos. Abusando da simplificação, Aristóteles via a democracia como boa forma de governo na Grécia, conceituada de *Politeia*, pela junção de duas formas más, a democracia e oligarquia.[27] Vale somar ao clássico grego,

---

27 Comparativamente, diga-se de passagem, a leitura posta por Bobbio (1988, p.60-61), recuperando Aristóteles, valoriza a mistura de oligarquia e de democracia, embora estas sejam vistas entre os gregos como formas corrompidas. Aristóteles indica que uma forma boa de governo – a *Politeia* – pode ser resultado de uma fusão de duas formas más; a despeito de sua complexidade,

mais a título de ilustração e subsídio crítico à sua colocação, que a combinação das características, por ele entendidas como negativas, do branco, do negro e do índio, é vista como positiva enquanto fundamentação teórica elaborada por antropólogos como Darcy Ribeiro. Desconsiderou também o vice-presidente um ícone da instituição militar, o marechal Rondon, que, como personagem histórico, talvez seja a expressão maior da miscigenação brasileira, cuja formação é produto das influências europeia, indígena e africana. Temos ainda nessa síntese o soldado brasileiro, aliás, bem avaliado no tempo e na história. Talvez seja uma grata referência aos campos de batalha italianos, especialmente sua generosidade em relação aos famintos da guerra, comparada à atitude de desprezo do soldado britânico ou norte-americano que negava auxílio; a diferença ainda é marcante em tempos recentes, como no Haiti, sem deixar de mencionar seu profissionalismo em batalha ou em ações humanitárias. Citamos esses exemplos somente para ilustrar um aspecto que singulariza nosso militar onde quer que ele tenha servido no exterior. Curiosamente, enquanto resposta a essa manifestação, logo ocorreu a Mourão afirmar que era descendente de índio, mas, em seguida, valorizou a beleza do neto por ser *branco* ("Meu neto..., 2018); após a posse, não demonstrou sequer um pálido constrangimento em defender o *privilégio* que condenava no português face à indicação do filho a uma assessoria muito bem paga no Banco do Brasil, e limitou-se a manifestar *surpresa*, sem qualquer laivo de indignação, com a possível nomeação do filho do presidente à embaixada do Brasil nos Estados Unidos (Lellis, 2019; Oliveira, Thais, 2019b; Nucci, 2019). Preconceito explícito pôde ainda ser visto em outras ocasiões, ao se

---

esses breves apontamentos ilustram que, ao final dessa fusão, temos um regime em que a união dos ricos e dos pobres deveria remediar a causa mais importante de tensão em todas as sociedades: a luta dos que não possuem nada contra os proprietários. Conclui ainda que é o regime mais propício para assegurar a "paz social"; nessa linha de exposição, a obra de Bobbio se ocupa também com o modo como se podem fundir os dois regimes, para criar um terceiro, superior aos dois originais, ao final detendo-se em particular sobre três expedientes extremamente interessantes, e que chamaríamos de "engenharia política" (Ibid.).

referir aos países africanos como *mulambada* [sic], resvalando, mais uma vez, para o viés de cor e raça, bem como ao distanciamento de nossas origens (Mourão..., 2018b); ou também ao viés de classe, ao afiançar que filho de mãe solteira na favela é desajustado com perfil de narcotraficante (Vice..., 2018c). Apesar dessas vicissitudes e preconceitos, o vice-presidente demonstra ter um preparo maior que os demais generais à frente do governo, tendo servido em vários postos no exterior, além de sua posição política ser convergente com a de Bolsonaro na pouca fé democrática, aliás, no mínimo arranhada quando propôs um autogolpe ou quando propugnou uma constituinte de notáveis, leia-se, sem o povo; ou ainda quando teceu elogios ao coronel Ustra, ao golpe de 1964 e ao regime militar, inclusive minimizando a repressão, afirmando em entrevista que o período do regime tinha matado poucos. Após a eleição, suas diferenças com o presidente começaram a vir a público, sugerindo um movimento no sentido de representar um grupo e projeto mais articulado no âmbito de setores das Forças Armadas, a Ala Militar, que também tem divergências internas crescentes entre seus membros, e com o presidente. Críticas a posições do governo são recorrentes, e ainda antes de finalizado o primeiro semestre do mandato presidencial, somou-se a sugestão de Mourão para a punição dos desmandos crescentes na própria casa, a exemplo das suspeitas sobre os filhos de Bolsonaro ou ao PSL, entre outros integrantes do novo governo.

Contradisse ainda opiniões de vários deles, como a do ministro do Meio Ambiente, outro integrante do primeiro escalão que assumiu com um passivo de suspeitas, já que foi condenado entre 2016 e 2017 por improbidade administrativa e criticado por desqualificar o assassinato de Chico Mendes em declarações públicas, contrapondo a valoração reconhecida internacionalmente e seu lugar na história, ou a transferência da embaixada brasileira para Jerusalém. Por fim, Mourão se opôs à intervenção militar brasileira na Venezuela e a que os Estados Unidos utilizassem nosso território enquanto base com esse objetivo, recorrendo não somente à Constituição, mas também à tradição de mediação pacífica de conflito que sempre caracterizou as diretrizes que o Itamaraty. Noutras palavras, operou temas da política externa, demonstrando uma desenvoltura que o qualificou extraoficialmente como virtual chanceler, especialmente dado o *deserto mental desprezível* que caracteriza o atual titular (Azevedo, Reinaldo, 2019b), expressão de uma *diplomacia medíocre*, tal como ele define a atual política externa e seu formulador, analisados por periódicos de um campo conservador e liberal, a destacar os recentes editoriais como *O Estado de S. Paulo* e *O Globo* (Estadão..., 2019; Globo..., 2019).

Talvez por essa razão, diferente da ocasião da ida de Bolsonaro a Davos, o segundo afastamento do presidente para uma cirurgia que – em tese – o impossibilitava de governar e merecia atenção médica e a condição de repouso, Mourão não tenha assumido o governo. Ainda assim, sinalizou com movimentos contraditórios e surpreendentes, e na sua primeira e curta interinidade, alterou a Lei de Transparência (posteriormente revogada pelo Congresso); ao mesmo tempo, lamentou a saída do país do deputado Jean Wyllys, após este receber muitas ameaças de morte, analisando o caso como um atentado à democracia. Nessa linha, abriu discussão sobre a previdência com alguns líderes de centrais sindicais de esquerda, como a CUT, ou recebendo os governadores do Maranhão, Flavio Dino (PCdoB), e do Piauí, Wellington Dias (PT), entre outros parlamentares da oposição; não muito tempo depois, teve encontros, dessa mesma agenda, com empresários da Federação das Indústrias do Estado de São Paulo (Fiesp), quando somou críticas aos reajustes automáticos do salário mínimo e ao benefício de prestação continuada (BPC), pago a pessoas com deficiência, defendendo a redução da carga de impostos para as empresas e a diminuição das leis trabalhistas, sendo efusivamente aplaudido ao final (Uribe, 2019; Mourão..., 2019a; Aplausos..., 2019; Shalders, 2019; Sadi, 2019; Marchao, 2019c). Movimentos mais que aparentemente contraditórios, ou talvez bem precisos, tendo em vista uma agenda política de confronto com o atual mandatário, sinalizando não somente autonomia, mas independência, e seguramente se estabelecendo como opção válida e de confiança.

Uma tragédia anunciada?

Por fim, há um ponto não muito ventilado, mas que merece alguma consideração. Nessa relação de tensão entre ambos os militares, independentemente dos apontamentos elencados, Mourão é um general de Exército, o posto mais alto na carreira, tendo alcançado a patente por mérito; ao contrário de Bolsonaro, enquanto militar, embora se pretenda o soldado de Caxias, com quem procura se identificar, assim como tantos outros oficiais na caserna, é, na verdade, sua antítese. Além disso, há a questão hierárquica, como mencionada. A despeito de Bolsonaro ser o comandante em chefe das Forças Armadas, hierarquicamente é visto como um capitão, e generais não batem continência para capitães, e, principalmente, repudiam oficiais com perfil de mau militar, como Bolsonaro foi caracterizado em sua trajetória na caserna. Esse pressuposto norteia os militares desde a Doutrina Góes Monteiro, quando foi elaborado o princípio de que se deveria acabar com a política no Exército e estabelecer a política do Exército; em última instância, a política é objeto de atenção e condução somente dos generais.

Com efeito, a atuação de Bolsonaro enquanto presidente, reafirmado pelo exposto e por críticas de várias fontes, é ainda a do capitão e candidato, em nada dimensionada ou próxima da grandeza que – em tese – o atual cargo de presidente confere ou deveria conferir ao seu ocupante. Na verdade, ele constrange seus pares, e não é um caso isolado na história. Hitler, por exemplo, era chamado jocosamente no círculo íntimo de seus generais de *o cabo austríaco*; e, entre os militares políticos brasileiros, recorro a alguns personagens para sustentar essa hipótese. Jarbas Passarinho, oficial profissional do Exército, além de um intelectual, tendo aderido à carreira política sem nunca esconder seu íntimo compromisso com o regime militar, não chegou à patente de general. Ministro do presidente Médici e bem-conceituado entre vários setores civis, foi um dos candidatos aventados à sucessão deste, iniciativa abortada por uma frase lapidar do então ministro do Exército, general Orlando Geisel: "Gosto muito desse menino, mas não estou acostumado a bater continências a coronéis" (Moraes Neto,

2010a; Cunha, 2018). Outro exemplo é do ex-presidente João Baptista Figueiredo, um general de divisão na época, que foi ungido à sucessão de Ernesto Geisel; entretanto, teve de ser catapultado à última estrela por pressão de vários oficiais, e sob o mesmo argumento; também veio a ser um óbice às pretensões presidenciais o caso do general de divisão Albuquerque Lima, objeto do Capítulo II.

Finalmente, se há uma expectativa em curso por uma militarização ou pela volta dos militares ao poder, no clássico sentido dessa opção, esse ainda é um ponto em aberto, e mesmo que o mandato de Bolsonaro seja finalizado, é preciso aguardar o correr da carruagem, embora, em paralelo, se visualizem preocupantes e crescentes atentados ao Estado de direito, particularmente em razão da parcialidade da justiça. A afeição à democracia não é o forte de muitos personagens desse governo, e como vimos, tampouco para o general Mourão (General..., 2019b), a despeito de sua aparente e *sincera* rotação ideológica ao centro ou à centro-direita, além dos sinais conciliadores de diálogo enviados a setores políticos à esquerda, ao centro e à direita. Manifestações, embora incômodas, talvez não tenham feito diferença maior para Bolsonaro, afinal, entre os muitos rompantes, o presidente até teve um laivo de honestidade, que pode ser lido como uma capitulação, ao declarar de improviso, aos fuzileiros navais no Rio de Janeiro, que "democracia e liberdade só existem quando a sua respectiva Força Armada assim o quer" (Luna et al., 2019).

Pouco tempo depois dessa manifestação, Bolsonaro teve a intenção de valorizar o golpe de 1964, posicionamento que divergia da orientação e do desejo de alguns de seus generais e não media as consequências junto à corporação e a seus membros, determinando que o fato constasse na agenda oficial e fosse *comemorado* nos quartéis como revolução democrática (Monteiro, 2019; Oliveira, Mariana, 2019; Fabrini; Valente, 2019; Em nota..., 2019; Lopes, 2019; Pupo, 2019; Marques, 2019; Tajra, 2019; Sassini, 2019; Chade, 2019; Valente, 2019b; The Guardian..., 2019; Guimarães, 2019; Nota..., 2019; Cerveja..., 2019). Essa iniciativa teve por resultado manifestações em contrário por parte de várias entidades da sociedade civil e judiciais,[28] respaldada depois pelo repúdio da opinião pública revelada em pesquisa (Maioria..., 2019; Belloni, 2019; Hennigan, 2019), alargando o fosso aberto entre as Forças Armadas e a sociedade. Se não bastasse, esse cenário foi agravado pela divulgação pelo governo de um vídeo institucional com apologia ao golpe, muito criticado, inclusive internacionalmente (Amorim, 2019; Barbosa, 2019), e que, como resultado, pôs as novas gerações de militares no centro de um debate, associando a instituição à memória nefasta da ditadura militar, particularmente a violação dos direitos humanos.

Nesse meio-tempo, ações judiciais de várias entidades, e mesmo do Ministério Público Federal (MPF), proibiram a celebração de 1964, mas acabaram depois derrubadas por liminares na justiça (Desembargadora..., 2019; Gielow, 2019b). A despeito de seus esforços laudatórios, a defesa do golpe de 1964 acabou sendo vista por alguns analistas como sóbria, inclusive contrária ao tom de celebração vibrante desejado pelo presidente. Entretanto, a nota alusiva à data e divulgada pelos comandos militares também teve uma ambiguidade semântica singular e pôde ser vista como uma *espada de Dâmocles* sobre a sociedade. Por um lado, defendia, com essa manifestação, a tese de que a intervenção das Forças Armadas veio ao encontro das "legítimas aspirações" do povo brasileiro, argumento politicamente questionável e de todo carente de fundamentação histórica; por outro, expressava loas à democracia, já que os militares estão "em estrita observância ao regramento democrático", "mantendo o foco na sua missão constitucional e subordinados ao poder constitucional".

Após muitas polêmicas, uma vez mais Bolsonaro voltou atrás e mudou o tom da primeira bravata, desta feita desautorizando seu porta-voz ao dizer que sua orientação ao Ministério da Defesa era

---

28 Casos, por exemplo, da Ordem dos Advogados do Brasil (OAB) e da Associação Brasileira de Estudos de Defesa (Abed). Houve ainda ação do Ministério Público Federal (em 18 unidades da federação), bem como manifestações de órgãos da imprensa nacional e internacional, e da Organização das Nações Unidas (ONU). Houve, inclusive, o posicionamento de uma popular marca de cerveja solicitando que seu produto não fosse consumido em caso de comemoração da data (Cerveja..., 2019).

somente para *rememorar* e não *celebrar* 1964 (Ministro..., 2019c; Gielow, 2019c; Fernandes, Talita, 2019), embora a polêmica ainda encontrasse combustível por outra via, como, por exemplo, o comandante do Exército, general Pujol, que afirmou que as "Forças Armadas não se arrependem do golpe" e que o Brasil a elas deveria ser grato – posicionamento que encontrou ressonância junto às vestais dos Clubes Militares. Estes, além da defesa de 1964, mais uma vez justificaram a tortura como técnica de interrogatório. Além de ser um argumento político questionável atrelar as *legítimas aspirações* do povo à tese última de que os militares "não se arrependem do golpe", o general ainda se ancora na legitimidade de um posicionamento hierárquico enquanto comandante de armas advinda dos tempos da Doutrina Góes Monteiro.

Por essa linha, ele se aufere no direito de só ele falar pela corporação, sem reconhecer as evidências e manifestações em contrário de muitos de seus membros contemporaneamente, ou por muitos militares na história recente, a destacar a reavaliação crítica do golpe de 1964 do almirante Júlio de Sá Bierrenbach (Comandante..., 2019; Presidente..., 2019b; Contreiras, 1998), para citar apenas um exemplo do posicionamento de um oficial que dignifica a história das instituições castrenses. Consequências, no entanto, devem advir desses recuos e de confrontos do atual desgoverno, e não somente entre os militares; além da *tragédia anunciada*, temos uma *farsa*, parafraseando Marx na passagem em epígrafe, aliás, também expressa no editorial de *O Globo*, inegavelmente um dos mais importantes meios de circulação no campo da imprensa conservadora, e que resume o resultado das políticas do governo Bolsonaro como "algo próximo do caos" (Bolsonaro..., 2019l).

À guisa de conclusão?

Ao longo dos demais capítulos, dois conceitos relacionados aos impactos na caserna e muito caros aos militares serão recorrentes em nosso diálogo, inclusive operacionalizados em portaria do estado-maior do Exército, o de *liderança militar*, seguido pelo de *princípios de chefia*;[29] talvez possamos resumir ambos na máxima de que todo líder é um comandante, mas nem todo comandante é um líder. Seguramente, esse é o dilema, na medida em que Bolsonaro é presidente de direito, constitucionalmente reconhecido como o comandante em chefe das Forças Armadas; mas é válido supor que perdeu ou está perdendo a liderança que poderia ser inata à de comandante, se é que a teve de fato um dia, ou esta tenha sido reconhecida e desejada pela vitória eleitoral por muitos de seus pares militares, porém agravada pela condição erosiva de sua autoridade a cada dia. Talvez não seja coincidência, mas os recentes, e cada vez mais constantes, rompantes públicos de autoafirmação de quem não se pretende um *presidente banana* ou do tipo *quem manda sou eu*, não obstante serem pouco convincentes, sugerem o contrário, em vista dos recuos subsequentes em seus posicionamentos (Fernandes; Uribe, 2019).

Provavelmente, os militares não sabiam quanto o queriam de fato ou tinham a firme intenção de *tutela*, mesmo sabendo de suas gritantes limitações intelectuais ou pífio desempenho profissional enquanto militar da ativa. Face ao aparente protagonismo maior da parte de Bolsonaro, e a desenvoltura politicamente desastrosa demonstrada assim que tomou posse e nos meses subsequentes, além de ele constranger militares (Paiva, 2019), entre outros apoiadores e eleitores, essa forçosa associação passou a ameaçar a imagem da própria instituição – Forças Armadas –, sempre bem avaliada pela sociedade desde a redemocratização. Uma frase posterior do vice Mourão até sugeria uma trégua, embora pouco convincente, sinalizando para um compromisso ao dizer que "Bolsonaro jamais fará por merecer um *impeachment*" (Mourão..., 2019b). Mas por quanto tempo?

Após essa manifestação, a aparente trégua política de Mourão com o núcleo duro do governo, que denotava mais um clima de guerra fria do que um efetivo pacto conciliatório, ainda encontra

---

29 Portaria nº 088-3ª SCH/EME, 19 de setembro de 1991.

um cenário de muitos obstáculos, com o presidente e sua família, e mesmo com alguns círculos políticos evangélicos que lhe fazem atualmente cerrada oposição, e sugere ainda que essa aparente acomodação frente à agenda política é frágil e inconclusa, sujeita a intempéries. Não ficou claro como vão ser equacionadas as previsíveis quedas de braço entre o vice e alguns membros dessa Ala Militar e da civil; ou mesmo em relação aos demais militares do Exército e a outras forças, atingidas pelo maior e mais brutal contingenciamento de recursos de sua história, expressão inconsequente da política capitaneada por Paulo Guedes, especialmente em sua proposta ultraliberal de virtual desmonte do Estado.

A despeito de haver algumas controvérsias relacionadas à perda de representatividade da via desenvolvimentista entre os militares, e à sua atual *visão nacional*, para recorrer à leitura de Costa Pinto,[30] que se apresenta mais pela defesa da tradição e dos costumes, sempre sob ameaça comunista, vale dizer que, mesmo discordando em parte com o autor, é importante reconhecer que essa tese encontra sustentação em alguns círculos militares. Entretanto, é difícil imaginar como esse grupo tem alguma sintonia com o atual governo, particularmente em vista de um fato de enorme gravidade e negativa repercussão: a ambiguidade do Rasputin Tupiniquim ao procurar uma pretensa neutralidade diante das graves ofensas públicas que fez a alguns generais que compõem o governo, e vistas enquanto

---

30 Segundo ele: "A ala desenvolvimentista das Forças perderam representatividade com a crise do desenvolvimentismo na década de 1980 e com o avanço do liberalismo difuso entre os servidores militares que defendem a pátria, a nação e a tradição brasileira, mestiça e cristã, mas não enxergam nenhum perigo com controle estrangeiro da Embraer, a exploração do petróleo do pré-sal por empresas estrangeiras, a perda completa do controle do setor de energia elétrica, o avanço do investimento estrangeiro (chinês, americano, europeu etc.) Ou seja, boa parte das Forças Armadas estaria defendendo a questão nacional pela via dos costumes, da tradição, da identidade que estaria sob ataque comunista, mas, no plano econômico, a identidade e a nacionalidade seriam realizadas pelo mercado, sobretudo pelos capitais estrangeiros (de preferência norte-americanos) que, supostamente, trariam a modernidade para o país. Seremos altivos na identidade cultural, mas subalternos no plano econômico" (Pinto, 2019).

apoio, respaldadas publicamente nas manifestações de seus filhos pelas redes sociais, resvalando, por consequência, nos demais membros da instituição. Aliás, em uma de suas últimas pérolas, chamou de "melancia" o general Eduardo Rocha Paiva, uma alusão ao verde, a cor do uniforme militar, e ao vermelho, sugerindo uma implicação deste com o comunismo, mesmo sendo ele um dos oficiais mais identificados com a memória e a defesa do regime militar (Gaspari, 2019; Éboli, 2019b). Soma estranhamentos previsíveis e ainda não equacionados relacionados à reforma da Previdência dos militares, ou quanto aos grupos e frações burguesas nacionais que tenham seus interesses afetados por sua política de abertura total do país.

O périplo do vice-presidente teve continuidade ao longo do primeiro trimestre de 2019 e respaldo junto a vários setores da sociedade, tendo o objetivo de se qualificar e se credenciar à sucessão; mas, bem pouco tempo depois, já havia claros sinais da erosão desse pacto conciliatório. O primeiro, coincidência ou não, veio com a realização de uma varredura em seu gabinete e no Palácio do Jaburu por suspeita de grampo, seguido de um constrangimento ainda maior, ao receber a maior comenda nacional, a Ordem do Rio Branco, conjuntamente com Olavo de Carvalho e na mesma condição de alto dignitário, apesar de este último não estar apto a essa honraria no grau Grã-Cruz, a mais alta, conferida somente a determinadas autoridades, como estabelece o decreto normativo (Lindner, 2019; Bonin; Grillo, 2019). O sinal mais claro de que essa articulação conciliatória não prosperou é o fato de o vice se fortalecer enquanto alternativa validada e reconhecida por muitos setores políticos e econômicos no Brasil e no exterior, ou como *liderança*, recorrendo à terminologia exposta, seguramente com vistas a assumir o *comando* ou a *chefia* de fato e de direito que assim entende enquanto princípio.

Por fim, soma-se a essa reflexão, entre outras muitas hipóteses, uma última, a que sinaliza para a possibilidade do término de seu mandato, embora ele se veja rendendo-se "à velha política", suas palavras, cujo exemplo maior foi a decisão de descumprir mais uma de suas promessas de campanha, a de que reduziria os ministérios a quinze; atualmente, já tem em vista sua ampliação para 24 pastas.

Política velha, sem dúvida, e que tanto criticava em discurso até ser eleito, mas da qual nunca se afastou na prática, aliás, a mesma fez parte cotidianamente de sua trajetória na vida pública. Vale dizer que, apesar de os partidos poucos representarem a política, o Congresso Nacional emerge nesse cenário com uma expectativa pouco vista de atuação enquanto poder autônomo e com agenda própria conferida na Constituição. Se Bolsonaro finalizar o mandato em 2022 (já houve algumas precoces manifestações de sua parte falando em reeleição), será na condição de um presidente anódino politicamente, decorativo, revelando ainda mais o real personagem em suas várias dimensões, identificado com o vazio do *mito* forjado nas eleições de 2018.

Todavia, tais cenário e horizonte ainda são, sugestivamente, nebulosos. Hipóteses são várias, possibilidades, ao que tudo indica, não muitas. É aguardar a formação das nuvens, lembrando mais uma vez o provérbio do PSD mineiro já citado, talvez na expectativa de fazer passar, ainda em 2019, a reforma da Previdência, uma das poucas propostas que ainda aglutinam unitariamente o arco político e ideológico conservador e de direita que nucleia as várias tendências do governo Bolsonaro – setores civis e militares –, cuja expectativa é de que ao menos uma parte do pacote proposto seja aprovado, embora os méritos sejam contabilizados à presidência da Câmara, de Rodrigo Maia. Quiçá haja uma leitura sobre a necessidade de aguardar o transcorrer do primeiro biênio de gestão, na virada de 2020 para 2021, na medida em que um eventual afastamento do presidente após essa data não demandaria a convocação de novas eleições, assumindo o vice no restante do mandato de acordo com a Constituição, o que poderia conferir, em tese, um cenário de transição política sem maiores perturbações.

Razões para essa hipótese não faltam e são reais, desde a possibilidade vista em relação a contas de campanha do PSL, que, em tese, podem levar a um *impeachment* ou mesmo à cassação da chapa; ou por *crime de responsabilidade*, dada as recentes declarações persecutórias sobre determinados governadores *paraíbas*, como Bolsonaro preconceituosamente se referiu a governadores do Nordeste; ou por ameaças contra jornalistas e suas famílias; ou por mesmo aleivosias relacionadas ao período militar (Azevedo, 2019c; Mello, Igor, 2019; Silva, 2019). A possibilidade de renúncia, como vimos, não é estranha na história recente do Brasil, e mostra-se potencialmente real face às investigações no entorno familiar do presidente relacionadas à corrupção e ao envolvimento com milícia; ou, quiçá, em consequência disso, entre outros *deslizes*, ele alegar razões de saúde, possibilitando--lhe uma saída *honrosa*. Talvez não seja coincidência o oportuno silêncio quase que *obsequioso* de Mourão aguardando *a formação das nuvens*. Quaisquer que sejam os desdobramentos, recorrendo por analogia aos gregos antigos cujo palco expunha duas faces, a *comédia* e a *tragédia*, e qualquer que seja o epílogo, o quadro sugere estarmos saindo da comédia e sinalizando para a tragédia (anunciada).

A proposta deste "Preâmbulo" deve ser vista como uma abertura ao debate concernente aos militares, ou melhor, a um grupo de militares e à política no Brasil de 2019, advinda nesse ensaio de uma presença temporal posta no primeiro semestre do governo Bolsonaro, portanto, vista como uma reflexão ainda bem distante de uma *conclusão*, mesmo que provisória. Se são apontamentos questionáveis, se a tese exposta sobre o futuro desse governo e os militares na política é questionável, tudo por ora é uma reflexão, passível de ser uma historicamente superada por fatos novos e dinâmicos da política que venham indicar outros cenários; seja como for, é uma leitura oportuna na ocasião do lançamento da presente segunda edição de *Militares e militância*. É importante ressaltar que permanece válida a tese de que os militares na história brasileira nunca estiveram ausentes da política e o argumento de que não devem expressar posicionamentos políticos não têm fundamento, na medida em que se inserem em uma tradição advinda de um reconhecimento dessa presença vista na Doutrina Góes Monteiro; ou mesmo antes, concernentes a outras categorias, como jovens oficiais, praças, marinheiros e policiais, como veremos nos próximos capítulos.

Os demais capítulos estão relacionados aos militares das demais patentes e a posições políticas e ideológicas à esquerda e do campo democrático e legalista no tempo e na história recente do Brasil, e conferem o eixo temático que nucleia este livro, *militares de esquerda* ou *militares perseguidos*, para recorrer a um conceito da CNV, embora ainda seja uma questão em aberto. Por fim, é importante registrar que não se sabe qual a opção e decisões futuras que vão ser tomadas quanto aos militares anistiados, ou concernentes a ambas as categorias últimas citadas, particularmente os praças, mas esse novo governo trouxe mais uma preocupação: a possibilidade de revisão da anistia, cuja ameaça atingiria centenas de quadros. A partir dessa problemática, vamos dialogar com os apontamentos elencados, retomando o debate iniciado em 2012 quando da primeira edição deste livro.

I
A POLÍTICA, A ESQUERDA MILITAR E A DEMOCRACIA: UMA PROBLEMATIZAÇÃO

"*A arma da crítica não pode decerto substituir a crítica das armas; a força material só será derrubada pela força material; mas a teoria em si torna-se também uma força material quando se apodera das massas.*"

(Karl Marx, *Crítica da filosofia do direito de Hegel*)

Fevereiro de 2012: um manifesto elaborado por um pequeno grupo de oficiais da reserva vinculados ao Clube Militar intitulado "Alerta à nação", contendo ásperas críticas ao ministro da Defesa, Celso Amorim, ganharia as páginas dos jornais e a internet, sendo entendido pelo governo como um ato de flagrante indisciplina e insubordinação. Além de afirmarem não reconhecer sua autoridade, esses oficiais confrontaram com críticas a outros ministros, particularmente os posicionamentos relacionados à revogação da anistia da ministra dos Direitos Humanos, Maria do Rosário, e da ministra dos Direitos da Mulher, Eleonora Menicucci, assim como rejeitaram, no documento, a formação da Comissão da Verdade. A presidente Dilma Rousseff, igualmente criticada, agiu com *aparente* determinação, exigindo a retirada do manifesto das páginas do Clube Militar e punição aos autores, cujos rompantes do ministro da Defesa em consubstanciar esse compromisso o levou a afirmar que pretendia "cortar o mal pela raiz", ressaltando publicamente que não haveria complacência com a indisciplina (Monteiro, 2012; Sequeira; Costa, 2012).

Considerações e análises à parte sobre a falta de habilidade na condução política desse processo dispensam maiores comentários, e foram muitas, algumas com evidentes doses de exagero. Uma delas sustenta que o governo na ocasião tinha caído em *uma armadilha dos militares da reserva* (Dias, 2012), interpretação possível, em que pese os articulistas terem recorrido comparativamente à lembrança do fechamento temporário do Clube Militar em 1922, a partir de uma decisão do então presidente, Epitácio Pessoa, cuja atitude de força deu fôlego a uma explosiva reação de jovens oficiais que resultou no Movimento Tenentista. A extrapolação salta aos olhos, até porque, neste último caso, o Movimento Tenentista esteve relacionado à radicalização de capitães e tenentes ainda na ativa, ao contrário desse de 2012, que se refere a uma geração de oficiais de alta patente na reserva. Outras vozes sugeriram ao governo para simplesmente ignorar a possibilidade de punição dos signatários, e provavelmente alguns deles enxergaram uma *armadilha* a ser evitada, intencional ou não, sobretudo pelo fato de a legislação em vigor permitir ao militar na reserva pronunciar-se politicamente enquanto cidadão, aspecto ainda de difícil admissão pelas autoridades.[1]

Contemporaneamente, esse argumento era um aspecto central a ser avaliado, e por várias razões não poderia ter sido desconsiderado em termos políticos. A instituição em nada lembra aquele Clube Militar formado às vésperas da queda da Monarquia, cuja intervenção foi decisiva para a abolição da escravidão e a promulgação da República, vindo a ser conhecida, ao longo do século XX, por ser um espaço em que se debatiam as grandes questões nacionais, como

---

[1] O artigo é bem claro: "opinar livremente sobre assunto político, e externar pensamento e conceito filosófico ou relativo à matéria pertinente ao interesse público", Lei 7.524, de 17 de julho de 1986.

a de *o petróleo é nosso*, ou como a antessala das eleições presidenciais. Tem sido mais uma entidade com um eminente caráter recreativo, sem nenhuma expressão política, aliás, bem distante de uma genuína presença no cenário nacional quando comparada àquela que foi, historicamente para os militares, uma verdadeira Casa da República, e que reflete em seu bojo um saudosismo reacionário da direita militar de 1964.

Com efeito, após essa decisão e algumas controvérsias, um forte espírito de corpo se manifestou entre muitos militares da reserva frente à ameaça de punição, principalmente a a partir de uma lista de adesão ao documento. De início, o manifesto continha menos de uma centena de signatários, a maior parte formada por oficiais do Exército (menos de 10% deles pertenciam às demais Armas); mas saltou, em poucas semanas, para um total de 2.587 assinaturas de militares e civis, entre eles alguns notórios torturadores.[2] Enquanto reflexo de uma revelação distante de um efetivo compromisso com a democracia por muitos de seus signatários, o documento também seria referenciado por um desafio expresso na frase "Eles que venham, por aqui não passarão". Essa frase, curiosamente, remete a uma lembrança política e ideologicamente antípoda de um famoso brado antigolpista à esquerda que ficou na história, e por ela foi dignificada – *No pasarán* –, proferida por milhares de republicanos contra o franquismo no início da Guerra Civil Espanhola, cujas face e voz mais conhecidas foram a da dirigente comunista Dolores Ibárruri, mais conhecida como *La Pasionaria*.

Talvez, ignorar fosse a decisão mais acertada ou, no limite, constatada a ofensa, seguir pelo caminho da justiça, embora já estivessem em campo articulações de ambos os lados no sentido de acalmarem

---

2 Números retirados do site *Verdade Sufocada*, do coronel Carlos Alberto Brilhante Ustra – disponível em: <http://www.averdadesufocada.com/>. No levantamento, datado de 28 de março de 2012, a lista de adesão continha 2.587 assinaturas, das quais se incluíam 126 de generais, 791 de coronéis, 1.177 de civis, 205 de tenentes-coronéis, 40 de majores, 98 de capitães, 141 de tenentes e 2 de parlamentares, o então deputado Jair Bolsonaro (PP/RJ) e Paulo César Quarteiro (DEM/RR).

os ânimos buscando uma acomodação (*O Estado de S. Paulo*, 3 mar. 2012). Mesmo desobrigados estatutariamente, enquanto oficiais da reserva, de se submeterem aos comandantes das Forças Armadas, os presidentes dos Clubes Militares obedeceram a ordens no sentido de retirar os manifestos de suas páginas oficiais, e, sob críticas de muitos de seus pares por esse gesto de submissão, assumiram, em alguns casos, o erro por divulgá-los. Ao que tudo indica, a manifestação tenderia a cair no vazio pela vacuidade de seu conteúdo político, sem maiores repercussões entre os oficiais da ativa; aliás, se houve, foram bem residuais e destoadas de uma efetiva presença no cotidiano das unidades militares (Arruda, 2012; Sequeira; Costa, 2012), particularmente pelo fato de a Comissão da Verdade, o pomo da discórdia inicial, já ser uma realidade institucional à época, restando somente a polêmica questão sobre a indicação de seus membros, o principal item da controvérsia, efetivada não muito tempo depois desses acontecimentos.[3]

Entretanto, essas manifestações refletiram somente um lado da história e de uma presença dos militares brasileiros na política, nada isoladas de outras situações históricas correlatas; concretamente, indicavam que seriam o *canto do cisne* de uma geração advinda da extrema direita militar de 1964.[4] Vimos no Preâmbulo que não

---

3 A Comissão ficou constituída pelos seguintes nomes: José Carlos Dias (ex-ministro da Justiça no governo Fernando Henrique Cardoso), Gilson Dipp (ministro do STJ e do TSE), Rosa Maria Cardoso da Cunha (advogada), Cláudio Fonteles (ex-procurador-geral da República no governo Lula), Maria Rita Kehl (psicanalista), José Paulo Cavalcanti Filho (advogado e escritor), Paulo Sérgio Pinheiro (professor e atual presidente da Comissão Internacional Independente de Investigação da ONU para a Síria). Posteriormente, somou-se ao grupo o advogado Pedro Dallari.
4 Na verdade, como bem demonstra Motta (2002, p.140), organizações da direita anticomunista antecedem historicamente ao golpe de 1964, algumas formadas ainda nos anos 1930. Mas foram muitas ao longo do século, e segundo ele, raras delas tiveram sobrevida de dez anos de existência, o que só reflete sua fragilidade e demonstra, também, que a maioria foi criada para atuar em conjunturas específicas, como a de apoio ao governo Vargas, ou a de desestabilização do governo Goulart, sem o objetivo de enraizamento social. Corroborando essa tese, sugiro a leitura da dissertação de Eduardo Heleno de Jesus Santos (2009) sobre

MILITARES E MILITÂNCIA 97

foi bem assim, porém, naquela ocasião, respostas em contrário não demorariam a vir à tona, e, logo em seguida à divulgação de o "Alerta à nação", houve contundentes manifestações democráticas e legalistas bem dissonantes desse posicionamento do Clube Militar. Uma delas, de certa forma indireta, foi propiciada à época pelo general Adhemar da Costa Machado, comandante militar do Sudeste em palestra sobre "o papel e os desafios do Exército na atual conjuntura", a convite do Instituto Plínio Corrêa de Oliveira.[5] Em meio às tensões entre militares da reserva, ou a polêmica advinda da formação da Comissão da Verdade, a expectativa da vasta plateia ali presente era de escutar desse oficial na ativa que estaria em curso uma reação, ou mesmo articulações golpistas pelas Forças Armadas; ouviram em resposta que os militares não voltariam ao governo *nunca mais* (Arruda, 2012), ponderando em seguida sobre a vocação

---

as entidades da direita militar no pós-1964, cuja expressão política interna nas Forças Armadas quase inexiste, especialmente junto às novas gerações de militares. Salvo três delas, Guararapes, Inconfidência e Ternuma, com mais de uma centena de membros, a maioria já deixou de existir ou teria uma presença política residual; já sem a mesma vitalidade anterior, cujo processo de esvaziamento, o autor ressaltou, ocorre também no Clube Militar. Ao mesmo tempo, há que se ressaltar a emergência recente do Instituto Millenim, versão contemporânea e civil da nova direita, mas como sustenta uma interessante matéria jornalística na revista *CartaCapital*, é a versão *não moderna dos golpistas do passado* (XVIII, n* 727, p.24), seguramente muito saudosista de 1964; e, nessa linha, a emergência do Projeto Orvil, recentemente publicado. A primeira edição dessa pesquisa patrocinada pelo Exército (que procurou dar sua versão sobre a luta armada contrapondo na época a edição de *Brasil: nunca mais*) saiu com uma tiragem bem reduzida, de poucas dezenas de exemplares, restrita a um círculo pequeno de oficiais (embora nos últimos tempos tenha sido disponibilizada na internet), revisada depois em nova edição da editora Shoba, lançada em fins de 2012 no Clube Militar, com o título *Orvil tentativas de tomada do poder*, de autoria de Agnaldo Del Nero Augusto, Lício Maciel e José Conegundes do Nascimento. Sobre essa questão da atuação de organizações da direita militar (entre outras expressões contemporâneas, como algumas originárias do Integralismo), ver também os trabalhos de Argolo (1996); Argolo e Fortunato (2004); Barbosa (2012).
5 Dissidência da ultraconservadora TFP – Tradição, Família e Propriedade; embora se paute com os mesmos princípios, conduz uma disputa judicial sobre o legado de seu fundador (A nova..., 2013; Pinho, 2017).

democrática do Exército brasileiro. Complementou o general, por fim, com um argumento que já seria uma leitura corrente nas Forças Armadas para o desgosto do público ali presente, que os militares são um instrumento do Estado e a serviço de um governo eleito democraticamente.

Um primeiro parêntese é necessário, entre outros subsequentes, com o objetivo de atualizar essa reflexão. Manifestações correlatas e golpistas de grupos civis com vistas à intervenção dos militares e sua volta ao governo se seguiriam ainda de forma constante, e não como casos isolados na história contemporânea. Aliás, Castelo Branco, o primeiro presidente do regime militar, já qualificava esses grupos como *vivandeiras dos quartéis*, e no bojo de uma das maiores crises políticas do Brasil, quase quatro anos depois da formação da CNV, muitos deles, mais uma vez, vieram à tona com esse objetivo.

Na ocasião, as perspectivas golpistas teriam *chance zero*, segundo a manifestação curta e grossa do general Eduardo Villas Bôas, comandante do Exército, negando publicamente qualquer possibilidade de os militares voltarem ao poder pelas armas. Apesar de suas preocupações com o cenário político em 2016, as reações equivocadas a seu posicionamento público podem ser vistas como resposta dirigida a uns "tresloucados" e "malucos civis", conforme suas palavras, que tinham em vista esse objetivo de ruptura institucional, concluindo, por fim: "Aprendemos a lição. Estamos escaldados" (Exército..., 2016). Como vimos no Preâmbulo, há certa ambiguidade desse posicionamento, e a lição de estarem escaldados não significa uma opção futura de se fazer parte enquanto governo ou, particularmente, de ser um ator determinante e de influência no atual governo, quiçá uma intervenção na eleição, não negada publicamente na posse do presidente.

Nessa linha, vale recuperarmos antes algumas manifestações positivas de militares relacionadas ao Relatório Final da CNV em dezembro de 2014. A despeito de muitas inquietações, e mesmo da conclusão aventada por alguns analistas de que o Relatório Final repercutiu negativamente entre os militares da ativa, é importante registrar que, após sua divulgação, houve poucas manifestações públicas de contestação, mesmo por parte de comandos e membros das Forças Armadas quando confrontados pelo número de militares perseguidos, conceito operacionalizado pela CNV. Uma dessas adveio de uma lista divulgada pelo Ministério da Defesa e tendo um número menor de anistiados militares, não coincidente, divulgada logo após a publicação do Relatório Final. Inegavelmente, teve por objetivo demonstrar à sociedade que o número de militares perseguidos é bem menor que o indicado nos dados oferecidos pela CNV; embora seja importante ressaltar que essa lista primeira refere-se somente àqueles em folha de pagamento.

Tudo indica que o receio decorrente dos trabalhos da CNV, no entanto, persistia, particularmente tendo a preocupação de revisão da anistia e a penalização dos torturadores. Mesmo assim, não houve referências maiores nos demais segmentos militares da ativa, somente uma discreta manifestação do comando da Marinha, e sem qualquer julgamento de valor, limitando-se a expressar numa nota que a CNV *cumpriu seu papel*. Críticas à parte, uma delas adveio do Superior Tribunal Militar, que apontou o relatório como *injusto e equivocado*, sem maiores considerações. Noutra linha, aliás em nada surpreendente, reações e ácidas críticas advieram dos clubes militares; não causaram surpresa, na medida em que esses oficiais sempre intentaram, por meio dessas instituições, obstruir tanto os trabalhos quanto a divulgação do Relatório Final. Por fim, o general de Exército Sérgio Etchegoyen, oficial de tradição familiar na carreira das armas, divulgou uma carta pública de repúdio aos trabalhos da CNV e solidarizando-se com o pai, Leo Guedes Etchegoyen, citado no Relatório Final como torturador. Vale dizer que o comando do Exército não se pronunciou sobre o caso; segundo a instituição, tratava de uma questão pessoal e não refletia ataques à corporação. Devidamente respondida pelo comissariado, a carta reafirmou a responsabilidade do militar em graves violações aos direitos humanos.

Ponderaremos sobre alguns desses fatos e manifestações mais recentes, mas, antes, retornemos a 2012, quando se constata que o posicionamento do general Adhemar da Costa Machado não foi a única manifestação democrática digna de registro por ocasião da formação da CNV. Uma segunda resposta *direta e à esquerda* ao "Alerta à nação" é o manifesto intitulado "Aos brasileiros", elaborado por militares reformados, muitos deles sócios do Clube Militar, apresentando-se nessa polêmica com uma tese frontalmente contrária a esse posicionamento *golpista*, incluído nos Anexos. Nele, alguns oficiais sustentam a legitimidade do atual regime democrático e suas lideranças, portanto, são adeptos de um regime totalmente dissociado e distanciado de comparações com a ditadura militar que, ao contrário do governo Dilma Rousseff, nunca permitiram a expressão de *diferenças de opinião, de crença e de orientação política*. Pontuaram no documento que "a busca da verdade" não é revanchismo, na medida em que aquelas críticas referem-se a um contexto de uma ditadura cuja dimensão não respeitava àqueles que se encontravam presos sob a tutela do Estado, muitos deles torturados, alguns como é sabido, até a morte.

Os oficiais ainda alertaram para a ignomínia dos *torturadores militares e civis* que não responderam a nenhum processo, estão *anistiados*, seguindo suas carreiras sem nunca ter requerido, administrativa ou judicialmente, o reconhecimento dessa condição, algo bem diferente das suas vítimas que ainda demandam esse direito junto aos tribunais. Entre outros apontamentos em defesa da democracia, o documento levantou o questionamento sobre o paradeiro dos mortos e desaparecidos, e a anistia que não foi a mesma para ambos os lados, chamando atenção *asperamente* para o seguinte:

> Assim sendo, também queremos a mesma ANISTIA AMPLA, GERAL E IRRESTRITA, assegurada a esses insanos agentes da ditadura. E, temos certeza, de que isso não é nenhum absurdo, pois tem a aprovação das pessoas sensatas, daqueles diletos companheiros de caserna (dos quais, de muitos, somos amigos), que não se envolveram em práticas criminosas, e que têm no rol dos seus deveres éticos o que se acha inscrito nos estatutos militares: "exercer, com autoridade, eficiência e probidade, as funções que lhes couberem em decorrência do cargo; RESPEITAR A DIGNIDADE DA

PESSOA HUMANA; ser justo e imparcial no julgamento dos atos e na apreciação do mérito dos subordinados".

Finaliza com uma frase de Darcy Ribeiro: "Só há duas opções nesta vida: resignar-se ou indignar-se. E eu não vou me resignar nunca", não antes de destacar que seu objetivo é "um regime de ampla democracia, irrestrita para qualquer cidadão, com direitos iguais para todos".

O manifesto "Aos brasileiros" teve significativa divulgação na grande imprensa (Godoy, 2012; Moura, 2012; Moreira, 2012), embora sua circulação fosse consideravelmente maior pela internet e pelas redes sociais; mesmo enquanto expressão de um grupo minoritário de oficiais da reserva frente à grande maioria de seus pares no Clube Militar, demonstrou haver vozes dissonantes naquela até então aparentemente monolítica entidade conservadora. Ainda assim, há mais um diferencial. Ao contrário de "Alerta à nação", com mais de uma centena de generais entre seus apoiadores, "Aos brasileiros" não contou com tantos altos oficiais entre os seus signatários civis e militares, mas, entre eles, havia oficiais do naipe do major-brigadeiro Rui Moreira Lima, herói da Segunda Guerra Mundial, piloto do Grupo Senta a Pua, que realizou 94 missões na Itália, vindo a ser condecorado por heroísmo com a Cruz de Combate (Brasil), a Croix de Guerre avec Palmes (França) e a Distinguished Flying Cross (EUA). Sua biografia igualmente se destaca pela participação nas históricas lutas pelo petróleo nos anos 1950 e em defesa da legalidade democrática, tendo sido cassado pelo golpe civil-militar de 1964. Recentemente, por força de uma ação judicial, veio a ser agraciado com a patente de tenente-general, o último posto da Força Aérea, embora, lamentavelmente, só após seu falecimento. Em conjunto com os formuladores do manifesto, os capitães de mar e guerra Fernando de Santa Rosa e Luiz Carlos de Souza Moreira, o brigadeiro Rui Moreira esteve à frente da Associação Democrática e Nacionalista dos Militares (Adnam) nos embates pela redemocratização do país e na luta por uma anistia sem restrições aos militares; dignificou sua biografia manifestando apoio à Comissão da Verdade (Godoy,

2012; Moura, 2012; Moreira, 2012). Inegavelmente, enquanto uma efetiva resposta política, há ainda um diferencial qualitativo de apoio e adesão a esse manifesto que não se avalia contabilmente.

Por fim, uma terceira reação ao "Alerta à nação" adveio de indignados setores da sociedade civil. Em resposta a uma programada comemoração dos 48 anos do golpe civil-militar de 1964, organizada – segundo um articulista – pelas "vivandeiras que não dão trégua" (CartaCapital, n.691, p.16, 4 abr. 2012), houve não somente a veiculação de cartas, artigos e entrevistas em jornais, redes sociais e TV, em repúdio à data pelo país, mas uma veemente manifestação de protesto diante do Clube Militar no Rio de Janeiro. Centenas de manifestantes ligados a movimentos sociais, partidos de esquerda, familiares de desaparecidos, dos quais muitos jovens convocados pela internet, lá se postaram, posicionando-se a favor da Comissão da Verdade.

Lamentavelmente, ocorreram alguns incidentes, ainda que sem maior gravidade, e a polícia interveio com vigor para desbloquear a rua, literalmente carregando muitos daqueles militares – de acordo com vários jornais – porta adentro do Clube Militar, não antes de presenciarem os jovens espalharem tinta vermelha em protesto pelo sangue derramado nos anos de chumbo, exigindo a punição dos torturadores. O simbolismo maior que sepultou qualquer veleidade comemorativa, ou de maior significado remetendo à comemoração desse último suspiro das vestais de 1964, foi a projeção na fachada do Clube Militar de uma foto do jornalista assassinado sob tortura, Vladimir Herzog, cujo processo pela reabertura do caso foi, inclusive, solicitado naquela mesma semana de abril/março pela Comissão Interamericana de Direitos Humanos (CIDH), vinculada à Organização dos Estados Americanos (OEA).[6]

---

6 Houve reação semelhante de repúdio aos 48 anos do golpe de 1964, veiculada pelas redes sociais em São Paulo e outras cidades, convocando a juventude para uma marcha contrária à comemoração da data; também ocorreram manifestação e denúncias dos membros vinculados à tortura diante de suas casas, como foi o caso do legista H. Shibata. Cinco jovens que se manifestaram diante do Clube Militar tiveram seus nomes divulgados, bem como seus endereços e

O Manifesto "Aos brasileiros", bem como manifestações correlatas que se seguiram sobre a anistia, a exemplo da "Carta do Rio de Janeiro",[7] surgiu em um momento em que já estavam em cena movimentos à esquerda nas Forças Armadas, objetivando intervir nas instituições de forma a democratizá-las, algumas delas organizadas em entidades que procuram participar militantemente da política no sentido de eleger representantes militares de novas gerações às várias instâncias legislativas, tendo a perspectiva de participarem de um projeto democrático de nação. Não estavam sozinhos: intervêm paralelamente as muitas entidades policiais que emergem por vários estados, muitas delas capitalizando greves e paralisações, inclusive com agendas correlatas aos militares. Esse é outro lado da história e de uma presença à esquerda dos militares na política, o objeto maior da problematização deste ensaio.

Apontamentos para uma reflexão

Historicamente, a intervenção dos militares na política brasileira se apresentou de várias formas e graus ao longo do século XX,

---

relações publicizados em sites como *Verdade Sufocada*. Após o fato, passaram a receber ameaças, em geral por telefone, feitas – seguramente – por membros civis e militares dos grupos de extrema direita. Um jornal noticiou que, em São Paulo, ocorreu discretamente um encontro comemorativo dos 48 anos do golpe de 1964, em que esteve presente o filho do ex-presidente Médici – autografando um livro biográfico elogioso sobre o pai –, militares da reserva (consta que havia alguns da ativa) e monarquistas. Provavelmente, trata-se de um convite do grupo vinculado ao Instituto Plínio Corrêa de Oliveira feito ao general Adhemar M. da Costa, cuja instituição é expressão da ultraconservadora TFP. Não houve incidentes, como os que ocorreram diante do Clube Militar no Rio de Janeiro. Nesta última cidade, alguns militares da reserva fizeram um salto comemorativo à data numa praia, igualmente sem maiores repercussões junto à sociedade ou à imprensa.

7 A "Carta do Rio de Janeiro" (incluída nos Anexos) é um documento sobre a anistia apresentado na Associação Brasileira de Imprensa (ABI) pela Associação Democrática e Nacionalista dos Militares (Adnam) e endereçado publicamente à presidência da República na data de 4 de maio de 2013, quando da audiência pública patrocinada pela Comissão Nacional da Verdade relacionada aos militares perseguidos pelo golpe de 1964.

muitas vezes com uma presença deslocada de partidos políticos, ou diametralmente distante das lideranças civis, embora também ocorresse por meio deles, ou associada à presença da corporação no cenário nacional. Noutras situações, a expressão dessa intervenção se refletiu na história – contraditoriamente, diga-se de passagem – com um posicionamento político e ideológico. Esse não foi um aspecto isolado. É igualmente forçoso apreender a atuação de algumas de suas lideranças militares e seu papel histórico e, com elas, uma intervenção a partir de um reconhecimento advindo do prestígio auferido ao longo de suas trajetórias, refletindo ou representando grupos ou facções. Góes Monteiro e seu antípoda ideológico, Luiz Carlos Prestes, embora não sejam os únicos, conferem fundamentação a essa hipótese.

Há intervenções históricas decorrentes e expressas na corporação naquilo que alguns estudiosos analisam como partido ou organização, tendo, assim, as Forças Armadas e também militares se manifestado no processo político. Talvez a mais significativa seja a de partidos clandestinos, ou de grupos menores atuando à esquerda (e à direita); ou mesmo de militares de esquerda com uma atuação marcante por meio de algumas organizações, determinantes em alguns casos. É o desafio que se insere em nossa apreensão sobre a esquerda militar no Brasil. Antes, porém, é necessário um parêntese introdutório nesse diálogo, que é, sobretudo, teórico e conceitual.

Inicialmente, o desafio de um resgate histórico e contemporâneo enquanto objeto empírico também se aplica ao pautarmos os instrumentos de análise como possibilidades de investigação. Seu desconhecimento, no entanto, é enorme, mas podemos sugerir que houve avanços significativos face às pesquisas recentes e ao intercâmbio entre militares e civis no mundo acadêmico. Ainda assim, um desafio maior se apresenta no Brasil ao quesito *democracia*, nucleado ao objeto dessa reflexão, a esquerda militar, aliás, nada descolado de outras mediações correlatas na América do Sul da virada do século XXI, como bem postas por algumas interessantes considerações de Maria Celina D'Araújo:

[...] a região foi marcada por uma grande novidade: a democracia que se tornava regra para todos. Além disso, em alguns países, a eleição de candidatos alheios ao establishment para a presidência da República motivou especulações sobre um novo campo ideológico ou um retorno a antigas formas de dominação sob nova roupagem. Um vasto leque de termos e conceitos foi acionado para registrar as mudanças em curso: ciclo revolucionário, populismo autoritário, populismo sul – americano, neopopulismo, populismo étnico, autoritarismo eleitoral, democracia nativa, democracia bolivariana, democracia participativa, socialismo bolivariano, socialismo do século XXI, governo de esquerda, eixo do mal, governos marxistas, governos estatizantes, anti-imperialismo, personalismo, caudilhismo, pragmatismo, entre outros. (D'Araújo, 2010, p.13)

Por essa razão, face aos seus expoentes ou mesmo às suas expressões contemporâneas (ou não, como veremos), o pressuposto da intervenção dos militares na política não está posto ou mesmo é objeto de questionamento na história; na verdade, é um aspecto consensual entre os analistas. Valorizaremos, para efeito de análise, algumas considerações introdutórias e analíticas em ensaios de intelectuais que refletem sobre o tema, procurando desenvolver esse diálogo com a apresentação de suas obras e, por meio deles, resgatar os modelos teóricos e conceituais, *sucintamente*, diga-se de passagem, para lançar nesse debate a problematização sobre a democracia e a esquerda militar no Brasil.

De concreto, há dois modelos metodológicos de análise razoavelmente consolidados, cuja leitura indica ou sugere um esforço para pontuar a dependências das Forças Armadas em relação à sociedade e/ou ao Estado. O primeiro, nucleado fundamentalmente na linha *instrumental*, é uma concepção que busca nos interesses de classes, grupos, forças políticas e correntes de opinião os motivos das manifestações militares; ou seja, apresenta-se a partir de estímulos e/ou influências externos às corporações, sempre afeitos a alguns dos grupos ou mesmo identificados a um deles (Rouquié, 1980, p.29; Oliveira, 1986). Portanto, não é uma expressão que se move autóctone, tendo em seu interior representantes políticos e/ou militantes refletindo tensões da sociedade civil e da política, operacionalizada por dois autores política e ideologicamente antípodas, Samuel Huntington e Nelson Werneck Sodré.

O primeiro é um intelectual conservador integrado ao sistema de poder dos Estados Unidos e muito apreciado pelos militares brasileiros, tanto é que seu livro mais significativo, *O soldado e o Estado*, tem por canal de edição privilegiado a editora Biblioteca do Exército (Bibliex). Sua leitura vê as Forças Armadas como um instrumento de modernização capitalista (entre outros aspectos polêmicos e desafiadores), particularmente em países ainda mediados por forças políticas oligárquicas cuja intervenção dos militares adquire um caráter reformador, ainda que numa perspectiva fundamentalmente conservadora, leia-se: com *um veto à ampliação da participação das massas*. Como vimos no Preâmbulo, temos uma aproximação com esse referencial teórico à linha de análise dessa Ala Militar ou Grupo Haiti em curso no Brasil de 2019.

Numa interpretação diametralmente oposta, Nelson Werneck Sodré igualmente se insere nesse modelo teórico *instrumental*. Oficial do Exército e historiador marxista, autor de vasta obra, com mais de 56 livros, alguns dos quais com várias edições, além de ter publicado mais de três mil artigos elaborados durante décadas, sua leitura apreende as Forças Armadas como originárias da classe média (ou da pequena burguesia), e que vão ter posições progressistas ao longo da história, conferindo à instituição um caráter democrático e nacionalista. A fundamentação maior dessa tese, uma referência de qualquer debate sobre as Forças Armadas, se apresenta em dois trabalhos clássicos: *Memórias de um soldado* e *História militar do Brasil* (Oliveira, 1986, p.263, 265).

O segundo modelo é a *institucional-organizacional*, interpretação que enfatiza a autonomia da instituição militar (Rouquié, 1980, p.30), desenvolvida por Edmundo Campos Coelho em seu clássico *Em busca da identidade: o Exército e a política na sociedade brasileira*. Nele, o fenômeno militar é autoexplicável, tendo entre seus traços mais salientes, corporificada no espírito de corpo, na hierarquia, a centralização do aparelho militar cuja expressão maior desse processo e do conceito é seu deslocamento das influências civis. Ele parte de um princípio que os militares estão inseridos em uma estrutura monolítica, e sua lógica de decisões, e mesmo de intervenções, deriva da percepção dessas instituições e de seu funcionamento vertical, fundamentalmente a partir da corporação.

Há algumas variações correlatas desses modelos, a exemplo de uma interpretação que os apreende como um poder *moderador*, adjetivada de liberal por Oliveira (1986, p.257), e que objetiva se qualificar como uma terceira alternativa. Leitura corrente é de que se trata de uma versão mais ou menos elaborada de um dos eixos acima citados, particularmente o primeiro, tendo como um de seus mais categorizados intérpretes o brasilianista Alfred Stepan em *Os militares e a política*. Sua apreensão indica que o comportamento militar é determinado simultaneamente por fatores internos e externos, leia-se: nos momentos de crise, remetendo a duas possibilidades de apreensão. Uma delas é que teria uma função constitucional burguesa e liberal, e/ou quando a ordem jurídica ou política entram em crise e faz os militares intervirem no sentido de sua garantia. A segunda, a leitura que remete as Forças Armadas com uma função política. Os militares assumem como função intervir e mediar conflitos dentro dos grupos dominantes, ou seja, uma postura de arbitragem numa perspectiva moderadora. Se o conflito extrapolasse as dissensões da elite e confrontassem esta última e seu poder, a intervenção seria transmutada de *moderadora* para *saneadora*, aliás, a justificativa ideológica do golpe de 1964 (Ibid., p.259-260).

Nessa perspectiva de entendimento e diálogo, apreendemos outras possibilidades e leituras, algumas que até sugerem apreensões factuais interessantes, como é o caso do Partido Militar, conceitualmente desenvolvida por Alan Rouquié (1980, p.12). Válida e muito bem fundamentada, embora enquanto modelo não se sustente analiticamente como processo, apresenta a vantagem de aprender as Forças Armadas como um ator unido, monolítico, operando com flexibilidade. Partidos militares podem ser verdadeiros partidos para agir na sociedade civil ou na cristalização de tendências, cuja luta se opera no âmbito da instituição militar, ou quando suas lideranças se esforçam em transformá-la em organizações política unificadas.

Além dessas interpretações, temos, como decorrência da apreensão de variáveis políticas, ideológicas ou mesmo corporativas, instrumentos de análise novos advindos desses modelos seminais, o Partido Fardado e a esquerda militar. Em nossa interpretação, ambos refletem e expressam uma presença militante dos militares como membros da instituição, ou desta última intervindo corporativamente no processo histórico. Oliveiros Ferreira é quem inova com esse ousado conceito de Partido Fardado em seu livro *Vida e morte do Partido Fardado*, analisando historicamente as Forças Armadas no processo político (Ferreira, 2000, p.43), operando com várias mediações. Para esse analista, a expressão não designa uma facção de um partido político, como os modelos situados no mundo civil, nem é um grupo organizado que permanece no tempo como organização; sua particularidade é evidenciada em momentos de tensão interna na corporação em desencontros com os governos. É o momento de sua revelação, constituído por um centro aglutinador.

A esquerda militar e sua agenda

Como ressaltado, valorizaremos nesse diálogo a esquerda militar enquanto pressuposto teórico e analítico decorrente de uma leitura *instrumental*, tendo como ponto de partida o conceito de esquerda militar no Brasil desenvolvido no livro de João Quartim de Moraes (2005). Sugestivamente, o conceito construído decorre de um diálogo com vários intelectuais, a destacar Nelson Werneck Sodré, que abriu pistas importantes em suas obras ao fundamentar o caráter democrático e progressista das Forças Armadas, apesar de ele mesmo não admitir publicamente a existência de um componente à esquerda, e de esquerda, específico entre os militares. Quartim de Moraes, no entanto, não apenas estabelece um conceito de esquerda à problemática dos militares, como sugere que a esquerda militar pode ser apreendida como uma categoria analítica, e/ou como um

MILITARES E MILITÂNCIA 109

parâmetro político, na medida em que recupera a existência desse grupo de militares de esquerda nas Forças Armadas brasileiras, problematizando sua intervenção política e teórica na história republicana, na maioria das vezes, clandestina. A origem de esquerda e à esquerda entre os militares encontra, nessa reflexão, indícios ainda do Brasil Império, norteada, pautada em vetores *morais e políticos*; a partir daí, o autor contabiliza as muitas participações progressistas das Forças Armadas na política, ou recupera o pouco que se sabe, ou do que se admite haver, de uma esquerda militar no Brasil, e que interveio constantemente na história recente, sendo uma determinação em capítulos políticos importantes no século XX. Mas não só isso, também abre pistas interessantes para uma reflexão sobre os recentes acontecimentos entre os oficiais e praças, em particular entre os subalternos das Forças Armadas e os integrantes das Polícias Militares na virada do século XXI. Nessa linha de argumentação, o conceito tem como ponto de partida e análise o seguinte argumento:

> Com efeito, apesar das evidentes diferenças de formação intelectual, de formulação doutrinária, de forma de atuação e de perspectiva programática, parece-nos clara a continuidade da inspiração ético-política dos jovens oficiais abolicionistas e republicanos, dos "tenentes" dos anos 1920, dos militares anti-imperialistas dos anos 1950, dos antigolpistas dos anos 1960. Essa continuidade rompeu-se com os amplos expurgos que os golpistas vitoriosos em 1964 promoveram nos quadros das Forças Armadas. (Moraes, 2005, p.7)

Dentro desse arco proposto, há muito a ser pesquisado, além de nele se inserir o esforço dessa reflexão. Houve o Antimil, o setor militar comunista, fundado em 1929 e vinculado ao Partido Comunista Brasileiro (PCB); como também vários grupos de militares nacionalistas à esquerda e os muitos núcleos de policiais de esquerda em vários estados brasileiros que atuaram em defesa da democracia; ou os marinheiros e suboficiais do início do século XX e do pré-1964, para ficarmos em apenas algumas referências mais conhecidas.[8] Esses não são casos únicos. Poderíamos sinalizar, embora não necessariamente organizada como política de intervenção militante, uma identificada presença de militares nos vários partidos socialistas no período inicial da República, assim como no Partido Socialista Brasileiro, em 1945, constituído na fase de redemocratização, e que chegou a contar com prestigiosos ex-tenentes revolucionários em suas fileiras.

Talvez a mais significativa intervenção da esquerda militar, aliás bem pouco conhecida, é a campanha *O petróleo é nosso*, cujos reflexos se apresentam contemporaneamente no debate sobre o pré-sal. Nela tivemos a efetiva presença de seu componente militar comunista e o consequente monopólio dessa riqueza, cujo consenso é que seja nosso passaporte para o futuro, em que pese ter sido alvo de vivas polêmicas quanto à sua apropriação, especialmente vista nos vários leilões após 2016. Não é o único exemplo de nossa história, mas a esquerda militar teve um papel importante enquanto proposta de construção da identidade nacional e na luta pela democracia.

Vale igualmente contabilizar sua intervenção em defesa da legalidade democrática no pós-1945, resistindo ao golpismo de grupos de direita, muitos deles caudatários de uma extrema direita advinda dos tempos de Jacareacanga e Aragarças presentes no pré-1964, mas bem atuantes em 1968 no episódio do caso Para-Sar, em que tentaram obstruir o processo de abertura no Brasil dos anos 1980 (Argolo, 1996; Argolo; Fortunato, 2004; Motta, 2002). Nessa linha de argumentação, há a presença de militares em organizações de esquerda que foram à luta armada, e vários exemplos de intervenção de grupos na resistência à ditadura no pós-1964. Alguns são mais conhecidos, mas quanto a uma aproximação com o objeto da proposta dessa reflexão, podemos mencionar organizações como o Partido Comunista Brasileiro Revolucionário (PCBR), a Vanguarda Popular Revolucionária (VPR) e Movimento de Ação Revolucionária (MAR),

---

8 Registro duas importantes contribuições recentemente defendidas enquanto dissertações de mestrado sobre os marinheiros de 1964. A primeira, de 2010, mas editada em livro posteriormente, é de Almeida (2012); a segunda, de Silva (2011).

em cujas fileiras os militares foram numerosos, e até hegemonizaram a linha política.[9] Há de se ressaltar um parêntese: ainda que remeta à problematização de um debate teórico, e válida enquanto possibilidade de análise muito embrionária, é uma temática, no mínimo, espinhosa. Mas qual a razão? A polêmica em contrário que desperta em muitos círculos em abordar determinados temas, para não dizer a oposição conservadora e, sobretudo, a *crítica* reacionária; aliás, como vimos no Preâmbulo, é retomada com vigor em 2018, quando o herói militar cultuado passou a ser um notório torturador, condenado pela justiça, o coronel Brilhante Ustra; ou as muitas tentativas de revisão dos livros de história pelo MEC relacionadas ao golpe de 1964. Pensando em um único exemplo, vale também registrar a resistência com que setores acadêmicos e militares trataram o historiador e general Nelson Werneck Sodré, um expoente da esquerda militar, que demonstra, pelo vigor de sua obra, o compromisso com a transformação social, bem como pela inclusão do povo como sujeito na história.

A despeito de ser, sugestivamente, um livro de encomenda, e limitado temporalmente até o governo Castelo Branco, para não o deixar na *difícil situação de promover emoções desnecessárias e polêmicas na sociedade nacional*, como ele mesmo admite, o coronel J. Fernando de Maya Pedrosa, historiador militar reconhecidamente conservador, e associado ao arco intelectual do establishment do Exército, procurou em A grande barreira (2001, p.20, 31) oferecer aos leitores militares uma visão histórica modernizadora, para não dizer bem mais arejada quando comparada a alguns trabalhos recentes de seus pares da caserna, embora o livro em si não fuja ao script anticomunista das publicações oficiais e tradicionais da instituição. Nesse esforço de inovação em seu trabalho publicado pela Bibliex, o historiador se aproxima de forma interessante desse referencial

---

9 Sobre esse debate, há uma recente e razoável bibliografia; sugiro a leitura dos seguintes trabalhos: Maciel (2009); Gorender (1987); Costa (2009); e Paruker (2009).

teórico ao admitir o vocábulo *esquerda* entre os militares, ou mesmo utilizando pontualmente o conceito marxista de esquerda militar.

Com efeito, um segundo parêntese também se faz necessário, já que, mesmo em se tratando de um modelo teórico recente, há controvérsias que merecem nossa atenção. Para alguns analistas, persiste o questionamento se houve ou não uma esquerda militar no Brasil enquanto grupo articulado. E que, conceitualmente, talvez seria mais adequado utilizar como eixo de análise o conceito de uma presença de *militares de esquerda*.[10] Em que pese ser factível essa hipótese de que *militares de esquerda* teriam atuado em organizações majoritariamente formadas por civis, guardadas as polêmicas em contrário, e concordando quanto à legitimidade dessa leitura enquanto referencial teórico distinto, avaliamos que ambos os conceitos não são possibilidades excludentes; a operacionalização do conceito *militares de esquerda* depende do enfoque a ser dado no objeto de estudo, e em grande medida, o apreendemos inserido osmoticamente como um componente da *esquerda militar*.

Entretanto, há diversos aspectos a serem contemplados face a esse desconhecimento, quiçá ignomínia, oficial ou oficiosa, que cerca o objeto. A temática esquerda militar no Brasil é um dos objetos mais difíceis de ser pesquisados, seja pelo caráter intrínseco da formação desses militares de esquerda, seja para viabilizar sua discreta participação política; a maioria nunca admitiu publicamente a possibilidade de ser comunista ou de esquerda. Nelson Werneck Sodré foi um deles, e, talvez não poderia ser diferente, até porque sobre sua geração pesou, no pós-1935, como demonstra Marly Vianna (2007), uma cultura anticomunista, que refletiu nos oficiais de esquerda, sejam eles comunistas, nacionalistas ou mesmo progressistas, uma

---

10 Quanto ao conceito *militares de esquerda* como uma linha de militares atuando politicamente, sem, no entanto, constituir-se como grupo organizado que expressaria a diferença com o conceito de esquerda militar, há um recente trabalho de Wilma Antunes Maciel sobre várias organizações de esquerda e militares que atuaram no pós-1964. A autora, no entanto, opera com esse conceito relacionado ao seu objeto, sem excluir a tese de uma esquerda militar (Maciel, 2009).

marca de exclusão a qualquer possibilidade de diálogo. Em alguns casos, essa cultura repressiva não foi isenta de riscos pessoais, inclusive convergindo em consequências danosas para a carreira da maioria deles (Perfil dos atingidos, 1987). Poucos oficiais de esquerda chegaram ao generalato no Brasil; talvez o caso mais conhecido tenha sido o do brigadeiro Francisco Teixeira, na Aeronáutica, e do general Felicíssimo Cardoso, no Exército.

Por essa razão, o pioneirismo desse conceito, de esquerda militar, e a reflexão sobre a temática quando relacionada a essa categoria social – os militares –, embora seja um conceito seminal, é igualmente projetivo, já que há muito para ser explorado e desenvolvido teoricamente nesse diálogo. Aliás, sobre esse objeto, temos visto nos últimos tempos uma retomada de pesquisas, e mesmo reedições de obras clássicas – a exemplo de *História militar do Brasil* (Sodré, 2010); e ainda a edição de livros cuja singularidade se apresenta pelo pioneirismo e pela fecundidade contemporânea dessas teses, sem falar de novos trabalhos orientados por esse referencial, como *Vale a pena sonhar* (Carvalho, 1997), e outros livros analisando questões e temas até então tidos como tabus nas Forças Armadas.[11]

Todavia, há que se estabelecer um contraponto para essa aproximação sobre sua intervenção no Brasil e, com ela, o resgate de sua agenda política na história. Na verdade, a agenda estabelecida ou sugerida neste ensaio não foi historicamente homogênea, mas encontra sustentabilidade nas colocações que serão apresentadas, ainda que sujeita a desenvolvimentos futuros. De qualquer forma, a centralidade que substancia e, ao mesmo tempo, preenche o conceito de esquerda militar – *vetores morais e políticos* – é válida

---

11 O curioso é que essa retomada temática sobre a esquerda militar encontra ressonâncias propícias ao diálogo mesmo entre os expoentes de antigos membros da direita militar no Brasil. Muitos oficiais golpistas são, hoje, portadores de lúcidas e sinceras críticas e autocríticas quanto à atuação dos militares brasileiros em 1964, e, em alguns casos, à própria ditadura militar; mesmo atualmente, quando confrontados com questões contemporâneas como as muitas ameaças de internacionalização da Amazônia, deixam antever a pavimentação e o estabelecimento de pontes de diálogo e convergência, até pouco tempo, inexistentes.

e abre projetivamente outras linhas de pesquisa e objetos com esse enfoque. E não são poucas as possibilidades de resgate. Vamos a algumas delas.

Em um tempo não muito distante do final do Império, houve vários movimentos, revoltas militares que estão ausentes de estudos específicos ao longo da história republicana brasileira, como as dos sargentos, em 1915 e 1916, e que, comprovadamente, tiveram a assistência de intelectuais socialistas, demandando um estudo de caso; ou as muitas manifestações militares corporativas, sem esquecer o Movimento Tenentista e suas frações mais à esquerda. Ainda há outras lacunas, como o resgate das dezenas de jornais do PCB, entre outras organizações de esquerda que tinham periódicos ou políticas dirigidas especificamente aos militares nos anos 1930, ou mesmo a formação do setor militar comunista, mais conhecido como Antimil.[12] Nesse período em que se insere a problemática posta neste volume de *Militares e militância*, indicamos, sem receio da controvérsia, que a agenda do período da esquerda militar até 1935 foi fundamentalmente *insurrecional*. É uma fase *dialeticamente conflituosa*, que não somente incorporou setores militares comunistas, como também militares nacionalistas à esquerda que se aglutinaram nos partidos socialistas com teses mais moderadas, para não dizer democráticas, até 1945.

Um segundo momento histórico remete à possibilidade de um resgate e à continuidade de uma outra agenda entre o pós-1945 e 1964, cuja característica maior foi a significativa intervenção política dos militares comunistas e de esquerda nas grandes causas nacionais em processo, mesmo com evidentes limites, inseridos numa democracia burguesa e na defesa de seus espaços democráticos. Mesmo que houvesse entre os militantes uma agenda insurrecional por um curto período após a cassação do Partido Comunista, em nossa interpretação, essa fase da esquerda militar no Brasil entre 1945 e 1964 e seu processo de intervenção política podem ser caracterizados como

---

12 Sobre os jornais e o Antimil, ambos serão resgatados embrionariamente nos Capítulos IV e V deste volume.

MILITARES E MILITÂNCIA 115

fundamentalmente de *defesa da legalidade democrática*. Vale dizer que o período foi marcado pelas insurreições militares da direita militar, como a tentativa de impedir a posse de JK nas revoltas de Jacareacanga e Aragarças; ou de João Goulart, em 1962; ou mesmo, antecedendo a tudo isso, o Motim da Escola Naval de 1948.

Nelas, há várias teses e hipóteses correlatas a serem exploradas como papel dos clubes militares da década de 1950, a exemplo da campanha *O petróleo é nosso* e a não intervenção brasileira na guerra da Coreia, sugerindo, inclusive, como continuidade ou não, um contraponto analítico quanto ao papel da instituição na virada do século XXI nesse processo. Recentemente, temos o resgate, ainda tímido, do dinâmico movimento dos sargentos e marinheiros de 1950, alvo de inconsistentes respostas e continuamente recolocado em pauta, pelo fato de estes militares nunca terem sido contemplados com a anistia, ainda que sua presença naquele cenário seja merecedora de um estudo específico e há atualmente esforços nessa linha.[13] É também forçoso mencionar, mesmo enquanto reminiscências do pré-1964, que praças foram eleitos com considerável votação ao Parlamento federal e a algumas assembleias estaduais, tendo seus mandatos anulados por decisão do Supremo Tribunal Federal. A sentença judicial seria o estopim da revolta dos sargentos de Brasília, reflexo maior de uma agenda política inconclusa e excludente no período democrático, cuja expressão política pode ser sintetizada na frase *Sargento também é povo*, retomada de certa forma por alguns movimentos recentes de jovens oficiais e praças na virada do século XXI, como ainda veremos ao longo do livro.[14]

Porém, vale chamar atenção para um acontecimento pouco mencionado, mas digno de registro, ainda do ano de 1962: o embate entre

---

13 Ver Maurício Gomes Silva (2017); Ricardo Santos Silva, *Militares em revolta: mobilização política dos marinheiros brasileiros no contexto da Guerra da Coreia (1950-1953)*, 2017 (início), tese (Doutorado em Ciências Sociais), Unesp, Coordenação de Aperfeiçoamento de Pessoal de Nível Superior.
14 Sobre os movimentos dos sargentos no pré-1964, tópico que será retomado no volume II dessa coletânea, ver Morosini (1998); Mendes (2000); Pedroso Júnior (2003); Costa (2007); Paruker (2009); Laque (2010); e Cavalheiro (2011).

as várias facções para o controle do Clube Militar. A ala nacionalista incluía um leque de militares conservadores, como o general Peri Bevilaqua, mas também de esquerda e legalistas de muito prestígio, como o general Castor da Nóbrega, um herói da FEB.[15] As eleições ocorreram sob acusações de fraude, com o resultado questionado na justiça, mas sem ter obtido decisão alguma com a deflagração do golpe de 1º de abril de 1964. Por fim, vale destacar, nesse segundo momento histórico da esquerda militar, a presença de muitos periódicos comunistas direcionados às Forças Armadas, que, da mesma forma como os primeiros do período insurrecional deste volume, se ressentem igualmente de estudos específicos.[16]

Um terceiro momento, cuja expressão de uma agenda diferenciada estaria configurada na intervenção no pós-1964 é a *restauração da democracia*, com possibilidades de investigação em aberto, bem como hipóteses questionáveis que avaliam o desaparecimento da esquerda militar. Tal indicação é controversa à luz de pesquisas recentes, mas seguramente quanto aos militares e ao golpe de 1964, como bem fundamentou o relatório do *Brasil nunca mais* (BNM):

---

15 Sobre este tópico, temos a referência de Cardoso (2008) e Sodré (2010).
16 Serão apresentados no futuro volume II de *Militares e militantes*, cuja temporalidade é de 1945-1964. Porém, vale dizer que a intervenção do Antimil se dá em todo esse período, cuja expressão militante pode ser apreendida por meio dos vários periódicos do PCB direcionados às Forças Armadas e a algumas corporações policiais, uns conhecidos de longa data, outros totalmente desconhecidos. Com um bom tratamento editorial, particularmente se comparado à precariedade dos demais periódicos, e razoável periodicidade, ao menos por um tempo, reapareceria o *União de Ferro* (que fora fundado nos anos 1930); e, especificamente no Exército, *O Patriota*, dirigido por Apolônio de Carvalho; como também circulou, com vários números, a *Marinha Vermelha*, direcionada aos praças da Armada. Nessa época, também surgiu o *Guararapes*, editado na base aérea de Recife, mas com presença em outras unidades da FAB; *O Libertador* e o *Alvorada*, cuja menção remete a uma intervenção junto aos policiais de Minas Gerais, além dos militares. Por fim, sem maiores referências, registra-se ainda a presença de *Soldado de Prestes* (que circulou com vários números na forma de folheto), e *A Voz do Arsenal*; porém, é possível que, naqueles anos, especialmente na década de 1950, houvesse outros jornais ou folhetins editados por células de militares.

Tratou-se, por assim dizer, de executar uma intervenção cirúrgica que não deixasse intacto nenhum núcleo capaz de reanimar o espírito rebelde que se espraiara nas armas durante as lutas nacionalistas e em defesa das ditas reformas de base. A pequena incidência de processos atingindo militares nos anos posteriores parece significar que, nesse campo, a cirurgia foi encetada com êxito. (Perfil dos atingidos, 1987, p.120)

Cabe mais um parêntese com vistas à atualização dessa passagem do relatório BNM, oferecendo os dados levantados pelo relatório final em 2104 relacionado aos *militares perseguidos*, expressão conceitual operacionalizada pela CNV e que faz referência ao grupo formado por militares republicanos históricos, liberais e democratas, seguidos, tempos depois, por nacionalistas, socialistas e comunistas; entre eles, oficiais e praças, incluindo membros das Polícias Militares. Foram perseguidos de várias formas, por meio de expulsão e reforma, mas também processados, presos arbitrariamente e torturados; alguns acabaram inocentados, mas não reintegrados às suas corporações; outros foram reintegrados, mas discriminados no prosseguimento de suas carreiras; e, por fim, houve alguns perseguidos e mortos ao longo da história (Fonte: CNV/PNUD, 2014). Não obstante algumas variações dos números conhecidos em função de diferentes fontes,[17] a categoria – de militares –, quando comparada às demais categorias sociais, reflete uma maior proporcionalidade de atingidos pelo golpe de 1964, e os dados relacionados a esse grupo levantados pela Comissão Nacional da Verdade/PNUD em 2014 indicam – *nome a nome* – um total de 6.591 atingidos por cassações, reformas, aposentarias e demissões do serviço público por atos discricionários.

---

17 Tradicionalmente, fontes como o clássico livro de Maria Helena Moreira Alves (2005), o levantamento da Adnam e o Relatório do Comitê Brasileiro pela Anistia indicavam o número de atingidos entre 4.787 e 7.487. Por ocasião da divulgação do Relatório da CNV, em 2104, o Ministério da Defesa veiculou uma lista de indenizações pagas a partir da Lei nº 10.559, de 2002, com o número de 3.837 militares anistiados em folha de pagamento das três Armas.

Força	Oficiais	Praças	Total
Aeronáutica	150	3.190	3.340
Exército	354	446	800
Marinha	115	2.099	2.214
Forças policiais estaduais	103	134	237
Total de oficiais			722
Total de praças			5.869
Total geral			6.591

Fonte: CNV/PNUD

Contudo, os dados são preliminares, mas números advindos de fontes orais também indicam aproximadamente outros mil militares que foram alvos de perseguições no período democrático, sobretudo no ano de 1952. Ao somarmos esse número ao da repressão aos militares durante o período de pós-1964, teremos um total de 7.591 militares perseguidos entre 1946 e 1964. Além disso, o levantamento da CNV indica o assassinato de 27 militares no pós-1964; nessa lista, temos outros 10 militantes mortos cuja origem era militar, além daqueles que elegeram o caminho do exílio. Mesmo que provisórios, os dados indicam 278 militares, quase 10% do total dos exilados em 1979. Por fim, somam-se a esse grupo de perseguidos 237 policiais cassados, presos e torturados em São Paulo, na Brigada Militar do Rio Grande do Sul, de Minas Gerais, entre outros estados. Corroborando a tese de que a agenda de intervenção da maioria dos *militares perseguidos* no pós-1964 foi pautada fundamentalmente na *restauração da democracia*, menos de 3% do total de atingidos optaram pela luta armada. Ainda tendo como fonte os levantamentos da CNV, um aspecto é de triste constatação: vários oficiais foram presos e barbaramente torturados em 1964; comparados às prisões relacionadas ao levante de 1935, quando houve uma forte repressão sobre os praças, há um diferencial: os primeiros foram respeitados em suas patentes. Não foi o caso dos coronéis Vicente Sylvestre, Jefferson Cardim, Kardec Lemme, todos barbaramente torturados (fonte: CNV/PNUD, 2014).

Contudo, a perseguição teve continuidade após a política inicial de cassação em 1964, com muitos militares sendo vigiados e acompanhados, presos mais de uma vez, e até torturados, ou objetos de atentados, como foi o caso do brigadeiro Francisco Teixeira, cuja casa foi incendiada. Esses não foram os únicos, e citaremos somente alguns casos. Heróis de guerra, como os brigadeiros Rui Moreira Lima e Fortunato, foram presos, o primeiro torturado; os demais oficiais aviadores da Força Aérea, cassados, tendo de se reconstruir profissionalmente com outras atividades, até porque uma portaria secreta da Aeronáutica os proibia de atuar como pilotos, assim como uma política correlata também proibiu de exercer suas atividades, enquanto comandantes, alguns oficiais cassados da Marinha. Não foram os únicos: o comandante Mello Bastos, aviador com milhares de horas de voo, veio a ser chofer de táxi no Rio de Janeiro; o major aviador Sérgio Cavalari só encontraria trabalho em uma joalheria; como eles, os demais tiveram de se refazer profissionalmente na condição de vendedores, professores de cursinho ou comerciantes, para citar somente alguns exemplos. Ao mesmo tempo, o general e historiador Nelson Werneck Sodré teve livros proibidos e, em algumas ocasiões, confiscados, cujos passos eram monitorados cotidianamente; o coronel Ivan Cavalcante Proença (filho do eminente general Cavalcante Proença) viu a carreira militar abortada após salvar dezenas de alunos ao impedir a invasão do Instituto de Filosofia e Ciências Humanas (IFCH) da Unicamp por milicianos ligados a Carlos Lacerda por ocasião do golpe de 1964. Passou à condição de professor e escritor trabalhando, nos anos subsequentes, sob constante vigilância e patrulhamento, impedido de exercer suas atividades em várias escolas, sem falar as constantes, praticamente trimestrais, visitas ao Dops (fonte: CNV/PNUD, 2014).

Noutra linha persecutória e contínua, esposas de militares cassados, embora vivos, recebiam como viúvas, o que consistia de uma ínfima parte do soldo; juntando-se a eles, havia centenas de marinheiros, soldados e praças que foram expulsos das Forças Armadas por atos administrativos sem direito algum. A maioria teve de recomeçar profissionalmente do zero, atuando em novas carreiras, porém muitos, por precaução, optaram por mudar para outras cidades, não somente para se preservar, mas também visando a integridade de suas famílias, inclusive sem o reconhecimento da anistia em 1979, que só foi reavaliada a esse grupo nos adendos subsequentes até a Constituinte de 1988. Mesmo assim, muitos ainda demandam sua anistia ou alguma forma de reparação, sendo atualmente objeto de ameaças de revisão e perda de direitos. Em São Paulo, um grupo de policiais veio a ser preso em 1975, todos barbaramente torturados, e seria o único grupo reincorporado às fileiras da instituição quando da redemocratização no governo Franco Montoro, embora por pouco tempo. Nos relatos da CNV, emergiram casos de muitos praças e conscritos presos e torturados nos anos 1980, alguns, curiosamente, por estar lendo livros que, embora disponíveis nas livrarias, eram vistos como subversivos, a exemplo de *O povo brasileiro*, de Darcy Ribeiro (fonte: CNV/PNUD, 2014).

A esquerda militar, no entanto, não desapareceu após 1964, e grupos isolados continuaram intervindo com limitações, sob rígidas condições de clandestinidade; alguns militares de esquerda escaparam das cassações, permanecendo na ativa, e possivelmente com alguma atuação política. Há indícios de resistência logo após o golpe de 1964, quando houve uma frustrada tentativa de articulação de um levante contra a ditadura a partir de setores militares cassados e da ativa, por parte da Força Pública de São Paulo em aliança com setores civis. Noutros casos, a exemplo de Carlos Lamarca, essa presença à esquerda foi mais ostensiva em sua intervenção, sem mencionar os muitos subalternos das Forças Armadas que participaram da luta de resistência à ditadura nas organizações de esquerda surgidas com esse objetivo, em muitas delas, hegemonizando suas políticas. A esquerda militar ligada ao PCB teve um componente ativo, e sobrevivente, praticamente intacto ao golpe de 1964 na antiga Força Pública e Guarda Civil de São Paulo, e que só veio a ser expurgado em 1975. Pistas inexploradas e, a meu ver, em grande medida decorrentes dessa matriz conceitual.

Pelos exemplos elencados, podemos indicar outras hipóteses de investigação sobre a esquerda militar no pós-1964: a luta pela anistia, pela democracia e pelo nacionalismo capitaneada por militares cassados que atuaram por meio das muitas associações de classe; ou

MILITARES E MILITÂNCIA 121

movimentos de grupos de militares em algumas tentativas de tirar o Clube Militar da dormência política que o caracterizou no pós-1964.

Talvez, o canto do cisne de uma rica tradição de embates democráticos no Clube Militar tenha sido a eleição de 1984, palco de uma última disputa em que dois projetos se digladiavam, um valorizando a redemocratização (tendo o apoio de militares cassados e de esquerda), outro, uma chapa conservadora que acabou vencendo, visando a manutenção do *status quo*. Esta última teve apoio do governo militar, que atuou decisivamente para que a instituição não se constituísse em um palco de debates ou um fórum de reflexão que influenciasse a agenda de liberação controlada do regime.[18] Outrossim, ambiguidades armadas de grupos militares à parte, e foram muitas nesse período da ditadura civil-militar, não excluímos de nossa interpretação que a *restauração da democracia* foi a agenda estabelecida pela esquerda militar de 1964 até a redemocratização em 1985, o que soma mais uma fascinante hipótese de trabalho. Nela, há mais uma proposta de investigação que se mostra em aberto: a possibilidade em pesquisar algumas tentativas dos militares de esquerda em intervir na Constituinte propondo uma redefinição do papel político das Forças Armadas.

Por fim, há uma agenda mais recente sobre a *esquerda militar no Brasil*, que confere uma expressão de problematização a ser explorada: a *democratização das Forças Armadas*, constatada pelas muitas organizações de suboficiais e oficiais, atuando no sentido de recuperar uma pauta estabelecida no pré-1964. Em última instância, movimentos como o Capitanismo (grupo de jovens capitães do Exército) e a Associação de Praças do Exército Brasileiro (Apeb) refletem, em alguma medida, atividades entre os militares que sugerem a quebra de rígidos pressupostos, muitos deles excludentes à ascensão dos subalternos como categoria. Ambos os movimentos remetem a uma outra esfera de intervenção democrática no quesito questões corporativas, indicando politicamente a necessidade de reavaliação da atual estrutura institucional, procurando eleger representantes ao Parlamento. Essa intervenção está expressa em algumas associações

18 Sobre essa disputa no Clube Militar, ver especialmente Gaio (1997).

e movimentos pela democratização das Forças Armadas (incluindo policiais militares) que, em muitos casos, se não a maioria, têm como fórum decisório dessa contestação o Judiciário. Quanto a setores da oficialidade, há indícios de uma clara percepção entre os mais jovens no sentido de reavaliar temas-tabus, talvez um posicionamento à esquerda, como sugere essa apreensão conceitual, mas não organizadamente de esquerda como expressão orgânica. Voltaremos a esse ponto.

Militares e o compromisso com a democracia, internamente, porém...

Resta uma indagação relacionada à problematização deste ensaio: de que forma se articula uma reflexão sobre os militares, a questão da democracia e a esquerda militar no século XXI? Há ainda uma esquerda militar? Para tal análise, resgatemos alguns dados sobre o perfil das Forças Armadas brasileiras, associados à emergência de alguns movimentos militares como o Capitanismo e a Apeb, mas também recuperando alguns apontamentos relacionados a organizações policiais estaduais. Antes, vale ponderarmos sobre algumas pesquisas que indicam que as Forças Armadas na América Latina (salvo as da Argentina e do Paraguai) têm tido avaliações positivas enquanto instituições cuja confiança junto à sociedade é alta. Muito provavelmente, essa condição de prestígio deve-se ao fato de esses países terem realizado o acerto de contas com sua história, punindo os torturadores, reavaliando criticamente sua formação e reformulando-se enquanto instituição. Numa linha quase que diametralmente oposta, ainda no âmbito da América Latina, a confiança da sociedade nas polícias, com exceção do que ocorre no Chile e no Uruguai, países mais bem avaliados nesse sentido, é bem baixa (D'Araújo, 2010, p.29-30). Não se apresenta nesse cômputo, a despeito das muitas polêmicas, uma reflexão comparada com as Polícias Civis.

No Brasil, esta última categoria – a de policiais civis – é onipresente em nosso cotidiano, quase oculta academicamente, já que são bem poucas as informações e publicações disponíveis quando

MILITARES E MILITÂNCIA 123

comparada às Forças Armadas. Exceções à regra são os notáveis trabalhos de Thaís Batibugli, *Democracia e segurança pública em São Paulo (1946-1964)* (2010), e de Cid Benjamin, *Um xerife de esquerda* (1998), livro biográfico em que o autor resgata a trajetória do delegado Hélio Luz, cuja exposição demonstra que não somente o posicionamento político de um policial de esquerda pode ser correlato ao eficiente exercício profissional e a exigências da carreira, bem como ao exercício de sua função, sobretudo como um escudo às ingerências externas de setores burgueses no sentido de instrumentalizar a instituição.

Nessa linha, há um segundo desafio dada a lacuna bibliográfica que é igualmente sentida, ou seja, apreender e avaliar o perfil político da categoria; outras questões se somam nessa agenda, a inconclusividade de um debate sobre a unificação das Polícias (Civil e Militar), bem como o fato de esta instituição ter estatuto próprio constitucionalmente. Enquanto registro, temos a pesquisa sobre o perfil social dos delegados de polícia no Brasil disponibilizados por Maria Tereza Sadek (2003, p.30), realizada com 20% de seus membros em nove estados da federação, avaliados sob todos os aspectos, diferenciados no quesito desenvolvimento social e econômico, bem como tendo experiências diversas na área de polícia e segurança pública. No recorte que nos interessa diretamente, e como é um aspecto referencial de nossa análise sobre os militares, os dados disponibilizados indicam que a maioria dos delegados entrevistados, 48,5%, considera-se politicamente de centro; os demais se dividem entre as opções mais à esquerda, com 25,9%, somadas centro-esquerda e esquerda; e mais à direita, 22,8%, somadas centro-direita e direita. Somente esquerda computa 2,4%, e somente direita, 2,95%. Talvez esse perfil mais oxigenado politicamente explique a atuação dessa política e mesmo de mobilização da categoria, dado o enorme número de greves contabilizadas desde a promulgação da Constituição, como bem reportam dados do Dieese. Esse será o objeto de nossa atenção no Capítulo II.

Nesse universo de uma categoria ainda pouca conhecida, temos algumas pistas em matérias de jornais e revistas relacionadas à participação de policiais civis à esquerda, como em Sansão (2016), que se conectam, de certa forma, com os dados computados na pesquisa de Sadek (2003, p.30). Essas, no entanto, são referências isoladas e provavelmente devem se somar a umas poucas ainda não contabilizadas. Pelos dados disponibilizados, política e ideologicamente, policiais civis próximos desse cômputo de esquerda contabilizam 2,4%, tendo em comum o objetivo de resgatar a instituição para a cidadania; em pauta, a reestruturação da instituição com vistas a sua desmilitarização, bem como uma outra concepção de segurança pública, incorporando os direitos humanos. Além de propor uma agenda cidadã cuja receptividade é tímida na sociedade, tudo indica que é ainda menor nas instituições policiais, tendo seus expoentes encontrado forte preconceito entre seus pares, quando não punidos por seus posicionamentos.[19] Na leitura do delegado da Polícia Civil do Rio de Janeiro, Orlando Zaccone:

> Alguns policiais que, politicamente, se posicionam contra formas autoritárias e modelos fascistas de governo, muitas vezes vistos como "menos policiais", acabam buscando espaços dentro das instituições para andar na contramão, e formas de operar que levem a polícia a um patamar mais democrático.

Não são casos isolados, e temos posicionamentos correlatos em defesa dessa agenda cidadã pelos demais estados; a exemplo da Bahia, cuja falta de espaço político para uma legítima ação política no sentido de pensar as instituições militares e policiais e possibilitar uma outra política de segurança resultou numa organização singular de policiais civis, o Coletivo Sankofa. Para Kleber Rosa, um de seus membros, o coletivo tem em vista "a defesa e a valorização da polícia; o princípio da polícia não pode ser manter a ordem, mas garantir direitos". Outro membro, Denilson Neves, chama atenção para a necessidade de superar uma visão "provinciana e corporativista" dos policiais, para quem os problemas "devem ser resolvidos no círculo

---

19 Foi o caso de um escrivão da Polícia Civil do Rio Grande do Sul, Leonel Guterres Radde, submetido a uma sindicância e punição (Sansão, 2016).

interno da polícia"; o desafio é fazê-los perceber que são trabalhadores como qualquer outro. "Policiais têm assédio moral, problema salarial, de saúde, doença ocupacional, mas não constroem um espaço de libertação em que possam discutir tudo isso com profundidade." Nesse esforço de reflexão, há uma crítica dessa corrente policial ao militarismo ainda muito presente no atual modelo de polícia, e que em São Paulo teve por origem quando da unificação da Guarda Civil com a Força Pública em 1969; portanto, herança da ditadura militar. Sua consequência maior para o delegado da Polícia Civil de São Paulo Marcos Carneiro seria:

"Tirou-se das ruas um policial que tinha um quepe, um uniforme, um distintivo e uma arma dentro de um coldre fechado, substituindo-o por este modelo de um cara com capacete, farda, coturno e uma submetralhadora. Para garantir o cidadão? Para combater o crime? Conta outra!" [...] "Aquele jovem, com 20 anos de idade, vai para as ruas pensando que tem que ser um anjo salvador, o justiceiro que vai fazer uma guerra contra o crime. E quem é o inimigo? É associado à pobreza. O policial vê um sujeito de bermuda, camiseta e chinelo: 'Para esse cara'", afirma o ex-delegado, que já determinou a prisão de mais de uma dezena de PMs durante sua carreira, por homicídios, sequestros e extorsão. "Eu já ouvi, depois de prender PMs, que ele só 'mata bandido'". Sua leitura enfoca o cerne da questão, ou seja, para a necessidade de avaliar a violência policial como somente uma questão de polícia, ou seja, "os policiais operam uma máquina que é construída e gestada pelo poder político. Responsabilizá-los, sozinhos, é uma forma de o Estado, que é quem determina esse modelo, se proteger de sua própria responsabilidade. A violência policial no Brasil é tratada meramente como um desvio de função dos policiais, nunca como uma política de Estado chamando seus gestores à responsabilidade. Se o policial mata uma pessoa que é construída como traficante, todo mundo aplaude; mas se não se consegue transformar o pedreiro ou dançarino em traficante, o policial é preso e o Estado se coloca protegido dentro dessa política que ele mesmo cria".

Articuladas a essas leituras e críticas, há outros exemplos de iniciativas cidadãs bem positivas de policiais civis, como o da inspetora Marina Lattavo, no Rio de Janeiro, que desenvolve um projeto no sentido de aproximar a instituição da comunidade, ministrando artes marciais para moradores de favela, no caso jiu-jitsu, segundo ela, com resultados bem positivos.[20] Quanto ao enfrentamento de uma delicada questão, a guerra às drogas, há um enfoque diferenciado, na medida em que o entendimento de que seu combate passa pela legalização da produção, pelo comércio e pelo consumo de todas as substâncias; contrariando a leitura vigente.[21] Ainda segundo Zaccone:

20 A matéria aborda um projeto social singular implementado pela inspetora Marina Lattavo, da Delegacia de Homicídios de Niterói, São Gonçalo e Itaboraí, na região metropolitana do Rio, que convidou colegas a dar aulas de jiu-jitsu para moradores de comunidades onde se registravam os mais altos índices de homicídios do estado. Segundo a inspetora, o projeto "Jiu-jitsu – Em defesa de quem precisar", do qual participam hoje cinquenta famílias, vem ajudando a mudar o modo como moradores de comunidades e policiais enxergavam uns aos outros. "Muitas vezes, com a formação e a visão de sociedade que o policial tem, tende a pensar que a criança pobre da favela vai crescer, virar traficante e ser morta. Mas agora ele começou a enxergar aquela criança como uma criança", afirma. A visão da criança sobre o policial, segundo Lattavo, também mudou. "É importante fazer com que aquelas crianças enxerguem o policial como alguém que está ali para protegê-las, não como um inimigo que vai lá matar o pai delas". A iniciativa não é um caso isolado; em Marília, no estado de São Paulo, o investigador da Polícia Civil Clebert Eimori Kato, conjuntamente com o professor Vicente Glucci Leone, também mestres de karatê, desenvolvem um trabalho semelhante com crianças carentes da cidade, a partir do compromisso de elas estarem matriculadas e terem boa avaliação escolar, e os resultados têm sido promissores. O primeiro ainda tem importante atuação em um pioneiro projeto de extensão, tendo em vista a aproximação e a dinamização das artes marciais com a comunidade acadêmica, professores alunos e funcionários, no campus da Unesp (Sansão, 2016).

21 Nesse caso sobre as drogas, na mesma matéria: "Na única vez que foi hostilizado como professor, Fabrício debatia a questão quando um professor da disciplina 'Combate ao narcotráfico' entrou na sua sala de aula. 'Ele me xingou, dizendo que eu estava sendo antiprofissional e descumprindo os valores da instituição, porque o combate às drogas é um dos valores da instituição', recorda. 'As polícias se alimentam disso simbolicamente, porque isso dá ao policial o *status* de guerreiro, e financeiramente, porque os governos federal e estadual dão verbas para as polícias em programas como *Crack – é possível*

Temos que convocar esses policiais que estão lutando na contramão para o debate, e quem sabe formar uma associação, uma liga de policiais pela democracia, contra o fascismo, porque o fascismo está crescendo e pondo suas asas dentro das instituições policiais. Por isso, é um momento importante para ampliarmos essa discussão.

No caso das Polícias Militares, não há muitos trabalhos relacionados a elas; das referências disponíveis, destacam-se uma sobre o movimento dos policiais da Bahia, livro de um militar de esquerda da própria corporação, Georgeocohama Archanjo (2008), atualmente pesquisador e professor universitário; as posteriores e muito significativas reflexões de Juniele Rabêlo Almeida (2010; 2011); e a recente dissertação de Felipe Garcia (2009); além de matérias de jornais e revistas. Há uma válida aproximação de alguns deles com o universo acadêmico, elaborando teses, trazendo essa experiência com uma reflexão teórica; um diálogo que, muitas vezes, encontra obstáculos em ambas as instituições. Exemplo que pode ser visto na trajetória do capitão Fabio França, autor de vários textos e livros, e que, por ocasião de sua defesa, assim se manifestou:

> Defendi a tese fardado, o que causou estranheza para alguns; foi para mostrar que, nas instituições policiais militares, temos pessoas competentes e que também já se fazem presentes no mundo acadêmico, até como forma de diminuir o preconceito das pessoas quanto à ideia de que os policiais militares são apenas truculentos e violentos. Observo em meu cotidiano, e eu mais do que ninguém reconheço, os erros existentes nas corporações policiais devido a fatores vários, a existência de muitos policiais que vêm estudando e se especializando na área acadêmica em diversos campos, o que futuramente pode ser o grande diferencial para legitimar a existência de uma polícia mais democrática em nosso país. E, no momento de

---

vencer, o Proerd [Programa Educacional de Resistência às Drogas] das PMs e outros, que não dão em nada', diz o policial, que estuda a guerra às drogas em seu mestrado em direitos humanos" (Sansão, 2016).

minha defesa, eu não tinha como dissociar o pesquisador e o policial, pois os dois estavam ali presentes, inclusive para dialogar com a banca que, quer queira, quer não, ainda mais pelo fato de a sociologia tratar-se de uma ciência de viés crítico, seja lá o que isso enseja dizer, mostrou em certos momentos uma tendência em ver a polícia como o mal a ser combatido. Sei perfeitamente que a existência de um aparato policial por si mesmo é violenta, mas toda generalização torna-se problemática quando colocada sob um prisma analítico. (Policial..., 2015)

Nessa linha de análise sob outro enfoque, temos a matéria com o sugestivo título "Tem esquerda na PM", e o relato do coronel comunista Íbis Pereira, comandante da PM/RJ por um breve período e atualmente filiado do Psol. Formado em direito e filosofia com mestrado em história, segue na linha de muitos policiais militares, tendo uma válida interlocução no meio acadêmico; na matéria, chamou atenção de vários aspectos relacionados à política, analisando com lucidez a questão ideológica que permeia as instituições policiais, inclusive ressaltando o equívoco da esquerda em ignorar que há "uma massa considerável na polícia que é progressista", ou mesmo ter como política em vista a sua dissolução. Na sua interpretação, advogar essa tese não se soma aos esforços sobre a real necessidade de uma efetiva desmilitarização, o ponto principal, além de afastar seus membros de uma visão democrática e cidadã de segurança. Segundo seu relato:

Entrei em 1983, num momento de renovação, junto com os primeiros governadores eleitos depois da ditadura. O governador eleito aqui foi Leonel Brizola, que escolhe como comandante-geral da polícia e como secretário de Estado da polícia um homem que, para mim, foi decisivo: o coronel Carlos Magno Nazareth Cerqueira, um progressista. Primeiro comandante negro da Polícia Militar do Rio, Cerqueira foi pioneiro em falar de direitos humanos na área de segurança pública. Numa reunião do governo, Brizola colocou as diretrizes pelas quais seria massacrado na mídia: proibiu a polícia de entrar nos barracos das favelas sem ordem judicial. No dia seguinte, os jornais cariocas o atacavam dizendo: "Brizola proíbe a polícia de subir o morro". [...] Sou um comunista místico, um marxista herético (risos). Porque sou basicamente um marxista – mas não totalmente, porque não sou materialista. Creio em Deus, sou uma mistura de Cristo com Karl Marx. Penso que se Deus existe e nós todos somos irmãos, esta sociedade não comporta senhores e escravos, dominantes e dominados. E ninguém pensa uma política de segurança pública sem uma concepção de como a sociedade deve se organizar. Estamos falando do coração do Estado, não é possível uma visão técnica apenas. A primeira violência é a miséria, a exclusão, e elas só se resolvem rumando para uma sociedade mais igualitária, mais justa. (Menezes, 2017; Um policial..., 2014; Grupo..., 2017; Silva, 2016; Frazão et al., 2018)

Esse é um dado a mais para reflexão e um desafio nessa problemática, ainda sobre a questão das instituições policiais, e temos para efeito de análise, embora sem maiores desenvolvimentos, um pressuposto teórico, mas igualmente empírico – perceptível em situações históricas e contemporâneas –, a leitura que confere a ambas as corporações – Forças Armadas e Polícias Militares – sua apreensão enquanto uma *unidade* como militares, porém, sem expressarem necessariamente uma *identidade*. Esse é um ponto controverso relacionado às duas instituições, e que encontra resistências de várias ordens em setores de ambas;[22] ou mesmo críticas de quanto

---

22 Procuramos chamar atenção sobre esse ponto, sem maiores desenvolvimentos, não somente pelo caráter militar das PMs na Constituição brasileira, mas também policial, desenvolvido pelas Forças Armadas e previsto constitucionalmente. Sobre esse aspecto, há bibliografia considerável sustentando essa tese; mas fato é, historicamente e contemporaneamente, que as Forças Armadas continuam intervindo em conjunto com as PMs, em ações tidas como estritamente policiais. Somente alguns exemplos: em 1988, tropas do Exército ocuparam a Companhia Siderúrgica Nacional, cujo resultado nessa intervenção foram três operários mortos; em 1994, quando da greve da Polícia Federal, ocuparam ostensivamente as ruas de Brasília com considerável aparato bélico, sob a justificativa de dissuadir qualquer reação por parte dos grevistas; em 1996, o

essa aproximação desperta sobre a militarização. Segundo a matéria citada, a maioria dos oficiais da PM se opõe à desmilitarização das polícias, por "uma questão claramente de poder", e não por se preocupar com a segurança. "Embora nem todo policial seja um tirano, o sistema militar permite a tirania. A tirania se dissemina do coronel ao soldado e vai desaguar no cidadão." Apesar da resistência entre oficiais, o projeto de desmilitarização encontra grande aceitação entre os praças (soldados, cabos, sargentos e subtenentes). Uma pesquisa com o objetivo de saber a opinião dos policiais brasileiros sobre reformas e modernização da segurança pública, divulgada em 2014, realizada pela Fundação Getúlio Vargas em São Paulo e pelo Fórum Brasileiro de Segurança Pública, em parceria com a SENASP, revelou o impressionante dado de que 73,7% deles defendem a desvinculação entre polícia e Exército (apud Sansão, 2016). A rigor, esse não é um fenômeno exclusivamente brasileiro e ocorre em vários países da América do Sul (Arruda, 2007, p.89 e ss.; D'Araújo, 2010, p.288). A esse respeito, temos o relato do tenente Anderson Duarte, da PM/CE:

> A própria condição de militar impõe uma distância irredutível entre o policial e a sociedade civil. "A Polícia Militar não tem

---

presidente Fernando Henrique Cardoso enviou mais de mil soldados do Exército para ocupar a sede da Companhia Vale do Rio Doce; em 2000, o MST foi o pretexto para atuação dos militares quando seus integrantes ameaçaram ocupar a fazenda do presidente FHC, confrontando a autonomia do estado de Minas Gerais, fato este que resultou, posteriormente, na transformação da 11ª Brigada de Infantaria Leve sediada em Campinas em uma unidade do Exército de nítido caráter policial, com objetivo de intervir nos estados da federação; ou a recente participação e ocupação do Morro do Alemão, no Rio de Janeiro, em 2011; e, em 2012, o treinamento da Operação Poço Preto II que procura qualificar diferentes unidades militares do Exército em missões de garantia da lei e da ordem em ambiente rural. Há de se destacar ainda que a 11ª Brigada de Infantaria Leve, a mais conhecida pelo desenvolvimento da Doutrina da Garantia da Lei e da Ordem (GLO), possui nela o Centro de Instrução da Garantia da Lei e da Ordem, estabelecimento militar responsável por instruir os militares com essa finalidade. Por fim, vale mencionar, como ilustração a esse argumento, a atuação das forças policiais em conflitos internos e externos que, em tese, seria exclusividade das Forças Armadas a exemplo do que ocorreu em Canudos, na Segunda Guerra Mundial e, mesmo mais recentemente, em missões no Haiti.

identificação nenhuma com o povo. O militar lida sempre com inimigos, e o inimigo é externo, ou seja, é diferente dele. O cidadão comum é o civil, não é um igual [...] No Rio de Janeiro, por exemplo, a Core [Coordenadoria de Recursos Especiais], que faz parte da Polícia Civil, utiliza os mesmos métodos do Bope [Batalhão de Operações Policiais Especiais], que é da PM. Há favelas que só a Core sobe, com os mesmos métodos, e é civil", exemplifica. Anderson critica ainda a forma desigual com que a polícia se relaciona com as camadas mais baixas da sociedade, transformando moradores de favelas em inimigos a serem combatidos. "Quando se concentram recursos bélicos em comunidades e se faz policiamento com fuzis e tanques de guerra nas favelas, como foram as ocupações policiais para a implementação das UPPs [Unidades de Polícia Pacificadora, no Rio de Janeiro], está se construindo o inimigo. Por que não ocupam Copacabana, Leblon ou Jardim Botânico com tanques e fuzis?", questiona. "Há sempre uma trincheira, mesmo que não seja visível, que separa o militar das demais pessoas. Essa trincheira está na própria constituição do militar. Nós somos ensinados a isso", explica o tenente. Por isso, ele defende que a condição para que se "possa ter o policial como um trabalhador é, primordialmente, desmilitarizá-lo". (Sansão, 2016)

Com efeito, o desafio em apreender essa problemática é enorme. Há outras indagações e inquietações, mas, preliminarmente, uma conclusão: a ausência de estudos sólidos relacionados às motivações políticas e ideológicas de seus membros, em particular sobre as Polícias Militares, a despeito do vigoroso movimento sindical presente no Brasil desde a Constituição de 1988, objeto de atenção no Capítulo II; aliás, associativismo militante que antecede no tempo e na história o golpe de 1964.

Alguns diagnósticos e muitas lacunas

Relacionadas às Forças Armadas, as informações disponibilizadas por algumas poucas pesquisas procuram dar respostas sobre o perfil de seus membros,[23] mas não permitem conclusões satisfatórias, apenas algumas hipóteses pautadas na questão da democracia, e nelas alguns paradigmas a serem quebrados, além de umas poucas reflexões temáticas recentes na literatura militar,[24] bem

23 Essa lacuna, inclusive, chamou atenção do grupo de Jaguariúna (que exporemos no Capítulo II) e foi oferecida como recomendação ao Relatório Final da CNV, proposta que, lamentavelmente, não foi considerada e pode ser vista conjuntamente com as demais nos Anexos: item 5) Promoção de pesquisas coordenadas por especialistas no sentido de identificar o tipo de profissional militar que vem sendo formado nos estabelecimentos de ensino das Forças Armadas, sua visão sobre o país e sobre a corporação a que pertence; bem como o estímulo à criação de um conhecimento mais aprofundado sobre a temática militar, principalmente na universidade.

24 A contribuição mais recente a essa problemática é a edição de *Como pensam os militares* (2016), do brigadeiro Delano Menezes, oficial com vocação de estudioso, como ressalta João Roberto Martins Filho na apresentação – o livro em si traz informações relevantes sobre o universo das três Forças, muitas delas, se não a maioria, memorialísticas, pautadas em sua trajetória militar. É um trabalho multifacetado e pedagógico sobre a realidade da caserna, e uma importante contribuição aos pesquisadores e leigos, especialmente quanto à subjetividade das relações intramuros que o autor resgata. Essa talvez seja essa a riqueza maior desse trabalho. Por um lado, traz à tona um lamento, talvez com alguma razão: a ignorância dos civis e estudiosos sobre a vida militar e o desconhecimento das particularidades de cada uma das Forças (identificadas sempre como um bloco monolítico). Por outro, não há um tratamento adequado sobre a ignorância dos militares ao mundo civil. Há, no entanto, válidas colocações e também críticas internas às corporações, além de ele valorizar o crescente diálogo acadêmico entres civis e militares. Quanto ao cerne de nossa problemática, a política, o autor confere um tratamento tímido, para não dizer bem conservador, no que concerne ao pensamento dos militares; porém, há a valoração da democracia e a convicção de que "a condução dos destinos da nação deve ser dos civis", argumentando que, em face da nova etapa histórica, é "baixíssima a possibilidade de os militares interviem na vida política do país" (Delano, 2016, p.14, 294, 299). Contudo, reproduz uma mística que é ainda uma máxima para o militar contemporâneo, ao afirmar que "o patriotismo de que é possuído é mais elevado que a média da sociedade" (Ibid., p.265). Em várias passagens de sua reflexão, saltam laivos de ressentimento à associação de sua geração ou das instituições armadas a uns poucos torturadores do período militar, um posicionamento com o qual concordamos; mas, nessa linha, há lamentos com questionáveis argumentos próximos de setores reacionários do Clube Militar, a exemplo da "parcialidade" dos trabalhos da Comissão Nacional da Verdade. Porém, não há dialogo com essas fontes bibliográficas, nem com o Relatório Final da CNV.

como um esforço de análise a partir de várias fontes sobre o perfil político e ideológico dos militares. Algumas dessas informações são esclarecedoras; emergiram numa primeira pesquisa de 1993, *A origem social dos militares*, realizada no período inicial da redemocratização nos anos 1990, seguida de uma segunda, em 1998, *O Brasil e as Forças Armadas na percepção dos oficiais da Marinha*; houve outra, de 2007, *Radiografia dos militares*; e uma última, publicada em 2019, intitulada *Para pensar o Exército brasileiro no século XXI*.

Em *A origem social dos militares* (1993), Celso Castro traça um perfil dos cadetes da Academia Militar das Agulhas Negras (Aman), indicando na ocasião uma certa endogenia, reflexo de uma presença maior de aspirantes de origem militar, educados em colégios militares – bem diferente do perfil apresentado em um levantamento realizado na Academia da Força Aérea (AFA) e na Escola Naval, cuja grande maioria de seus postulantes tem origem civil. O dado novo é uma maioria advinda de praças, portanto, refletindo na instituição um componente de ascensão social, tendência contrária à demonstrada nas demais Armas. Segundo os dados, o principal significado seria o aprofundamento de uma consciência corporativa entre eles, e um consequente distanciamento dos civis. Ao menos no esboço oferecido e publicado, não foi apresentada nenhuma informação sobre suas opções políticas e ideológicas, porém Castro alerta para o risco na formação desses futuros generais em fronteiras internas de isolamento com o mundo civil, que possibilita a reprodução de valores diferentes e distanciados aos desejados pela sociedade. Talvez esse

---

Críticas à esquerda são postas, sem maior fundamentação, ignorando a dicotomia esquerda/direita presente na FAB desde sua formação. Por exemplo: não cita colegas de sua época que foram expulsos sob a alegação de serem comunistas e que, posteriormente, acabaram anistiados. Mesmo admitindo que houve uma tentativa de blindar sua geração em sua formação ou que não era um objeto maior de suas preocupações, o resultado final sugere uma reflexão a-histórica em seu conjunto. Difícil imaginar que o autor não tenha tido conhecimento de figuras de tristes lembranças da FAB, como o brigadeiro Burnier, notório torturador; ou heróis de guerra perseguidos, como Rui Moreira Lima, aliás, um entusiasta da CNV, ambos totalmente ausentes em sua reflexão.

seja o componente maior a ser valorizado e objeto de preocupação quando avaliamos os militares e a questão democrática.

Realizada em 1998, uma segunda pesquisa do mesmo autor, em conjunto com Maria Celina D'Araújo e Zairo Cheibub, *O Brasil e as Forças Armadas na percepção dos oficiais da Marinha* (2002), abarcou um universo de 94 oficiais da instituição, a maioria capitães de corveta e fragata, com idades entre 35 e 44 anos. Diferente da anterior, esta ofereceu alguns dados mais precisos sobre o quesito militares e a política, um aspecto que nos interessa mais diretamente neste ensaio. Aliás, os dados auferidos sobre a Armada são bem ilustrativos e, além de apresentarem um perfil sobre seus membros, incluem informações relacionadas a essa problematização, especialmente quanto à democracia.[25] A pesquisa também abordou a preocupação com a questão social e seus impactos sobre o futuro do Brasil, descartando o retorno dos militares ao poder como resposta a uma possível convulsão social; e vê como preocupação, moderada ou forte, os impactos da desigualdade sobre a sociedade e o mercado.[26] Quanto à importância que algumas instituições ou grupos têm ou deveriam ter no Brasil, os entrevistados opinam que os militares têm pouca ou nenhuma influência política (93,7%), e que sua influência deveria ser maior (86,1% acham que deveria ter muita ou pouca), embora não precise ser decisiva (apenas 2,1% julgam assim). Este é, sem dúvida, um dado importante, e que pode nos ajudar a demonstrar

---

25 A pesquisa foi limitada à Armada, e embora o objetivo fosse sua realização nas demais escolas superiores do Exército e da Aeronáutica, os pesquisadores não obtiveram permissão dos respectivos comandos. A Força Aérea alegou não ser possível disponibilizar oficiais que pudessem expressar o pensamento militar, e o Exército ponderou que o caráter político da pesquisa iria de encontro às normas legais; assim, as duas forças mantiveram a posição de que as instituições se expressam pelos chefes em comando. Mesmo assim, o levantamento considerou várias questões, e valorizaremos alguns tópicos para aprofundar nossa interlocução com o objeto deste ensaio, a democracia e a política entre os militares.

26 Perguntados sobre os principais problemas do país, a maioria apontou: pouca educação da população, desigualdade social, corrupção, a política (e os políticos), entre outros aspectos enfatizados como obstáculos à democracia (nada dissonante da opinião do restante da elite brasileira acerca dos principais problemas nacionais).

que os militares não se sentiriam tratados com a consideração de que julgam ser merecedores na Nova República.

Quanto ao desenvolvimento da democracia no Brasil, mais de um terço dos militares ouvidos considerou como principal obstáculo o baixo nível educacional da população. O segundo seria de natureza social: a pobreza e a desigualdade (19,1%). A pesquisa mostrou ainda que os militares não diferem muito dos outros setores de elite na consideração da importância da hierarquia para a manutenção da ordem, e, exceto pelo fato de não haver um único militar que discorde muito dessa visão, o setor apresenta um padrão surpreendentemente semelhante aos das elites civis. De certa forma, pode-se especular que a hierarquia é um valor tão disseminado na sociedade brasileira desde a colonização que a crença na sua imprescindibilidade para a manutenção da ordem não é um traço distintivo dos militares, como seria de esperar ao levarmos em conta a característica de sua formação profissional.

No quesito autodefinição política, a maioria dos entrevistados da Marinha se considera politicamente de centro e de centro-direita. Há uma expressiva porcentagem de oficiais que se considera de direita (12%), mais que o dobro dos empresários que se classificam comparativamente na mesma pesquisa. Na verdade, há uma congruência entre militares e empresários no que toca às posições de centro e centro-direita. A diferença em relação aos outros grupos é expressiva; porém, a maior parte deles se considera de centro (40,2%) e centro-direita (34,8%), seguidos por direita (12%), centro-esquerda (12%) e esquerda (1%). É sugestivo imaginar que não haveria muita diferença do perfil reconhecidamente conservador dos oficiais da Armada entre 1950 e 1964. Mas é uma hipótese.

Questões outras abordam os temas da anistia política a civis e a militares, e o dos desaparecidos; este último, assunto polêmico, particularmente pelo fato de estar na agenda de 1997 a indenização à família de Carlos Lamarca pela Comissão dos Desaparecidos do Ministério da Justiça, que gerou protestos entre militares da reserva. Sobre o papel da anistia de 1979 como medida capaz de produzir a reconciliação nacional, a maioria ficou em uma posição intermediária – entre concordar e discordar em parte –; apenas 23,4% deles concordaram totalmente que foi um ato importante no sentido de conciliar politicamente o país. Do lado oposto, 13,8% deles discordaram por completo da ideia de que a anistia tivesse servido a essa conciliação.

A pesquisa demonstrou como algo recorrente um certo descontentamento que a anistia teria causado entre setores militares, pois teria afetado negativamente a imagem das Forças Armadas que haviam combatido a subversão. Apenas 7,4% dos entrevistados concordaram completamente com essa percepção. Noutro extremo, 41,5% deles discordaram completamente da noção de que a anistia teria prejudicado a imagem das Forças Armadas. Cerca da metade ficou em uma posição intermediária, concordando ou discordando em parte. A amplitude da anistia também foi objeto de debates. Os entrevistados tiveram opiniões distintas a respeito, mas quase a metade deles acabou concordando, completamente ou em parte, que ela foi ampla demais. Do lado oposto, 39,2% discordaram por completo desse raciocínio. De toda forma, o que fica patente é que não se pode falar de uma visão unívoca dos militares acerca desse fato político.

Na terceira, temos alguns dados apresentados com a pesquisa Veja/Sensus de 2007, *Radiografia dos militares*, que nos possibilita apreender algumas pistas recentes sobre a política e a democracia, porém sem que haja elementos sobre seu perfil político e ideológico, uma lacuna sentida (Azevedo, 2007). A pesquisa entrevistou um universo de 384 soldados e oficiais do Exército, e que, segundo o articulista, pôde ser realizada diretamente com os entrevistados sem qualquer interferência superior. Tanto a maioria das questões quanto a metodologia não foram expostas, mas, sem dúvida, o trabalho representou um avanço quanto a possibilidades de auferir informações, embora também fizesse a tradicional ressalva de que a opinião levantada não é da instituição, e sim dos militares. Prevalece o princípio hierárquico posto em pesquisas anteriores de que a opinião da instituição é do alto comando.

Dentro do enfoque proposto, e naquilo que nos interessa, a pesquisa demonstra que a maioria dos militares é contrária à sua volta ao governo, e há uma aceitação *inconteste* do poder civil. Curiosamente, revela que 56% deles acham que os governos militares trouxeram mais desenvolvimento ao país; há de se ressaltar que 23% dos entrevistados acham que os civis fazem um trabalho melhor. A conclusão, apesar dessa polêmica opinião, é a valorização da democracia e um repúdio a intervenções militares, salvo vozes isoladas no Clube Militar, mesmo que nele haja uma posição favorável ao golpismo. Como registrado, talvez essa seja a conclusão mais positiva, reflexo de um novo tempo, embora 50% deles admitam – desde que haja amparo legal – a utilização de métodos não ortodoxos para obter informações, leia-se: a admissão da tortura.

Por fim, com argumentos correlatos e proximidade de respostas, aliás, em alguns tópicos, tendo pouca alteração comparativamente, uma última pesquisa em 2019, realizada junto a oficiais do Exército, *Para pensar o Exército brasileiro: século XXI*, coordenada pelos professores Eduardo Raposo, Maria Alice Rezende de Carvalho e Arita Schaffel (2019). É importante ressaltar que os procedimentos iniciais da pesquisa se deram em 2011, para ser posta a campo em 2013, enquanto a análise dos dados foi realizada no biênio subsequente. Perfaz, portanto, conforme bem ressaltado pelos autores, dada as enormes alterações ocorridas no cenário brasileiro a partir de 2016 até a publicação em 2019, um diagnóstico anterior ao furacão advindo da sucessão presidencial cujos impactos ainda não estão devidamente avaliados. Nesse sentido, entre seus méritos, a pesquisa se soma como mais uma contribuição no sentido de oxigenar o campo temático e, concretamente, contribuir com uma reflexão sobre a corporação em um debate acerca da democracia no presente milênio. Alguns aspectos, no entanto, precisam ser considerados.

Inicialmente, é importante ressaltar que a pesquisa teve em foco somente militares de patentes entre aspirantes e generais, noutras palavras, desconsiderou totalmente os praças nesse escopo. Abrangente em vários aspectos, o levantamento abarca um universo de 20.429 oficiais da ativa, tendo tido 2.423 de respostas aos questionários enviados (11%), com especial destaque para uma maioria de membros da Infantaria (23%), seguida, numa proporção próxima, das Armas de Artilharia (11,7%) e Cavalaria (10,6%), e, por fim, em menor número de militares, de Engenharia (7,9%). São perceptíveis as diferenças de avaliação quando se afunilam questões a patentes ou à relação de oficiais mais antigos e modernos (controle do armamento nuclear), ou temas e agendas (exemplo: meio ambiente), nada sugerindo homogeneidade intracorpus. Há outros pontos relevantes, como o branqueamento do Exército (66,4%), índice superior ao da população (45,5%); embora o número de católicos na instituição seja metade ao auferido na corporação comparativamente à média nacional (64%), salvo os generais. Neste último cômputo interno, há um número maior de espíritas que de evangélicos; e, por fim, certa endogenia, verificada na primeira pesquisa, embora mais presente entre oficiais antigos.

Contudo, para efeito de análise e no sentido de estabelecer uma reflexão relacionada a alguns temas correlatos às três pesquisas citadas, particularmente no quesito democracia, nos ateremos para esse diálogo somente ao último capítulo do livro, intitulado "Oficiais do Exército e política" –, e também às "Considerações finais". Há uma lacuna sentida nessa enquete sobre o perfil político e ideológico dos oficiais do Exército, noutras palavras, um questionamento não contemplado sobre a *autodefinição* política de seus membros como houve na segunda pesquisa citada. Talvez um dos apontamentos mais contundentes, em termos de conservadorismo, que resgatamos na pesquisa sobre o perfil político e ideológico pode ser dado pela resposta dos oficiais ao serem indagados se concordavam ou não que haja literatura socialista ou comunista nas bibliotecas escolares: uma maioria (63,7%) se mostrou favorável à exclusão de livros que abordassem esse conteúdo. Aliás, percebe-se que este ainda é um tema-tabu maior que o da homossexualidade, cujo questionamento foi igualmente contemplado nessa linha discriminatória, mas com em número menor (51,8%) das respostas. Questionados ainda sobre os principais problemas das Forças Armadas, o primeiro foi baixo soldo (47%), seguido, num distante segundo lugar, da obsolescência do material bélico (11%) ou inadequação do orçamento da defesa (8%); e, por fim, os militares indicaram que persistem ainda a leitura do revanchismo (17%) e o pouco interesse do Congresso pela temática militar (6%), além da incompreensão do papel social das Forças Armadas (8%).

A democracia nessa enquete ganha centralidade em nossa interlocução com as demais pesquisas, ou melhor, é prejudicada na leitura desses militares pelo baixo nível educacional da população, somada à indignação frente ao alto nível de corrupção da classe política. Além desses pontos, é criticada por eles pela pouca harmonia entre os poderes devido à concentração vista no Executivo, bem como questionada em função da incompetência dos governantes, correlata à ausência de cultura política da população. O curioso é que a desigualdade social não foi um critério valorizado de legitimidade da democracia brasileira como nas pesquisas anteriores; os oficiais valorizam o Parlamento, fazendo uma avaliação próxima quanto ao quesito influência (82%) que deveria exercer (78%). Por sua vez, criticam a enorme e desproporcional presença de multinacionais, bancos e organismos estrangeiros, diferentemente dos militares, como visto nas pesquisas anteriores. Finalmente, uma minoria (2,9%) entende que as instituições armadas têm muita influência, e sinalizam, em expectativa, que deveriam ter mais influência (35%), a despeito de uma considerável parcela (44%) entender que não deveriam ter influência alguma.

Preliminarmente, essa problemática não se esgota com esses apontamentos, e quanto às demais informações reveladas, a pesquisa traz, decerto, uma reflexão que é, sobretudo, um desafio ainda em aberto. Antes, há de se ressaltar o seguinte: pesquisas realizadas em conjunturas políticas e tempos díspares, universos segmentados, e com metodologia e objetivos diferenciados, não permitem ainda avaliar, mesmo com alguma aproximação, a linearidade de um perfil sobre as Forças Armadas. Podemos inferir, a partir delas, que houve alguma evolução dos militares em relação à democracia. Azevedo (2007) indica um dado como possibilidade demonstrada na primeira pesquisa de 1993, e na última em certa medida, auferível ainda nas demais: um forte sentimento corporativo cujo resultado pode ser percebido ali e aqui, como a persistência da ideologia do inimigo interno, cuja visão de mundo continua a ser preservada, dissociada e distinta da dos civis. Entretanto, há ainda um aspecto importante. Entre uma e outra pesquisa, há uma percepção contrária, bem como rejeição, às soluções de força, e o compromisso crítico dos militares à democracia, mesmo com ressalvas. Ainda é vista como delicada a questão dos desaparecidos, da anistia e da resistência à época da formação da Comissão Nacional da Verdade (embora nesta seja citado o revanchismo), sendo sempre ressaltado o difícil relacionamento dos militares com o Congresso Nacional. Não há dúvida de que o princípio hierárquico posto nesta pesquisa última, e apresentado igualmente nas anteriores, de que a opinião da instituição pertence ao alto comando, é um elemento ainda pouco operacionalizado na realidade que se apresenta entre os militares no que tange a agrupamentos políticos e/ou coorporativos que objetivam repensar esses pressupostos.

II
UMA REFLEXÃO CONTEMPORÂNEA

Passados alguns anos após o término da ditadura, pesquisas recentes nos permitem inferir algumas hipóteses sobre a questão da participação dos militares na política e, particularmente, pistas sobre a esquerda militar na construção do processo democrático, além da forma – embora não diretamente, mas ao menos avaliando – como também se apresenta a democracia para as Forças Armadas. São pesquisas a serem vistas com cautela, mesmo a última, em face aos recentes acontecimentos expostos no Capítulo I; mas, em todas elas, ainda se apresenta o desafio sobre o perfil político dos militares, uma lacuna pouco explorada contemporaneamente. Aliás, essa é uma dificuldade histórica. E qual a razão?

Fontes diversas sustentam que a polarização esquerda/direita era significativa entre os anos 1950 e 1964, com o setor nacionalista militar, progressista e de esquerda formado por entre 5% e 10% do conjunto dos militares das Forças Armadas, percentual semelhante contabilizado à direita militar. Uma pequena fração era o setor composto por militares comunistas, havendo um radicalismo mais acentuado entre os subalternos ou praças, hipótese que se sustenta pelo fato de serem mais penalizados com relação aos seus direitos, e devido à sua origem proletária. Uma das fontes a que recorremos é o capitão Eduardo Chuahy, militar de esquerda, que esteve próximo do PCB e viria a participar da Casa Militar de João Goulart em 1964, sendo posteriormente eleito deputado estadual pelo PDT/RJ. Numa entrevista, afirmou: "O Exército tem 5% de progressistas, 5% de direita, e a massa reflete a sociedade civil, particularmente a classe média. A formação do oficial do Exército é boa, é patriota, nacionalista" (apud Moraes, 2011, p.334).

Por sua vez, Moniz Bandeira (2010, p.286) apresenta alguns dados e considerações próximas aos de Chuahy, embora sua leitura esteja mais relacionada ao Exército, indicando que, em 1964, cerca de 10% de militares tendiam para o nacionalismo e à esquerda, enquanto 15% se alinhavam contra o governo Goulart; constando ainda que a imensa maioria, 75%, era norteada principalmente pela questão da hierarquia e moralidade pública. Coincidência ou não, essas leituras são corroboradas por uma fonte ideologicamente antípoda, o informe do Departamento de Ordem Política e Social, intitulado "Situação comunista no estado de São Paulo", datado de novembro de 1951, no qual consta uma passagem específica sobre os militares:

> Quanto aos militares, este departamento não possui dados que permitam asseverar, com exatidão, o grau de infiltração comunista nos mesmos; mas, de acordo com observações anteriores, quando nos foi possível colher, em flagrante atividade, comunistas imiscuídos nas Forças Armadas, podemos constatar – isso há alguns anos – que a percentagem atingida pelos comunistas nas classes armadas girava em torno de 5%. É possível que essa percentagem, graças à propaganda contínua e penetrante do comunismo, tenha sofrido alta, alcançando provavelmente 10% ou pouco menos.[1]

Por hipótese, esse percentual seria expressão mais próxima no Exército, tendo a Marinha assumido um perfil mais acentuadamente tradicional e conservador, exceto entre os praças, contando com uma pequena facção comunista entre os oficiais. Ao que tudo indica,

---

1 Departamento de Ordem Política e Social, nov. 1951 (AERJ, notação 866).

a Aeronáutica é que apresentou uma polarização mais significativa entre os oficiais e praças; provavelmente havia uma polarização política e ideológica mais significativa à esquerda, com muitos comunistas, tendo alguns chegado ao generalato em posições de comando. Nesse sentido, procuraremos problematizar uma reflexão teórica e empírica sobre a esquerda militar do século XX aos dias atuais, bem como sua intervenção no processo político, e reajustar seu enfoque a partir de um pressuposto contrário às leituras castrenses, acadêmicas ou políticas, ou seja, o paradigma de que os militares não devem participar do processo político, limitando-se a ser espectadores passivos das grandes causas nacionais. Nessa linha de argumentação, temos o insuspeito brigadeiro Francisco Teixeira com o seguinte argumento: "As Forças Armadas não são intrinsecamente democráticas nem reacionárias. Eles dependem muito da opinião predominante na sociedade civil" (apud Moraes, 2011, p.246).

Por essa linha de análise, tudo indica que ele corrobora a tese de que a não participação política dos militares não se sustenta, até porque as Forças Armadas sempre estiveram envolvidas politicamente nas questões nacionais em vários momentos de nossa história, muitas vezes de forma polêmica (e até contraditória), às vezes ao lado das causas progressistas, ao lado de civis e à frente, quando não a reboque deles; e, valorizando o argumento posto, é quase consenso estabelecido que o golpe de 1964 foi *civil-militar*, e não somente *militar*. É uma questão bem complexa, e há de se reconhecer que houve o esforço de afastar os militares da política no pós-1964, o que, inclusive, não decorreu somente de uma política de cassações pela esquerda, mas também de uma política para abortar iniciativas pela direita, como as operacionalizadas pelo governo militar do general Castelo Branco. Vamos por partes. Antes, pela esquerda.

Após o golpe, além do enorme número de cassações de militares e policiais, vistas no Capítulo II, houve atenção às associações militares, e um decreto de 1965 suspendeu por seis meses, em todo território nacional, as atividades da Associação dos Cabos e Soldados das Polícias Militares do Brasil, inviabilizando sua atuação durante o período do regime militar; em 1967, outro decreto-lei criou a Inspetoria Geral das Polícias Militares (IGPM), vinculada ao Ministério do Exército (D'Araújo, 2010, p.242), transformando as instituições policiais em órgãos auxiliares das Forças Armadas. O mesmo decreto suspensivo atingiu a recém-formada Associação de Cabos da Força Aérea Brasileira (Acafab) e seus membros, seguido, no mesmo ano, por um *ofício reservado* do comando da Força Aérea que determinava o fechamento sumário da entidade, por supostas atividades subversivas. Medidas administrativas subsequentes de caráter preventivo, no sentido de abortar futuras manifestações políticas ou corporativas, foram promulgadas pela Força Aérea; resultaram contemporaneamente em ações reparatórias na justiça, cuja conotação política, os praças entendem estar em seu bojo, algo que, em última instância, obstruiu, também por esse entendimento, suas possibilidades de permanência, reengajamento ou promoção na instituição, problemática exposta no Relatório Final da Comissão Nacional da Verdade (CNV, 2014; Vasconcelos, 2018).

Todavia, no caso, uma política nessa linha à direita, o primeiro presidente do regime militar implementou uma reforma com o objetivo de limitar o período em que um oficial pudesse estar na ativa como general e, assim, evitar o surgimento de lideranças e a política na caserna. Um insuspeito biógrafo do então general, o senador Luís Vianna Filho, chamou atenção ao fato de que, por princípio, Castelo Branco era contrário à presença de militares em cargos eletivos, entendendo isso como nocivo à instituição, bem como aos quadros profissionais, que ficavam prejudicados na ascensão de carreira. Promulgada, a Lei de Inatividade transferia para reserva ou reforma aqueles militares eleitos para algum cargo; e, ao procurar renovar os quadros das instituições, também objetivava eliminar das Forças Armadas os *caprichos da política*. Em que pese a lei ter sido efetivada em um contexto de confronto entre várias facções do Exército no pós-1964 e os muitos projetos em conflito, tendo no marechal Costa e Silva o adversário maior de Castelo Branco, a medida, inegavelmente, resultou em uma maior oxigenação das instituições militares e na renovação do corpo de oficiais, além de eliminar o posto de marechal (Neto, 2004, p.353; Vianna Filho, 1975, p.206-207).

Contemporaneamente, os reflexos dessa lei se fazem sentir, e mesmo excluindo aqueles oficiais que ostensivamente tinham ambições políticas, a restrição institucional não impediu que facções da direita militar continuassem se digladiando nesse período, nem no momento subsequente à sua promulgação; também não excluiu a política no Exército, nem impediu o surgimento de algumas lideranças, embora bem diferentes dos *totens* de outrora que fizeram história (Martins Filho, 1995; D'Araújo, 2010; Chirio, 2012). Vários são os episódios dignos de registro que corroboram essa tese, alguns kafkianos, acontecendo após embates conflituosos sobre a redemocratização, ou relacionados à sucessão presidencial, que emergiram contraditoriamente entre as várias facções militares pós-1964. Vamos a alguns deles.

Um deles aconteceu pouco tempo de instaurado o regime militar, entre 1965 e 1966, ainda no governo Castelo Branco. Devido à crescente impopularidade de sua administração, o cenário em resposta à crise política e econômica, cujo agravamento parecia não estar distante, indicava a setores civis e militares liberais que o Brasil caminhava para o aprofundamento da ditadura e um consequente processo de militarização do Estado e da sociedade. A partir dessa avaliação política, tivemos registros de um complô relacionado à sucessão do marechal Castelo Branco envolvendo correntes militares da ativa e da reserva favoráveis à redemocratização, conjuntamente com elites civis golpistas de 1964, entre as quais estava à frente o governador Adhemar de Barros; mas incluíam setores nacionalistas aliados do antigo governo Jango. À esquerda, a articulação conspirativa incorporava o PCB e seu setor militar, o Antimil (vide Capítulo IV), tendo à frente o brigadeiro Francisco Teixeira. Referências sobre esse episódio são esparsas, a maioria advindas de relatos de militares, sendo a mais significativa o depoimento do coronel Hélio Anísio (2003), militar comunista que esteve diretamente envolvido nessa conspiração em São Paulo; além de alguns apontamentos de Moniz Bandeira (2010), que descreveu o complô na oitava edição de seu clássico livro sobre o governo João Goulart; e, mais recentemente, de Carlos Ruiz (2018) em sua dissertação.

Clandestinamente enviado a São Paulo, o coronel Anísio (2003) recebeu a tarefa de articular operacionalmente a rebelião com oficiais da poderosa Força Pública Paulista (e também com policiais da Guarda Civil), um exército profissional bem armado de cerca de 40 mil homens, tendo ainda, na ocasião, encontros políticos com a presença do governador Adhemar de Barros, o marechal Hasquet Hall (antigo comandante em São Paulo), entre outros participantes, como o padre Baleeiro, secretário de Educação, e o capitão Eduardo Chuahy. A articulação tinha ramificações militares com generais cassados, como o já citado brigadeiro Teixeira, e também o general Euryale de Jesus Zerbini, e contava com alguns oficiais da ativa com comando de tropa, dos quais, entre os mais significativos, se incluíam os comandantes do 2º Exército, Amaury Kruel, e do 3º Exército, Justino Alves Bastos. Ambos estavam muito insatisfeitos com várias medidas restritivas tomadas pelo governo Castelo Branco (Martins Filho, 1995, p.72-95; Bandeira, 2010, p.361-365), cuja pá de cal foi uma lei sobre domicílio eleitoral que abortou as pretensões eleitorais desses generais aos governos de São Paulo e do Rio Grande Sul. Consta que o complô incluiria setores políticos de outros estados, particularmente os de Minas Gerais, mas também, nessa articulação, o governador deposto de Goiás, Mauro Borges (Ruiz, 2018).

Ao que tudo indica, o plano militar tinha alguma viabilidade operacional, embora, no processo conspirativo, ocorressem falhas nas normas de segurança, algumas graves e até sugestivas para uma reavaliação quanto à sua factibilidade, a exemplo de um comandante da Guarda Civil que perfilou a tropa para que fosse revista pelo clandestino coronel Hélio Anísio (2003), que se recusou a fazê-lo, assim como declinou de um convite para estar junto com o governador em um aeroporto. A despeito desses inconvenientes, a estratégia militar previa a movimentação de tropas da Força Pública e do Exército pelo Vale do Paraíba; há, inclusive, fontes que sugerem que chegou a haver a movimentação de algumas unidades com esse objetivo (Bandeira, 2010, p.364); entretanto, a iniciativa da programada rebelião seria abortada pela ausência de seu maior expoente civil com efetivo poder bélico, o governador Adhemar de Barros. Segundo o coronel Hélio Anísio:

> Então eu tive várias reuniões pela madrugada com a Força Pública, vi os planos deles de tomarem o Vale do Paraíba, e eu participando daqueles planos todos. Tem a Força Pública, e tem uma Guarda Civil lá? [...] A Força Pública era maior do que o 2º Exército, mas o 2º Exército tinha um equipamento militar pesado que a Força Pública não tinha; a Força Pública não passava de metralhadoras, metralhadoras pesadas, mas não tinha tanques, tinha carros antimotim, mas não tinha tanques e não tinha canhão. [...] Eles não criaram, eles ficaram: Força Pública e eu; eu fiquei como assessor deles, os planos eram deles, eu como assessor, e não fizeram grandes revelações de ampliação, que tinham forças do Exército comprometidas ou não com o problema. Até por questão de segurança. [...] Mas nunca foi discutido sob este aspecto. Eu apenas sei que não sou do Exército, eu era da Aeronáutica, quer dizer, pela minha avaliação, eu não achava que a Força Pública tinha capacidade de derrotar todo o exército do Vale do Paraíba; não tinha. (Anísio, 2002)

Passados tantos anos, o coronel Anísio (2003) acredita que o complô era somente uma bravata do então governador, cujo objetivo maior era manobrar politicamente para assegurar seus direitos políticos já ameaçados por denúncias de corrupção, e que, no horizonte não muito distante, seriam confirmados. O destino de Adhemar de Barros, cassado em 1966, não seria nada diferente do de outras lideranças políticas que apoiaram o golpe civil-militar; no mesmo ano, também seria cassado o já deposto governador Mauro Borges, bem como exonerados de seus comandos os generais Justino Alves Bastos e Amaury Kruel. Este último ainda foi à luta e reafirmaria um posicionamento político de contestação ao regime militar, passando a atuar na oposição legal. Não muito tempo depois dessa frustrada articulação conspiratória, e já na condição de general da reserva, Kruel obteria, em novembro de 1966, uma suplência de deputado federal no MDB pelo antigo estado da Guanabara, cujo mandato exerceu entre 1967 e 1971.

Uma outra passagem histórica bem inusitada, para não dizer kafkiana enquanto trama política, teria acontecido quando da sucessão do marechal Costa e Silva, incapacitado por uma trombose. O episódio ainda é alvo de muitas controvérsias, não somente pelos atores envolvidos – o ex-deputado e dirigente comunista Carlos Marighella e o general Albuquerque Lima –, mas pelo fato de ter emergido publicamente, com alguma fundamentação, somente há bem pouco tempo. Polêmicas à parte, e são muitas, o historiador Jacob Gorender o revelou em uma das últimas edições de seu clássico *Combate nas trevas*,[2] não antes de ter um embasamento mais categorizado (embora não tenha exposto a origem de sua fonte), posteriormente confirmado por Mário Magalhães (2012, p.459), o mais recente biógrafo de Marighella. O fato teria acontecido no segundo semestre de 1969, após uma casuística manobra da Junta Militar estabelecendo que o sucessor do marechal Costa e Silva deveria ser um general de Exército; por essa razão, a escolha do alto comando das Forças Armadas acabou caindo na indicação do general Emílio Garrastazu Médici em detrimento da postulação do general de divisão Albuquerque Lima.

A candidatura deste último era a preferida dos jovens oficiais, inclusive com apoio de alguns generais, a despeito de seu perfil político e ideológico enquanto oficial identificado como um expoente da linha dura, expressão de um nacionalismo extremado e com um intransigente viés anticomunista. Ambas as fontes sustentam a tese de que a chave da sucessão presidencial pavimentou esse insólito encontro com aquele que era, provavelmente junto com Luiz Carlos Prestes, o inimigo público número 1 da ditadura. Era sabido que Carlos Marighella tinha contatos com oficiais das Forças Armadas anteriores ao golpe de 1964, e a hipótese é que um deles – de confiança de ambos os interlocutores – tivesse possibilitado uma ponte para esse diálogo; aliás, Gorender e Magalhães sustentam a veracidade do fato, mas o encontro não resultou em nenhuma articulação política contra o regime militar, embora não tenha sido o único.

---

2 A edição de *Combate nas trevas* que utilizamos aqui é de 1987, mas o fato em questão somente veio a público na sexta edição, de 2003.

Entre abrir e fechar

Revoltas outras e manifestações políticas de militares se seguiriam com frequência ao longo dos anos da ditadura, e pontuemos algumas, embora com brevidade. Uma delas ocorreu com a crise instalada pela demissão do general Sylvio Frota, cujas diferenças com o general Ernesto Geisel relacionadas ao processo sucessório e aos rumos do projeto de abertura lenta, gradual e restrita quase resultaram em um confronto armado. Há uma considerável bibliografia sobre o episódio, mas deter-nos-emos principalmente na memorialística de alguns participantes sobre o episódio do dia 12 de outubro de 1977. Apesar de negar isto em suas memórias, os movimentos políticos do general Sylvio Frota eram norteados no sentido de se credenciar à sucessão de Geisel, a partir de articulações iniciadas bem antes de consumada sua demissão (Gaspari, 2004), cujo objetivo era criar um fato consumado; e o Exército, em tese, estaria respaldando sua indicação. Há relatos de atritos entre ambos também a respeito de troca de comandos militares e postos, especialmente em unidades com alto poder de fogo; portanto, não era fortuita essa movimentação operacional e com esse objetivo.

Antes, fica ainda um questionamento: qual era o estímulo recebido por Sylvio Frota de outras fontes civis? Seria ele visto mais como instrumento de um grupo de maior radicalismo de extrema direita enquanto expressão da continuidade dos ideais do golpe ou *revolução* de 1964? A movimentação política posta por Geisel objetivando a oxigenação política da nação – a abertura política – era vista com reservas por membros da Comunidade de Informações, e emergiu com mais força neste grupo por ocasião da demissão do comandante 2º Exército em São Paulo, general Ednardo D'Ávila Mello, devido às mortes do jornalista Vladmir Herzog e do operário Manoel Fiel Filho. Esta última, inclusive, teria projetado uma crise militar de *proporções desconhecidas*, tanto é que não teve a mesma repercussão da igreja e da oposição quanto a de Herzog, sendo o caso tratado com reservas, sem despertar a mesma polêmica (Ibid., p.223, 224). Porém, a decisão solitária de Geisel à época em destituir o então comandante, e que aparentemente refletiu uma unidade política da instituição militar em torno do presidente e seu ministro, foi igualmente traumática, com desdobramentos futuros, especialmente em áreas sensíveis do *porão*, terminologia associada aos integrantes civis e militares do DOI-Codi que atuavam contra a repressão aos grupos armados e à esquerda moderada, além de membros da oposição ao governo.

Na verdade, havia essa inquietação na caserna, que perdurou em algumas ocasiões do quadro sucessório pós-1964, indo muito além dessa aparente, ou crescente, incompatibilidade entre os dois expoentes maiores do governo militar, o presidente e seu ministro do Exército. A situação de desgaste político ou quebra de confiança entre os personagens, a depender da fonte, chegou ao ápice com a demissão do ministro do Exército, precedida por uma reservada articulação de Geisel com alguns comandos de sua confiança, além de a data escolhida não ter sido casual, um feriado, e a maioria dos membros do alto comando do Exército estar fora de Brasília. O chefe de gabinete militar, Hugo Abreu, chegou a tomar severas medidas de precaução. Uma delas, o sigilo total da decisão de exonerar o ministro, e dar ciência da medida aos demais generais de comando do Exército por emissários especiais, verbalmente; ao mesmo tempo, pôs de prontidão tropas de elite, como paraquedistas do Rio de Janeiro, bem como algumas unidades militares no entorno da capital, e até mesmo na base aérea de Anápolis, conjunto de medidas vistas pelo presidente como desnecessárias e até exageradas (Abreu, 1979, p.133, 145; Geisel, 1997, p.408).

A preocupação, no entanto, tinha algum fundamento, e consumado o ato de exoneração em uma tensa reunião entre ambos os generais, a expectativa de uma resposta militar esteve posta na agenda ao longo daquele dia, até porque Sylvio Frota tinha possibilidades concretas de resistência, já que contava com comandantes leais à frente das maiores unidades militares de Brasília. Alguns generais na capital chegaram a propor uma reação, uns, inclusive, apresentando-se ao ex-ministro em trajes de combate, não encontrando maiores objeções, ou, quando muito, uma palavra de cautela na expectativa e na espera pelo desenrolar dos acontecimentos. Ordem direta para reagir, o que era a expectativa de muitos deles, de fato não houve. Ao que tudo indica, outras unidades militares pelo país também estiveram à beira da rebelião, prevalecendo, ao final, aceitar o fato consumado (Frota, 2006, p.499-536). Geisel, em suas memórias, procura demonstrar que a situação nesse dia era de tranquilidade e total controle da situação, posição que não é acompanhada por Hugo de Abreu, e, conforme as memórias de Frota, ambos sugeriam que havia condições de implementar um novo governo militar, respaldado politicamente por alguns setores civis (Abreu, 1979; Geisel, 1997; Frota, 2006).

No limiar do regime militar e ainda no governo Figueiredo, já tendo em vista, em um horizonte não muito distante, a expectativa da redemocratização, ocorreram várias operações clandestinas no sentido de abortar o processo de abertura política, todas por iniciativa de membros da Comunidade de Informações. Não poucas bombas foram lançadas em bancas de jornal (que divulgavam periódicos da chamada imprensa alternativa), mas também artefatos explosivos em supermercados, escritórios de advogados, gabinetes de parlamentares; houve atentados que vitimaram inocentes, como a explosão ocorrida na Ordem dos Advogados do Brasil (OAB). Somente entre janeiro e abril de 1980, deu-se um total de quarenta atentados, nenhum deles esclarecidos (Grael, 1985, p.80; Bierrenbach, 1996, p.231). Esses não foram os únicos, e há relatos de vários atentados abortados ou mesmo bombas que não explodiram; porém, nesse contexto, ocorreu um dos episódios mais graves da história recente do Brasil, o do Riocentro, em 1981, em que militares da ativa do Exército estiveram envolvidos, alguns dos quais identificados.

O local era um imponente centro de convenções, e ali acontecia um show com vários artistas consagrados de música popular comemorativo ao 1º de maio, tendo um público estimado entre 18 mil e 20 mil pessoas. Diferente dos eventos anteriores, desta feita não houve policiamento algum, como seria de se esperar, até por isso ter sido devidamente solicitado, e o mais grave, algo não casual: das trinta portas da instalação, somente duas estavam destravadas. Planejada a operação, aparentemente de forma bem cuidadosa, nada indicava que fosse uma ação isolada: atualmente, há informações da presença de outras equipes no local e nas imediações. Entretanto, houve falhas na sua operacionalização, cujo desfecho evitou por pouco uma tragédia em vidas e naquilo que era a intenção de seus personagens, até hoje ainda alvo de alguma especulação: possibilitar um retrocesso político tendo em vista a ditadura. O atentado previa a explosão de várias bombas, algumas posteriormente desativadas, mas não um *acidente de trabalho*, como o sucedido: uma primeira bomba detonou no carro em que estavam dois integrantes desse grupo, vitimando um sargento e ferindo com gravidade um capitão, Wilson Machado. Por muito pouco, uma segunda bomba detonada na casa de força do Riocentro não causou os danos esperados, um blecaute total, cujas consequências pelo pânico decorrente seriam imprevisíveis.

Os desdobramentos são conhecidos, e vieram a público informações de que os militares eram numerosos no DOI-Codi do 1º Exército, que houve blindagem dos participantes e instauração de um inquérito policial militar (IPM), o que, *a priori*, já sinalizava a intenção (posta conjuntamente por com alguns oficiais e o secretário de Segurança Pública do Rio de Janeiro, não por coincidência, integrante da Comunidade de Informações) em afirmar que o atentado seria uma ação de um grupo de esquerda, e os militares envolvidos, vítimas inocentes. Inclusive, o sargento foi enterrado com honras militares, prestigiado com a presença do comandante do 1º Exército, entre outros oficiais. Mas o primeiro encarregado do IPM, coronel Luiz Antonio Prado, oficial correto e íntegro, renunciou pouco antes de sua finalização, oficialmente, por alegados problemas de saúde, e extraoficialmente, por não aceitar dirigir a investigação a um rumo preestabelecido, inclusive por perceber que a autoria do atentado terrorista era de membros da própria corporação.

Substituído pelo dócil coronel Job Lorena de Sant'Anna, e conduzido o IPM nessa linha de vitimização dos militares, o resultado final não convenceu nem a opinião pública, nem imprensa, nem setores da sociedade civil, como ABI, OAB, parlamentares e lideranças políticas, nem militares da ativa e da reserva (Grael, 1985, p.108); todos exigiram punição exemplar aos envolvidos. Entre idas e vindas na justiça, e mesmo posteriormente no STM, o caso do Riocentro foi objeto de seguidas tentativas de investigação, infrutíferas, o que só evidenciou as tensões entre as frações intracorpus existentes nos vários segmentos das Forças Armadas e o poder das *forças ocultas*, lembrando uma passagem da carta de renúncia de Jânio Quadros. Noutras palavras, grupos poderosos de militares ativos na caserna, alguns do alto escalão, elementos influentes da linha-dura, e que não tinham sido efetivamente controlados desde os primeiros movimentos de oxigenação política iniciado em 1977 no governo Geisel. Fissuras em desacordo com o resultado também ocorreram no campo militar, a destacar a saída do general Golbery do Couto e Silva, partidário de uma rigorosa apuração, posição correlata à do ex-presidente Geisel (1997, p.436), que sugere, em suas memórias, que o posicionamento do general Figueiredo em não apurar o caso a fundo adveio de sua preferência em se alinhar a seus companheiros de caserna e em função do espírito de classe, embora afirmasse que grande parte do Exército não aprovava as conclusões do IPM.

Tempos depois de ter deixado a presidência, Figueiredo, em uma de suas raras entrevistas (Figueiredo, 1999), confirmou que as rusgas relacionadas a esses episódios não tinham sido superadas. Comentou um encontro com Geisel por ocasião das comemorações do aniversário de casamento do ex-presidente Médici, e que ali teria sido cobrado sobre a necessidade de investigar seriamente o caso do Riocentro e punir exemplarmente os culpados; posição que aceitava publicamente, mas entendia que essa devia ser uma tarefa da justiça, não do Executivo. Face à insistência e à pressão de Geisel, respondeu que não "inventaria" um culpado, como a "injustiça" feita por ele em relação ao general Ednardo D'Ávila Mello, "uma barbaridade", conforme suas palavras. Ali, segundo seu relato, teve início o afastamento entre ambos. Porém, é difícil aceitar a tese de que Figueiredo não soubesse quem de fato estava por trás dos acontecimentos do Riocentro, concordando passivamente com as conclusões do caricato IPM elaborado pelo então coronel Job Lorena, reconhecido e condecorado por sua atuação nessa farsa pouco tempo depois com a estrela de General de Brigada.

Após as contribuições últimas da Comissão Nacional da Verdade, e mesmo antes, entre idas e vindas, não houve punição dos culpados e o capitão Wilson Machado, o oficial identificado com aqueles acontecimentos, seguiria carreira militar com restrições até a reforma no posto de coronel. Em um livro revelador sobre o Riocentro, o almirante Julio de Sá Bierrenbach (1996), lamentou já na condição de ministro do Superior Tribunal Militar, não somente a impunidade ter prevalecido, mas assim reiterou em seu voto. Seguem alguns trechos:

> Estamos diante de dois fatos que considero da maior gravidade para o crédito e a respeitabilidade das instituições militares e do egrégio Superior Tribunal Militar. O primeiro se prende ao malfadado IPM em si, em tudo que se contém, desde as duas portarias de nomeação de seus encarregados até o Relatório e Solução. O procedimento de uns poucos militares não pode comprometer a grandeza de uma Força Armada do porte do Exército de Caxias. [...] Por ventura a declaração de indignidade para o oficialato que por vezes decidimos, com perda de posto e patente de oficiais corruptos e peculatários, dos mais elevados postos, tem abalado o prestígio de suas Forças Armadas de origem? Não! A impunidade, sim, levaria suas Forças à desgraça. O segundo fato, bem mais grave no meu entendimento, é o que poderá suceder com o referido inquérito, depois de ter transposto os umbrais dessa sala, sob o mote "DEUS e O TEU DIREITO", que, em cada sessão a que comparecemos, nos aviva a consciência o cumprimento do dever. (Bierrenbach, 1996, p.231)

Ao final, fica o julgamento da história. No mesmo ano, teve início, ou continuidade, a depender das fontes, um tímido e delicado processo de articulação entre setores civis e militares no sentido de pavimentar uma transição ao governo democrático. Entretanto, as inquietações contrárias à oxigenação política estavam igualmente presentes em setores das Forças Armadas, especialmente

MILITARES E MILITÂNCIA 155

entre os membros da Comunidade de Informações, e tudo indica que continuaram planejando novas operações ou atentados, confluindo essas ações com o objetivo de sustar o processo de abertura, como veremos.

Nesse contexto é que emerge um episódio ainda pouco conhecido e esclarecido, revelado pelo almirante Maximiano da Fonseca anos depois de sua saída do governo Figueiredo: um plano de resistência armada a uma possível tentativa de golpe contra o processo de abertura (Dias..., 1985; Maximiano..., 1984). Vista como uma iniciativa necessária para marcar uma posição política, o almirante não revelou antes a existência dela, mesmo em seu livro (Fonseca, 1987, p.122), mas trouxe pistas ao sugerir a possibilidade de resistência armada, quando diz que "foram adotadas todas as providências necessárias para que a Marinha se mantivesse em tal propósito, fossem quais fossem as circunstâncias". Nada mais foi mencionado, e somente em uma matéria, tempos depois, o almirante revelou haver um documento de dez de páginas, classificado como ultrassecreto, formulado em 1981, aliás, pouco tempo depois das explosões do Riocentro. Visto como um instrumento preventivo de reação militar, contendo diretrizes operacionais ao almirantado, o plano delineava três possibilidades de resistência armada, mesmo no caso de sua prisão: na primeira, a Marinha atuaria isolada; na segunda, contaria apenas com a adesão da Aeronáutica; e, na terceira, a Marinha resistiria tendo apoio da Força Aérea e de parte do Exército.

A ação principal da Marinha seria o bloqueio dos portos, cuja duração dependeria da capacidade de reabastecimento dos navios, mas o plano previa a possibilidade de ataques aéreos aos navios da esquadra. Realista na sua operacionalização e nas capacidades da Armada, o almirante previa o sucesso do plano tendo somente a adesão da FAB e de parte do Exército. Mesmo a Marinha atuando isoladamente por uma semana, ou no máximo duas, no bloqueio, ele entendia que o desgaste político já seria suficientemente danoso aos golpistas. Ao final, sinalizou a intenção, à época, de solicitar a desclassificação do documento, justificada pelo "valor histórico", mas, principalmente, por trazer à luz seu conteúdo e posicionamento, ponderando que "aquilo engrandece a Marinha" (Dias..., 1985; Maximiano..., 1984). Exonerado por suas posições públicas e manifestações a favor da abertura e de eleições diretas, e já na condição de ex-ministro, teve um sinal de apoio da instituição e reconhecimento de seus pares ao ser recebido por centenas de oficiais no Rio de Janeiro. Esse apoio público não foi somente um posicionamento corporativo solidário, mas, naquele contexto de fissuras e tensões entre armas ou grupos militares, pôde ser visto como um recado curto e grosso quanto ao posicionamento político da instituição a favor da redemocratização.

Casos assim conhecidos de rebelião, ou contestação, ou quase confronto armado são poucos, alguns, inclusive, tendo sido abortados, e que só vieram à tona recentemente, como um novo atentado que poderia ter ocorrido após o Riocentro, revelado pelo general Newton Cruz, militar identificado historicamente como um expoente da linha-dura, e à época chefe da agência central do SNI (Moraes Neto, 2010b). Apesar de o general ter mantido sigilo quanto aos detalhes da operação e aos nomes dos oficiais envolvidos em entrevista ao repórter Geneton Moraes Filho, alegou que, assim que soube desse plano, se deslocou diretamente de Brasília ao Rio de Janeiro, atuando para "apagar um incêndio" e abortar aquilo que seria visto como uma demonstração de força contra a abertura política. Numa tensa reunião ocorrida em um quarto de hotel do bairro do Leme, advertiu os dois oficiais envolvidos de forma enérgica e também com a ameaça de que, se executassem o que estavam tramando, seriam denunciados (Ibid.). Esse não foi mais um caso isolado: ao longo da ditadura, ocorreram outras iniciativas nessa linha, algumas delas não envolvendo somente de generais ou nomes da alta cúpula; há trabalhos recentes que resgatam movimentações de protesto, motins e conspirações capitaneadas, também, pela jovem oficialidade radical, ou, utilizando outra terminologia, entre os *duros* ou *moderados* das Forças Armadas (Martins Filho, 1995; Alves, 2005; Arruda, 2007; Chirio, 2012).

Uma reflexão no tempo presente

Contemporaneamente, o argumento central sobre a presença dos militares na política, e também à esquerda, ou mesmo sobre a existência ou não de uma esquerda militar intervindo no pós-1964, se reinsere no debate, e podemos ilustrar nossa hipótese com exemplos de militância, advinda de algumas organizações, que procurou intervir no processo político e na redemocratização das Forças Armadas. Algumas, inclusive, atuando clandestinamente, e já sofrendo as consequências de sua ousadia, até porque não faltam razões para cautela, como pode ser observado pela descoberta, em 2012, de um *manual secreto do Exército*, elaborado em 2009, portanto, em plena vigência de um governo democrático (*CartaCapital*, n.668, p.28-32), que oficializa a espionagem à margem da Constituição; ademais, elege praticamente toda a sociedade brasileira como adversária. O documento, além de reservado, traz como título "Manual de campanha: contrainteligência", e contém em seu bojo os reflexos da doutrina de Segurança Nacional e das paranoias da Guerra Fria. Entre os potenciais inimigos – ONGs, sindicatos e movimentos sociais –, há uma recomendação em procurar identificar líderes políticos próximos às unidades militares, supostamente de oposição. Igualmente, uma orientação de contrainteligência é relacionada a: "produzir conhecimento sobre militares envolvidos em manifestação contrária aos interesses da instituição [...], produzir conhecimento sobre elementos do público interno com capacidade de serem cooptados".[3]

Dado o constrangimento em setores do governo à época de sua divulgação pela imprensa, inclusive por ser um documento desconhecido pelo próprio ministro da Defesa, Celso Amorim, o fato não impediu que algumas dessas controversas diretrizes secretas fossem objeto de posterior legalização com a edição de um novo "Manual da lei e da ordem" – portaria normativa 3.461/MD –, emitido pelo

---

3 O documento cita especificamente um dos líderes mais conhecidos do movimento Capitanismo, o capitão Luis Fernando Ribeiro (*CartaCapital*, n.668, p.28-32). Porém, um outro praça citado nessa polêmica é o subtenente Edmundo Veloso Lima da Apeb (*CartaCapital*, n.270, p.33).

Ministério da Defesa em 2013, em que atores sociais foram incluídos e qualificados como *forças oponentes*. Dada mais uma negativa repercussão na sociedade civil quando veio a público em 2014, e com o conheci4mento do conjunto das draconianas medidas incluídas em suas diretrizes, muitas delas ainda inspiradas no antigo princípio da Doutrina de Segurança Nacional (tal como no manual secreto do Exército, de 2009), incompatíveis de operacionalização numa sociedade democrática, poucas semanas depois houve o lançamento de uma reedição revista desse manual (e reduzida em três páginas), com a retirada dessas referências, para priorizar, segundo o Ministério da Defesa, a *transparência* do emprego das Forças Armadas em ações policiais, embora tenham sido mantidos os conceitos relacionados à contrainsurgência.

Em vista de novos movimentos sociais e do público interno postos subliminarmente no primeiro documento, o "Manual de campanha: contrainteligência" decerto se refere especificamente ao Capitanismo, grupo formado por jovens capitães do Exército, e também à Associação de Praças do Exército Brasileiro (Apeb), embora possivelmente também contemple outras associações policiais militares e de bombeiros. Sobre essas entidades, não há informações significativas, nem mesmo podemos considerar a hipótese de que tenham longa sobrevida; mas somente o fato de sua existência e a atenção dada a elas pela instituição em documentos reservados enquanto inimigos internos confrontam a tese do fim da política à esquerda nas Forças Armadas. Vamos a alguns apontamentos, em grande medida, a partir de matérias de jornais e revistas.

A Apeb surgiu em 2000 a partir de um grupo de cinco praças (na terminologia militar, categoria que contempla de soldado a subtenente), com uma diferenciada formação escolar universitária que, muitas vezes, abrangia cursos de direito. Consequentemente, havia entre eles um conhecimento da Constituição de 1988 que, em muitos aspectos, destoava das normas castrenses; e não poderia ser diferente, na medida em que a *Constituição cidadã* é, no que toca ao papel dos militares e suas prerrogativas, uma das mais conservadoras da América do Sul (D'Araújo, 2010, p.163). Aliás, a evolução dos praças, ao que parece, é vista como indesejável por muitos oficiais, já que, entre algumas de suas reclamações, constam os obstáculos postos pelos superiores hierárquicos quanto a estudar. Politizados e mais preparados intelectualmente, saíram das sombras e ousaram recolocar no debate os pressupostos de hierarquia e disciplina sob outras bases. Não há questionamento entre eles sobre esse aspecto; na verdade, entendem esses princípios como pilares da instituição militar, mas chamam atenção para alguns dispositivos vigentes, muito deles sob inspiração originária do não muito saudoso Conde de Lipe (cujo livro, *Artigos de guerra*, pautou as normas internas dos militares até a República), que também inspirou, de certa forma, ou influenciou, o Regulamento Disciplinar do Exército (RDE). A despeito de alguns avanços e alterações incluídos nesse código em tempos de democracia, como o direito de defesa, sua efetividade prática é contestada; e o limite dessa situação aconteceu no ano de 2002, quando havia em andamento 14.500 ações na Justiça Federal. Não muito tempo depois, em 2004, o RDE teve sua validade jurídica posta em xeque por uma *ação direta de inconstitucionalidade* proposta pela Procuradoria Geral da República no Supremo Tribunal Federal, cujo mérito foi ignorado, tornando-a sem efeito, o que possibilitou, ao final, no entendimento de muitos praças, uma relação ainda arbitrária nas unidades militares, tanto é que um slogan corrente entre eles é que *soldado não é escravo de oficial* (Veloso, 2003; Arruda, 2007, p.33-39). Não muito tempo depois desses fatos, alguns de seus membros foram alvo de processos judiciais com vistas a colocar a entidade na ilegalidade (Monte, 2010).

Nessa linha de argumentação, seus integrantes procuraram chamar atenção para a necessidade de democratizar o Exército, especialmente em suas relações hierárquicas, para ter acesso e participar de decisões administrativas da Arma, levando em conta, sobretudo, a Constituição de 1988, cujos direitos querem ver incorporados ao cotidiano dessas relações. Dessa forma, entendem como direitos correlatos aos oficiais o de transferência com data marcada; o de poderem se deslocar de avião; o de disporem de quartos reservados nos hospitais; o de transferência para a reserva remunerada depois de vinte anos; e, por fim, o de estudarem, com o mesmo acesso a cotas e horários, tal como os oficiais. Ao que tudo indica, a entidade tem raízes entre os praças, e, apesar das medidas coercitivas, consta o lançamento de candidaturas de seus membros ou simpatizantes em 2010 em pelo menos quinze estados. Há ainda um aspecto que tem causado inquietação nas cúpulas militares: o de os praças estarem conseguindo fazer prevalecer seus direitos em fóruns judiciais, confrontando os atos administrativos praticados por superiores hierárquicos. Na leitura dos comandantes, isso tem abalado e corroído a hierarquia e a disciplina.

Não obstante, há algumas discordâncias quanto a essa interpretação por civis, e também militares, que argumentam que as decisões judiciais têm estimulado a rediscussão desses pressupostos sob outras bases, inclusive na caserna, sustentando, como tese, que essa reflexão e postura são um fundamento constitutivo de um Estado democrático de direito enquanto expressão de seu aperfeiçoamento, e não como uma ameaça à democracia. No entanto, argumenta o procurador militar João Rodrigues Arruda (2007, p.39), se uma sociedade se sente insegura em razão das opiniões dos militares, isso se deve ao fato de ela não confiar nas instituições e nos instrumentos postos em seu ordenamento jurídico. Ressalta esse representante da justiça militar, um ex-paraquedista do Exército, que há dois pesos e duas medidas no equacionamento dessa questão, e a razão de os integrantes das associações de praças serem tratados com tal rigor demonstra que não é a disciplina que está em xeque ou mesmo sua defesa em causa. Até porque os clubes de oficiais atingem igualmente a disciplina quando de suas sucessivas manifestações políticas. A diferença é que "as manifestações da oficialidade incomodam o governo, enquanto as críticas feitas pelos praças perturbam os comandantes" (Ibid.).

Na verdade, este pressuposto último se apresenta igualmente em relação aos jovens oficiais com o movimento Capitanismo. Ao que tudo indica, o movimento surgiu aos olhos da grande imprensa por volta de 2006, embora alguns de seus membros já atuassem politicamente no sentido de organizar a entidade desde 2004. É de supor que sua origem tenha sido mais ou menos na época da Apeb, especialmente com os novos ares da Constituição de 1988. Formado por capitães e tenentes, o movimento tem sido perseguido pela instituição militar por suas posições políticas, cujo reflexo maior se apresenta nas transferências daqueles oficiais que assumem candidaturas às eleições municipais, ou mesmo a deputado federal. Com uma plataforma política ousada, divulgada por meio da imprensa, mas também em sites e comunidades virtuais, seus membros advogam a tese da democratização das Forças Armadas, chamando atenção sobre a democracia como pressuposto intrínseco ao seu aperfeiçoamento e da instituição militar, reiterando a valorização da hierarquia e da disciplina como fundamento, embora sob outras bases. Têm como propostas o fim das punições por meio das restrições de liberdade, leia-se, prisões no quartel; o direito à liberdade de expressão; e maior participação das mulheres em todos os escalões das Forças Armadas.

O Capitanismo reitera, como projeto político, a intenção de eleger representantes parlamentares com vistas à formação de uma bancada, e que a via da política seja o canal favorável ao debate sobre a transformação dessas relações superadas no Exército, até porque entendem que não há essa possibilidade internamente face aos draconianos dispositivos ainda vigentes no Regulamento Disciplinar. O interessante é que, embora a sua proposta, ao que tudo indica, seja muito nucleada no Exército, objetiva a incorporação dos membros das demais Forças nesse projeto, como as Polícias Militares. Por fim, com uma visão política democrática de não criminalizar os movimentos sociais, o Capitanismo procura, numa perspectiva desenvolvimentista, incorporar uma proposta de reformulação e reequipamento das Forças Armadas em um projeto de construção da democracia; e, na linha dos membros da Apeb, o reconhecimento de seu papel e de sua categoria enquanto um direito de expressar, participar e construir uma sociedade efetivamente democrática.[4]

---

4 Embora haja sites e redes sociais sobre esses movimentos e seus integrantes, até o presente momento não há estudos específicos sobre esse objeto, portanto, para efeito de um diálogo, as informações disponibilizadas neste ensaio foram

Por fim, a título de ilustração, na medida em que não temos maiores informações sobre as motivações políticas e ideológicas de seus membros, ou quanto aos programas das entidades, apresentaremos duas outras associações de militares, uma na Marinha, outra na Força Aérea, ambas com histórico de atuação na defesa de seus associados. A primeira é a Associação Beneficente, Religiosa, Cultural e Esportiva dos Militares da Armada e Forças Auxiliares (Abemafa), cuja diretoria foi classificada de *associação criminosa institucionalizada* por um oficial encarregado de conduzir um IPM, e que acenou com a possibilidade de incluir as atividades de seus membros como motim. A justiça, em primeira instância, contrapôs esse argumento, rejeitando a denúncia, cujo recurso da Marinha a instâncias superiores foi indeferido. Dada à impossibilidade de um questionamento na justiça, a instituição, em 2002, manobrou no sentido de que os praças envolvidos fossem julgados por um Conselho Disciplinar, expulsando alguns de seus membros, mas, ao que tudo indica, a finalidade última era inviabilizar o funcionamento dessa associação (Arruda, 2007, p.34).

A segunda é a Associação de Controladores de Tráfego Aéreo (Acta), entidade que ganhou visibilidade pela paralisação e liderança de seus membros naquilo que ficou conhecido como *apagão aéreo*, depois do trágico acidente com um avião de passageiros na Amazônia em 2006. Conquanto a Acta não tenha sido a única entidade a atuar nesse caso de paralisação ou greve (havia outras duas), ao que parece foi politicamente a mais atuante, tendo entre seus associados vários sargentos da Aeronáutica. Desde o início do movimento, o posicionamento das autoridades foi ambíguo, primeiramente de confronto com militares grevistas, e também de conversas com alguns setores do governo, prevalecendo, ao final, um firme posicionamento político contrário a qualquer possibilidade de diálogo. Os militares e os civis, quase que de forma unânime, acabariam caracterizando o movimento como um *motim*. A polêmica ainda está em

extraídas dos seguintes periódicos: *CartaCapital* (n.270, p.28-35), *Folha de S.Paulo* (28 dez. 2008 e 23 jan. 2009) e *IstoÉ* (ed.2115, 21 maio 2010).

curso no Judiciário, com vários recursos em andamento, e, segundo dados da própria entidade, o número de praças punidos até agora é bem significativo, com registro de 34 controladores processados na justiça, 80 suboficiais e sargentos afastados ou transferidos sem justificativa.[5]

Sindicalismo militar pelo mundo: algumas breves considerações

Ao procurarmos problematizar a quebra desse paradigma relacionada à presença da esquerda militar e à democracia no Brasil, confluímos, como visto, para algumas considerações, mas percebemos que é uma tese que se sustenta historicamente, e que não está deslocada de uma tendência de *associativismo*, *unionismo*, quiçá *sindicalização*. Conceitos estes que possuem algumas variações, mas os utilizaremos sem maiores distinções nesse diálogo, cujo processo em organizar os militares na história se deu em algumas nações europeias, aliás, tendo sido uma constante em muitas delas, e ainda visto atualmente em países de outros hemisférios. Reflexão que conflui para diferentes conceitos, esquerda, cidadania, direitos, e que, em graus maiores ou menores, reporta ao mesmo eixo de análise. Além de um objeto temático que encontra várias lacunas de pesquisa, sendo poucas as referências bibliográficas,[6] recorremos para esta breve exposição sobre tal problemática, sem a pretensão de esgotar o tema, a alguns dados disponibilizados pelo recorte histórico e pioneiro de Cortrigth e Watts (1991), cujas reflexões trazem também um arco político e ideológico dessa influência à esquerda

---

5 *O Globo*, em sua edição de 17 de julho de 2008, noticiou a punição a um grupo de controladores em primeira instância na Justiça Militar, em matéria cujo título é "Oito controladores de voo são condenados em Manaus". O texto sinaliza que há recurso em curso no Superior Tribunal Militar. Ver também *O Estado de S. Paulo* (caderno Cidades/Metrópole, p.C5, 30 mar. 2008).
6 Sobre esse debate, ver Krendel e Samoff (1977); Cortrigth e Watts (1991); Germer (2007); Arruda (2007); Santos (2009); e Bartle e Heinecken (2006).

em alguns países. Soma-se preferencialmente a esta análise o livro de Bartle e Heinecken (2006), uma contribuição que procura oferecer uma perspectiva atualizada.

Contemporaneamente, motivações para alguma forma de *unionismo militar* podem existir, articuladas ou não, mas são decorrentes de uma politização tendo em vista a cidadania plena: um *cidadão em armas*, *cidadão soldado* ou *cidadão com uniforme*, ou simplesmente na perspectiva dos militares como meros *cidadãos*. Um reconhecimento ainda bem problemático, não sem conflitos, mas que se apresenta com uma gradual tendência em vários países em reconhecer como válida e legítima a organização sindical dos militares, pressuposto maior e reflexo de uma moderna e democrática sociedade. Aliás, uma tendência em nada diferente do reconhecimento de uma política cidadã presente nas demais categorias de trabalhadores, sugerido ou reivindicado por militares e policiais, mesmo tendo variações e especificidades de país a país, visto historicamente desde o início do século XX, ou até um pouco antes. Mesmo assim, é um debate inconcluso, e ainda está em aberto qual seu tipo de organização, ou quais são seus limites e possibilidades, até porque, mesmo que sua evolução caminhe para algo próximo a uma *Military Trade Unions*, é um projeto que desperta polêmicas em vários setores políticos e acadêmicos relacionadas a uma questão: qual seria o real e efetivo controle civil sobre os militares.

Menções de participação na política ou de *ação política* entre os militares estão presentes em clássicos da ciência política, e há registros de que essa presença e intervenção sejam um diferencial em vários momentos da história. Atualmente, podem ser vistas como uma forma de organização em face à emergência na busca pela cidadania, como veremos, tendo resultados diferenciados por países, mas articulados à perspectiva de somar a um efetivo Estado democrático de direito. Em alguns deles, o processo político de democratização tem sido posto na agenda dos militares, a partir de reformas das Forças Armadas e policiais, cujas instituições têm sido objeto de crescentes limitações orçamentárias; ou, paralelamente, noutros casos, inserido em um debate sobre sua concepção e objetivos dessas instituições, algum grau de participação em algumas decisões. Nessa linha, segue ainda a admissão do fundamento de um direito, o de *freedom of speech*, liberdade de expressão, porém suas limitações também vêm à tona, sendo objeto de críticas, cujo futuro ou possibilidade de haver uma forma de representação independente estão em aberto.

Por fim, ainda nessa relação de países postos neste primeiro grupo com restrições à sindicalização militar, temos um não europeu, o Canadá, objeto de um ensaio elaborado por três autores, Farley, Walter e Mendoza (apud Bartle; Heinecken, 2006). Ao que tudo indica, há em curso um gradual processo de associativismo: os autores pontuam que restrições internas dos militares a esse tipo de organização foram sustadas por decisão da Suprema Corte, ao entender que esse direito está posto, inclusive, aos membros das Forças Armadas, e internamente já há certa receptividade a esse tipo de organização. Contribui o fato de que formas tradicionais, como um *ombudsman*, não são vistas como adequadas para equacionar o descontentamento e as desilusões presentes nas fileiras militares, tanto é que essa lacuna sentida e outras demandas são encaminhadas por associações de veteranos.

O segundo grupo é caracterizado por países com recentes processos de *unionismo*, a destacar a Irlanda, seguida da Austrália e duas democracias recentes, Eslovênia e África do Sul, cujo reconhecimento de alguma forma de sindicalização entre os militares é particularmente amplo, embora estes últimos países não tenham mais do que algumas décadas de existência. Inicialmente chama atenção o caso da África do Sul pós-fim do *apartheid*, com o estabelecimento de sua democracia. Segundo Bartle e Heinecken (2006), o processo de associativismo nas Forças Armadas sul-africanas adveio no bojo de vários desafios, desde cortes no orçamento e integração pós-*apartheid*, desmobilização, e também reestruturação, e refletiu negativamente nas carreiras e na segurança na caserna. Nesse contexto, cresceu o interesse por alguma forma de *unionismo*, tendo ainda a contribuição de outros fatores, como uma preexistente cultura sindical na sociedade, a falta desses mecanismos de representação na caserna e, principalmente, a promulgação de uma nova e democrática Constituição. Mesmo tendo dispositivos militares proibindo qualquer laivo de *unionismo*, os artigos concernentes na Carta sobre Liberdade de Associação possibilitaram que a busca por esse reconhecimento fosse operacionalizada politicamente, resultando, ao final, em uma decisão favorável pela Suprema Corte, que obrigou o comando das Forças Armadas a elaborar um regulamento permitindo esses direitos. A despeito das dificuldades postas pelas lideranças militares para sua efetiva implementação e por ter sido objeto de judicialização, a South African National Defense Union é uma realidade.

Um segundo país cujo processo de associativismo emergiu de forma surpreendente foi a Eslovênia, não somente pelo fato de ter conquistado a independência há bem pouco tempo, mas pela força e dimensão com que a participação dos militares é presente e reconhecida nacionalmente. Alguns aspectos contribuíram para essa política, como reformas estruturais com o objetivo de se integrar à comunidade europeia, que geraram problemas internos na corporação e a seus membros; a presença de militares em forças de paz; e, sobretudo, a nova Constituição, que concedia o direito aos militares em sindicalizar no mesmo plano dos trabalhadores civis. Decorrente dessa nova fase na história, Garb e Jelusic (apud Bartle; Heinecken, 2006) revelam que há três centrais na Eslovênia disputando a representação dos membros das Forças Armadas, confrontando problemas de várias ordens na relação com as lideranças e o governo, como a questão da disciplina. De qualquer forma, os autores entendem que a rivalidade entre as centrais, ou mesmo os limites postos em suas reivindicações, bem como as efetivas conquistas, têm demonstrado um declínio de sua influência, embora seja um debate em curso.

A Irlanda tem um movimento na linha do exposto, e tradição em participar de missões de paz, porém a luta pelo reconhecimento da representação entre os militares teve início entre 1980 e 1990, segundo Callaghan (apud Bartle; Heinecken, 2006). Auxiliado por políticas de desmobilização, baixos salários e mesmo condições de trabalho nas Forças Armadas, o processo de *unionismo* tomou forma entre os militares, que, até então, não tinham nenhum canal de em especial naqueles países cujos governos têm assumido compromissos em missões no exterior; seja humanitárias, seja de operações militares. Há casos em que esse aprendizado refletiu internamente na democratização de muitos corpos militares, mas também podem ser vistos por motivações ou mediações diferenciadas; noutras palavras, como objeto da ação política de organizações partidárias (Cortrigth; Watts, 1991; Bartle; Heinecken, 2006).

Historicamente, apesar da opção preferencial em pontuar neste ensaio uma reflexão mais recente, tal como Bartle e Heinecken (2006) desenvolvem em seu trabalho, há lacunas importantes no escopo de seu resgate que mereceriam atenção; exemplos de associativismo militar já tinham sido antes elencados por Cortrigth e Watts (1991), que poderiam ser objeto de análise. Portugal, cujo processo de organização se deu após a Revolução dos Cravos, é um desses casos, e um dos mais dinâmicos contemporaneamente. Aliás, suas associações de praças são reconhecidas politicamente, tendo presença e diálogo nas esferas institucionais e de governo; entre outras válidas experiências nessa linha em alguns países europeus, e que nos desafiam a aceitar que essa problemática é bem mais ampla. Estes últimos autores desenvolveram em seu clássico livro toda uma reflexão relacionada ao associativismo nos Estados Unidos pós-Guerra do Vietnã, e trazem à tona outros casos que também são objeto de nosso diálogo. Há o resgate dessa experiência em países de transição, como a Espanha; análises históricas no tempo, como do Chile de Salvador Allende; e casos pouco conhecidos de revoltas advindas de processos revolucionários, como os ocorridos na Força Aérea do Irã pós-queda do xá. O debate, portanto, não se esgota com esta abordagem, e apenas pontuamos a necessidade de uma reflexão mais ampla e de aproximar essa problemática ao Brasil.

Não obstante esses breves apontamentos, a reflexão posta por Bartle e Heinecken (2006) remete fundamentalmente ao período pós-Guerra Fria, embora internamente haja, antes, certa presença de lutas por espaço dos militares numa concepção *associativa* em vários países, tendo em vista uma cidadania que já se antecipava no tempo e na história. Como sinalizado pelos autores, missões militares ou humanitárias trouxeram problemas de várias ordens a muitos Exércitos, a destacar o recrutamento e o tempo de serviço ocasionados por essas obrigações; condições de trabalho e reduzida, para não dizer nula, participação dos militares envolvidos em decisões; e, contribuindo para o seu agravamento, a incompetência das lideranças civis e militares no tratamento dessas questões. Não por outro motivo é que veio à tona a necessidade de uma *independent voice* em muitas Forças Armadas enquanto canal para que reivindicações e necessidades dos seus membros possam ser encaminhadas às lideranças militares, ao governo e mesmo à sociedade civil. Convergência de *unionismo* vista em vários países, e que culminaria posteriormente na criação de uma entidade supranacional fundada em 1972, o Euromil, que, atualmente, comporta membros de 34 países (Bartle; Heinecken, 2006). Voltaremos a ela no final do capítulo.

Tendência igualmente correlata de associativismo veio a ser operacionalizada antes por outras influências, vista na volta dos soldados americanos da Guerra do Vietnã e, mais recentemente, em países que também participaram de conflitos no Afeganistão, na Somália, e em outros cenários na África, cujos processos que influenciaram os militares envolvidos – após seu retorno – tinham em expectativa o reconhecimento e a possibilidade de trabalho com condições correlatas ao universo civil. Confluem ainda, nesse viés, exemplos de uma presença de partidos de esquerda em vários países, atuando com uma política de intervenção igualmente tendo em vista essas pautas, coerentes com a história de suas agremiações. Em alguns casos, adveio, pela influência das relações de trabalho posta na agenda por centrais sindicais e setores da sociedade, uma política que, gradualmente, também permeou as instituições armadas, nada descolada do baixo prestígio dessas profissões militares, decorrente da falta de reconhecimento pela sociedade.

Nesse recorte analítico proposto por Bartle e Heinecken (2006), temos, a título de breve ilustração (mas sem esgotar outros exemplos), doze países inseridos nessa problemática e divididos pelos autores em três grupos. O primeiro é composto por aqueles com uma legislação restritiva à sindicalização dos militares; seguido de diálogo; seus membros eram, inclusive, proibidos de se manifestar. O interessante é que o movimento teve um impulso inicial nos anos 1980 a partir da mobilização das esposas dos militares, que se organizaram em uma associação respaldadas na Constituição, que levou à formação da Permanent Defence Forces Other Ranks Representative Association (PDFORRA), sob a assessoria do Euromil. Houve alguma resistência da liderança militar, mas, dado o apoio público que a iniciativa obteve, inclusive do governo, é que se adveio o reconhecimento de sua atuação em questões relativas à caserna, e mesmo considerando o direito de greve, que, ao final, tornou a instituição uma *better organization*.

Por fim, neste segundo grupo, é resgatado o processo de associativismo na Austrália, cujas Forças Armadas tiveram, enquanto característica na história, motins e revoltas desde o início e ao longo do século XX, embora, segundo Smith (apud Bartle; Heinecken, 2006), sem clareza anterior quanto à intenção de criar uma central sindical. Pondera o autor que as demandas por salários e condições de trabalho eram encaminhadas por associações de veteranos. As ideias de associativismo entraram na agenda a partir de 1972, com os militares tendo apoio do governo trabalhista, a despeito da resistência de líderes militares e mesmo das centrais sindicais. O cenário seguiu tenso e contraditório até que, em 1980, uma forma de *unionismo* veio à tona, não sem tentativas iniciais de esvaziamento pela criação de um ombudsman, entre outras instituições, como um Defence Force Remuneration Tribunal, cuja resposta adveio em 1984 com a criação da Armed Forces Federation of Australia (ARFA), formada com uma federação policial. A relação, em princípio tensa, evoluiu para uma agenda positiva, com reconhecida influência da entidade em pautas como políticas governamentais, pressões adversas, inclusive de outras centrais, bem como questões salariais e de condições de trabalho.

Por fim, o terceiro grupo é formado por países que já têm tradição de associativismo, como Bélgica, Alemanha, Holanda e Dinamarca. A Bélgica tem um longo histórico de associativismo militar, que pode ser visto em textos de Lênin (apud Marx; Engels; Lênin, 1981, p.197) relacionados à organização dos militares; e, nessa linha, Manigart, Resteigne e Sabbe (apud Bartle; Heinecken, 2006), com indicações de que o processo de formação teve início nos anos 1920, a partir de uma *charitable association*, evoluindo, nos anos 1960, para uma *association of active duty officers*. Os autores chamam atenção que, em 1975, por iniciativa do governo socialista, as centrais de militares foram oficialmente reconhecidas, embora com algumas restrições, como a possibilidade de greve. Após o final da Guerra Fria, houve uma reformulação das Forças Armadas belgas e corte de orçamento, objetivando mais operacionalidade e flexibilidade, mas tendo uma participação mais ampla e efetiva das centrais militares, vistas mais como parceiras que adversários no relacionamento com as autoridades.

Talvez a Alemanha tenha o mais conhecido e significativo processo de *unionismo militar*, vista em breves linhas por Callaghan (apud Bartle; Heinecken, 2006). Embora o autor valorize o período pós-Guerra Fria, não é um processo que não tenha origem anterior em ações da social-democracia e dos comunistas no início do século XX; entretanto, em seu texto, é pontuada uma representação dos militares de 1956 à Bundeswehr-Verband (DBwV), cuja influência está presente em nível nacional, e no Parlamento, defendendo seus membros em vários interesses políticos, e também econômicos e sociais, inclusive atuando em protesto públicos. Com 250 mil membros, a central se legitima como um interlocutor difícil de ser ignorado pelos governos, objeto de consulta frequente em várias áreas concernentes aos militares. Por fim, é revelada a influência que a entidade teve na formação do Euromil, cuja filosofia se apresenta enquanto *citizens in uniform*, atuando nos demais países europeus na dinamização desses princípios.

A Holanda é um país cujo associativismo militar já não desperta receios ou controvérsias maiores, embora nem sempre tenha sido assim. Suas primeiras associações militares datam de 1879, muitas delas formadas pela influência dos socialistas, com forte atuação política, bem como uma história de resistência dos governos quanto a seu reconhecimento. É a partir de 1933, destaca Moelker (apud Bartle; Heinecken, 2006), que há um segundo período de confrontação e antagonismo até a Segunda Guerra, e após sua finalização, quando os militares iniciaram uma aproximação com as associações no sentido de avaliar condições de trabalho e soldos. É resgatado neste ensaio um terceiro período, em 1966, com a formação de uma *conscript union* com um forte viés militante em questões econômicas e sociais – atualmente são cinco –, tendo um perfil maior de negociação e influência variada; embora oficialmente não tenham direito à greve, o autor sustenta que elas pouco se diferenciam das centrais sindicais civis.

Por fim, a Dinamarca é o último exemplo deste grupo, a partir de um ensaio de Sorensen (apud Bartle; Heinecken, 2006). A experiência dinamarquesa em associativismo é bastante original em comparação com a dos demais países, especialmente após o fim da Guerra Fria. Suas Forças Armadas foram reaparelhadas e ampliadas numa perspectiva de se tornar mais ofensivas externamente que para defesa interna; por essa razão, ao operarem em *missões seletivas* enquanto um ator nesse plano, desencadearam internamente um leque de questões com as quais as centrais militares tiveram de lidar, muitas delas relacionadas à sua atuação no exterior. Há três centrais militares no país, representando diferentes patentes, mas que se integram em uma única quando há uma agenda de negociações, permitindo, inclusive, o direito de greve, desde que a façam sem uniforme; mas vistas como um componente institucional relevante na democracia e plenamente aceitas e reconhecidas pelas Forças Armadas. O interessante é que, devido ao novo papel que os militares dinamarqueses têm desempenhado, as centrais têm presença e influência ampliada, abarcando vários tópicos, até mesmo nas questões operacionais.

A polêmica em curso no Brasil

O debate não se esgota com esses exemplos ou apontamentos; indica, na verdade, que a organização dos militares, mesmo que inicialmente posta em demandas corporativas, gradualmente evoluiu para uma agenda política que, embora não necessariamente partidária, é vista como uma política cidadã, e igualmente positiva para a construção do processo democrático ou para a estabilidade da democracia e do Estado de direito. Há leituras de analistas e estudiosos civis e militares que partem de um princípio histórico, quase consensual contemporaneamente, sustentando que as Forças Armadas não são homogêneas, nem intervêm na política necessariamente como um bloco monolítico. Corroborando essa tese, temos considerações instigantes nas reflexões do brigadeiro Francisco Teixeira:

> Paradoxalmente, a única maneira de obter a não intervenção das Forças Armadas ao processo político é a liberdade de opinião política, ideológica, dentro das Forças Armadas, isto é, criar condições para que elas se dividam política e ideologicamente, embora homogêneas no problema de sua missão, no problema hierárquico, no problema disciplinar, porém politicamente com liberdade de pensar. (apud Moraes, 2011, p.246-247)

Retornando ao nosso referencial teórico relacionado aos dois movimentos à esquerda que surgiram das fileiras castrenses pós-Constituinte de 1988, a Apeb e o Capitanismo, vale dizer que ambos não estão isolados de muitas organizações correlatas que emergiram nos últimos anos entre as Polícias Militares em vários estados brasileiros, a destacar o grupo Policial Pensador,[7] fundado em 2014, o Coletivo Sindical Sankofa, um pouco anterior no tempo, de 2010, ou o mais recente Grupo Policiais Progressistas, de 2018, entre outras iniciativas ainda em formação pelo país. Esse conjunto de entidades tem por objetivo a ampliação dessa agenda democrática e cidadã, cujo reflexo pode ser visto com a realização do recente do I Congresso Nacional de Policiais Antifascistas em 2019 na Universidade Federal de Pernambuco.[8] Constituído em 2015, pouco tempo depois de sua fundação, o movimento desses policiais de esquerda divulgaria um documento com sua pauta, intitulado "Manifesto dos Policiais Antifascismo" em um Seminário na OAB do Rio de Janeiro em 2017 (vide anexo).

---

7 Ver: <http://www.policialpensador.com/>.
8 Disponível em: <https://www.youtube.com/watch?v=BGTR31rnvx4>. Acesso em: 26 fev. 2020.

Contudo, essas entidades e militares, ao atuarem com um propósito de democratizar as Forças Armadas (e também organizações policiais), e tendo por estratégia intervir legalmente no debate político entre seus pares, e externamente junto à sociedade civil, procurando eleger uma bancada de parlamentares à Câmara dos Deputados, encontram forte reação das cúpulas, tendo seus integrantes mais conhecidos sofrido punições, em geral transferências. Como ressaltado, militam e se expressam com reservas, muitas vezes por meio de canais clandestinos. Não se sabe ainda o efetivo grau de penetração de sua agenda nas instituições militares, mas já ganharam as páginas dos jornais, com suas teses encontrando abrigo em partidos de esquerda, como o Partido dos Trabalhadores (PT), o Partido Socialismo e Liberdade (Psol) ou o Partido Verde (PV), bem como especial atenção dos arapongas do Exército como exposto pelas diretrizes do "Manual de campanha: contrainteligência" (CartaCapital, n.668, p.28-32).

Nos ensaios subsequentes, veremos que esse tipo de intervenção militante à esquerda é um ponto sensível, embora nada descolado de outros movimentos militares de contestação na República que sempre foram capitaneados por jovens oficiais, bem como praças marinheiros na história. Ao que parece, mesmo muitos de seus integrantes saindo candidatos por essas siglas de esquerda, sua ação organizada ainda não encontrou sucesso, dificultada em grande medida pelas punições contra seus integrantes pela corporação militar. Ademais, internamente há também muitas dificuldades e resistência de seus pares, em especial quanto ao princípio hierárquico posto nas pesquisas citadas anteriormente. Do ponto de vista eleitoral, apesar de ambas as entidades lançarem candidatos em várias eleições, ao que consta, não conseguiram eleger representantes à Câmara dos Deputados; mas não é uma hipótese infundada que venham alcançar resultados significativos em algum momento, nos pleitos por vir. Em sua estratégia enquanto militares e militantes, há a apreensão de uma lição histórica. Além de pautarem sua intervenção, quiçá militância, numa interpretação da Constituição de 1988, sua *ação política* decorre – mesmo sem estar aparentemente explicitado – da continuidade de uma tradição pós-1935 (ou a sugere), reafirmada nas décadas subsequentes pela esquerda militar, ou, como pontua o brigadeiro Teixeira sobre a fase que antecedeu ao golpe de 1964: "Estávamos absolutamente convencidos de que o caminho do progresso político era dentro da legalidade democrática" (apud Moraes, 2011, p.24).

A evolução do posicionamento de um oficial comunista, como o brigadeiro Teixeira, quanto ao compromisso com a democracia não é um caso isolado; também se dava, à época, em muitos setores da oficialidade de esquerda, mesmo que fossem nos ásperos tempos da Guerra Fria. Sugestivamente por hipótese, poderia ser passível de admissão, embora não haja dados consistentes maiores (salvo as pesquisas mencionadas), que haja uma paulatina e conflituosa incorporação, bem como reconhecimento da participação política dos militares na virada do século XXI. Entretanto, o desafio de um diálogo com os demais setores da sociedade ainda persiste, como apontado nas pesquisas anteriores. Apesar de alguns tímidos avanços, curiosamente foram os parlamentares de esquerda vinculados ao Partido Comunista do Brasil (PCdoB), ao PT, ao Partido Popular Socialista (PPS, hoje Cidadania) e mesmo do PV (Partido Verde) foram os que se especializaram e pavimentaram um diálogo com as Forças Armadas;[9] e, mais recentemente, o Psol, Partido Socialismo e Liberdade, embora tenham sido poucos.

Um dado a mais nos chama atenção sobre esse delicado aspecto. Além da histórica resistência posta a essas entidades e a essa reflexão por setores da cúpula militar, correlata às associações policiais dos estados, bem como o questionamento de sua legitimidade enquanto

---

9 Refiro-me a parlamentares da legislatura de 2010. Alguns deles estavam, em 2012, sem mandato, como Raul Jungmann (PPS), que perdeu eleição para o Senado; e Fernando Gabeira (PV), que concorreu à eleição para a prefeitura do Rio de Janeiro, também sem sucesso; José Genoino (PT) foi eleito suplente de deputado federal, nomeado assessor especial do Ministério da Defesa, exercendo o cargo até a metade de 2012; e Aldo Rebelo (PCdoB) era ministro dos Esportes. Vários deles presidiram ou compuseram a Comissão de Relações Exteriores e de Defesa Nacional, que, no ano de 2012, era liderada pela deputada comunista Perpétua Almeida, do PCdoB/AC. Mais recentemente, Rebelo e Jungmann foram ministros da Defesa.

atores políticos, comumente adjetivando suas paralisações, movimentos ou greves como *motim*, não é essa reação que nos surpreende, mas a oposição encontrada em setores civis de esquerda em reconhecer que os militares fazem parte do processo político em uma sociedade democrática. A estabanada tentativa de punir os oficiais da reserva pelo governo posta na introdução deste Capítulo é um exemplo, mas há outros correlatos.

Atualmente, tudo indica que há em curso um dinâmico movimento de praças, cujo reflexo inicial visto no I Congresso de Associações Militares, não coincidentemente emergindo no cenário político pós-eleição de Bolsonaro em 2019, cuja pauta era fundamentalmente cidadã, da qual se incluem a ampliação de participação política dos graduados nas Forças Armadas e o correlato encaminhamento de uma proposta de reforma da Previdência para os militares. A composição política e ideológica dos praças não está devidamente exposta, embora haja entre eles um grupo maior de aficionados bolsonaristas; muitos deles, até então, acreditavam sinceramente que o presidente, um histórico apoiador da criação de suas entidades, estaria ao seu lado nas reivindicações. Embora houvesse militares mais críticos ao governo, aparentemente, estavam nucleados com essa agenda democrática e corporativa em defesa da categoria; mas tudo indica que essa esperança de apoio se desvaneceu rapidamente, não só pela pouca receptividade demonstrada pela presidência quanto à sua agenda, mas pela posição dos comandos militares que chegaram, inclusive, a ameaçar os praças de prisão.

Portanto, não surpreendem o conflito e o consequente processo de mobilização e radicalidade dos praças, dado o posicionamento do alto comando no sentido de não reconhecer, ou mesmo de excluir, seus direitos, agravado pela preocupação da oficialidade com a politização decorrente da categoria e, principalmente, pelo fato de terem sido traídos por Bolsonaro, que por anos teve o apoio da maioria da categoria, culminando, inclusive, um fator importante em sua eleição. Mais recentemente, há registros de que, em várias unidades militares do país, ocorreram atípicas reuniões antes desse Congresso, até mesmo com a presença de generais e praças; além do fato de eles terem tido apoio de alguns parlamentares de esquerda, em especial do Psol (Quadros, 2019b). Por fim, dada a consequente ruptura de muitos deles com o atual presidente, não são de estranhar algumas manifestações de imposição de silêncio a esses militares pelo alto comando, inclusive com reiteradas ameaças diretas às associações (Éboli, 2019c; Exército..., 2019; Comandos..., 2019).

Um aspecto chama atenção, embora não seja nada surpreendente no tempo e na história, haja vista manifestações semelhantes no período democrático entre 1945 e 1964: um posicionamento, feito em 2019, que adquire contornos diferenciados, além de pouco conclusivos. Tendo à frente do Executivo da nação dois militares do exército, as rusgas de um não encaminhamento democrático e republicano relacionado à questão da indiferença, para não dizer discriminação, aos praças em não terem reconhecidos direitos de manifestação (ao contrário dos oficiais) vieram à tona numa audiência pública para debater os efeitos do PL 1.645 sobre a categoria. Dado o fato de o ônus ser diferenciado, particularmente tendo em vista ganhos reais à cúpula de generais (criação de representação vitalícia) em detrimento da maioria da tropa (privilégio na distribuição dos adicionais de habilitação), ocorreu em meio a insultos e cobranças, denúncias de compra de votos a parlamentares com distribuição de comendas, bem como ameaças de prisão, ficando nítido que havia entre oficiais generais e os praças um diapasão cujo equacionamento na pauta não encontrava a mínima interlocução, que dirá admissibilidade, no sentido de serem reconhecidos como parte da instituição, ou melhor, como parceiros em um projeto nacional (Combate..., 2019, Problema..., 2019).

A questão estava em aberto quando da realização desta reflexão (primeiro semestre de 2019); portanto, os desdobramentos finais ainda não estão devidamente contabilizados, embora, no segundo semestre, a proposta encaminhada ao Senado com essas distorções relacionadas aos praças acabaria sendo aprovada; talvez não seja coincidência que tenha sido posta em pauta conjuntamente com um novo Código Penal Militar, com vistas a coagir militares, especialmente os de baixa patente. Em última instância, teve por característica maior *empoderar uma casta de militares de alta patente e juristocratas com fins de gerar uma nova ordem constitucional, paralela (como os Atos Institucionais do regime civil-militar de 1964-1985)*, cujos dispositivos têm ainda por objetivo "mecanismos de controle, monitoramento e forte vinculação dos militares subalternos em relação a qualquer ordem, mesmo ilegal ou inconstitucional, da parte do agente público de hierarquia superior" (Vasconcellos, 2019; Novo..., 2019).

Entretanto, essa movimentação não é um caso isolado. Ao longo dos últimos anos, e mesmo recentemente, muitas entidades policiais militares também desencadearam movimentos de paralisação e greves pelo país, confirmando, por meio dessas ações, a intenção de democratizar o meio militar, além de incluir na agenda questões corporativas como soldo, relações de trabalho e, mesmo, condições adequadas para o efetivo exercício de suas atividades. Ao que tudo indica, esta reflexão extrapola em muito essas questões, sendo mais ampla que o exposto. Recorreremos mais uma vez, para esse diálogo, a matérias que abordam os policiais civis e policiais militares, uma delas intitulada "São policiais. Querem outra polícia" (Sansão, 2016) e temos, desta feita, alguns interessantes apontamentos para esse debate, que se manifesta de várias formas. Não foram poucas as paralisações entre policiais nos últimos anos, ou seja, é uma luta que também se expressa pelo reconhecimento da liberdade de expressão, assegurada pela Constituição Federal de 1988 a todo cidadão brasileiro, como pontua o tenente Anderson Duarte da PM/Ceará:

> "Sempre acreditei que somente um trabalhador da segurança pública pleno de seus direitos de cidadania poderá reconhecer e garantir direitos dos demais cidadãos. Por isso, reivindiquei muitas vezes o direito de liberdade de expressão dos policiais nas redes sociais", diz o tenente, aludindo à sua luta para que se torne lei a portaria interministerial da Secretaria de Estado de Direitos Humanos do Ministério da Justiça que estabelece as Diretrizes Nacionais de Promoção e Defesa dos Direitos Humanos dos Profissionais de Segurança Pública. "O respeito a esse direito é fundamental para

que haja mais democracia interna nas instituições de segurança e, consequentemente, na sociedade."[10]

Greves são uma tendência histórica; em 2012, segundo pesquisa do sociólogo José Vicente Tavares dos Santos (2009), completaram-se quinze anos de greves policiais, que ocorreram em todos os estados, mas os dados por ele apresentados eram parciais; informações recentemente disponibilizadas pelo Dieese[11] sugerem que o número de greves tenha sido bem maior que o exposto (Cruz, 2012; *Veja*, 15 jan. 2012; Almeida, 2010; 2011). É revelador o quadro das greves e paralisações levantado pelo Dieese desde 1989 no Brasil e atualizado até março de 2018, indicando que, dentre as corporações policiais que enfrentaram a questão da legalidade do movimento, há o registro de 405 greves organizadas pela Polícia Civil; 77 por policiais militares, incluindo os bombeiros nesta categoria; 40 por policiais federais; 133 por guardas civis; 159 por agentes penitenciários; e, por fim, 61 paralisações de categorias de trabalhadores relacionadas à rede de segurança pública, como os Detran, médicos, psicólogos, peritos, funcionários, burocratas, entre outros. Para efeito de análise, chama atenção o aumento considerável de greves nesses últimos anos em todas as categorias, de polícias civis, militares e agentes penitenciários, não muito diferente da análise apresentada quanto às causas, reprimidas, em sua maioria, com rigor, resultando em prisões e expulsões, tendo, em alguns casos, uma situação de acomodação, ainda que temporária. Acordos provisórios foram realizados, embora vários deles não cumpridos pelos governos estaduais.

---

10 Segundo o tenente Anderson Duarte da PM/CE, a desmilitarização da polícia é o primeiro passo para "transformar policiais em cidadãos", reconhecendo direitos trabalhistas que, hoje, não possuem, como o direito à greve. "Assim, o policial vai começar a se reconhecer como cidadão e, talvez assim, reconhecer um cidadão. Porque é muito difícil, para quem não tem direitos, reconhecer direitos" (Sansão, 2016).

11 Agradeço o envio dessa relação a Rodrigo Linhares, analista do Dieese. Na primeira edição, publicada em 2014, há o registro de 150 greves organizadas pela Polícia Civil; 34 por policiais militares, incluindo os Bombeiros nesta categoria; 18 por policiais federais; 22 por guardas civis; e 60 por agentes penitenciários.

Na verdade, o quadro de contestação é historicamente mais amplo, e há outras greves bem curiosas em tempos recentes, como a de policiais militares ocorrida em 1988, em São Paulo, que parou o centro da cidade, mas que não consta na relação disponibilizada pelo Dieese, greve esta ausente de uma bibliografia temática. Na oportunidade, os policiais recorreram ao rádio de comunicação e paralisaram suas atividades em 19 de fevereiro daquele ano, no episódio que é visto como o maior motim em São Paulo desde 1961, quando de uma greve dos bombeiros. Reivindicando aumento salarial, os membros do 7º Batalhão chegaram a se reunir na Praça da Sé, mas acabaram dispersados em seguida por uma tropa liderada pelo coronel Ubiratan Guimarães, oficial de triste memória por ter comandado, em 1992, a invasão do Pavilhão 9 na Casa de Detenção de São Paulo, resultando na morte de 111 presos. Após IPMs, 460 policiais foram indiciados, tendo a corporação expulsado três e demitido 157 policiais de seus quadros (Em 1988..., 2012).

O epílogo dessa greve, e de outras, apenas demonstra como ainda é corrente a inabilidade dos governos em lidar com situações correlatas. Trata-se de uma lacuna de aprendizado, notada também na última greve em 2008, em São Paulo, cujo resultado maior foram violentos choques entre membros das Polícias Civil e Militar diante do Palácio do Governo; ou na mais recente greve de policiais no Espírito Santo, em 2017. Como ainda ressaltou Santos (2012): "Há enorme dificuldade do poder público e da imprensa em reconhecer a legitimidade dessas mobilizações como luta social de uma categoria por melhores condições de vida".

Paralisações brancas ou mesmo greves nas PMs continuaram palpitando pelos demais estados da federação nesses anos pós--Constituinte, algumas bem significativas, como as de policiais e bombeiros do Rio de Janeiro, da Bahia, do Rio Grande do Sul, do Espírito Santo, do Rio Grande do Norte e, finalmente, uma última no Espírito Santo. Tanto nesta como nas demais citadas, houve a prisão de suas lideranças e, em muitas delas, cogitou-se a concessão de uma anistia; porém, ao final, dezenas de seus membros acabaram sendo expulsos (Corpo..., 2012; Martins, 2012; Bächtold, 2012;

Veja, 15 jan. 2012). Não foram os únicos. Esses são os casos mais conhecidos, já que greves ocorreram também às centenas nas polícias de Santa Catarina, Alagoas, Ceará, Amapá, Amazonas, como também em São Paulo e na Bahia, desde 1988 (Cruz, 2012; *Veja*, 15 jan. 2012; Almeida, 2010).

Noutros estados, alguns movimentos grevistas adquiriram uma politização maior no processo de luta, inclusive com a eleição de parlamentares de esquerda, advindos de corporações policiais, a algumas Assembleias estaduais, o que denota, entre eles, a influência de agremiações ideológicas, ou mesmo uma presença reconhecida abrigada em partidos de esquerda ou com uma atuação à esquerda, como a legenda do Partido Democrático e Trabalhista (PDT). Nos casos de greves mais recentes, como a do Rio de Janeiro, em que pese a presença de alguns partidos de esquerda no apoio e na incorporação das demandas da categoria no processo de luta, como o Psol,[12] tudo indica que setores significativos do movimento de policiais e bombeiros cariocas ainda são influenciados por políticos conservadores e populistas, muitos deles ligados a igrejas evangélicas, entre outras presenças, como as daqueles candidatos militares vinculados às milícias. Ainda assim, entre milhares de candidaturas militares das Forças Armadas e policiais de várias tendências políticas (às vezes desconhecidas) que marcaram presença no cenário eleitoral nas capitais e em muitas cidades pelo país em 2012, algumas lideranças reconhecidamente de esquerda foram eleitas às Câmaras Municipais.[13] Na legislatura de 2018, os dados ainda são esparsos, mas,

---

12 Além de várias manifestações na imprensa, remeto especialmente à questão o excelente artigo "Por detrás da revolta fardada", do deputado estadual do Psol/RJ Marcelo Freixo (2012); mas também as seguintes matérias: Menezes (2017); Um policial... (2014); Grupo... (2017); Silva (2016); Frazão et al. (2018).

13 Quanto à dimensão dessa presença no cenário eleitoral, as informações disponibilizadas são imprecisas, seja pelo site *Eleições 2012* (<http://www.eleicoes2012.info/>); seja pelos sites militares <www.uniblogbr.com> ou <http://www.aperoladomamore.net/index.php?option=com_content&view=article&id=2576:candidatos-militares-na-eleicao-2012&catid=4:noticias--militares&Itemid=2>, já que não são poucos os candidatos que têm a patente incluída no nome, sem que isso signifique que sejam militares; em alguns casos,

concretamente, houve um candidato a governador pelo Psol (Sergipe); mas, eleito como reconhecidamente de esquerda, um senador pela Rede (Espírito Santo); o deputado Paulo Ramos do PDT/RJ, associado a essa pauta democrática; e o deputado Marcelo Freixo, também do Psol/RJ. Vários militares e policiais que efetivamente

há duplicidade, aparecendo os mesmos nomes na consulta (como, por exemplo, tenente-coronel e coronel repetido, mesmo o personagem sendo um civil), sem a possibilidade de alguns serem identificados como policiais militares das PMs ou das Forças Armadas. Os números disponibilizados variam de 2.576 a estratosféricos 4.600 militares de todas as patentes (salvo general, citado, mas alguns civis com esse nome incluso) espalhados pelo país, bem como por todas as legendas, à esquerda e à direita. Numa leitura preliminar, alguns policiais e militares de esquerda eleitos se candidataram sem uma necessária identificação a uma agremiação de esquerda, e a imensa maioria dos postulantes, por hipótese, foi de candidatos militares com uma plataforma corporativa. Porém, podemos sinalizar algumas lideranças policiais de esquerda que estiveram à frente de greve das corporações e foram eleitas; o dado mais significativo foi na Bahia, com quatro lideranças grevistas eleitas em algumas cidades, inclusive um vereador na capital, Salvador, o soldado Marco Prisco (PSDB), com expressiva votação. No Ceará, houve uma situação idêntica com a eleição de um PM como vereador mais votado em Fortaleza, o capitão Wagner Souza Gomes (PR); e, no Rio de Janeiro, também houve a eleição na capital de um policial bombeiro, o major Márcio Garcia (PR), liderança da última greve. Dados similares podem ser vistos em outras capitais; em algumas cidades menores, houve postulantes que, mesmo não tendo sido eleitos, foram bem votados, alguns ficando nas primeiras suplências. O dado mais interessante, e que chama atenção, é que quase todos os militares de esquerda se elegeram por legendas de pouca expressão ou de pouca identidade ideológica (comumente chamados de partidos nanicos ou de aluguel); embora alguns dos que se candidataram e foram eleitos por legendas importantes, principalmente nas capitais, decerto refletiam nessas opções o fato de serem agremiações opositoras aos governos dos estados, sem necessariamente se identificar programaticamente. Um caso a se destacar é o do cabo Daciolo, bombeiro e líder de greve da categoria no Rio de Janeiro, eleito em 2014 ao Congresso Nacional pelo Psol, e expulso em 2015 por contrariar o programa do partido ao fazer pregações bíblicas na tribuna da Câmara dos Deputados, bem como por tentar incluir Deus na Constituição Federal, apresentando uma proposta para modificar seu parágrafo 1º, que afirma que "todo poder emana do povo"; sua ideia era substituir povo por Deus, bem como defender os PMs presos no caso Amarildo. Posteriormente, transferiu-se para o PTdoB (atual Avante), e saiu como candidato à presidência da República pelo Patriota, em 2018. Noutros casos, a identidade dos candidatos é reconhecidamente conservadora, para não dizer reacionária, porém as adesões às legendas maiores, ao que se candidataram por essas legendas foram eleitos. De qualquer forma, não são poucas as resistências: "Um policial de esquerda, um policial pensador, não é aceito nem no meio policial, nem no meio da esquerda tradicional. Você é um estranho em todos os ninhos. Então, se ninguém me aceita em lugar nenhum, vou criar um lugar onde eu possa manifestar minhas ideias e também receber ideias de outros policiais".[14]

Vale mais um parêntese. Embora o enfoque proposto neste ensaio sobre a importância de se discutir a ocorrência (ou não) de apoio de partidos aos muitos movimentos militares grevistas seja relativizado nas abordagens citadas, algumas leituras, como a de Santos (2009, p.91), confluem com nossa linha de análise ao sustentar que o efeito dessas greves teria fortalecido o tecido associativo em todos os níveis hierárquicos, possibilitando a formação de associações de sargentos e oficiais, bem como de carreira política para vários de seus líderes. É uma relação de causa e efeito, e concordamos com ele, ao afirmar que os policiais devem ser vistos como trabalhadores que fazem parte do processo político, cuja legitimidade depende desse pressuposto. Inegavelmente, é um aspecto a ser observado. Freixo (2012) ressalta que esse é um debate necessário e se insere numa reflexão mais ampla, ou seja, se apresenta na perspectiva da democratização de suas instituições, e não somente relacionado ao direito de greve, sendo

---

tudo indica, não passa pelo mesmo critério, como no caso dos três vereadores eleitos à Câmara Municipal de São Paulo, o coronel Telhada (PSDB), o capitão Conte Lopes (PTB), que saíram por partidos tradicionais e vinculados à base de apoio dos governos municipal e estadual, ambos policiais com origem na Rota, além do coronel Álvaro Camilo (PSD). Todos, por suas polêmicas declarações, já foram alcunhados como sendo da Bancada da Bala. Quanto às milícias, as informações ainda são contraditórias. Alguns candidatos a vereador ou vereadores por elas apoiados, ou que são identificados com as mesmas em projetos de reeleição, não foram (re)eleitos em algumas cidades, porém, há evidências de candidatos novos eleitos com apoio das milícias (ver o recente trabalho de Piccelli [2013, p.52 e ss.]). Evidentemente, são pistas para um diálogo e uma reflexão articuladas ao objeto deste ensaio e sua problematização, em que pese a insuficiência de estudos específicos sobre esse quesito, bem como uma análise dessa presença nesse último escrutínio em 2012.

14 Como pontua o tenente Anderson Duarte, da PM/CE (Sansão, 2016).

fundamental o apoio dos policiais na sociedade, algo que se expressa igualmente na luta por dignidade da própria categoria.

Dialogar ou não: eis a questão

Podemos ver que persiste uma lacuna de entendimento sobre esses movimentos, e faltam estudos específicos sobre suas motivações políticas e ideológicas, salvo contribuições bem pontuais. Algumas pistas até nos auxiliam a explicar os desdobramentos da paralisação na Bahia em 2012, um caso singular quando comparado aos demais movimentos policiais militares pelo país, que reflete uma expressão atípica quanto aos seus interlocutores. Tendo à frente o governador Jaques Wagner (PT) que, anteriormente, na oposição, apoiara de forma efusiva as reivindicações da PM, desta feita, à frente do cargo, demonstrou total insensibilidade a uma interlocução democrática; os policiais militares radicalizaram a ocupação da Assembleia Legislativa Estadual.[15] Independentemente dos eventuais excessos cometidos, com prejuízos à população, algo que, com graus variados, não os diferencia de outras categorias cujas paralisações são sensíveis ou diretamente prejudiciais para o cotidiano da população, como greves de médicos, servidores públicos da saúde ou do Judiciário, ou que envolvem transportes coletivos, metroviários, controladores de voo, petroleiros, caminhoneiros, bancários, entre outros, ocorreu um fato atípico e surpreendente: o comandante da 6ª região militar, o general Gonçalves Dias, se confraternizou com os grevistas, e assim se manifestou publicamente: "Peço aos senhores: se as pautas que estão sendo discutidas pelos políticos não forem atendidas, vamos voltar a uma negociação. Não poderá haver confronto entre os militares. Eu estarei aqui, bem no meio dos senhores, sem colete" (Gaspari, 2012).

---

15 A referência bibliográfica específica que temos sobre o movimento dos policiais da Bahia é o livro de um militar de esquerda da própria corporação, Georgeocohama Archanjo (2008), atualmente pesquisador e professor universitário. Outras informações também podem ser vistas em Arruda (2007); Almeida (2010); e Almeida (2011).

Não obstante as muitas controvérsias, não há dúvidas de que seu posicionamento político foi de uma enorme coragem pessoal e dignidade profissional, até porque, estando o general numa posição de força, entendeu que esse recurso, bem como sua utilização, não se operava naquela situação; o canal para o equacionamento do impasse era a negociação, cuja solução passava por canais políticos e não militares. Como um gesto de reconhecimento, mas de enorme significado, os policiais grevistas deram ao general um bolo por seu aniversário, presente maior por sua sensata posição que muito contribuiu para desanuviar o ambiente. Todavia, um aspecto a mais deve ser ressaltado. Os pressupostos de hierarquia e disciplina em nenhum momento foram corrompidos, violentados, ou deixaram de ser reconhecidos nessa aparente *confraternização*, nem ameaçados em sua postura; tiveram, na verdade, sua autoridade reafirmada sob outras bases, configurando-se militarmente em um *comando* como expressão de *liderança*, conceitos previstos e valorizados em documento do estado-maior do Exército: "Liderança militar e princípios de chefia".[16] Configurou-se também

16 Um interessante diálogo sociológico – com vários autores – é desenvolvido por Celso Castro (1990, p.23-24); porém valorizaremos a interlocução com as normas do Exército, embora haja uma singular aproximação entre ambas as abordagens. De acordo com documento do estado-maior do Exército, Comando: exercício profissional de um cargo militar, consubstanciando o comando (autoridade legal), a administração (gestão de coisas e pessoas) e a liderança (condução de seres humanos). b. Comando – Componente da chefia militar que traduz, em essência, a autoridade da qual o militar está investido legalmente no exercício de um cargo. c. Administração – Componente da chefia militar que traduz, em essência, as ações que o militar executa para gerir pessoal, material, patrimônio e finanças, inerentes ao exercício do cargo que ocupar. (2) d. Liderança – Componente da chefia militar que diz respeito ao domínio afetivo do comportamento dos subordinados compreendendo todos os aspectos relacionados com valores, atitudes, interesses e emoções que permitem ao militar, no exercício de um cargo, conduzir seus liderados ao cumprimento das missões e à conquista dos objetivos determinados. (3) e. Chefe militar – Militar no exercício de um cargo de chefia, de qualquer nível ou natureza, consubstanciando a autoridade legal, o administrador e o líder. (4) f. Comandante – Militar investido de autoridade legal para o exercício de um cargo de chefia. (5) g. Administrador – Militar habilitado a gerir coisas e pessoas em função do cargo de chefia que ocupa. h. Líder – Militar

em uma nova forma de lidar com conflitos numa democracia na virada do milênio, possibilitando superar a tese histórica do Brasil do século XX, de que *caso social não seria mais caso de polícia, e sim de política*. Como possibilidades outras de interpretação, podemos entender que a suposta ilegalidade de um movimento grevista não o dissocia de sua legitimidade, aliás, pressuposto que pode ser aceito na ordem burguesa, já que há, entre pensadores liberais mais categorizados, aqueles que defendem o princípio da legitimidade de uma rebelião contra o governo.[17]

Porém, de acordo com o nosso referencial teórico, o fato em si expressa uma leitura e um posicionamento à esquerda, mas não necessariamente de esquerda. Ao que tudo indica, houve por ele o reconhecimento de que estava em curso uma legítima *luta social* em um

---

habilitado a conduzir subordinados ao cumprimento do dever, em razão do cargo de chefia que exerce. Liderança: liderança militar é a capacidade de influenciar o comportamento humano e conduzir pessoas ao cumprimento do dever. Está fundamentada no conhecimento da natureza humana, compreendendo a análise, a previsão e o controle de suas reações. A liderança militar não é privilégio de alguns poucos chefes, dotados de qualidades inatas para influenciar o comportamento de outras pessoas. É natural que tais qualidades concorram para a formação e o aperfeiçoamento do líder, mas sua simples existência não determina o sucesso do seu desempenho. A liderança militar é um construtor classificável no domínio afetivo dos objetivos educacionais, portanto, passível de ser desenvolvida pela via do processo ensino-aprendizagem, permitindo e tornando desejável que todo militar, independentemente do escalão ou da natureza dos cargos de chefia para os quais esteja habilitado, seja um líder em sua profissão (Portaria nº 088-3ª SCH/EME, de 19 de setembro de 1991).

17 Possibilidades de (re)interpretação sob um enfoque crítico e analítico; podemos, inclusive, aprender um diálogo com pensadores de um arco liberal, e mesmo que não haja maiores desenvolvimentos teóricos sobre esse debate, um Estado que deveria oferecer condições de sobrevivência dignas aos seus servidores, associado a condições compatíveis operacionalmente para defender a população e a sociedade; esteve nesses casos alheio em relação aos seus integrantes (recorrendo a Weber, o Estado não esteve ausente somente enquanto detentor legal e legítimo da coerção), portanto, o princípio à rebelião dado pela quebra de um contrato na ordem burguesa, enquanto pressuposto de legitimidade, pode, sim, ser aceito, como bem pontificam clássicos como o *Segundo tratado sobre governo civil* de John Locke ou *Contrato Social* de Rousseau, entre outros.

Estado democrático de direito (quaisquer que sejam as limitações), e não um *motim*, confluindo em sua atitude (em nossa interpretação) com a leitura de Santos (2012) – que não comenta especificamente esse ato –, o qual o infere numa linha de argumentação de que, pela abrangência e constância, as greves policiais devem ser vistas como expressão de um *fenômeno social* (2012). Retomando algumas considerações de Maria Celina D'Araújo (2010, p.251-252):

> A Constituição de 1988 estabeleceu que as Forças Armadas poderiam intervir em assuntos de ordem interna, desde que solicitados por um dos poderes da República, e nada alterou quanto aos aspectos de as Polícias Militares serem forças auxiliares do Exército. Não houve, como se esperava, a desmilitarização do sistema de segurança, e as Polícias Militares continuam sendo avaliadas pela Inspetoria Geral das Polícias Militares. A democracia se fez acompanhar de movimentos grevistas que chegaram até as Polícias Militares em vários estados mais importantes do Brasil. Para reagir a isso, o governo tomou uma medida que torna maior o emaranhado entre Polícia Militar e Forças Armadas. Em meados de 2001, por exemplo, a presidência da República fixou, por meio de decreto, as diretrizes para o emprego das Forças Armadas na garantia da lei e da ordem. As Forças Armadas passaram a ter papel de polícia no caso de greves das Polícias Militares. Em 2004, o mesmo tema do uso das Forças Armadas na "garantia da lei e da ordem" foi revisto pela Lei Complementar nº 117, que alterou alguns dispositivos da Lei Complementar nº 99/1999, que continuou em vigor. No entanto, medidas mais efetivas visando reformar as polícias não foram implementadas até fins da primeira década do século XXI, e as mudanças planejadas para políticas públicas de segurança não produziram efeito convincente nas estatísticas e na confiança do cidadão.

Face à delicada situação citada, e a um passivo histórico não equacionado, aliás não muito diferente de outros momentos correlatos em nossa história, a politicamente correta atitude do general

Gonçalves Dias, encontrou, lamentavelmente, repúdio e mesmo punição pelas cúpulas militares. Consta, inclusive, que houve uma intervenção branca em seu comando, e seu posicionamento seria condenado em jornais e pronunciamentos públicos, e mesmo por alguns ocupantes do primeiro escalão do governo que se diziam de esquerda. Jornalistas, a exemplo de Elio Gaspari (2012), qualificaram sua atitude como "impertinente" e "constrangedora".

A essa linha contestatória, somaram-se outros setores militares, como a fala do presidente do Clube Naval, o vice-almirante da reserva Ricardo Antônio da Veiga Cabral, cuja opinião não só demonstra o desconhecimento do problema de seus pares policiais militares, como resvala para um reles preconceito. Ao comparar a crise do manifesto do Clube Militar à das Polícias Militares a uma questão contábil, afirmou que a primeira "não é como a greve do Corpo de Bombeiros e da Polícia Militar da Bahia, a coisa é um problema mais ético que financeiro" (*O Estado de S. Paulo*, 3 mar. 2012; *Folha de S.Paulo*, 1 abr. 2012; *Veja*, 15 jan. 2012). Como última pá de cal em algumas ilusões, a anistia reivindicada pelos PM encontraria firme oposição em um ator político que poderia sugerir um compromisso político, respaldado por sua história e trajetória, a ex-guerrilheira anistiada Dilma Rousseff. A dimensão desse problema tem outras interfaces, e bem graves, mas essas manifestações, a exemplo das acima sinalizadas, apenas ilustram o desconhecimento, quiçá preconceito, dessa problemática pela classe política, porém revelada igualmente pelos próprios militares, ou ignorada, minimizada e oculta até mesmo pelos altos escalões das Polícias Militares.

Atualmente, vemos que as consequências de uma greve da categoria polícia se apresentam de várias formas na sociedade, mas são bem pouco conhecidos os impactos entre seus membros; na corporação, talvez o mais dramático seja o suicídio. Uma série de pesquisas recentes sobre o perfil psicológico dos policiais, exposta de forma concisa numa matéria com ilustrativo título de "Homens de farda não choram" (Moreira; Picolo, 2019), revela um dado alarmante sobre índice de suicídio de policiais pelo Brasil e suas razões, inclusive com uma interface consequente: o fato de alguns deles terem participado de uma greve. A despeito das dificuldades dos pesquisadores em acessar as fontes, ou ter dados confiáveis ou divulgados por instituições oficiais, às vezes só expostos de forma parcial ou tendo claro objetivo de dificultar sua leitura,[18] a matéria revela que suicídio e transtornos mentais são uma realidade em todos os estados da federação, cujo efetivo contabiliza cerca de 425 mil policiais. A título de ilustração, São Paulo, que conta com 93.799 agentes, o maior efetivo policial do país, registra que 120 policiais militares cometeram suicídio entre 2012 e 2017, número explosivo, mas nada casual, reflexo de décadas de omissão, como revela o coronel reformado Adilson Paes de Souza, autor de *O guardião da cidade* (2013), livro que versa sobre os casos de violência praticada por policiais.

Todavia, não é um problema localizado somente em São Paulo: está presente em todas as instituições policiais brasileiras, e maior ainda naquelas em que a polícia é mais violenta, caso do Rio de Janeiro, como revela uma investigação realizada entre 2010 e 2012 por psicólogos da PM conjuntamente com pesquisadores do Grupo de Estudo e Pesquisa em Suicídio e Prevenção (GEPeSP), da Universidade Estadual do Rio de Janeiro (Uerj). A pesquisa expõe um dado comparativo e uma conclusão: *no Rio, os PMs têm quatro vezes mais chances de cometer suicídio em comparação à população civil.*[19] Razões

---

18 Como bem expõe o coronel Paes de Souza: "A rotina de negar ou proteger dados relacionados à segurança pública no Brasil ganhou força durante o regime militar. Em 1969, no auge da repressão, houve um decreto-lei, o 667, de 1969, que criou os policiais à imagem e semelhança do Exército. Uma tropa militarizada para combater os inimigos da sociedade. E essa tropa militarizada era considerada a nata, a casta, os únicos que poderiam salvar a nação do comunismo. Os militares acreditavam e acreditam que são a elite, que são os únicos que sabem o que é bom para todos. E, portanto, eles não precisam prestar contas a ninguém. É por isso que é tão difícil conseguir dados", afirma (Moreira; Picolo, 2019).

19 Os dados apresentados pelo estudo revelam que 58 policiais militares tiraram a própria vida e 36 tentaram suicídio entre 1995 e 2009, no Rio de Janeiro. "Embora esses números sejam altos, o trabalho de campo revelou que essas cifras estão subestimadas. Muitos dos casos de suicídios consumados e tentativas de suicídio não são informados ao setor responsável por inúmeras razões. Entre elas, estão as questões socioculturais – o tabu em torno do fenômeno; a proteção ao familiar da vítima (a preservação do direito ao seguro de vida) e a existência

e dificuldades reveladas nesse sentido são de várias ordens, em particular as péssimas condições de trabalho e salário (nada a estranhar pelos dados das quase duas centenas de greves de policiais pelo país disponibilizados pelo Dieese, e parcialmente expostos neste ensaio), que refletem negativamente no convívio familiar. No Rio de Janeiro, ainda segundo a matéria, três PMs foram diagnosticados por dia com transtornos mentais entre janeiro de 2014 e junho de 2018; mais recentemente, o quadro é agravado por 2.500 policiais militares afastados por transtornos mentais entre janeiro e agosto de 2018, mais que o dobro do que foi contabilizado em todo o ano de 2014 (836). No estado de São Paulo, também em decorrência do endividamento financeiro da categoria policial, um problema que atinge cerca de 90% de seus membros, atualmente um policial comete suicídio a cada dez dias (Araújo, 2018).

Não obstante esses apontamentos e causas, um dado recente chamou atenção: refere-se ao aumento do número de tentativas de suicídio após greve entre PMs, como aconteceu no Espírito Santo, cujo movimento paralisou parte dos policiais no início de 2017. Segundo dados oferecidos pela Associação de Cabos e Soldados da Polícia Militar e Bombeiro Militar do Espírito Santo (ACS/ES), houve pelo menos cinco suicídios nos meses seguintes à greve, e treze policiais da 5ª Companhia do 4º Batalhão da PM foram afastados por transtornos psíquicos, quadro agravado pela perseguição perpetrada por oficiais de patentes superiores nos momentos pós-greve. Na verdade, entre os fatores de risco para suicídios e transtornos mentais aos quais PMs estão expostos, está a *rigidez hierárquica*, cujo efeito para a vítima é ocultar o problema de seus superiores.

Nessa linha de reflexão, há dados de uma outra pesquisa realizada pelo Fórum Brasileiro de Segurança Pública em 2015, "Vitimização e percepção de risco entre profissionais do sistema de segurança pública", que sustentam que 55,4% dos policiais militares têm receio de preconceito ao policial militar diagnosticado com problemas emocionais e psiquiátricos", afirma o relatório da pesquisa. Esses apontamentos foram publicados em 2016 no livro *Por que policiais se matam?*, organizado por Dayse Miranda (Moreira; Picolo, 2019).

"alto" e "muito alto" de manifestar discordância da opinião de um superior. As consequências no dia são sentidas de forma trágica, não somente pelo fato de seus membros resistirem ao afastamento, no caso do relato é no Rio de Janeiro, mas até pelo sentimento de dever; mas o significado real de se afastar para tratamento é "perder a gratificação ou o adicional por algum tipo de trabalho. Isso é puni-lo duas vezes, puni-lo por estar doente". Outro ponto que também se soma ao quadro e o ilustra, embora nada acidental, se refere a prejuízos para eventuais promoções na carreira, como revela Paes de Souza:

"A promoção de oficiais é por merecimento ou por tempo de polícia. E por merecimento você pode ser promovido mais rápido, porém, se você tem algum transtorno psicológico na sua ficha, é possível que você não seja escolhido para determinados postos para 'não dar problema lá'." Ele explica que a formação do policial militar, assim como a dos militares das Forças Armadas, tem uma ideologia própria e é transmitida a todos os policiais. "Eu fui formado durante a ditadura. Fui formado para saber que 'militar é superior ao tempo; militar não chora; militar não sente medo; paisano [civil] é bom, mas tem muito'. Hoje, depois de trinta anos de PM e de estudos, eu percebo que estávamos sendo doutrinados", relata. Para ele, essa ideologia transmite a sensação de heroísmo aos PMs. Em sua analogia, o coronel compara os policiais ao Super-Homem [Superman]. "Eu sou o Super-Homem, tenho superpoderes, mas não sou bem resolvido. Esse é o policial militar. O suicídio é uma das opções. O PM não aguenta. O falso eu do policial é ser um super-herói. Então, talvez, o PM cometa suicídio para eliminar esse falso eu e proteger o verdadeiro eu", conclui. (Moreira; Picolo, 2019)

A complexidade desse cenário sugere outras possibilidades de diálogo, mas articulada ao quadro exposto somente demonstra que nesta problemática sobre militares e policiais há um longo caminho a ser pavimentado para um efetivo diálogo que expresse um salutar Estado Democrático de Direito, já que ainda há dois pesos e duas medidas. Não houve, por exemplo, uma atitude punitiva nos casos recentes em que houve correlatas manifestações políticas de indisciplina de altos oficiais da ativa confrontando a política governamental, como podemos apreender em declarações de generais da ativa a respeito da *Comissão da Verdade*; ou mesmo quanto à menção pública eximindo os militares de desculpas quanto a questão dos desaparecidos. Mais recentemente nessa linha de parcialidade, o STF deliberou em 2019, após uma votação apertada de 6 votos a 5, autorizar a revisão (e consequentemente a anulação) da lei da anistia de cerca de 2500 militares perseguidos em 1964, especialmente Cabos e soldados da Aeronáutica.[20]

Uma vez mais, reafirma-se a tese desenvolvida em outro ensaio, a de que as anistias relacionadas aos militares no Brasil são *socialmente* limitadas, e *ideologicamente* norteadas;[21] aliás, pressuposto visto na

---

20 Sobre essa questão, ver o tópico relacionado aos militares perseguidos no Relatório Final da Comissão Nacional da Verdade; e, na imprensa, ver: STF... (2019) e Brito (2019).

21 O pressuposto que remete ao fato de as anistias serem *socialmente limitadas* pode ser visto nos movimentos políticos de praças e marinheiros, historicamente identificados como de quebra de hierarquia e disciplina, mesmo que suas reivindicações sejam corporativas ou não tenham caráter político. O exemplo mais conhecido é o da Revolta da Chibata cuja anistia foi operada pelo Congresso em 1997, ou dos sargentos das lutas pela campanha do *Petróleo é nosso* e direitos nos anos 1950, ou o daqueles praças e marinheiros que aturam na defesa da legalidade democrática no pré-golpe de 1964, posteriormente expulsos das Forças Armadas, cujas anistias foram conquistas individuais ou ainda nem foram contempladas. Já o fato de as anistias serem *ideologicamente norteadas* confere fundamento à perseguição dos militares de esquerda após 1935, ao contrário dos movimentos da direita militar, cujas ações de oficiais golpistas eram vistas como patrióticas, como o caso da tentativa de golpe integralista de 1938, ou as muitas ações golpistas entre 1945 e 1964, das quais todos foram devidamente anistiados; aliás, mesmo contemporaneamente, há posicionamentos golpistas que foram, de certa forma, admitidos, vide a carreira e declarações do então deputado Bolsonaro ou do general Hamilton Mourão. Entretanto, a anistia dos militares inseridos nesse arco visto como *esquerda militar*, um guarda-chuva de várias tendências, significou, muitas vezes, expulsão sumária deles, sob alegadas razões, entre as quais a defesa da democracia; o objetivo maior de anistia tinha em vista a reincorporação às Forças Armadas, demanda contestada ou limitada ainda contemporaneamente, portanto, pautada por uma leitura ideologicamente norteada (Cunha, 2010).

democracia, bem como nos vários espasmos democráticos no Brasil. Corroborando a leitura sobre a nossa democracia, D'Araújo (2012) conclui que, apesar dos avanços em nossa Constituição, os direitos são, em grande medida, formais, apresentando grandes *déficits* no quesito Estado democrático de direito. Leitura que também se apresenta entre muitos setores militares, a exemplo das orientações da Escola Superior de Guerra a partir de 2002. Em seus manuais, apreende-se que há um reconhecimento e valorização da democracia enquanto pressuposto de um discurso de subordinação ao poder civil; porém, com condicionantes e limites intrínsecos à ordem burguesa, como sustenta o trabalho de Luiz Cláudio Duarte (2012).

Considerações preliminares

Ao final, podemos perceber preliminarmente nesta reflexão sobre política, esquerda militar e democracia uma problematização ainda em aberto, confrontando enormes desafios. Apesar das muitas polêmicas, há, de fato, uma sugestiva e positiva evolução da democracia na leitura dos militares,[22] pautada fundamentalmente em um compromisso disciplinar com as instituições, embora resistente quanto à sua incorporação na caserna, ou mesmo em aceitar algum grau de democratização. Certamente, este debate não se esgota com estes apontamentos, devendo, inclusive, adquirir enquanto problematização contornos políticos mais efetivos, quando entrar em pauta para votação a PEC/21 – Proposta de Emenda à Constituição –, cujos avanços são reconhecidos pelos praças no sentido de desmilitarizar as instituições policiais, possibilitando sua unificação; ou reconhecendo o direito de sindicalização (Almeida,

---

22 Por hipótese, podemos sustentar que essa resistência pode gradualmente estar sendo erodida pelos constantes encontros entre civis e militares nos últimos anos, nos quais encontramos muitos deles, de uma geração mais recente, estudando em cursos de pós-graduação de diversas instituições federais, sem deixar de mencionar alguns igualmente recentes encontros acadêmicos, como os da Associação Brasileira de Estudos de Defesa (Abed) e os propositivos Congressos Acadêmicos de Defesa.

2011). Iniciativa mais recente, a PEC 186/2012, é bem mais incisiva quanto a este aspecto último, já que engloba, nesse direito associativo, os militares das Forças Armadas.

Ambas as iniciativas conferem uma pauta sujeita à avaliação, mas a última, a PEC 186/2012, é mais ousada, e propõe conferir nova redação ao inciso IV do § 3º do artigo 142 da Constituição Federal, garantindo ao militar (leia-se Forças Armadas e Polícias Militares) o direito à livre associação sindical e o direito de greve.[23] Apesar da vagarosa tramitação de tais proposições no Parlamento brasileiro, esta última contou com parecer favorável de admissibilidade em 27 de agosto de 2013, cujo relator foi o deputado Chico Alencar (Psol/RJ). Portanto, de acordo com os trâmites institucionais vigentes, a PEC 186/2012 se encontra pronta para pauta na Comissão de Constituição e Justiça e de Cidadania (CCJC), e, certamente, quando ganhar uma dimensão pública ao entrar em discussão, significará recolocar mais uma vez essa problemática na agenda nacional, e mesmo influir nas instituições militares.

Independentemente de outras considerações que podem ser realizadas sobre a proposta e sua dimensão entre os militares, a PEC 186/2012 cumpriria um primeiro e positivo passo para abrir um debate sobre essa delicada questão; um imperativo que se justifica para equacionar democraticamente uma realidade expressa conflituosamente nas centenas de greves policiais, somente citando aquelas que aconteceram desde a Constituição de 1988, além de expressar uma possibilidade de diálogo a ser construído entre os setores militares das Forças Armadas. Se o pressuposto da democracia no Brasil indica um processo de amadurecimento ao longo do tempo no sentido de se efetivar de fato um Estado de direito, é bem factível ponderar, por hipótese, que a democratização das instituições militares igualmente emergirá correlata com uma agenda consequente. Como vimos, esse não é um caso isolado, é um processo histórico, análogo às lutas de

---

23 A PEC 186/2012 é proposição do pastor Eurico, deputado pelo PSB/PE, disponível em: <http://www.camara.gov.br/proposicoesWeb/fichadetramitacao?idProposicao=547065>.

muitos movimentos militares em outros países, como demonstra Cortrigth e Watts (1991) e Bartle e Heinecken (2006), nada distante do projeto das entidades mencionadas neste ensaio, entre outras, que intervieram nessa linha em nossa história, contemplando esse diálogo com várias interfaces. Cabe um último parêntese de atualização. Há um longo caminho a ser percorrido, com muitos obstáculos a serem superados. Não houve, por exemplo, evolução significativa nos temas dos desaparecidos e da abertura dos arquivos das Forças Armadas.[24] Permanece a resistência relacionada à anistia entre setores militares e que se apresentou, mais de uma vez, em manifestações ou em declarações contrárias à Comissão da Verdade. Em dezembro de 2014, foi apresentado o Relatório Final da CNV,[25] com 29 recomendações, muitas delas relacionadas aos militares. Vale destacar aqui uma pouco conhecida contribuição elaborada por João Roberto Martins Filho (Ufscar), Samuel Alves Soares (Unesp), pelo coronel-aviador reformado Sued Castro Lima (Observatório das Nacionalidades/UEC) e por Paulo Ribeiro da Cunha (Unesp). Eles compuseram o chamado Grupo de Jaguariúna, assim denominado porque a maior parte de suas reuniões, ao longo de dois anos de trabalho, foi realizada naquela cidade próxima a Campinas. O grupo apresentou consistentes subsídios à Comissão Nacional da Verdade, incluindo uma reflexão histórica e política sobre os militares no Brasil, bem como várias recomendações (ver nos Anexos), entre elas, uma muito cara aos *militares perseguidos* (mas não inclusa), a oitava, que recomendava o fim do Regime do Anistiado Político.[26] Essas recomendações foram

---

24 A despeito do vasto material coletado pela CNV, atualmente disponibilizado ao público na página do Arquivo Nacional; somente a título de ilustração, numa consulta ao volumoso Relatório Final da CNV, percebe-se que não são poucas passagens ou fatos citados em que solicitações oficiais de informações e documentos endereçadas às Forças Armadas e a outros órgãos públicos sequer foram objeto de atenção.

25 Disponível em: < http://www.cnv.gov.br/index.php?option=com_content& view=article&id=571>. Acesso em: 27 fev. 2020.

26 8 – Fim do Regime do Anistiado Político, que vem sendo aplicado aos militares cassados, e o reconhecimento deles como integrantes do Regime Jurídico

publicamente expostas em 2014 no encontro da Abed, em Brasília, e em alguns textos recentemente publicados.[27] Todavia, devido à crise política pós-eleição do segundo mandato da presidente Dilma Rousseff, vimos que a pauta proposta pela CNV, tendo em vista a implementação de suas recomendações e a continuidade dos trabalhos, não encontrou espaço na agenda política do governo. Após o processo de *impeachment* dela, o tema foi ainda menor no governo de Michel Temer, indicando que essa pauta não era prioritária, ou que não havia nenhuma possibilidade de sua implementação na linha das recomendações postas pelo Relatório Final da CNV. Houve, inclusive, a troca de 19 dos 25 membros da Comissão da Anistia, uma das primeiras medidas tomadas somente três dias após sua efetivação na presidência.

Na ocasião, foi nomeado à presidência da CA o ex-ministro de João Goulart e ex-deputado cassado, Almino Afonso, um personagem de proa da história brasileira, que tinha 87 anos na ocasião, auxiliado pelo vice-presidente, o advogado e ministro aposentado do STF e ex-ministro das Relações Exteriores do presidente Fernando Collor, Francisco Rezek. No entanto, causou enorme consternação a nomeação dos novos conselheiros, alguns deles reconhecidos apoiadores da ditadura civil-militar instaurada no Brasil em 1964, entre eles o professor de direito constitucional da USP, Manoel Gonçalves Ferreira Filho, que denomina o golpe civil-militar de *Revolução de 1964*; ou o ex-sargento do Exército e também professor de direito, Paulo Lopo Saraiva, visto por militantes de direitos humanos como um militar que prestou serviços à ditadura, assim corroborado no relatório da Comissão da Verdade da Universidade Federal do Rio Grande do Norte (Cavalcanti; Fernandes, 2016).

Na avaliação do Movimento por Verdade, Memória Justiça e Reparação, essas nomeações provocaram na entidade uma "descontinuidade de sua composição histórica", inclusive descaracterizando

---
dos Militares de que trata a Lei 6.880, de 9 de dezembro de 1980 (Estatuto dos Militares).
27 Ver "Os militares e a política" (Winand; Rodrigues; Aguilar, 2016, p.257-269) e Soares (2019).

a comissão, até então reconhecida de ser de Estado e não de governo, complementando que: "Ao dispensar esse grupo de conselheiros, o governo Temer coloca a perder quase uma década de memória e de expertise na interpretação e aplicação da legislação de anistia no Brasil" (Ibid.). Apesar da pauta e das recomendações expostas no Relatório Final terem sido reinseridas, em alguma medida, no programa de campanha eleitoral em 2018 por uma das coligações, no governo Bolsonaro, como vimos no Preâmbulo, o retrocesso é mais significativo, não somente pela política relacionada aos anistiados, confrontando as conquistas advindas da Constituição democrática de 1988, mas pela indicação de outros membros à CA, cujas biografias se distanciam de um compromisso com essa agenda (Dal Piva; Abbud, 2019; Camporez, 2019).

Conclusivamente, retomando a linha de argumentação posta, são muitas as lacunas para o entendimento e a participação política dos militares, bem como de militares atuando à esquerda e militares de esquerda procurando intervir na efetiva democratização de suas instituições; mais ainda, quanto ao preconceito relacionado à quebra deste último paradigma, o pressuposto de hierarquia e disciplina não está posto, nem é necessariamente rompido pelos atores citados, embora tenha que se reconfigurar em outras bases. Como bem sustentam Cortrigth e Watts (1991, p.106) numa passagem conclusiva sobre o associativismo militar como expressão válida para a democracia:

> Military unionism would have a profoundly democratic influence on the functioning of the armed forces. [...] On the previous occasions in history when armies have been used against interest of the people, soldiers were powerless and without influence. Today this is changing. The struggle for improved conditions is altering power relations within the ranks and raising the ordinary soldiers to a new status influence. Democratic society only can benefit as a result.[28]

---

28 Tradução livre: "O sindicalismo militar teria uma influência profundamente democrática no funcionamento das Forças Armadas. [...] Nas ocasiões anteriores da história, quando Exércitos foram usados contra o interesse do povo, os soldados eram impotentes e sem influência. Hoje isso está mudando. A luta

Contemporaneamente, essa tese democrática pode ser vista de forma amadurecida numa associação europeia de militares, o Euromil (Organização Europeia de Associações Militares e Sindicatos), fundada em 1972, que congrega 34 associações de 22 países, contabilizando 500 mil membros, tendo sido, ao que tudo indica, muito influenciada pela reflexão desenvolvida pelos militares alemães – embora tenha entre seus membros o acúmulo de uma tradição de outros países, algumas longevas no tempo, como o caso da Bélgica, e incorporando adesões de países que até então estavam sob a esfera comunista, como a Eslovênia, entre outros mais recentes, vindos de ditaduras, como Portugal (Sindicalismo..., 2019; Colaço, 2019). A entidade registra em seu site ser "o principal fórum europeu de cooperação entre associações militares profissionais em questões de interesse comum", procurando estabelecer o intercâmbio de informações e experiências entre seus membros, além de promover "os direitos humanos, as liberdades fundamentais e os interesses socioprofissionais do pessoal militar de todas as patentes", tendo, por fim, a promoção do conceito de "cidadão em uniforme".[29]

Nessa linha de intervenção, defende a tese de que o soldado tem os mesmo direitos e obrigações do que qualquer outro cidadão, e também o reconhecimento e o direito dos militares e das mulheres de formar e aderir a sindicatos e associações independentes, mas igualmente tendo em vista sua inclusão num diálogo social regular por parte das autoridades.[30] Não por outra razão, é importante o registro posto que:

> por melhores condições está alterando as relações de poder dentro das fileiras e elevando os soldados comuns a uma nova influência de *status*. A sociedade democrática só pode se beneficiar como resultado".

29 Disponível em: <http://www.apracas.pt/paginas/13/euromil-apresentacao/>. Acesso em: 27 fev. 2020.

30 "A Euromil defende o direito dos soldados europeus de formar e aderir a associações profissionais ou sindicatos militares. A Euromil promove a inclusão de associações militares profissionais e sindicatos num diálogo social regular. A Euromil proporciona um fórum comum de debate para que as federações membros possam trocar informações, formular diretrizes e melhores práticas sobre questões sociais e profissionais do pessoal militar; a Euromil apoia

in democracy, the serviceman has, in principle, the same rights and obligations as any other citizen. A serviceman, who must defend the rights and freedoms of his fellow citizens outside his own national territory, must be entitled to enjoy and make use of the same rights and freedoms which he is in service to his country. This principle requires action by states; specifically, the removal of all restrictions on civil and social rights, which do not interfere with the successful performance of military assignments and the constitution of the state in question. Association made up of servicemen and therefore of responsible citizens in uniform forms the basis for fair and active participation in the political life of their countries.[31]

Ao final, lembrando a passagem de Karl Marx, posta em epígrafe do capítulo, não foi sugerido, sob nenhuma hipótese, substituir *a*

---

as associações membros nos seus trabalhos nacionais de lobby sempre que solicitado; a Euromil apoia a inclusão do pessoal do serviço militar na legislação social e laboral da União Europeia; a Euromil acompanha de perto os desenvolvimentos na Otan e na UE para fornecer às suas federações membros informações atualizadas sobre os desenvolvimentos internacionais no domínio da segurança e da defesa, bem como sobre a legislação social e laboral da UE." E tem por objetivos, em número de sete: "Promover os direitos e liberdades fundamentais dos membros das Forças Armadas na Europa; promover a inclusão do pessoal militar na política social europeia; promover os interesses gerais, não materiais, sociais e profissionais de militares na ativo, reserva e reforma, suas famílias e dependentes sobrevivos; representar as associações membros perante instituições e autoridades supranacionais e apoiá-las em assuntos que lhes dizem respeito no âmbito nacional; cooperar com outras organizações internacionais e sindicatos; promover o intercâmbio regular de experiências entre as associações membros; promover a compreensão e amizade entre as associações membros (Ibid.).

31 Tradução livre: "Na democracia, o militar tem, em princípio, os mesmos direitos e obrigações que qualquer outro cidadão. Um militar, que deve defender os direitos e liberdades de seus concidadãos fora do seu território nacional, deve ter o direito de usufruir e fazer uso dos mesmos direitos e liberdades a que ele está servindo seus países. Este princípio requer ação dos estados, especificamente, a remoção de todas as restrições aos direitos civis e sociais, que não interfiram no desempenho bem-sucedido de missões militares e na Constituição do estado em questão. Associação composta por soldados e, portanto, por cidadãos responsáveis em uniforme forma a base para uma participação justa e ativa na vida política de seus países" (Euromil, 2005, apud Bartle; Heinecken, 2006, p.174.).

arma da crítica pela crítica das armas, e sim possibilitar uma reflexão teórica e um efetivo debate sobre essa problemática e sua legitimidade em um Estado democrático de direito. Tais questões, a saber, longe de conclusivas, estão em aberto, e não foram respondidas, mas a polêmica proposta por essa linha de investigação – a política, a esquerda militar e a democracia – instiga reflexão e análise, em se tratando de uma relação *dialeticamente conflituosa*.

PARTE II

III
COMUNISMO E FORÇAS ARMADAS:
TEMPOS DE INSURREIÇÃO

Uma problemática complexa face aos desafios de uma apreensão é o resgate da influência marxista nas Forças Armadas, objeto de investigação ainda embrionário e, em grande medida, ausente de estudos específicos. Abordagens pontuais estão em curso, muitas delas pioneiras no tratamento do tema, e abrem pistas importantes para um resgate histórico; embora, vale ressaltar, as dificuldades também sejam enormes, já que fontes documentais são esparsas e os arquivos militares ainda permanecem distantes de uma completa abertura. Mesmo aqueles militares de esquerda mais conhecidos permaneciam reservados quando provocados a dialogar sobre o tema, tergiversando sobre o assunto, quando não o ignoravam, pública ou reservadamente, quase que por completo. Em sua maioria, vivenciaram o estigma da exclusão institucional e política no século XX. A razão maior é conhecida, e suas origens se remetem à década de 1920, quando, em 1917, como bem pontua Rodrigo Patto Sá Motta (2002), não coincidentemente o ano da Revolução Russa, teve início a política anticomunista no Brasil. Ao longo dos anos, o anticomunismo seria quase que uma política de Estado, e posteriormente a de uma instituição, o Exército, grandemente valorizada a partir de 1935.

Todavia, a presença da esquerda ou à esquerda nas Forças Armadas é anterior a 1917, e teve início com pequenos grupos socialistas advindos de um republicanismo radical, desapontados com a República oligárquica que se consolidava na virada do século; em função daquela conjuntura, elaboraram propostas de intervenção. Por essa linha de análise, temos alguns apontamentos preliminares que são importantes para o entendimento dessa problemática. Pelo exposto antes conceitualmente, a *esquerda militar*[1] podia ser conferida, à época, na tradição de contestação, que, de certa forma, remetia sua ação política ainda ao Império pós-guerra do Paraguai. Historicamente, Nelson Werneck Sodré (1965) denomina essa etapa "fase autônoma do Exército", cuja intervenção se apresentou de forma progressista tanto ao abolicionismo quanto ao confronto na questão militar (apoiada, em grande medida, por jovens oficiais intelectuais da esquerda republicana), resultando, pouco tempo depois, na fundação do Clube Militar, às vésperas da República. Não por outra razão, surge um quadro de ebulição política no período pós-Monarquia, o que nos permite sinalizar que o "Exército emergia na cena política colocando-se em seu lado esquerdo" (Moraes, 2005, p.43).

Não podemos desconsiderar essa hipótese, entre outras, já que o dado novo é que os militares, após a proclamação da República, emergiram politicamente em cena, elegendo indiretamente pelo Congresso o presidente e o vice-presidente, ambos marechais, e também quase um quarto da bancada constituinte. Mesmo não se estabelecendo como um bloco coeso, em conjunto com as demais forças políticas representadas no Parlamento – os republicanos

---

1 Essa linha de argumentação desenvolvida por João Quartim de Moraes, entre outras leituras, com as seminais teses de Nelson Werneck Sodré, quanto à substância que o conceito *esquerda* adquiriu em sua construção histórica, aponta principalmente para seu aspecto ético, na perspectiva de um grupo ou de um indivíduo que, no seu tempo histórico, se posicionou a partir de valores ou ideias referenciais concretas e mesmo progressistas, seja na causa da igualdade expressa no abolicionismo, seja no nacionalismo, ou, mais recentemente, na democracia. Sodré, por exemplo, utiliza o conceito *esquerda* como indicativo de atuação em uma linha progressista. Em todo caso, entendemos que esse é um conceito que não perde sua contemporaneidade e representa, por tradição, as lutas sociais de transformação à frente do seu tempo, pelo menos até os anos 1960 (Cunha, 2002).

históricos, os republicanos de 16 de novembro, a oligarquia –, não se contentaram em ratificar o projeto original de Constituição elaborado por uma comissão de juristas: na verdade, assumiram, enquanto constituintes, uma desafiadora "instância deliberante" (Ibid., p.93).

Há outras ponderações teóricas, com vistas a apontar os eixos ideológicos de esquerda entre os militares,[2] e, nesse conturbado e conflituoso processo histórico, destacamos o jacobinismo,[3] residual no tempo e na história; o florianismo,[4] tendo seus reflexos entre os

---

2 Considere-se a força dos militares na Constituinte, que, ao que tudo indica, remonta a Rui Barbosa. Vem de 1891 o artigo que reza que o Exército e a Marinha são as instituições *nacionais e permanentes*, com o atributo de defesa externa e interna, bem como da lei e da ordem, e mantido quase como cláusula pétrea pelas Constituições subsequentes. Não deixa de ser um ponto interessante de análise, já que esse pressuposto seria incorporado pelos setores da esquerda, como também pela direita militar, como um princípio de *ecumenismo institucional*, com vias diferenciadas no seu entendimento, mas bem sugestivo de futuras intervenções, já que parte do pressuposto de que o Exército era a única instituição patriótica e, mesmo, a única que pensava o Brasil acima de interesses mesquinhos assume como uma firme missão salvar o país face ao colapso e à inoperância das demais instituições. Esse princípio levaria também o Exército, ao longo do tempo, a ser uma instituição funcionando quase como um Estado dentro do Estado, assegurando-lhe uma proeminência de que as demais instituições não desfrutavam. Ou seja, as instituições passam, o Exército permanece. Sobre esse debate, ver: Nogueira (1984, p.53); Hahner (1975, cap.I, VI); Costa (1987); Cunha (2002).

3 O jacobinismo carecia de uma base social atuante e significativa, fator mobilizador característico dos movimentos análogos nos países da Europa, nos quais o nosso, em grande medida, se inspirava; noutras palavras, o povo faltou ao encontro. A derrota da terceira expedição a Canudos e a morte de seu maior líder, Moreira César, escrevem seu obituário, confirmado, pouco depois, quando alguns grupos jacobinos enveredaram para o ultranacionalismo e, quase em desespero de causa, em sua fase terminal, para o terrorismo. Ainda assim, percebe-se que esse ideário terá um significado importante para as gerações subsequentes e, em particular, para temas históricos, como "a defesa intransigente da soberania nacional, a proteção de nossa indústria, a laicidade do Estado e a identificação da causa republicana à causa patriótica e popular", muito caros à esquerda no século XX (Moraes, 2005, p.71).

4 O florianismo, tal como descreve Robles, foi exemplo de um efêmero projeto de esquerda, até sugestivo de extrapolação, embora de outra ordem, já que representava com intransigência o nacionalismo. Seu significado sugeria um viés de industrialização e a sustentabilidade do ideário patriótico, como também de valores democráticos. O resultado visível, como no caso de seu congênere francês,

militares na contemporaneidade, e visto por alguns analistas como um efêmero projeto de esquerda; e, por fim, com um fundamento teórico mais elaborado, o positivismo. A despeito de sua formulação original conservadora,[5] o positivismo era visto por setores da elite no Brasil como sinônimo de comunismo desde os tempos do Império, e mesmo alguns analistas, a destacar Moraes (2005), o situam à esquerda naquele cenário de consolidação da República oligárquica, embora nesse arco também se insiram alguns setores jacobinos, em meio a muitas outras expressões políticas e ideológicas que se apresentaram e dividiram os militares naquela época, como democratas e reacionários, constitucionalistas e tiranos, liberais e conservadores, florianistas e parlamentaristas (Bastos, 1986, p.89-92). Nesse eixo ideológico, o Positivismo emerge *como doutrina do soldado cidadão*, tendo forte prestígio entre os militares brasileiros, embora a doutrina do Exército, posteriormente, adquiriria a feição não muito bem--vinda de Doutrina de Segurança Nacional.

---

foi que, no Parlamento, àquela altura, não foram poucos os personagens que assumiram posições *espacialmente* à esquerda no cenário político, como também de esquerda pelo que representava o ideário jacobinista. Ainda assim, o movimento pouco avançou politicamente, não se firmando como uma proposta consequente para as gerações futuras, ainda que sua ressonância tenha perdurado por algum tempo. Na verdade, frutificou enquanto esteve personificado no poder por Floriano Peixoto, e talvez, tenha sido essa a sua maior fragilidade e uma das explicações de seu desaparecimento. A lamentável conclusão a que chegamos é a de que a sua lealdade aos princípios republicanos significou, e até possibilitou, de certa forma, o enterro do projeto jacobinista. Apesar de seu prestígio pessoal, o Marechal de Ferro (Floriano Peixoto) afiançou a sucessão oligárquica e, ao final, mais uma vez o poder político demonstrou o seu condicionamento ao poder econômico (Cunha, 2002).

5 Esse apontamento, ainda que válido, não responde a uma outra constatação, que não deixa de ser também uma curiosidade: a singular relação entre o positivismo, como doutrina conservadora e burguesa na Europa, e a forma como ele é apreendido em nosso cenário – como um instrumento de agitação cultural e atividade política. As razões sinalizadas, mais uma vez, remontam ao Império e à grande influência que essa doutrina despertava nos meios científicos, em particular na Escola de Engenharia do Exército, na segunda metade do século XIX. Salvo algumas polêmicas sobre esse aspecto, tudo indica que aqueles intelectuais absorveram somente as facetas otimistas e utópicas e, de certa forma, também aquelas realisticamente negadas pela história da doutrina de

Benjamin Constant foi o exemplo maior dessa influência, e procurou exprimir e formar alunos em uma concepção que sintetizava o positivismo com a reivindicação de cidadania desde os tempos do Império. Quando ministro, a doutrina foi introduzida com a reforma do ensino militar, o conteúdo político da doutrina sinalizando para "a missão civilizadora, eminente moral e humanitária do Exército, bem como à corporificação da honra nacional, e melhor ainda, como cooperador no sentido da garantia da ordem e da paz pública, além de o militar precisar de uma suculenta e bem dirigida educação para que esteja habilitado em relação aos seus deveres, que também são deveres sociais" (Cunha, 2002). Por essa linha de análise:

> Ao se difundir entre a jovem oficialidade e os cadetes da Praia Vermelha a concepção positivista da cidadania militar e a consequente rejeição da obediência passiva, alimentaram a turbulência e a indisciplina, engendradas [desde a Questão Militar] pela insatisfação corporativa e pela constante agitação política em que se envolviam os militares, inclusive e sobretudo os de alta patente. (Moraes, 2005, p.80)

Polêmicas à parte, esse argumento de contestação pode ser fundamentado nas várias rebeliões militares entre os cadetes e jovens oficiais no período republicano, com reflexos maiores a partir de 1922, mas, antes, eles tiveram uma amarga conclusão: a ordem desejada que os positivistas inscreveram como lema na bandeira nacional apontava uma contradição, ou seja, era uma ordem inimiga do progresso. Mas esse é um outro debate.

Augusto Comte: a doutrina difundiu-se acima de tudo como estado de espírito, mais que como "religião da humanidade" ou seita filosófica. Fora da ortodoxia e recorrendo a uma manobra de adaptação, muitos de seus propugnadores conseguiram granjear simpatias para as partes da doutrina mais bem ajustadas à realidade nacional, mais úteis à contestação ou à pregação progressista. Nesse sentido, Quartim de Moraes aponta que "a ciência abriria a era do congraçamento dos povos e da paz mundial, mas também a respeito do próprio significado da função militar, consubstanciado na doutrina do 'soldado-cidadão'" (Cunha, 2002).

Portanto, dada essa presença dos militares na política que veio à tona com a República, expressando várias influências, não seria de todo improvável que também houvesse espaço para grupos à esquerda e de esquerda em intervir naquele processo pós-queda da Monarquia. Entre eles, chamou atenção, à época, um projeto de caráter socialista encaminhado ao Congresso Constituinte de 1891. Não se sabe se foi um ato isolado de um de seus expoentes, o lente (professor) da Escola Naval, José P. de Magalhães Castro, cujas influências teóricas incluíam obras marxistas, como *O manifesto comunista* e *O capital*; ou se a iniciativa expressava a posição de um grupo articulado. Desconhecemos se em seu conteúdo havia a preocupação de elaborar uma política interveniente, quiçá uma relação programática com as Forças Armadas. O projeto teria sido recusado sob o argumento de que era "inviável" (Dias, 1977, p.64). Sem dúvida, aquela seria uma iniciativa ousada, em que pese as informações disponibilizadas serem pontuais e o fato de não sabermos se o projeto desencadeou (ou não) algum debate nas comissões ou na imprensa. Talvez não passe de uma referência, mas não é uma iniciativa isolada quanto à presença socialista numa das instituições da Marinha; aliás, ela se insere numa reflexão à esquerda, e encontra fundamento e consistência face ao fecundo e contestatório debate político republicano em curso na Escola Naval, frontalmente contraditório às teses correntes de uma tradição de conservadorismo monárquico na instituição.

Na verdade, essa reflexão recoloca e contesta, em alguma medida, a tradicional configuração de que havia um *éthos monárquico hegemônico*, tese que se apresenta questionável contemporaneamente à luz de vários trabalhos, havendo pistas de que já estivesse presente na leitura de alguns livros da época. Talvez o dado mais significativo desse *éthos* na literatura seja a reconhecida influência entre os aspirantes de seu comandante, o almirante monarquista Saldanha da Gama – um ícone da instituição conjuntamente com o também almirante Marquês de Tamandaré, falecido na ocasião –, sendo que, após o primeiro atestar neutralidade da Escola Naval, tentando afastar seus alunos daquilo que denominou como "atmosfera corruptora" que os influenciava na capital, muito a contragosto os liderou em revolta contra Floriano Peixoto. Na época, já havia relatos de uma presença positivista e mesmo jacobina na Marinha, sendo o ensino na Escola Naval objeto das mesmas críticas realizadas por oficiais do Exército em suas escolas militares; ou, nas palavras do insuspeito almirante Custódio de Melo, nela "os alunos saem cheios de teorias, mas quase destituídos de práticas, pois a instrução das ciências militares é ali muito incompleta". Mesmo no Exército, porém em outra linha de análise, há uma leitura em voga de que era uma instituição majoritariamente republicana, embora estudos recentes demonstrem que houve rebeliões de cunho monarquista em alguns batalhões no primeiro ano da República, e, mesmo um pouco antes, uma primeira revolta de praças, em 1892, contra o governo de Floriano Peixoto, capitaneada pelo sargento Silvino Macedo, que contestava a legitimidade de Peixoto no cargo, após a saída do marechal Deodoro.[6]

---

[6] Um livro de autoria do comandante naval Américo Brazilio Silvado, militar positivista (alguns o pontuam como jacobinista), recupera muitas informações interessantes sobre o debate republicano na Marinha dessa mesma época. Devo a João Roberto Martins a preciosa indicação. Outro livro clássico, o de Everardo Dias, enfoca em alguns de seus capítulos referências sobre essa agitação na Escola Naval. Nessa linha de resgate do debate político pós-República e os conflitos entre civis e militares, e particularmente entre os militares de várias tendências, há de se registrar a contribuição de June E. Hafner. Em seu livro, há muitos apontamentos sobre o debate positivista e jacobinista entre os militares do Exército, mas também da Marinha e na Escola Naval. Também cabe registro a muito bem documentada contribuição do doutorado de José Miguel Arias Neto, que recupera o quadro da Armada naquele período (mesmo antes), trazendo ao debate informações novas sobre o processo político em seu interior, e suas relações com a República. Em sua pesquisa, há pistas reveladoras sobre o associativismo, a presença socialista e a aproximação dos marinheiros com o movimento operário, bem como o complexo processo que resultou na Revolta da Armada e, depois, na da Chibata, questionando teses até então consolidadas. Numa outra aproximação com essa reflexão, também vale menção a recente edição do livro de João Roberto Martins sobre a Marinha brasileira. Por fim, a dissertação de mestrado de Tito Queiroz traz preciosas informações sobre o associativismo na Armada que se constituiu desde o Império e se fortaleceu na República, além de contestar aquilo que denominou como *éthos monárquico hegemônico*, conceito a que recorri no texto, comumente associado à instituição. Celso Castro, em um ensaio recente, apresenta algumas conclusões provisórias

Ao que parece, não houve maiores impactos políticos dessa proposta à esquerda de Magalhães Castro no cenário nacional, ou mesmo entre os militares na Marinha, mas ainda assim podemos inferir – de certa forma, fundamentando a hipótese aventada – que esse projeto socialista apresentado na Constituinte estivesse, muito provavelmente, inserido numa linha de outros esforços correlatos de grupos ou facções (como alguns positivistas e jacobinos) que procuraram influenciar ou intervir junto às Forças Armadas, em alguns casos, articulando suas propostas com o movimento operário.[7] Um relato digno de menção, e mesmo comprobatório dessa hipótese, advém da iniciativa do primeiro-tenente José Augusto Vinhaes, aluno da Escola Naval no final do Império, um ativo republicano histórico e abolicionista, de organizar um Partido Operário em 1890, portanto, pouco antes daquela primeira iniciativa socialista de Magalhães Castro.

José Augusto Vinhaes viria a ser eleito parlamentar constituinte em 1891, inclusive autodefinindo-se deputado socialista e líder operário, porém não se sabe se há uma relação direta entre as duas iniciativas ou entre os personagens mencionados. Curiosamente, ele nem sequer cita os militares no programa de oito pontos desse Partido Operário que ofereceu para a Constituição, embora estivessem presentes, enquanto apoios, particularmente entre os trabalhadores

---

sobre algumas rebeliões monarquistas contra a República em seu primeiro ano; e Glauco Carneiro dedica todo um capítulo de seu livro à Revolta do Sargento Silvino: Silvado (1897); Hahner (1975, p.75, 92); Queiroz (1997, p.23, 35, 70); Castro, Izecksohn e Kraay (2004, p.301-315); Arias Neto (2001, p.166, 187 e ss.); Martins Filho (2010); Carneiro (1989, p.62).

[7] Angela de Castro e Gomes também recuperou a presença socialista entre os positivistas nesse debate; em um artigo recente, Rômulo Costa Mattos chama atenção para as primeiras favelas no Rio de Janeiro, cuja origem (e termo) remonta muitos militares de baixa patente e soldados, alguns deles combatentes abandonados da Campanha de Canudos, que passaram a morar nos morros e eram vistos, conjuntamente com os anarquistas, como membros das "classes perigosas". É de supor que haja pistas interessantes de um olhar à esquerda sobre esses grupos, embora o autor cite somente os anarquistas e uma associação a estes (Moraes, 2005, p.122 e ss.; Dias, l977, p.64; Gomes, 1988, p.43, 59; Mattos, 2010).

do Arsenal de Guerra. Também ignoramos se ambas as iniciativas decorrem da ação de um mesmo grupo político. Vinhaes fundou uma entidade, que tinha bases sociais, denominada Centro do Partido Operário (CPO), quase uma central sindical, e entendia que o Partido Operário deveria lutar de *modo pacífico e ordeiro* por uma legislação que protegesse os interesses dos trabalhadores, longe *das propostas de vingança e extermínio das classes mais favorecidas.*

Não obstante esse compromisso de fé pacifista, que não era isolado, coincidência ou não, essa agenda refletiu, de certa forma, na reorganização das forças policiais com o objetivo de reprimir esses grupos e os crescentes movimentos grevistas (Gomes, 1988, p.52-54, 57, 62-65). O grupo, no entanto, desapareceria com sua adesão à Revolta da Armada em 1893, e, nessa linha de intervenção, essa agremiação partidária, sobretudo reformista e, ao que tudo indica, pacifista, não seria o último exemplo.

Tempos depois desse episódio da Assembleia Constituinte, políticas correlatas teriam continuidade entre os socialistas brasileiros em 1898. Por ocasião da comemoração do 18 de maio, pouco antes de sua fundação oficial em 1902, o Partido Socialista Brasileiro chamou atenção em seu programa político para uma linha de intervenção à esquerda, se não ousada, no mínimo curiosa. Prometia aos republicanos históricos, a grande maioria, frustrados com a nova ordem oligárquica que se instalava, preencher suas expectativas com um programa que sugeria o socialismo como etapa decorrente de um republicanismo radical. É de supor que o apelo fosse dirigido em particular aos republicanos civis, mas acabou alcançando muitos militares desapontados com o quadro político coronelístico que se consolidava, antípoda das posições históricas daqueles que se digladiaram para derrubar o antigo regime imperial. Numa outra passagem desse debate, o apelo é assim apresentado por Vicente de Souza, uma de suas lideranças:

> O Socialismo, no Brazil, perante a forma republicana, já agora illudida e falseada em todas as relações que serviram de base à propaganda e às promessas, recolhe no seu seio a grande multidão dos

que esperam ainda a verdade do republicanismo radical. Não há, e nem pode haver antagonismo entre as duas denominações pois que o Socialismo, em sua inteira e exata accepção é a forma social e política que realiza todas as promessas, todas as aspirações e todas as soluções do problema republicano. (Batalha, 1995, p.29)

Por não termos mais elementos comprobatórios em função da ausência de estudos específicos, fica a indagação se houve ou não um esforço do Partido Socialista Brasileiro naqueles anos (ou mesmo de organizações socialistas espalhadas pelo país, como clubes, centros, círculos e sociedades) no sentido de cooptar militares para suas fileiras; mas, se houve, pode-se depreender uma leitura bem contraditória. Uma delas foi apresentada como item do programa de fundação no II Congresso do PSB, em 1902, e chama atenção ao indicar para a "supressão de Exército permanente" (Bastos, 1986, p.70; Linhares, 1977, p.43). A hipótese de uma política de cooptação, ainda assim, não pode ser descartada, particularmente quando recuperamos muitas biografias de militares republicanos que fariam uma rotação ao socialismo. Hipótese essa que ganha contornos desafiadores ao resgatarmos a trajetória de alguns deles, como Euclides da Cunha, ex-militar e republicano histórico, que chegou a fundar um partido socialista em São José do Rio Pardo, na mesma época do citado manifesto. Não foi o único. Outro militar republicano histórico que teve a mesma origem positivista e que também aderiu ao jacobinismo foi Ximeno de Villeroy, que, correlato ao desapontamento de Euclides da Cunha com a República oligárquica, empreenderia esforços significativos nessa linha de intervenção à esquerda ao buscar outras mediações, vindo a ser, no seu tempo, um dos maiores conhecedores do marxismo (Konder, 1988, p.93 e ss.; Sodré, 1961, p.131).

Muitos militantes socialistas, intelectuais e grupos de esquerda continuariam se envolvendo nos movimentos militares republicanos nos anos subsequentes pelo Brasil. Corroborando tal hipótese, temos pistas concretas dessa influência ou de sua intervenção na Revolta da Chibata em 1910, uma das mais conhecidas, ou em outras revoltas, com indicações de que intelectuais socialistas marcaram presença, como as dos sargentos, em 1915 e 1916. Na de 1915, há um inquérito do general Abílio de Noronha, indicando pistas sobre a amplitude da revolta, segundo ele, patrocinada por políticos, mas articulada com militares e outras categorias, como de estivadores, operários, bem como com os trabalhadores da Light do Rio de Janeiro. À frente, além de alguns parlamentares, é citado, mais de uma vez, o deputado socialista Maurício de Lacerda,[8] todos tendo *captado a confiança dos sargentos*. Planejada em reuniões por vários bairros do Rio de Janeiro, mas com a adesão de um único oficial, o projeto tinha em vista uma República parlamentar, contava com um ministério previamente escolhido, e previa a alteração de vários comandos militares, tendo à frente, sargentos. Ao final, sua preparação tinha data para eclodir, em tese, com a adesão de várias unidades do Exército no Rio de Janeiro; mas, descoberta a conspiração, os sargentos foram expulsos e nunca anistiados, embora, como lamenta Noronha no inquérito, "os políticos continuaram impunes" (Carneiro, 1989, p.438).

Nos anos 1920, quase osmoticamente às muitas rebeliões tenentistas, ocorreu na Armada sua expressão maior à esquerda, a sublevação do Encouraçado São Paulo.[9] Sem maiores desenvolvimentos analíticos, até por não fazer parte do escopo central deste ensaio, vale também o registro de que muitos quadros da Coluna Prestes e ex-tenentes operariam ainda uma intervenção à esquerda nos anos 1930, em São Paulo, sobretudo reformista, mas igualmente revolucionária enquanto projeto, tendo entre os militares paulistas uma influência política e militante de tal intensidade que

---

8 Como advogado e parlamentar, destacava-se na defesa dos operários, dos militantes comunistas e anarquistas, tendo dois irmãos futuros dirigentes do PCB, Paulo de Lacerda e Fernando Paiva de Lacerda; pai de Carlos Lacerda, que seria um importante quadro da UDN, partido de direita.
9 Sobre o perfil ideológico desses intelectuais e militantes, muitos deles citados no relato de Abílio Noronha e reproduzidos no livro de Carone, bem como sobre as muitas agremiações socialistas naqueles anos, sugiro a consulta dos seguintes trabalhos: Batalha (2009); Carone (1975); Cunha (2002); Bandeira (2004); Moraes (2005, p.17); e Maestri (2000, p.40).

foi conceitualmente desenvolvida como expressão de um *socialismo tenentista*,[10] cuja particularidade maior pelo país ainda se apresenta como um desafio teórico a ser explorado.

Os primeiros tempos

No caso deste ensaio, o enfoque tende a apreender essa problemática por partes, sinalizando inicialmente pistas de uma influência de esquerda e à esquerda (Moraes, 2005) nas Forças Armadas na fase pós-Revolução Russa, para então se depreender como essa presença se configurou numa expressão comunista; ou, por hipótese, talvez seja mais apropriado qualificá-la de marxista, embora embrionária. Fundamentalmente seria uma influência norteada por setores tenentistas à esquerda mais identificados com o prestismo, e acredito que esta identificação última nuclearia, política e ideologicamente, ambos os conceitos – comunismo e marxismo – até os anos 1940. A essa influência, devem-se somar razões objetivas que viabilizaram as embrionárias políticas de intervenção desses grupos ou do Partido Comunista do Brasil (PCB) entre os militares. A insatisfação era enorme, especialmente entre os praças, marinheiros e subalternos, e, como veremos, singular na jovem oficialidade à qual a conspiração

---

10 Nessa linha de argumentação, recorro aos apontamentos da tese de Adalberto Coutinho Araújo Neto, defendida em 2012, que traz pistas e informações relevantes sobre a temática relacionada aos tenentes e à esquerda socialista entre 1930 e 1935, particularmente o resgate de sua intervenção entre os policiais paulistas. O autor analisa a trajetória das organizações que compõem o socialismo tenentista: "o Partido Socialista Brasileiro em São Paulo; a Legião Cívica 5 de Julho de São Paulo; e a Bandeira dos Dezoito em suas discussões, aprofundamentos político-ideológico, divergências e dissensões internas, bem como sua luta contra as oligarquias constitucionalistas e contra o fascismo/integralismo. Investiga o envolvimento de personagens de classe média e de alguns militares com as classes trabalhadoras, principalmente com o operariado. Também recupera suas propostas do que hoje chamamos de políticas públicas e suas propostas de política econômica centradas no cooperativismo e na intervenção do Estado" (Araújo Neto, 2012).

contra o governo oligárquico se travestia na política numa agenda quase que diária.

Por esse motivo, chama atenção que essa influência nas Forças Armadas, em especial dos comunistas no Exército, remeta à particularidade de sua composição social, perceptível pela trajetória de vários militares/militantes. Talvez isso contribua para a explicação dessa singular presença política à esquerda, sobretudo quando comparada a das demais instituições militares na América do Sul. Nelson Werneck Sodré (1965) não foi o único intelectual marxista a sustentar essa hipótese; como ele, outros pesquisadores e militares de esquerda, a destacar Apolônio de Carvalho (1997), fundamentam, teórica e empiricamente, essa tese. Em um depoimento, Luiz Carlos Prestes (apud Gorender, 1987, p.53) bem pontua aspectos confluentes e instigantes dessa questão:

> só fui para a Escola Militar porque era o único lugar onde poderia estudar engenharia [...]. Quer dizer, a pequena burguesia mais pobre ia justamente para a Escola Militar, e isso deu um caráter democrático, particularmente ao Exército brasileiro, que participou e vem participando, em geral, de todas as lutas de nosso povo. [...] Temos em nossa direção numerosos ex-oficiais, o que causa surpresa a camaradas de partidos irmãos da América Latina. Para fazer com que eles compreendessem melhor esta especificidade no caráter das Forças Armadas brasileiras, lhes pergunto: "Diga uma coisa, lá no país de vocês, seria possível um antigo oficial do Exército acabar secretário-geral do Partido Comunista?". Eles consideram isso impossível, mas, no Brasil, é possível, dado o caráter democrático das Forças Armadas.

Algumas pistas também podem ser encontradas em relatos e memórias de alguns militantes e fundadores do Partido Comunista. Mesmo à época tendo precária base teórica marxista, já que a maioria de seus quadros era de egressos do anarquismo, o PCB se constituiu com o firme objetivo de pensar uma revolução proletária. Um desafio não isento de muitos obstáculos; tempos depois de sua fundação, com poucos meses de legalidade, a agremiação seria fechada, passando a amargar décadas de atuação clandestina, salvo um segundo interregno de dois anos, entre 1945 e 1947. Não há, em seus documentos até os anos 1930, apontamentos consistentes que efetivamente norteassem uma efetiva política de inserção dos comunistas junto às Forças Armadas; mas, seguramente, se houve algo nessa linha, foi pontual, sem grandes desenvolvimentos teóricos – embora essa lacuna não necessariamente demonstre uma ausência de esforços de análise, ou que não possam ter havido políticas de intervenção, mesmo tímidas. O debate está aberto a maiores investigações, sendo essa hipótese corroborada por algumas fontes recentes, ainda que pontuais.

Uma delas advém de Antonio Bernardo Canellas[11] e sua presença no IV Congresso da Internacional Comunista (IC) em 1922, cujo objetivo era subsidiar, com sua intervenção, informes e relatórios sobre a realidade brasileira, bem como documentos tópicos de conjuntura. Elaborados em francês, dois deles apresentaram pistas para uma leitura à esquerda ou militante sobre a questão militar no Brasil;[12] embrionários, para não dizer insatisfatórios, não mencionam as revoltas da Chibata, ou dos Sargentos, nem mesmo citam o descontentamento dos tenentes do Exército, que, na ocasião, já ensaiavam seus primeiros passos de rebeldia e contestação.

No primeiro, "Rapport présent par les délègues des groupes communistes du Brésil à 1ª Exécutif de 1ª Internationale Communiste à Moscou", resgatou a história, bem como expôs a crescente mobilização do movimento operário brasileiro à época (citando vários momentos grevistas), valorizando a força deste último, comparativamente à dos militares. Alertou Canellas em poucas linhas para o considerável efetivo de 18 mil homens do Exército brasileiro, ponderando, sob esse aspecto, com a seguinte advertência: "Il ne

---

11 Há alguma literatura e muita controvérsia sobre Canellas, mas, para efeito de análise sobre sua trajetória e presença no Congresso da IC, sugiro o trabalho de Isa Salles (2005).

12 Canellas (1922; [s.d.]). Agradeço a Luis Zimbarg, do Cedem, o envio desses documentos.

serait pas possible au gouvernement central de se maintenir debout devant un mouvement populaire sérieux".[13] No segundo documento, intitulado "Quelques Aspects de la vie politique au Brésil", é que chamou atenção para a possibilidade de uma intervenção dos comunistas nas Forças Armadas, cuja *paradoxalidade* dessa proposta seria factível por haver uma certa influência positivista entre os militares, tendo por significado – em sua leitura – a presença de uma visão humanista pautada na relação do trabalho. Isso, para Canellas, os constituiria como um terceiro elemento cuja classe "représente au Brésil la tendance de gauche".[14]

Noutros termos, embora não haja nesses documentos mais que indicativos dessa problemática, e as pistas sobre uma intervenção junto aos militares estão subsumidas ao movimento operário, é factível como hipótese que essa reflexão – mesmo que residual – tenha possibilitado ao autor subsídios importantes para uma reavaliação sobre os primeiros, vindo a se refletir em um futuro não muito distante, em sua rotação política, mas não ideológica. Tanto é que, após sua controversa e polêmica intervenção no Congresso da IC, resultando na sua expulsão do PCB, se aproximou do Tenentismo, fundando, inclusive, um jornal, o *5 de Julho*. Canellas passou a reconhecer nos tenentes (e não nos partidos e sindicatos) os novos sujeitos como expressão do movimento na história, e que ela se passava "nos quartéis, no descontentamento dos jovens oficiais dispostos a morrer por seus ideais, como os heróis do Forte de Copacabana em 5 de julho de 1922" (Salles, 2005, p.194).

Essas tímidas considerações teóricas e analíticas postas à época não estão despossuídas de fundamentos, indo ao encontro de outros relatos, afinal, há vários indicativos de que a agitação proletária já chegava às fileiras militares. Um pouco antes da passagem de Canellas pela IC nos anos 1920, há uma pista importante de movimentos à esquerda entre os militares e que aparece numa solitária referência nas memórias de um dos fundadores do Partido Comunista,

---

13 Canellas ([s.d.], p.5).
14 Canellas (1922, p.2-3).

Astrojildo Pereira (1979, p.59), corroborada recentemente por outras fontes.[15] Talvez, a singularidade maior desse acontecimento – uma aproximação entre o movimento operário e os militares – possa ter contribuído para a análise e a leitura de Canellas sobre as Forças Armadas naquele congresso da IC, bem como sua posterior rotação ao Tenentismo; mas é uma hipótese. De certa forma, a passagem memorialística posta por ele propicia elementos para se pensar se havia ou não, nessa linha, uma preocupação maior dos comunistas, nos anos subsequentes à fundação do partido, para resgatar alguma presença ativa entre os militares, ou, principalmente, para demonstrar que a insatisfação reinante entre os últimos é que possibilitou (e talvez nem seja um caso isolado) uma proximidade casual com o movimento operário. Tudo indica que o resgate dessa pista se aproxime mais da segunda hipótese.

O episódio é citado em suas memórias e corroborado por algumas poucas fontes mais recentes, mas teria acontecido entre agosto e setembro de 1918 quando eclodiu, no Rio de Janeiro e em Niterói, uma das mais significativas e explosivas greves nos serviços de bondes e barcas da Companhia Cantareira da Viação Fluminense, empresa concessionária estrangeira, que não concedia ou reconhecia nenhum direito trabalhista. A ideologia maior a impulsionar o movimento advinha da influência anarquista, que expressava não somente um inegável processo de crescimento e organização do movimento operário, cuja influência vinha, em boa medida, de imigrantes desde o início do século, como era alimentada pelas péssimas condições de vida, e ao que tudo indica, contava ainda, na ocasião, com o impulso da Revolução Russa de 1917. Porém, questão social no Brasil já era caso de polícia, e esta interveio violentamente na repressão, aliás, nada incomum à época, cuja forma de coerção também podia se dar por uma presença ostensiva em comícios e reuniões operárias; ou mesmo contava com o auxílio de militares na repressão, igualmente recorrente na história, a exemplo da intervenção dos marinheiros

---

15 Como Bandeira (2004, p.160, 166); Linhares (1977, p.62-63); e o recente artigo de Machado (2018).

e fuzileiros navais na grande greve geral de Santos em 1906; ou, pouco antes do episódio da Companhia Cantareira, com a presença de soldados do Exército na greve de São Paulo em 1917. Circulou, nesta última, aparentemente sem qualquer resultado, um boletim aos soldados, redigido por Everardo Dias, líder anarquista, chamando atenção ao fato de que a massa popular e suas famílias também passavam pelas mesmas dificuldades de fome e miséria, e concluía com um apelo: "Soldados! Recusai-vos o papel de carrascos" (apud Dulles, 1977, p.27, 49).

Singular no relato é que, entre os muitos conflitos da polícia com os estivadores e operários, neste também houve a intervenção de soldados do Exército aquartelados em Niterói, especialmente os do 58º Batalhão, e alguns, surpreendentemente, se posicionaram ao lado do movimento grevista, protegendo-os contra as forças policiais. Talvez não seja um fato fortuito: consta que o comando da unidade era do coronel Estillac Leal (Ibid., p.65), improvável que seja um homônimo, e, a despeito do possível equívoco quanto à patente, já que, provavelmente, o futuro general das lutas nacionalistas dos anos 1950 era um tenente ou capitão na oportunidade, há um registro, inclusive, de que ele faria parte da turma de 1919 da Escola de Aperfeiçoamento de Oficiais (EsAo). Mas tudo indica que fosse o mesmo militar de esquerda que, poucos anos depois, estaria na linha de frente da revolta de 1924 em São Paulo, e com firmes posições nacionalistas e anti-imperialistas nos anos 1950 na luta pelo petróleo, contra a internacionalização da Amazônia e a participação de soldados brasileiros no conflito coreano. Não há outras referências conhecidas sobre seu posicionamento à época, ou mesmo se foi ele, de fato, quem esteve à frente dessa tropa, mas não seria de surpreender um posicionamento solidário e de confronto ao lado dos grevistas na ocasião; consta, inclusive, que foi objeto de uma cautelosa aproximação de militantes comunistas nos anos 1930.[16]

---

16 Uma opção de aproximação nada casual, referente a 1929 por ocasião da fundação do Setor Militar do PCB (objeto do próximo capítulo), Estillac Leal, acamado em um hospital, foi objeto de sondagens por Leôncio Basbaum, ou, como ressaltou em suas memórias, de "conversas preliminares", aparentemente sem

A batalha maior entre trabalhadores, militares e policiais ocorreu na Praça Arariboia, centro de Niterói, e, como resultado do conflito, além de muitos feridos entre os grevistas, houve dois militares mortos de armas na mão. Apesar da repressão policial, desta feita contando com soldados do Exército vindos do Rio de Janeiro, o saldo exposto em vários jornais da época foi positivo, na medida em que os grevistas acabaram recebendo um aumento de salário e a suspensão de punição; porém, segundo uma entusiástica opinião, o acontecimento teria demonstrado, "pela primeira vez em nossa história, que operários e camponeses ainda teriam ao seu lado os soldados e marinheiros" (Linhares, 1977, p.63). Após esse desfecho, Astrojildo Pereira não cita em suas memórias nenhuma política subsequente específica dos comunistas junto às Forças Armadas, salvo aquela mais conhecida que confluiu contraditoriamente, anos depois, em seu encontro com Luiz Carlos Prestes exilado na Bolívia.

---

maiores resultados em cooptá-lo para o partido (Basbaum, 1978, p.74). Ronaldo Queiroz de Morais ilustra, em um resgate biográfico de Estillac Leal, algumas características que podem sugerir esse posicionamento de adesão aos grevistas, mas não aborda especificamente esse fato, embora, por hipótese, não tenha sido incomum em sua trajetória, e escreve: "Estillac Leal era um homem simples; apesar de sua posição social, gostava de tomar cachaça e cerveja com os amigos. No Rio de Janeiro, frequentava os pequenos bares, com figuras populares, nos 'inferninhos' da época, enfim, se sentia bem melhor nesses espaços do que ao lado das autoridades das quais, na sua condição, não podia se furtar [...]. Naturalmente, pensamos que essa simplicidade tem muito de ilustrativo para um contexto político de aproximação de parte das elites com o povo: 'Um amigo do povo', diria o operário da Light, ou 'um general esquerdista', para aqueles que o viam como a materialização do 'espectro do comunismo'. De fato, o general foi um daqueles tenentes, como Prestes, que obtiveram a formação política de esquerda no exílio (Argentina) a partir da leitura do teórico socialista espanhol Pio Barojas [...]. Mas, ao contrário de Prestes, participou da Revolução de 1930 e foi reintegrado ao Exército, dando seguimento a sua carreira militar. No entanto, pesou sobre ele, tanto no interior da caserna quanto fora, a pecha de comunista. Um general comunista? Absolutamente, não. Mas um militar de esquerda, com ideias nacionalistas que se confundiam com as proposições do Partido Comunista Brasileiro da época. Não um revolucionário capaz de dar apoio aos militares revoltosos de 1935, mas um radical da esquerda nacionalista. Porém, o espectro do comunismo arrastava a todos, principalmente a Estillac Leal" (Morais, 1998).

Na memória operária da cidade de Niterói, houve a continuidade de menções correntes sobre o ocorrido na greve da Companhia Cantareira em comícios e nos jornais anarquistas à época. Pelo conteúdo de um deles, a *Liberdade*, de agosto de 1918, e que denota a influência da Revolução Russa, cujos quadros seriam decisivos na formação do PCB pouco tempo depois, temos o relato de que foi um grande evento e o indicativo da intenção de viabilizar uma política entre militares e trabalhadores:

> Lá chegando a grandes manifestações, pois, durante o trajeto que foi longo e a pé, milhares de vozes entoavam a Internacional dos trabalhadores, sobre as tumbas, falaram vários oradores, que dissertaram sobre a necessidade de verdadeiro entendimento entre operários e soldados, que num só feixe fraternal possam alcançar o máximo de bem-estar para todos e, na hora da peleja final, evitar o mínimo possível de vítimas que se possam insurgir contra o grande exército da Liberdade. (apud Machado, 2018)

Porém, o inusitado dessa aproximação entre os militares e o movimento operário é que não seria a única, e talvez já ocorresse antes, como vimos no Boletim de São Paulo em 1917, mas exemplos análogos ocorreriam ao longo dos anos seguintes, e provavelmente a adesão da tropa não foi casual. A repressão ao movimento operário também veio num crescente enquanto política de Estado, e não seria uma coincidência a edição, em 1921, do Decreto 4.269, versão reelaborada de um anterior, do marechal Deodoro da Fonseca, que previa sanções aos operários que se rebelassem, embora, à época, fosse direcionado à repressão aos anarquistas, sempre muito belicosos. Condicionantes novos eram incorporados agora. Na versão atualizada, são estabelecidas penas mais severas e uma abrangência punitiva bem maior contra qualquer movimento que afetasse a percepção das classes dominantes ao entendimento de que seus interesses estivessem sendo ameaçados, mas o artigo terceiro do Decreto 4.269 tinha um objetivo específico: proteger as Forças Armadas e as polícias estaduais de qualquer tipo de agitação ou mesmo de ameaças de infiltração, prevendo, nesses casos, um agravamento maior das penas.

Provavelmente essa iniciativa decorra de uma ação conjunta efetivada um ano antes, em Buenos Aires, quando houve a Conferência Policial de 1920 com representantes das polícias da América do Sul, com o objetivo de discutir questões de defesa social. A proposta brasileira associava o bolchevismo, o maximialismo, com a prática de terrorismo, e entre as várias deliberações daquele encontro, uma delas foi a assinatura de um convênio, em que os países se propunham a trocar informações, particularizando, em seu artigo primeiro, o controle de propaganda e ação dos anarquistas (Gomes, 1988, p.117-118; Pinheiro, 1991, p.121). Vale registrar que não fazia muito tempo que ocorrera a greve da Companhia Cantareira, e seguramente ainda estava na memória dos membros da delegação brasileira a adesão dos militares; daí a dimensão repressiva proposta nesse decreto, sem esquecer que, naquele ano de 1918, houve pela polícia o aborto de uma planejada greve insurrecional com vistas a desencadear um processo revolucionário, e que, desta feita, procuraria incorporar os marinheiros e sargentos expulsos das sublevações de 1910, 1915, 1916 (Bandeira, 2004, p.157 e ss., 435 e ss.).

Não obstante a iniciativa repressiva exposta com o decreto, e que não seria um caso isolado nos anos vindouros, movimentos contestatórios como esses refletiam algo novo e, de certa forma, crescente até 1935: a aproximação entre militares e o operariado. Em muitas cidades e capitais, oficiais em comando, subalternos e soldados recusaram ordens das autoridades locais de abrir fogo contra manifestantes grevistas; tendo em algumas situações, os primeiros, mais de uma vez, se posicionado em franca rebelião contra seus comandantes, desobedecendo a ordens diretas de repressão, dando inequívocas demonstrações de solidariedade com as revoltas populares.[17]

---

17 São vários os trabalhos que recuperam exemplos desse tipo de confraternização: Vianna (2007, p.290 e ss.); Costa (1995, p.45); Bezerra (1980, p.239); e Bandeira (2004, p.160, 166).

A Marinha é vermelha?

Na fase subsequente, entre os anos 1920 e 1930, além de uma aproximação conflituosa e cautelosa dos comunistas com os militares do Exército, chama atenção uma singular presença à esquerda na Marinha de Guerra, se não razoável, ao menos pelos dados disponíveis, indicando que houve uma política de intervenção que se apresentou com um esforço considerável. As razões podem ser várias. Mesmo tendo se constituído – em tese – desde sua fundação enquanto um partido nacional, o Partido Comunista tinha boa parte de sua militância operária concentrada no Rio de Janeiro. Correlatos ao fato de a Armada estar localizada principalmente na então capital federal, e como reflexo da forte atuação dos comunistas entre os marítimos, esses aspectos confluem para a hipótese no sentido de a Marinha ser o cenário principal de um esforço e de uma articulação do PCB na época, sendo o registro mais significativo que temos sobre a militância à esquerda nas Forças Armadas até os anos de 1930, salvo esparsas referências na Escola Militar. Vale lembrar que existia, havia décadas, uma rica tradição de associativismo entre praças e oficiais da Armada, e isso oferecia aos comunistas, juntamente às mediações sinalizadas, possibilidades concretas de intervenção (Queiroz, 1997, p.23, 35, 70; Gomes, 1988, p.129; Bandeira, 2004, p.169).

Hipóteses relacionadas a uma presença militante também podem ser avaliadas por outros pressupostos e, como ressaltado anteriormente, remetem à possibilidade de que a Revolta da Chibata em 2010, não muito distante no tempo, tenha contribuído para uma intervenção ou mesmo encontrado ressonância entre os marinheiros, sendo a política partidária vista por alguns deles como consequência e continuidade daquela rebelião. Aliás, muitos deles, expulsos da Armada, haviam se proletarizado, constituindo-se em *preciosos e ativos agentes de ligação*; entre eles, havia ressonâncias das revoltas dos sargentos, que, por um triz, segundo Dias (1977), não derrubaram o governo, mas resultaram na expulsão de centenas de subalternos. Aqueles que não foram excluídos da Marinha ainda mantinham contato com seus camaradas da ativa, estes últimos apenas esperando uma ocasião para revanche.

Possivelmente, essa hipótese também encontrasse ressonância na Marinha pelo reflexo das revoltas de 1922 e 1924. A última, inclusive, se apresentou na Armada como uma das mais dinâmicas expressões do Movimento Tenentista no Brasil; associado a repercussão da Coluna Prestes na jovem oficialidade do Exército, e ao prestígio de sua liderança maior, Luiz Carlos Prestes. Tanto é que, entre os oficiais da Marinha de Guerra, um corpo comumente adjetivado de aristocrático, e inserido numa instituição com histórico grau de conservadorismo, há outras hipóteses a serem consideradas quanto a singularidade, por não dizer, atipicidade de uma presença à esquerda entre eles na instituição. As informações disponíveis demonstram que o ambiente na Armada favorecia certo grau de militância e contribuía para a possibilidade de haver uma intervenção ideológica comunista.

Fonte insuspeita quanto ao posicionamento ideológico reconhecidamente conservador, Ernani do Amaral Peixoto (Camargo et al., 1986, p.58-60) ponderaria em suas memórias que se respirava um ambiente conspiratório na instituição (conjuntamente com setores do Exército), desencadeando entre a jovem oficialidade um quadro de insatisfação com o *status quo* vigente. De fato, o espírito na Marinha era revolucionário e possibilitou o surgimento de vários pequenos núcleos de esquerda até os anos de 1930; entre muitos grupos revolucionários que gravitavam entre oficialidade da Armada, a conscientização política era de tal ordem que "um deles teria aderido ao comunismo" (Ibid., p.62).

Uma segunda referência que trata especificamente sobre esse período na história, e que apresenta uma leitura de fôlego sobre a temática, é a de Francisco Carlos Pereira Cascardo, autor de *O Tenentismo na Marinha: os primeiros anos – 1922 a 1924* (Cascardo, 2005, p.189 e ss.). Nele, é corroborada a tese de alguns interlocutores de que havia um ambiente conspiratório, quiçá revolucionário, na Armada, embora o autor não apresente indicações sobre presença comunista. Aponta que o ambiente político nacional era extremamente tenso, e suas informações se aproximam de outros apontamentos memorialísticos expostos sobre a Armada, mesmo que registradas com brevidade. Por fim, temos ainda o Processo do Tribunal de Segurança Nacional C8.0.APL.111, de 1938, relacionado ao IPM sobre a infiltração comunista na Armada, portanto, elaborado sob a égide do Estado Novo corroborando muitas das pistas postas pelos autores e fontes citadas, revelando um cenário de que, havia bastante tempo, "existia perfeitamente organizada uma vasta rede de conspiração comunista por toda a Marinha",[18] sugerindo uma política até sofisticada à época para o seu combate futuro, como um órgão permanente de investigação, estudos, propaganda, rigor nas punições, inviabilizando readmissões futuras. Vamos ao diálogo.

Retomando o argumento proposto enquanto desenvolvimento sugerido na premissa deste ensaio, qualquer que seja o cenário exposto na Marinha, percebe-se que eram muitas as dificuldades de aproximação dos comunistas com os militares, e com resultados diferenciados. O histórico dirigente comunista Octávio Brandão divide a história do PCB em várias etapas; na segunda, recuperou uma dinâmica militância junto aos trabalhadores, embora visse com ceticismo a intervenção partidária junto aos militares. Não escondia, inclusive, suas reservas a uma aproximação política com os revoltosos dos movimentos de 1922 e 1924, ou com os militares da Coluna Prestes (1925-1927), qualificada por ele como expressão de revoltosos pequeno-burgueses (Brandão, 1978, p.216 e ss.). Mesmo assim, na dinâmica exposta em seu livro *Combates e batalhas*, há o resgate de parcas referências teóricas, algumas bem panfletárias, no que se refere à sua militância junto aos militares.

Uma delas é de maio de 1923 e registra uma atividade da polícia em introduzir provocadores na Armada que fingiam ser marinheiros e, dentro de um navio de guerra, apresentaram-se como revolucionários. Aquela operação policial de infiltração resultou em uma acusação a Octávio Brandão de organizar um complô na Marinha de Guerra contra o presidente Artur Bernardes, mas é bem possível

---

18 Agradeço a Agildo Nogueira Junior o envio de cópia do processo.

que essa acusação não estivesse isenta de algum fundamento, e mesmo que a *preocupação* da polícia encontrasse alguma factibilidade, já que houve presos, entre eles alguns oficiais. O processo, no entanto, foi arquivado.

A reflexão sobre esse complô ainda será objeto de um diálogo com outras fontes, mas o interessante nesse relato de Brandão são as referências de militantes e sinalizações de intervenções pontuais junto aos militares da Armada, tendo, inclusive, a menção de nomes de dezenas deles, de várias categorias de trabalhadores. Somente um sugeria a condição de ser militar da ativa; outros dois citados teriam origem militar, e dois teriam uma presença entre os marinheiros: Togo, músico; o ex-marinheiro da Revolta da Chibata Eustáquio Marinho, que, naquela ocasião, era operário da construção civil e militante sindical; Fenelon Ribeiro, marítimo; e um carpinteiro naval, Jaime Alves (Ibid., p.266 e ss.).

Porém, uma linha de análise que confere factibilidade à hipótese dessa intervenção comunista advém do relato do almirante Paulo Mário da Cunha Rodrigues,[19] último ministro da Marinha do presidente João Goulart (1961-1964). Era então um jovem primeiro-tenente, e resgata um fato correlato ao descrito por Brandão, embora com datas diferentes. Numa curta passagem de seu longo depoimento, são recuperadas pistas significativas de um complô em curso na Marinha, mas, lamentavelmente, sem maiores detalhes. O fato teria ocorrido em julho de 1922, portanto, um pouco antes da posse do presidente – Artur Bernardes –, quando houve a convocação da tripulação do encouraçado Minas Gerais. Sob a mira das armas dos fuzileiros navais, o comandante do navio relatou que havia um plano de levante em curso, descrevendo, em seguida, pormenores da conspiração, "uma tentativa no terreno comunista", nas suas palavras, revelando nomes dos envolvidos a bordo, entre eles muitos marinheiros e, curiosamente, dois oficiais pertencentes a uma tradicional família da Marinha. Após muitas negativas de

---

19 Devo a Francisco Carlos Pereira Cascardo a preciosa indicação desse relato (Rodrigues, 1983).

participação de alguns e choro de outros, temos um interessante desdobramento:

Houve um, então, que começou a gritar dizendo que era um governo de miséria, soltando impropérios de todo o tamanho. Aí o comandante deu-lhe um soco e começou a correr atrás dele em torno da praça d'armas, até que o imediato, uma figura simpaticíssima aí, muito falada sempre, um baixinho aí que depois comandou a esquadra, o imediato fez assim para o comandante e jogou ele escada abaixo para escapar... (Rodrigues, 1983)

Face ao conservadorismo da Armada, ponderaria depois o futuro almirante que aquele acontecimento "esquerdista", como classificou, não teve maiores implicações, ficando restrito ao fato (Ibid.). Mesmo o quadro de insubordinação descrito publicamente a bordo do encouraçado poderia sugerir mais a presença de um policial provocador infiltrado que a manifestação de um revolucionário consciente, já que outras fontes, além de Brandão, corroboram relatos sobre as atividades de infiltração da polícia em instituições militares, algumas com ressalvas sobre sua real eficiência.

Na verdade, essas tentativas de infiltração seriam uma constante ao longo dos anos seguintes. Em um dos números do periódico comunista *União de Ferro*, de 1935, é exposto em uma coluna, "Galeria dos Espiões", e cerca de sessenta militares, em sua maioria cabos, soldados e sargentos, estariam a serviço da polícia. Nela são indicados nomes, postos e suas unidades, muitas vezes com comentários particularizados sobre cada um: "tipo perigoso, provocador", "tem curso de espionagem", "chefe do serviço de espionagem em seu batalhão" etc. (Moraes, 1994, p.178; Bandeira, 2004, p.169 e ss.). Outra referência digna de registro é o jornal *5 de Julho*, que divulgava na Marinha os feitos da Coluna Prestes. Como ressaltado, o periódico foi fundado por Canellas, e Sodré o qualifica como expressão de uma imprensa burguesa que, em face da imprensa empresarial estar sob amarras e restrições do estado de sítio, passou a operar na clandestinidade. Algo que chama atenção é a magnitude de sua circulação, já que era editado clandestinamente, tendo uma tiragem de 5 mil exemplares, considerável à época, causando grandes incômodos ao governo de Arthur Bernardes, até porque não escondia que seu objetivo era servir de "guia" e "facho" para uma insurreição (Sodré, 1966, p.418; Salles, 2005, p.194). Nessa linha, há uma interessante e ilustrativa passagem sobre o periódico:

Sua publicação, malgrado todos os processos empregados pela polícia secreta, do Distrito Federal, pelas gordas ofertas em dinheiro (50 contos) a quem denunciasse os editores ou onde estava sendo composta ou impressa, nunca foi interrompida nem se conseguiu saber quem foi seu autor, seu editor, onde era composta e impressa. Essa publicação saiu ininterrupta até o fim do governo Bernardes. (Dias, 1977, p.141-142)

Distribuído de forma clandestina também na Armada, o periódico deixava a polícia "louca" (Camargo et al., 1986, p.58 e ss.); a origem militante em seu interior permaneceu desconhecida.

Quanto ao fato exposto no encouraçado Minas Gerais, cabem ainda algumas ponderações. Se verdadeiro o personagem mencionado – Ferreira, segundo Paulo Mário –, as circunstâncias descritas de sua insubordinação fornecem pistas para avaliar a hipótese de que havia movimentos ideológicos comunistas na Marinha, e alguns deles teriam, inclusive, cooptado oficiais. Ao que tudo indica, situações conspiratórias, e mesmo de rebelião, entre os militares das duas Armas, à época, não eram exceção, e sim a regra. Naquele mesmo ano de 1922, adveio a descoberta na Armada de outro complô, desta feita na Aviação Naval, que até poderia estar relacionado ao descrito ou fosse o mesmo. O fato em si foi revelado pelo almirante Protógenes Guimarães ao ministro da Marinha, Veiga Miranda, tendo o então capitão de Mar e Guerra ressaltado sua preocupação pelo movimento incluir não apenas oficiais, mas também praças, sugestivo de uma repetição do levante de 1910. Um "mal", nas suas palavras, a ser considerado, já que a conspiração teria envolvido o Batalhão Naval, tropa de elite sob seu comando que, até então, era aparentemente de confiança, mas cuja fidelidade ao governo ficou sob suspeição naquele conturbado ambiente político em função da sucessão presidencial e da consequente posse de Artur Bernardes (Dias, 1977, p.118; Cascardo, 2005, p.189-201).

Contudo, se houve processo resultante sobre esse complô na linha do citado pelo almirante Paulo Mário, não temos maiores informações, e mesmo entre aqueles oficiais envolvidos na conspiração, membros de uma tradicional linhagem familiar com histórico na instituição – Artur Frederico de Noronha e Carlos Frederico de Noronha –, não há elementos para suspeitar que tivessem alguma tendência comunista, embora estivessem bem envolvidos, e seguramente com um posicionamento à esquerda. Também não é possível avaliar o envolvimento de praças com o Partido Comunista, ou com um posicionamento político e ideológico mais consistente; apesar disso, a repressão na Armada foi seguida de um amplo expurgo, atingindo centenas deles, segundo relato do próprio almirante Protógenes Guimarães (Cascardo, 2005, p.189-201).

Há pistas importantes sobre outros oficiais, que sugerem uma proximidade maior com o Partido Comunista. Lucas Paulino (ausente do relato de Paulo Mário) é um dos poucos que Brandão citou nominalmente em suas memórias, afirmando que ele ficou preso de maio a outubro de 1923, também citado em outra fonte reveladora, *História das lutas sociais no Brasil* (Dias, 1977, p.131). Além desse registro, há nesse livro menção de prisões de oficiais do Exército e da Marinha relacionadas ao levante em questão, entre eles o já citado capitão de corveta Artur Frederico de Noronha (Brandão, 1978, p.247; Cascardo, 2005, p.189-201; Dias, 1977, p.118).

O debate sobre essa problemática, portanto, não se esgota com esses breves apontamentos. Em que pese haver certa discrepância nas apreensões dos vários autores quanto a alguns aspectos, afinal, o ano de 1922 foi extremamente rico, com a formação do PCB e a Semana de Arte Moderna, mas também com tensões, crises políticas que resultaram em vários complôs entre os militares, dos quais o mais conhecido é o dos 18 do Forte, percebe-se que os relatos confluem para o mesmo fato, sugerindo algumas hipóteses e uma indagação. Concretamente, havia um ambiente revolucionário na Marinha contra o governo, mas se o complô iniciado em julho de 1922 e finalizado com as prisões de 1923 era ou não comunista, trata-se ainda de um objeto à espera de uma investigação detalhada. Provavelmente houve essa interface, ou somente seria um dos muitos complôs daquele ano, e é evidente que houve um elo menor dessa grande corrente de rebeliões e levantes que gravitaram entre os militares pelo país, e teria continuidade nos anos subsequentes, cuja face mais conhecida seria o Movimento Tenentista de 1924 e 1935.

Por essa razão, a hipótese desse elo comunista, ou mesmo de que um deles poderia ter sido objeto de intervenção do PCB, não pode ser desprezada, na medida em que as pistas nos relatos dos expoentes históricos da Marinha confluem nas leituras dos militantes operários. É bem possível que esse resgate histórico, particularmente no exposto por Paulo Mário e Octávio Brandão, estivesse relacionado ao mesmo complô, mas com variações históricas em sua apreensão, algo normal em registros memorialísticos depois de passado tanto tempo. Mas, sendo outro acontecimento, aproxima-se da hipótese de haver uma dinâmica política dos comunistas na Armada bem maior que a conhecida. Poderia, inclusive, não ter sido a única nem mesmo a última. Numa outra passagem de suas memórias, Brandão (1978, p.249) afirma que a política de organização era sobre a base de células; sem fornecer maiores detalhes, relata que, entre 1924 e 1925, organizou-se a primeira célula comunista na Marinha de Guerra. Ou seja, a despeito da repressão e das prisões de 1923, a militância comunista entre os militares da Armada ainda se faria presente e ocorreria bem pouco tempo depois dos episódios mencionados.

Em 1927, não muito tempo depois, portanto, desses relatos, percebe-se pelas páginas do jornal *A Nação* a intensificação de uma política de agitação e organização de células comunistas na Marinha. O jornal teve uma curta duração, de dois anos, sendo fechado pelo governo Bernardes com a promulgação da Lei Celerada; mas é uma fonte importante de consulta, aliás, nada isenta. Era dirigido pelo intelectual de formação positivista Leônidas de Rezende, constituindo-se de fato em um órgão do Comitê Central do PCB, e com ele temos um interessante e pouco explorado documento para apreender a aproximação dos comunistas com a esquerda militar (Moraes, 1994, p.35; Sodré, 1966, p.369), refletindo o início de uma política editorial junto aos militares, que seria seguida nos anos subsequentes por outros periódicos elaborados especificamente para intervir nas Forças Armadas. Esse aspecto último ainda será retomado, mas, ao assumir a palavra de ordem que será corrente na época, a aliança entre *operários e soldados*, o jornal estabeleceu um eixo programático para ganhar a causa do proletariado, associando os militares subalternos do Exército como expressão e reflexo da hierarquia social, bem como os incentivando a seguir o exemplo dos tenentes da Coluna Prestes. Procurou inclusive, identificar este último em suas páginas, como aquele que viabilizaria o processo revolucionário, ainda que Luiz Carlos Prestes não tivesse, então, aderido ao comunismo.

Pelas edições de *A Nação*, vê-se que a política de intervenção e agitação comunista na Marinha é bem sinalizada, veiculando denúncias e artigos sobre as condições de vida da marujada em suas páginas, corroborando, de certa forma, os relatos elencados. Numa resposta às acusações de propaganda subversiva que lhe eram imputadas, *A Nação* reiterou que, "sendo comunistas, acolhemos em nossas colunas cartas de marinheiros que se queixam da vida infame a bordo". Na edição de 18 de abril do mesmo ano, comentou a formação de células no encouraçado São Paulo; na do dia 19, denunciou o estado lamentável em que os navios da esquadra se encontravam, alguns prestes a partir em manobras; e, na edição do dia 29, o periódico informou sobre os julgamentos e condenação dos participantes do encouraçado São Paulo. Já na edição do dia 13 de junho, refutou em editorial a reivindicação dos almirantes em adquirir mais navios, na medida em que a prioridade seria melhorar as condições dos marinheiros, denunciando, mais uma vez, as péssimas condições de trabalho. Seguramente, como ressalta João Quartim de Moraes, a expressão mais evidente da linha bolchevista de agitação revolucionária entre os marujos pode ser aprendida em uma carta-manifesto de um fuzileiro naval contendo o seguinte apelo revolucionário: "Pregar o comunismo é um sagrado dever de um homem livre".[20] No Exército entre 1922 e 1930, embora a influência das revoltas tenentistas fosse enorme e também encontrasse receptividade crescente junto à oficialidade face ao prestígio de Luiz Carlos Prestes, verifica-se que registros sobre a presença comunista na instituição são esparsos e pontuais. Existiram esforços de aproximação de seus militantes com os militares, e alguns deles antecediam à sua adesão ao Partido Comunista, acontecendo, muitas vezes, por canais surpreendentes. Em Pernambuco, por exemplo, a articulação seria viabilizada pela maçonaria, fato que contribuiu decisivamente para a formação de um atípico PCB no Recife em 1926. Ali, os comunistas já pavimentavam essa aliança com os jovens militares, sob as ordens do tenente Cleto Campelo, e desejavam se juntar à Coluna Prestes.

A despeito de algumas controvérsias, de fato, ocorreria um contato de emissários do Partido Comunista com a Coluna ainda no Piauí, com a proposta de sublevar várias unidades militares espalhadas por alguns estados do Nordeste. Em apoio, o comando da Coluna se comprometeu a conduzir os rebeldes tendo por rota as proximidades de Recife. Todavia, as revoltas programadas foram abortadas logo no início, embora iniciativas revolucionárias ainda tivessem prosseguimento com alguma movimentação armada (conjuntamente com alguns militantes operários, soldados e marinheiros) pelo interior do estado de Pernambuco, tendo, ao final, malogrado com o falecimento em combate de Cleto Campelo e, pouco depois, do sargento da Marinha Waldemar de Paula Lima, barbaramente degolado, quando tentava alcançar a Coluna com seus companheiros (Del Roio, 1990, p.68; Meirelles, 1995, p.490 e ss.; Prestes, 2009, p.110-111; Vianna, 2011, p.98).

---

20 De seu livro, foram extraídos os muito editoriais de *A Nação* relacionados à presença dos comunistas na Armada e expostos neste ensaio. É interessante ressaltar que não há trabalhos conhecidos sobre esse jornal e sua leitura, como bem pontuou Moraes, e isso poderia nos propiciar valiosas informações sobre a esquerda militar na época (Moraes, 1994, p.34-41).

Com efeito, essa política de aproximação não seria a única do período, somar-se-ia a outras nos anos seguintes, adquirindo aos poucos contornos políticos mais amplos, como aquela de Astrojildo Pereira, que se encontraria com Josias Carneiro Leão em Moscou, na reunião da Comissão Executiva da Internacional Comunista (Ceic) de 1929, e, em conjunto com vários comunistas do Nordeste (que já atuavam na linha de aproximar os comunistas e a juventude militar), pavimentaria condições para uma aproximação com Luiz Carlos Prestes, então exilado na Bolívia. Havia igualmente em curso outra tentativa de aproximação com os remanescentes da Coluna, desta vez capitaneada por Leôncio Basbaum e Maurício de Lacerda na Argentina. Voltaremos a esse ponto, mas a preocupação de autonomia dos comunistas frente aos tenentes é ressaltada por vários dirigentes da época.

No final dos anos 1920, há uma exceção à esquerda digna de menção no Exército: a Escola Militar, embora ainda tenhamos algumas referências sobre a presença dos comunistas na Marinha. A instituição era politicamente polarizada e dividida, particularmente em função da pluralidade ideológica de seus professores, havendo entre eles um leque que variava de socialistas militantes a saudosos da Monarquia; metade dos alunos era influenciada pelo Tenentismo, a outra, pelo legalismo. Lá estudavam até mesmo clássicos do marxismo, e a escola propiciava acesso à literatura brasileira, sendo alguns escritores nacionais lidos ali antes mesmo de terem projeção nacional.

A revolução, segundo Apolônio de Carvalho, era objeto de discussão, e a escola, em nossa leitura, um palco de debates. Nas suas reminiscências (corroboradas por Umberto Peregrino e, de certa forma, por Nelson Werneck Sodré), ele chama atenção para a atuação de células comunistas na instituição, capitaneadas por Ivan Ribeiro (futuro membro do Comitê Central), aluno naquela oportunidade, e que também se destacaria como um dos mais ativos participantes do levante de 1935. Há outro aspecto que pode ter contribuído para essa polarização à esquerda e que influenciaria a posterior transferência da escola, então sediada no Rio de Janeiro, para a distante cidade de Resende: a proximidade dos alunos com o vigoroso movimento operário na capital federal (Sodré, 1967, p.86 e ss.; Carvalho, 1997, p.33 e ss.; Cunha, 2002, p.44 e ss.).

Retomando o diálogo com Octávio Brandão, sua análise expressaria uma reflexão teórica e as dificuldades dos comunistas em intervir junto aos militares revoltosos da época, e nos anos seguintes. Não somente ele, mas muitos dirigentes tinham reservas quanto à real possibilidade de atuação do Partido Comunista junto aos tenentes. Estes últimos até teriam ideais progressistas, mas seriam – nessa leitura – ideologicamente fracos e desprovidos de um programa político. O curioso é que ele não poupou críticas à atuação do PCB, tida como passiva em vários momentos, salvo aquela passagem mais famosa, o encontro de Astrojildo Pereira com o general Isidoro Dias Lopes, quando foi prometido apoio dos comunistas à rebelião de 1924, que consistiria em lançar um jornal, armar os operários e estimular outras revoltas. Num item dessa proposta, é reivindicado "que as Forças Armadas do PCB tenham direção própria, independente, e não de chefes militares" (Brandão, 1978, p.280). Havia outras propostas de atendimento às reivindicações do proletariado, mas o apoio nessas bases foi recusado. Por fim, Brandão sustenta que sempre defendeu – com restrições – o apoio às revoltas pequeno--burguesas, ressaltando que essa não era uma posição consensual e resultava em confusões esquerdistas no seu tratamento.

Depois, em seu livro mais conhecido, *Agrarismo e industrialismo* (1926), Brandão defenderia a necessidade da aliança com os tenentes revoltosos (ainda que sob determinadas condições) e manteria essa posição em reunião do Comitê Central em 1927, leia-se, logo após a internação da Coluna na Bolívia. É nesse momento que Astrojildo Pereira é enviado à Bolívia ao encontro de Luiz Carlos Prestes, e tem início, a partir de então, uma nova fase do PCB, que não contaria com a sua presença. Brandão, após auxiliar a formação do Bloco Operário e Camponês (BOC) e se eleger vereador no Rio de Janeiro, tendo participado como candidato com intensa militância, inclusive junto aos soldados e marinheiros, é expulso do país, exilando-se na União Soviética, retornando somente quando finalizada a Segunda Guerra Mundial.

Um importante historiador, Leôncio Basbaum, na época membro do Comitê Central, traz pistas interessantes sobre a temática, já que veio a ser o primeiro dirigente do Setor Militar. Resgatou em suas memórias passagens sobre essa atuação entre os militares, que remetem inicialmente aos tempos da Coluna Prestes. Muito significativos são os registros da grande polêmica sobre a conveniência do Partido Comunista em contatar Luiz Carlos Prestes – naquela ocasião, internado na Bolívia – e da política de alianças subsequente, que ele indagava se era positiva ou não para o movimento revolucionário. Acompanhou, então, a proposta de aliança, aprovada com algumas distensões internas, mas ressaltou que o ganho maior foi o debate, que se refletiu positivamente entre a militância, já que "despertara nossa consciência política" (Basbaum, 1978, p.50).

Uma nova esfera de intervenção a caminho de 1935

De suma importância para apreender a intervenção organizada dos comunistas entre os militares e sua inserção militante nas Forças Armadas na virada dos anos 1930 é recuperar – mesmo que precariamente, face às poucas informações disponíveis – o Antimil ou Setor Mil –, esfera partidária criada, um ano antes, por orientação da Internacional Comunista. Alguns analistas confundem o Setor Militar com o Trabalho Especial (sobre o qual não há dados de origem), mas eram instâncias compartimentadas e distintas, embora, no Brasil, ex-militares tenham estado à frente de ambas as organizações. Este último organismo também atuava na clandestinidade, e tinha por objetivo viabilizar ações armadas ou de resistência, bem como propiciar condições de operacionalidade aos militantes em situações de rigorosa clandestinidade, sendo particularmente ativo tanto no pós-1947, quando o Partido Comunista foi novamente posto na ilegalidade, quanto no pós-1964.

O Antimil, no entanto, incorporava algumas facetas operacionais semelhantes, mas com outros objetivos no processo de intervenção, contendo características singulares de organização. Até os anos 1940, é sugestivo pontuar – por hipótese – que havia uma simbiose dele com o Trabalho Especial, sendo possível que se constituíssem em uma única instância. A decisão de formar um Comitê Militar Revolucionário (CMR) no Brasil foi decidida no III Pleno do CC em outubro de 1929, portanto, antes da adesão de Luiz Carlos Prestes ao PCB, acontecendo quase que osmoticamente com a rotação à nova linha política orientada pela IC, no sentido de os comunistas se aproximarem dos militares tenentistas. O reflexo dessa formulação pode ser aprendido nas condições delineadas por Astrojildo Pereira (apud Pinheiro, 1991, p.68), entre elas, a questão militar, posta com muitas ressalvas enquanto aliança do partido no processo revolucionário. Numa das linhas de intervenção, e dada com muita ênfase, ele se preocupava politicamente em realizar:

> aceitação do programa de reivindicações imediatas sustentado pelo BOC (Bloco Operário Camponês) [...], um trabalho preparatório, paralelo e convergente, desde já, do Partido e do Comando Militar Revolucionário, estabelecendo um mínimo de ligação, estritamente controlada, entre as duas direções [...]. Representação do Partido no E. M. (Estado-Maior) Revolucionário durante a luta [...]; armamento do proletariado e a formação de unidades de combate.

Retomaremos essa reflexão no ensaio subsequente, mas dos relatos sobre a questão, além de algumas referências sobre o Setor Mil, é Leôncio Basbaum quem esteve à frente nos primeiros tempos, mencionando em suas memórias a determinação que recebeu de se encontrar com Prestes e demais membros da Coluna exilados em Buenos Aires. Ainda assim, o historiador não escondeu suas reservas quanto a essa aproximação e, posteriormente, desabafaria, dizendo que o projeto revolucionário do Partido Comunista não encontrava simbiose no projeto de Prestes; portanto, tinha de fazer a revolução "com ele ou sem ele, de preferência sem ele" (Basbaum, 1978, p.72). Analisemos por partes essa complexa problemática de uma nova fase do comunismo e das Forças Armadas.

Guardadas algumas controvérsias, muitas delas ainda sujeitas a polêmicas, entendemos na linha exposta por Marcos Del Roio (1990, p.14 e ss.) que foi entre 1928 e 1935 o período crítico da revolução burguesa no Brasil, no qual se aprofundaria o debate entre os comunistas e a consequente vinculação da política partidária às teses da IC. Essa receptividade, no entanto, não foi osmótica nem tranquila. Tanto é que, a partir de 1929, um dado a mais nos chama atenção nesse processo: se havia um grupo dirigente relativamente autônomo que buscava centralizar a ação na classe operária, com o advento do stalinismo e as determinações decorrentes desta nova política, teremos um reajuste de foco no processo de intervenção, e o Partido Comunista não ficaria imune a esse realinhamento, bem como a suas vicissitudes. Em um curto período de seis anos, oito dirigentes estiveram à frente do cargo de secretário-geral, o mais importante na estrutura partidária (Costa, 1995, p.23; Rodrigues, 1986, p.370; Sodré, 1986, p.55; Del Roio, 1990).

A adesão de Luiz Carlos Prestes ao comunismo, associada ao descontentamento generalizado entre a oficialidade na virada dos anos 1930, levaria a um salto da presença da esquerda no Exército, tendo a intervenção do PCB nas Forças Armadas recebido uma atenção especial. Além disso, o consequente reajuste de foco dessa aproximação dos comunistas com os militares não demoraria a se manifestar nas análises partidárias. Em abril de 1930, ocorreu o pleno ampliado do Secretariado Sul-Americano da Internacional Comunista (SSA-IC), coordenado por Guralsky, e a questão brasileira adquiriu centralidade. Entre os presentes ao encontro estavam Astrojildo Pereira, Octávio Brandão e Plínio Mello. Este último apresentou um relatório (Mello apud Del Roio, 1996, p.142) no qual fez um resgate da Coluna Prestes e dos equívocos de análise da realidade, bem como a leitura de que sua capacidade de intervenção fora superestimada. O relatório afirmava que seria um erro considerar a Coluna como partido da pequena burguesia, e retomava a ideia de aliança com os jovens militares defendida por Octávio Brandão. Nas suas palavras: "Essa aproximação deve ser a mais íntima possível" para que "possamos [o PCB] despertar confiança em tão problemático aliado"; afirma ainda que "a hegemonia do PCB no processo revolucionário deve ser conquistada pela destruição da Coluna Prestes como organização política e sua incorporação ao PCB como organização técnico-militar".

A forma de realizar essa aproximação seria incorporar Prestes e Siqueira Campos ao PCB, não somente devido ao prestígio de ambos entre os militares, mas porque isso possibilitaria a influência dos comunistas junto às massas, estabelecendo as bases para a criação de um exército revolucionário. Não houve desdobramentos maiores, salvo que Plínio Mello seria expulso assim que retornasse ao Brasil, sob acusação de desvios direitistas.

Todavia, a aproximação de Prestes com o Partido Comunista sempre foi polêmica e, sobretudo, conflituosa. Por um lado, alguns dirigentes partidários avaliavam que o apoio dos comunistas à Aliança Liberal era a política mais adequada, até porque, no seu entendimento, a pequena burguesia já estava inserida nessa aliança e era uma parceira estratégica da classe operária como advogava a formulação partidária; por outro, Prestes lançaria seu Manifesto de Maio em 1930, rompendo com seus colegas ex-tenentes (fato este saudado quase que isoladamente entre os comunistas por Astrojildo Pereira) e, na linha da IC, pregava um governo baseado nos conselhos de operários, camponeses, soldados e marinheiros. Não obteve, no entanto, nenhuma receptividade do Partido Comunista ao propor a formação da Liga de Ação Revolucionária (LAR) (Del Roio, 1996, p.370; Vianna, 2007, p.65, 117 e ss.; Carone, 1982, p.83-87).

Na verdade, esses movimentos políticos anteriores de Luiz Carlos Prestes não foram bem recebidos pela direção, que, ao mesmo tempo o criticava e dele se afastava, eliminando qualquer possibilidade de aproximação. Quase que osmoticamente teria início a fase de proletarização que nortearia o Partido Comunista por quase dois anos, enquanto o prestismo teria por expressão a encarnação de desvios pequeno-burgueses. A sectarização militante decorrente entre os comunistas seria mais conhecida por *obreirismo* (leia-se: a supervalorização dos operários em detrimento dos intelectuais). Um dos significados dessa política foi a expulsão de Leôncio Basbaum e o ostracismo de Astrojildo Pereira.

Em outubro de 1930, a revolução foi vitoriosa, cooptando a maioria dos históricos tenentes que participaram da Coluna, encontrando Prestes ainda exilado em Buenos Aires, quase que isolado. Por ter se recusado terminantemente a apoiar Getúlio Vargas, pouco depois, em 1931, já em novo exílio em Montevidéu, teria contatos com os membros do Birô Sul-Americano (BSA) da Internacional Comunista, aceitando o convite para viajar à União Soviética; já em Moscou, sua avaliação seria reafirmada à nova linha política, bem como haveria um reajuste de foco sob a orientação da IC. Nela, contundentes críticas à condução do Partido Comunista, especialmente à experiência do BOC e ao papel a ser desempenhado pela pequena burguesia tenentista, e como uma nova política sugerida por Gabrinetti (da IC), houve a intensificação de uma intervenção direcionada aos soldados e marinheiros, nas suas palavras, "com vistas aos próximos acontecimentos" (Pinheiro, 1991, p.195). Mas quais? Seria um preâmbulo que caracterizaria a política do obreirismo, ou sua continuidade iniciada havia pouco tempo, aliás, bem perceptível em face da rotação à esquerda da linha política do PCB. E fica uma outra indagação: quais seriam os papéis dos soldados e marinheiros nesses acontecimentos?

É uma hipótese em aberto e um objeto a ser explorado academicamente, mas decerto os militares teriam um papel significativo, já que são muitos os indícios que demonstram que a luta de classes na nova ordem pós-1930 era inconclusiva, apresentando-se política e socialmente em outro patamar. Há dados bem ilustrativos que sinalizam uma relevante presença militante do Antimil no Exército e na Armada, embora sem evidências maiores de como se operaram esses esforços. Tanto é que esse aspecto não passou desapercebido aos olhos do governo. Não muito tempo depois da criação do Antimil em 1929, houve uma inovação institucional advinda da Revolução de 1930: a formação do Serviço Especial de Repressão ao Comunismo. O organismo, em sua concepção, teve forte apoio do governo americano, cujas presença e colaboração já antecediam a esses fatos no Brasil, e sinalizavam que o comunismo passaria ser visto como um perigo interno, demandando atenção maior das autoridades (Pinheiro, 1991, p.262; Motta, 2002, p.8). Além deles, os militares e o componente operário nessa equação política não resolvida serão objeto de outras legislações repressivas, ainda mais duras, como veremos.

De concreto, podemos constatar que houve avanços sociais junto aos trabalhadores nos anos 1930, mas a importância dessa conquista advinha de lutas históricas, embora Getúlio Vargas as incorporasse com habilidade em sua plataforma política; e, com ela, a inclusão de uma legislação sindical normativa, para não dizer restritiva, aos sindicatos mais revolucionários via Ministério do Trabalho, conjuntamente a outras limitações contrárias aos interesses históricos dos trabalhadores e do campo progressista, a exemplo da questão fundiária. Porém, como expressão ilustrativa de um conflito de lutas de classes não equacionado e do aborto de uma política de paz social e harmônica como então propugnava o governo Vargas, temos o registro de 124 greves pelo país entre 1931 e 1932, incorporando, nas paralisações, mais de duas centenas de milhares de trabalhadores; porém, entre os militares, houve, no mesmo período, 94 movimentos de sublevação nas Forças Armadas (Koval, 1982, p.261; Costa, 1986, p.280). Este dado último é que merece nossa atenção.

Numa "Carta aberta" de março de 1931, Luiz Carlos Prestes conclamou com entusiasmo uma aliança com o proletariado, objetivando realizar a revolução agrária e anti-imperialista, não antes de fazer fortes críticas à pequena burguesia e aos tenentes, chamando atenção, inclusive, para a formação de um governo de sovietes de operários, camponeses, soldados e marinheiros (Bastos, 1986, p.262). Talvez essa manifestação não fosse expressão de entusiasmo do jovem capitão da Coluna Prestes, já que o Partido Comunista estava à frente de muitas greves, bem como na liderança de alguns desses movimentos militares, e o delicado quadro social em 1932 sugeria a factibilidade dessa política proposta em um projeto revolucionário. Nela havia um componente que não era novo. A explosiva situação social e política que se configurava em frequentes choques armados entre o movimento operário e a polícia, com situações em que os primeiros formavam barricadas nas ruas, além do envolvimento de unidades do Exército em algumas delas. Fatos não tanto inusitados, uma vez que já haviam ocorrido antes, mas, desta feita, além de os militares começarem a aderir aos grevistas, muitos passaram a atuar para a derrubada do regime.

Dada a crescente presença comunista entre os militares, especialmente após a adesão de Prestes ao comunismo, talvez muitas dessas situações não tenham sido casuais, uma vez que há registros que corroboram essa tese. Houve a sublevação dos soldados do 25º Regimento de Infantaria em Teresina, em julho de 1931, que obteve a adesão dos pobres e dos artesãos, sendo derrotada após muita luta, ao que consta, pela Força Pública, que se manteve fiel ao governo do Estado; pouco tempo depois, ocorre uma rebelião de oficiais e soldados do Batalhão de Cavalaria em Recife, seguida, na cidade, por uma terceira sublevação no 21º de Batalhão de Caçadores em outubro/novembro. Exemplar foi a rebelião de Recife. Ali, houve o desarmamento dos oficiais (embora o comandante tenha sido morto, juntamente com um tenente legalista), e, após, a insurreição ter se alastrado pela cidade, os soldados seguiram para os bairros operários, com os insurretos mantendo o controle da cidade por três dias. Atacados por guarnições militares de estados vizinhos, como as da Paraíba, a rebelião foi esmagada após 36 horas de luta, não antes de os amotinados e populares levantarem palavras de ordem de "Viva o PCB, viva a revolução, abaixo os imperialistas!". Consta que Luiz Carlos Prestes fora convidado a liderar o motim. Em 1931, houve a organização de um soviete com apoio dos soldados e dos operários em Itaqui, no Rio Grande do Sul, e ali se constituiu um governo democrático, porém não se sabe por quanto tempo.

Uma revolta subsequente no 18º Batalhão de Caçadores em Mato Grosso, no ano de 1932, foi reprimida com rigor, tendo sido ordenada a execução dos "cabeças do levante" sob o argumento de terem resistido à prisão. O movimento foi liderado por sargentos transferidos de Recife, punidos por sua participação nas revoltas de 1931, mas há indícios de que essa conspiração tinha ramificações em outras unidades do Exército, inclusive de São Paulo, cujo objetivo era depor o governo e entregá-lo a Luiz Carlos Prestes, após um período de transição em que estaria à frente o general Isidoro Dias Lopes. Houve a prisão de 21 praças e civis, a morte de três lideranças e a expulsão de 83 soldados. Em Quitaúna, São Paulo, ocorreu no mesmo ano um levante no Exército *considerado* comunista, sem maiores informações; e um inquérito na Marinha, em 1932, resultou na expulsão de seis praças do encouraçado São Paulo sob a acusação de comunismo, bem como houve um segundo inquérito no encouraçado Minas Gerais, com um preso sob a mesma acusação (Koval, 1982, p.265, 267; Costa, 1986, p.287; Lobo; Costa, 1983, p.156, 175-176; Vianna, 2007, p.37). Após algumas prisões, o ambiente político, em grande medida, continuava conspiratório, como podemos perceber por um registro do presídio da capital paulista em que ficaram detidos militares do Exército e policiais da Força Pública. Ali, um dinâmico grupo de militares comunistas fazia inflamados discursos aos seus pares, tendo editado *O Vermelhinho*, jornal elaborado internamente a lápis preto comum e em papel de embrulho, sempre na expectativa de fazer emergir uma contrarrevolução (Santos, 1948, p.57-58).

Independentemente da vacuidade ou mesmo da lacuna de fontes mais precisas sobre esses mencionados acontecimentos à esquerda (já que alguns ocorreram sob orientação integralista), e somente pelo fato de haver apontamentos de quase uma centena de levantes ocorridos nos quartéis nesse biênio pelo país, podemos inferir esse quadro de greves operárias e de rebeliões em unidades nas Forças Armadas como indicativo de possibilidades revolucionárias na percepção de muitos militantes e dirigentes comunistas; até porque revoltas entre os militares seriam uma constante até 1935 (Lobo; Costa, 1983, p.153-187). Talvez não seja coincidência que Leôncio Basbaum dedicasse aos soldados e marinheiros de 1930-1932 o seu polêmico *A caminho da revolução operário-camponesa*, livro elaborado numa perspectiva militante e instrumentalizadora de formação de quadros, cujo objetivo maior era resgatar o significado da Revolução de 1932 em São Paulo. Finalizada em 1933, a publicação se daria sob pseudônimo somente em 1934, contendo contundentes críticas à linha política comunista; entretanto, pelo fato de o historiador ter sido afastado da organização (punido juntamente com outros intelectuais comunistas), esse esforço teórico e analítico permaneceu restrito a poucos círculos, não sendo sequer objeto de discussão, desconhecido até os dias de hoje.

Evidentemente, o cenário explosivo dessas revoltas nesse biênio, e particularmente a derrota da Revolução em São Paulo em 1932, refletiria, política e institucionalmente, no Exército, e alterações significativas ocorreram quanto à liderança quase inconteste daquela geração de *tenentes*, aspecto este que não foi corretamente analisado por Prestes ou mesmo pela direção do PCB. Noutros termos, assim afirmaria o general Muricy décadas depois: "Em 1930, a tropa veio comandada por tenentes e capitães; em 1932, por generais e coronéis" (apud Vianna, 2007, p.126) – retomaremos essa reflexão no Capítulo IV. Tempos depois, ocorreria uma reestruturação do Comitê Central, com Lauro Reginaldo da Rocha assumindo a secretaria geral em 1933, e o Bangu ficando à frente do cargo por pouco tempo, substituído por Antonio Maciel Bonfim, o Miranda, ex-sargento do Exército. A luta armada ganhou centralidade nas teses partidárias, e numa de suas passagens, o recém-eleito secretário--geral chamou atenção para a necessidade de procurar os oficiais do Exército simpáticos à causa do proletariado, não escondendo que, manifestações de rebeldia em curso, quaisquer que fossem, seriam consideradas armadas, desde greves operárias até o cangaço, e vistas como expressões de um amadurecimento revolucionário. Nessa avaliação, a classe operária era ainda considerada a expressão da vanguarda revolucionária.

Luiz Carlos Prestes retornaria clandestinamente ao Brasil em 1934 (saudado um ano antes pelo fato de ter deixado o prestismo), vindo, por uma intervenção direta da IC, já na condição de membro do PCB, passando a ter ascendência nas decisões partidárias, com um peso considerável, para não dizer decisivo (Sodré, 1986, p.68; Pinheiro, 1991, p.272). Sua adesão significou um salto qualitativo e quantitativo em relação à presença dos comunistas no Exército (embora sejam parcas as referências nessa linha na Armada), e o Setor Militar apresentou um crescimento à época desproporcional quando comparado às demais esferas partidárias. Devido à influência tenentista da Coluna e de seu líder maior, esse aspecto confluiria em um mito que, em muito, extrapolava sua condição de comunista; e conjugado por razões corporativas e políticas, igualmente forneceu elementos combustores exponenciais que facilitavam o trabalho de inserção do Antimil junto às instituições militares. Mas não só isso. As cisões no Movimento Tenentista também resultaram no adesismo de vários oficiais à nova ordem pós-1930; e, com ela, o consequente afastamento de tantos outros. Seguramente, isso se refletiu no inconformismo de muitos militares, propiciando um ambiente favorável para uma intervenção à esquerda. Tanto é que, décadas depois, Prestes faria uma análise daqueles acontecimentos e, numa frase lapidar, afirmaria: "Era mais fácil construir o partido nos quartéis do que nas fábricas..." (apud Rodrigues, 1986, p.376).

Há outro aspecto combustor e importante naqueles tempos. Como ressaltado, entre 1930 e 1935, foram inúmeros os movimentos de protesto reivindicatórios ou insurrecionais nas Forças Armadas, inegavelmente um elemento propício ao crescimento orgânico dos comunistas junto aos militares. Neles, o PCB pôde desenvolver considerável penetração, particularmente na Escola de Aviação Militar e na própria Vila Militar, tendo ali uma presença significativa em muitas unidades do Exército, bem como em alguns navios da Armada. Na Escola de Aviação Militar, a bibliografia disponível registra a existência de três células, com o mesmo tipo de organização clandestina característica desde a fundação do Antimil e com *ligação* (leia-se contato com o partido) feita com um membro civil, mas de fora da instituição (Vianna, 2011, p.79 e ss.).

Essa movimentação política à esquerda operacionalizada na caserna, bem como a presença dos comunistas junto movimento operário, não passou despercebida ao governo Vargas, tanto é que, contradizendo a Constituição liberal de 1934, é enviada em março de 1935, poucos dias antes da fundação da Aliança Nacional Libertadora, a proposta de uma Lei de Segurança Nacional, apelidada por setores da imprensa como *Lei Monstro*. Aprovada com relativa tranquilidade no Congresso, ela previa duras penalidades, e entre vários artigos e medidas no sentido de evitar insuflar o ódio entre classes, um de seus dispositivos penalizava a "instigação de desobediência coletiva ao cumprimento da lei"; bem como proibia "distribuir entre soldados e marinheiros quaisquer papéis impressos, manuscritos, datilografados, mimeografados ou gravados em que se contenha material subversivo" e "insuflar o ódio entre as classes sociais", todos, entre outros, considerados crimes inafiançáveis (Lira Neto, 2013, p.205).

Imprensa armada

Nessa política de intervenção junto aos militares, um dos instrumentos mais utilizados foram os jornais e panfletos. Antes, vale um parêntese. Embora haja uma razoável bibliografia sobre a imprensa operária, ou mesmo sobre os grandes jornais burgueses, sabe-se pouquíssimo a respeito dos periódicos comunistas dirigidos aos militares, muitos deles produzidos autonomamente por células organizadas. Alguns apresentavam certo cuidado editorial, enquanto outros eram rústicos, não sendo sequer mimeografados, porém todos circulavam sob condições de estrita clandestinidade. Essa lacuna se apresenta de forma surpreendente mesmo em livros clássicos, como *História da imprensa no Brasil* (Sodré, 1966, p.370), e entre os vários periódicos comunistas dirigidos aos militares e policiais resgatados neste ensaio, o historiador registra somente um deles, dedicando-lhe parcas linhas. Por sua trajetória de militar de esquerda e pesquisador, tendo, inclusive, vivenciado esses tempos na ativa enquanto oficial do Exército, não é de supor que não conhecesse essa imprensa, ao menos alguns dos jornais citados.

Vamos a alguns apontamentos sobre essa particular imprensa, mas sem entrar no mérito sobre a periodicidade, e mesmo sobre seu efetivo grau de penetração entre os militares e as dificuldades de sua operacionalização em condições de estrita clandestinidade (face à constante repressão policial). Os números levantados indicam um esforço considerável do Partido Comunista em estabelecer uma política editorial junto às Forças Armadas. Um dos jornais mais dinâmicos foi o *Triângulo de Ferro*, cujo nome foi alterado posteriormente para *União de Ferro*. Apareceram ainda, nesse período, o *Asas Vermelhas*, editado na Escola de Aviação Militar; *O Marujo Vermelho*, direcionado especificamente à Marinha de Guerra; *A Âncora*, voltado para a Marinha Mercante; entre outros periódicos como *O Soldado Comunista*, *Infante Vermelho*, *O Jovem Proletário*, *O Liga*, *O Soldado Vermelho*. Entre os policiais da Força Pública e da Guarda Civil de São Paulo, incluindo militares do Exército, circulava *A Sentinela Vermelha*. Há referências esparsas de outros periódicos, como *Polícia Vermelha*, e também *O Triângulo Vermelho*; e vale mencionar ainda a presença de células comunistas com esporádicos (ou nem tanto) panfletos direcionados aos militares assinados por um *Grupo Libertador*; ou um *Grupo de Oficiais*; ou um terceiro, intitulado *Comissão de Militares*; ou mesmo periódicos especificamente direcionados aos praças, a exemplo de uma *Circular Secreta dos Sargentos Revolucionários*.[21]

Por um dos números de *União de Ferro*, podemos apreender alguns pontos da plataforma de luta e reivindicações dirigidas a soldados, marinheiros e subalternos. Talvez o não atendimento de muitas dessas demandas corporativas, bem como a postura de sua defesa por parte dos oficiais comunistas e aliancistas, nos auxilie a explicar o apoio e a significativa participação deles no levante de 1935. Voltaremos a esse ponto. O periódico tinha na pauta questões sobre melhoria de soldo; gratificações e alimentação; garantia de

---

21 Os apontamentos sobre alguns jornais disponibilizados nessas linhas foram retirados, em sua maioria, do livro *A imprensa confiscada* (Carneiro; Kossoy; 2003). Nele, há preciosas indicações (tendo alguns jornais com vários números) que podem ser encontradas no Arquivo do Estado de São Paulo, mas também de outras fontes citadas na bibliografia. Numa biografia sobre Maurício Grabois, Osvaldo Bertolino (2012) chama atenção sobre o trabalho desse dirigente à frente da Juventude Comunista, e mesmo entre os militares, bem como sobre sua presença à frente de alguns periódicos. Outras pistas podem ser vistas em Costa (1986) e Lobo e Costa (1983).

tratamento médico; fardamento fornecido pela instituição; direito dos praças de voto, de se casarem, de andarem à paisana; direito de não bater continência fora do serviço; e liquidação das exigências entendidas como humilhantes, estabelecidas no regulamento militar. Igualmente constava entre as reivindicações a diminuição dos vencimentos dos oficiais superiores, o direito de organização, o direito de ler a imprensa operária, entre outras. Ao final, uma reivindicação maior se destacava: a organização de conselho de soldados e marinheiros para fiscalizarem a execução dessas medidas. Havia páginas que se dedicavam à correspondência dos quartéis e navios e que refletiam o ambiente nas unidades militares (Vianna, 2007, p.76-83; Koval, 1982, p.307).

Nos demais periódicos, há um pouco de tudo na linha do exposto pela *União de Ferro*. Aliás, um dos primeiros editado pelo Comitê Central da Juventude Comunista, *O Jovem Proletário*, era dirigido aos jovens soldados e marinheiros revolucionários (além dos operários e camponeses, estudantes e intelectuais), cujas referências datam de 1928; teve, portanto, uma origem que antecede à fundação do Setor Militar. Com duas fases de existência, a primeira circulou apenas por alguns meses em 1928, enquanto a segunda se deu no pós-1930, com a edição de mais de uma dezena de números (Sodré, 1966, p.370). Nele, propunha-se a organização da luta revolucionária contra o imperialismo internacional e o governo Vargas, defendendo o socialismo e o modelo soviético. Outro jornal do mesmo período, *O Liga*, era editado em mimeógrafo por uma célula de soldados, e propunha a união de operários, camponeses, soldados e marinheiros, orientando, diante da miséria dos *trabalhadores fardados*, a greve e demonstrações de massa como estratégia de luta.

A *Sentinela Vermelha* orientava especificamente a intervenção dos policiais paulistas, incorporando nesse projeto "companheiros de quartéis, navios e divisões", incluindo operários, camponeses, marinheiros e soldados. Tendo circulado com vários números, denunciava em seus artigos a miséria existente à época, enfatizando didaticamente a solução revolucionária; na linha do exposto em *O Liga*, pontuou um teor nacionalista, ao alertar para a integridade do

Brasil e sua soberania. Nele, sob o slogan *Pão, terra e liberdade*, Luiz Carlos Prestes era a expressão dessa convocação à insurreição, e, ao que parece, o periódico se beneficiou da empolgação originária do Movimento Tenentista, ainda presente entre os militares do Exército e policiais da Força Pública. Uma última referência é *O Soldado Vermelho*, editado em mimeógrafo. O jornal não se diferenciava em relação ao demais quanto às propostas de intervenção, porém se singularizava por convocar, por meio de versos, a união contra os ricaços nacionais e imperialistas estrangeiros, conclamando os oficiais à formação de comitês para lutar por aumento de salários, pelo direito de andar à paisana, e contra as desigualdades existentes na corporação (Carneiro; Kossoy, 2003, p.194-196, 216-219; Koval, 1982, p.306-308; Santos, 1948, p.101).

Retornando à política de uma intervenção orgânica, havia a existência de várias células do Antimil na Escola Militar, que se articulavam com o PCB por meio de uma ligação externa. Os militantes recebiam dela tarefas para distribuir internamente material partidário da Juventude Comunista e jornais. Por orientação do Antimil, houve greves na instituição, ao menos duas delas de caráter político, aspecto este significativo tratando-se de militares, mas que demonstra o grau de organização ali existente. A primeira ocorreu em 1932, devido à tentativa de desarmar a instituição pelo receio da adesão dos cadetes ao motim, por ocasião do Movimento Constitucionalista de São Paulo; seguida de outra em 1933, pela *boia* (alimentação); e uma terceira, que aglutinou oitocentos cadetes contra ordens dadas pelo então comandante, general José Pessoa. Ao mesmo tempo, houve intenso trabalho dessa célula fora da instituição, como a prática de pichações, a impressão de material e a leitura de teóricos marxistas objetivando a formação de quadros (Sodré, 1967, p.82; Carvalho, 1997, p.47; Vianna, 2007, p.78-79).

Chama atenção outro dado no período: alguns alunos formados na Escola Militar teriam atuação destacada no 3º Regimento da Praia Vermelha, bem como no levante de Recife em 1935. Nesta cidade, onde o Antimil era dinâmico, foram designados para servir os tenentes Alberto Besouchet e Lamartine Coutinho. Além desses oficiais, vale registrar a presença do sargento Gregório Bezerra, o seu coordenador às vésperas do levante, sendo que ali o setor cresceu exponencialmente, favorecido pela dinamização da ANL. Ainda havia ramificações comunistas na Polícia Militar, no Corpo de Bombeiros e na Guarda Civil, mas sua presença entre os militares nestas esferas não são as últimas nem as únicas.

A presença comunista na Marinha à época merece especial atenção, e o IPM instaurado em 1937 desvela um atuante quadro de ação política à esquerda, cujo epílogo dessa ocasião foi o indiciamento, a prisão e a expulsão de 186 praças da Armada, além da exposição de suas conexões com o Setor Militar no Exército. Tendo uma intervenção em células com três a cinco membros, a ação da militância refletia, enquanto resposta, as péssimas condições de trabalho da marujada denunciadas desde a Revolta da Chibata, inclusive por vários jornais dirigidos à Armada nos anos 1920 e 1930, além de pautar a agenda com questões políticas e partidárias, como a transmissão de orientação, coleta de informações, finanças, recrutamento de novos adeptos, distribuição de jornais e boletins. Portanto, um quadro aparentemente inalterado na instituição, tanto que ocorreram duas vitoriosas greves por rancho, leia-se, alimentação, entre 1934 e 1935. Na avaliação do IPM, a significativa adesão decorreu da habilidade da liderança comunista em aliciar os marinheiros, tendo o documento o cuidado de obstar quaisquer comparações, fazendo, inclusive, a ressalva de que estes últimos, em geral, bons e bem conceituados, em nada se aproximavam do *marinheiro relapso e criminoso dos dias de 1910*.

Há outros registros importantes às vésperas do levante de 1935, mas as referências disponíveis sobre a intervenção do Setor Militar na maioria dos estados brasileiros são esparsas. Em São Paulo, havia um núcleo forte do Antimil entre os PMs, com significativa presença na Força Pública e na Guarda Civil, constando, inclusive, o aborto pela polícia de um levante comunista que teria início em março de 1934, com ramificações em vários estados, e referências de sua atuação em quartéis do Exército. Digno de menção era o Rio Grande do Sul. Lá, o Setor Militar tinha elementos atuando em vários batalhões do Exército, e contava com alguns oficiais e praças na Brigada Militar. Havia ligações com várias unidades militares no interior do estado; um IPM, de 1937, atentava que o 5º RCI esteve prestes a promover um levante comunista (Lobo; Costa, 1983, p.159, 163). Uma referência aparentemente auspiciosa era a Bahia. Lá, o Antimil apenas iniciava suas atividades, e segundo relatos enviados à Direção Nacional, o trabalho indicava considerável avanço em razão do descontentamento no Exército face a uma ordem de diminuição de efetivos. O entusiasmo, no entanto, durou bem pouco devido à infiltração policial, e o próprio secretário-geral admitiu que o Partido Comunista, ali, teria de ser reconstruído em todas as instâncias.

No Rio Grande do Norte, a atuação do Comitê Regional indicava três questões prioritárias: lutas camponesas, preparação de greves e o Setor Militar, sendo que, neste último, havia resultados animadores entre os sargentos da PM (Vianna, 2007, p.78-79, 224-229; Maffei, 1984, p.66; Zimbarg, 2001, p.98). Quando verificamos que foi nesse estado que eclodiu o primeiro levante, o resultado desse esforço aparentemente pífio surpreende, particularmente em vista da força com que os comunistas emergiram no Exército sediado em Natal; embora, vale ressaltar, a situação política também já se deteriorava a olhos vistos devido à redução de efetivos e às mediações da política regional. Às vésperas de 1935, temos o registro de ingresso no 21º BC de mais de uma dezena de cabos e sargentos, e da formação de uma dinâmica célula, que teria atuação decisiva na revolta (Costa, 1995, p.39 e ss.; Oliveira Filho, 1985, p.54; Alves Filho, 1997, p.38).

Com efeito, esses aspectos conjugados levariam os militares ao centro da cena, e seguramente, os informes sobre a crescente presença do PCB entre eles eram substanciados pelo prestígio de Luiz Carlos Prestes e pelo fascínio de sua liderança na mítica coluna. Se, por um lado, isso se refletiu no equívoco da direção de que seria aval suficiente para desencadear o processo revolucionário, por outro, a ANL também galvanizava amplos setores da população e tenentes de esquerda; conjuntamente com os comunistas, eles seriam seus principais expoentes.

A revolução na ordem do dia

Em 30 de março de 1935, a Aliança Nacional Libertadora é oficialmente fundada, surpreendendo o país pelo dinamismo e apoio popular. Após quatro meses de existência, atingiu entre setenta e cem mil filiados, a formação de centenas de núcleos ativos e uma difusão ampla de prestígio, já que contava com a adesão de vastos setores tenentistas de esquerda, além dos comunistas. Luiz Carlos Prestes foi escolhido como seu presidente de honra. Na leitura corrente, os tenentes eram vistos como artífices de um ideário, e sua vanguarda, e o Partido Comunista, embora distante da realidade, o instrumento que refletia o desejo das grandes massas. A luta armada era projetada como expressão maior de um projeto revolucionário.

A reação em contrário não se fez esperar, despertando uma ferrenha política de oposição à entidade, particularmente com a união do governo e dos integralistas, estes últimos muito influentes na Marinha,[22] mas especialmente configurada enquanto política nos jornais da grande imprensa, a destacar a campanha de *O Estado de S. Paulo*. A reação anticomunista ao pós-1935 será, inclusive, uma política desse periódico após o fracasso da rebelião, quase que

---

22 Aos poucos, tem início a utilização de instrumentos jurídicos de coerção recém--aprovados, como a Lei de Segurança Nacional, e de propagandas não muito sutis, muitas delas com crescentes insinuações associando a ANL a uma mera extensão do PCB. Também ocorrem provocações de várias ordens e a utilização de violência pura e simples contra seus membros, aspectos estes que, conjugados, possibilitaram o clima desejado por Getúlio Vargas para pôr a entidade na ilegalidade. Paralelamente (e isto não se fez sem conflitos), as relações entre a ANL e o PCB tornavam-se problemáticas e passaram a contar da agenda política, com acusações e insinuações de parte a parte. Dirigentes da primeira aprofundavam a compreensão de que o país estava em estágio pré-revolucionário. Nessa análise, as Forças Armadas não demorariam em se somar aos comunistas para tomada do poder. De uma posição de cautela com relação à entidade, os dirigentes do segundo passaram, pouco tempo depois, a concentrar suas atividades na ANL, sem deixar de lado o trabalho militar. Todavia, face à complexidade desse debate e à polêmica ainda em curso em relação à ANL/PCB, além dos trabalhos citados na bibliografia, como Sodré (1965), Pinheiro (1991) e Vianna (2007), entre outros, sugiro a leitura dos ensaios de Del Roio (2002), Cascardo (2007) e Rose e Gordon (2010).

sustentando um eixo de intervenção que nucleará sua leitura de Brasil ao longo das décadas subsequentes, em que pese o fato de o periódico vir a cair sob efeito dessas vicissitudes e contradições dos liberais conservadores com o advento do Estado Novo, e na mesma armadilha em 1964 (Bravo, 2012). Mas esse é outro debate. Um elemento combustor a mais se somou à reflexão quase corrente de que a revolução estava às portas. Veio a público a intenção do governo de não mais permitir o engajamento de soldados, cabos e sargentos com menos de dez anos de serviço, e estabelecer a obrigatoriedade de baixa aos sargentos com mais de vinte anos de tropa. Isso resultou em violentos protestos entre os militares, e decerto foi mais uma das razões para a grande adesão dos subalternos ao levante que ocorreria em novembro.

Luiz Carlos Prestes, como salientado, já retornara clandestinamente ao Brasil, e se inteirava da situação política. A partir de informes da direção comunista bem questionáveis, que apenas refletiam o descompasso e o entendimento da efetiva correlação de forças atuantes no país, auxiliado ainda por um isolamento pessoal que favorecia a credibilidade dos informes recebidos do então secretário-geral, Prestes – até as vésperas do levante – procurou aprofundar as ligações com seus antigos comandados da Coluna nas Forças Armadas, bem como com lideranças civis. Buscou, por meio de vasta correspondência, explicar e ampliar a adesão à proposta do Governo Popular Nacional Revolucionário (GPNR), objetivando pavimentar o início da revolução democrático-burguesa no Brasil, configurada numa proposta de formação de um governo revolucionário anti-imperialista e antifeudal.

Um parêntese a mais é necessário. Muito se escreveu sobre se era real ou quanto era efetiva a influência de Prestes entre os militares naqueles tempos, mas qualquer que seja a análise, esse prestígio não pode ser menosprezado. Antigos combatentes, segundo Marly Vianna (2007, p.184), estavam mais dispostos a seguir sua orientação, sem levar em conta o PCB, e, com o objetivo de ampliar o leque de forças é que se chegou à palavra de ordem "todo poder à ANL". O epílogo desse processo é conhecido. Com o Manifesto de 5 de julho, o governo teve o pretexto para pôr na ilegalidade a ANL e, utilizando-se de subterfúgios não muito sutis e armadilhas, fechou a entidade. A violenta repressão que se seguiu inibiu tímidas possibilidades de resistência, e mesmo a vigorosa adesão popular que a substanciava organicamente se mostrou passiva frente ao ato (Sodré, 1965, p.255-270).

A lição, no entanto, foi aprendida por Luiz Carlos Prestes, que passou a advogar cautela na elaboração política, posição diametralmente oposta à assumida pela direção comunista que sinalizava para a luta armada imediata. Teve então início uma série de atividades capitaneadas pelos comunistas e tenentes de esquerda que ainda estavam inseridos no processo revolucionário, estes últimos ligando--se diretamente a Prestes e sendo por ele orientados. A rigor, passou a haver duas orientações sobre o trabalho nas Forças Armadas. O Comitê Central desenvolvia suas atividades pelas células, atingindo os subalternos e os escalões inferiores, e fazia o contato com oficiais aliancistas das unidades militares; uma outra política, orientada diretamente por Prestes, reforçava o trabalho das células, procurando atingir um grupo mais amplo de oficiais, e também de subalternos. Sob qualquer perspectiva, Luiz Carlos Prestes era o ponto de convergência e união.

A proposta do Partido Comunista às vésperas do levante de 1935 era expressa em quatro orientações principais: luta em frente única e pela sua ampliação; organização do trabalho militar em torno da luta anti-integralista e contra a redução dos efetivos militares; organização e desencadeamento de greves operárias nas cidades; desenvolvimento de lutas parciais, armadas e de guerrilha no campo. É possível que alguns tópicos dessa análise não estivessem isentos de alguma factibilidade e encontrassem apelo consistente nas teses recém-aprovadas, já que havia guerrilhas em curso no Rio Grande do Norte. Ou, talvez, devido à influência de Bangu e o fato de ele ser potiguar; ou em razão de essas guerrilhas no interior daquele Estado serem influenciadas e mesmo dirigidas pelo PCB. Consta que estavam em gestação outras guerrilhas quando eclodiu o levante de Natal, tendo à frente militares comunistas (Vianna, 2007, p.204;

Costa, 1995, p.69 e ss.). Nesse sentido, a revolução projetada teria início com as lutas armadas dos camponeses, seguida por movimentos grevistas nas cidades, e, ao final, contaria com a solidariedade dos quartéis. Desses argumentos, o provável eco e a razão maior desta leitura no Comitê Central.

Quase no limiar de novembro, ou seja, pouco antes do levante de 1935, as análises em curso afirmavam que a revolução estava na ordem do dia; porém algumas fontes – como Costa Leite – viam com ceticismo o quadro insurrecional exposto (pós-cassação da ANL), e confidenciaram a Apolônio de Carvalho (1997, p.59) que um levante armado nacional estava planejado para maio ou abril de 1936. Não demoraria muito para eclodir o movimento em Natal, seguido pela revolta em Recife e a posterior rebelião na Praia Vermelha. No Rio de Janeiro, o último local a se rebelar, a situação política era avaliada como revolucionária pelo Comitê Central. Embora os sinais de fracasso da rebelião nas capitais do Nordeste ainda não fossem evidentes, e houvesse dúvidas da liderança comunista no Rio de Janeiro sobre a oportunidade de somar apoio aos revoltosos potiguares, um fato importante foi minimizado pela direção, com consequências que se mostraram danosas: o quadro militar pelos quartéis era de prontidão e em decorrência desse primeiro levante, foram presas muitas lideranças operárias e democratas.

Às vésperas do levante de 1935, um quadro semelhante de prontidão se apresentava na Marinha de Guerra, mas a menção de Prestes sobre o apoio da Armada à insurreição quando eclodisse a revolta não está totalmente despossuída de fundamento, e pode ser corroborada, como vimos, na análise do processo da infiltração comunista na Marinha e retomada no capítulo subsequente. Havia indícios de uma planejada tentativa de insurreição pelos marinheiros de parte da esquadra, e esta só não prosperou em razão de um aviso prévio recebido pelo almirantado que providenciou, por precaução, o afastamento dos navios de guerra do Rio de Janeiro. Se havia ou não factibilidade daquela iniciativa ao projeto insurrecional, não sabemos, até porque não houve desdobramentos maiores após essa providência. Tudo isso somado sugeria um péssimo agouro, sem dúvida, mas pesou muito a decisão de Prestes para a adesão ao levante, que refletia duas características decisivas suas, pressupostos de sua marcante personalidade, como ressalta Marly Vianna (2007, p.324): "A do general, do comandante militar, do homem de ação, como tão bem demonstrara em 1924; e a ética, que o impedia de abandonar à própria sorte os companheiros que para ele haviam saído na vanguarda revolucionária".

Não cabe, ainda segundo a historiadora, atribuir responsabilidades individuais, até porque a decisão do levante foi coletiva. Houve superestimação da presença militar comunista no Exército, sugestiva de haver um quadro correlato na Armada, até porque temos o registro de outras tentativas de sublevar parte da esquadra em fins de 1935, seguidas de outras abortadas em meados de 1936. Porém, a contundente afirmação de Prestes de que a Marinha se rebelaria foi a senha necessária para convencer alguns incrédulos dirigentes da factibilidade do levante na antiga capital federal, em que pese, vale registrar, esse último suspiro ter sido pautado numa expectativa de sucesso que era, sobretudo, positiva, para não dizer contagiante (Sodré, 1986, p.89; Moraes, 1982, p.75-77).

A vanguarda não era operária

Para a compreensão sobre essa presença à esquerda entre os militares envolvidos nas revoltas de 1935 e o perfil social de seus membros, alguns dados são relevantes. Em Natal, 45% do total de participantes eram militares, seguidos de operários; dos primeiros, 41% eram soldados, cabos e sargentos, não constando nenhum oficial do Exército; mas, entre os processados, 4% eram tenentes da PM. No interior, os números de militares participantes decrescem meteoricamente, perfazendo 3% do total. No cômputo geral, a insurreição no Rio Grande do Norte foi fundamentalmente popular, tendo o movimento avançado em algumas cidades do interior do Estado. Ali, militantes do PCB ou a ele ligados compunham a minoria (Vianna, 2007, p.282).

Controvérsias em relação à condução da revolta são várias, e ainda persiste uma inconclusiva reflexão. Alguns analistas como, Quartim de Moraes, referem-se entusiasticamente ao levante como o "soviet de Natal"; de certa forma, Homero Costa corrobora essa leitura em uma pesquisa realizada sobre o tema, resgatando a particularidade do levante naquela capital, e sustentando a tese de que a insurreição no Rio Grande do Norte foi articulada e dirigida pelo Partido Comunista. Ele não foi o único a sustentar essa tese, já que há vários relatos memorialísticos nessa linha, mas, entre as muitas razões para fundamentar sua leitura, Costa recuperou especificidades relacionadas aos militares envolvidos, alguns, inclusive, tenentes históricos e ligados a Prestes (Moraes, 1994, p.171; Costa, 1995, p.13 e ss.; Oliveira Filho, 1985; Alves Filho, 1997). Além disso, a insurreição no 21º Batalhão de Caçadores deve ser apreendida como expressão de um levante maior, articulado a um plano nacional, reconhecendo o autor em sua pesquisa que houve precipitação da revolta. A responsabilidade seria da direção do Partido Comunista e, mais especificamente, da célula militar daquela unidade constituída fundamentalmente de cabos e sargentos. Costa (1995, p.146) é taxativo em sua conclusão: "A rebelião de Natal nada teve a ver com a ANL".

No caso de Recife, alguns dados são bem esclarecedores e instauram a revolta num patamar diferenciado. Primeiro, ela eclodiu por uma decisão do secretariado do PCB no Nordeste, mas ficou circunscrita à capital pernambucana. Diferente de Natal, nela houve a liderança de oficiais, particularmente daqueles escolados militantes comunistas formados na Escola Militar, como Silo Meireles, Lamartine Coutinho e Alberto Besouchet, além da dinâmica presença do sargento Gregório Bezerra. Quanto ao quesito presença popular, esta foi ausente na cidade. Percentualmente, os militares perfaziam a maioria dos insurretos: 52,5%, seguida de 25% de operários, sendo que sete eram oficiais; e 197, ou seja, 96,5%, subalternos, sendo maior, proporcionalmente, o número de cabos e soldados em Recife do que na rebelião em Natal.

Na Praia Vermelha no Rio de Janeiro, havia um pequeno núcleo do Partido Comunista entre um grupo maior de três dezenas de aliancistas entre outros simpatizantes, uma minoria frente a quase 2 mil militares ali aquartelados. Situação quase que análoga percentualmente na Escola de Aviação, controlada por um pequeno grupo de oficiais comunistas por bem pouco tempo, e mesmo assim parcialmente. Ali estava à frente Ivan Ribeiro, aluno da Escola Militar nos anos 1930, mas a grande maioria era de militares subalternos, com um diferencial: tinham ideias próprias sobre o levante. Uma delas, a defesa de seus interesses profissionais, muito ameaçados, que constava na agenda dos vários jornais comunistas dirigidos aos militares.

A admiração por algumas lideranças era um segundo ponto, em especial por Luiz Carlos Prestes (entre outros tenentes dos anos 1920), sendo esse um dado inequivocadamente importante para compreendermos a adesão entusiástica daqueles militares ao levante. Quanto aos oficiais, havia uma convicção ideológica mais consistente que nos demais lugares rebelados, até porque a maioria não procurou negar seu envolvimento na rebelião, algo que, em si, poderia ser justificável para se preservar. O alto percentual de militares envolvidos – 65% contra 35% de civis e, dentre estes, quase um terço, ou 11%, era de origem operária – demonstra bem o espírito de quartelada que norteou o processo revolucionário (Vianna, 2007, p.287; Sodré, 1986, p.91).

Em outros estados, em especial no Nordeste, alguns dados são indicativos de ter havido uma articulação nacional nos quartéis. Na Paraíba, havia um plano de insurreição na capital, João Pessoa, e a conspiração estava nucleada no maior quartel do Exército, o 22º Batalhão de Caçadores, unidade que tinha uma ligação simbiótica com a direção comunista em Recife, e que também contava com ramificações pelo interior do estado. Face aos acontecimentos de Pernambuco e à precipitação decorrente, o plano malogrou e houve a desmobilização dos militantes. Já em Alagoas, a insurreição estava focalizada no 20º Batalhão de Caçadores de Maceió, mas ali os comunistas tinham uma frágil organização entre os militares, quase todos suboficiais, e contavam com a adesão de apenas um oficial da PM, além de uns poucos civis. Uma denúncia de última hora levou o quartel local a entrar de prontidão, inviabilizando qualquer possibilidade de rebelião. Havia referências sobre essa conspiração, e consta ainda outra que se seguiria a essas tentativas de levante, como a do 6º Regimento de Infantaria (RI) em São Paulo, em fins de 1935, cujo resultado foi a expulsão de dez sargentos (Lobo; Costa, 1983, p.163).

Há ainda controvérsia quanto aos acontecimentos no Ceará, já que, segundo Costa (1995, p.13 e ss.), não havia células do Setor Militar entre os militares, embora o PCB no estado tivesse elaborado um plano de insurreição, sendo igualmente pego de surpresa pelo levante de Natal. Algumas prisões levaram à descoberta de um planejado complô. O argumento último e as prisões sugerem uma outra leitura. Em suas memórias, Gregório Bezerra (1980, p.205 e ss.) chama atenção para uma dinâmica atividade do Setor Mil (ou Comitê Militar) entre os militares na capital, tendo células atuantes no Exército e na PM. Talvez a explicação mais plausível para essa aparente contradição seja dada por sua ausência em Fortaleza no momento do levante, em razão de ele ter sido transferido para o Rio de Janeiro. Sua reconhecida capacidade de liderança, o fato de ele, Bezerra, ser o responsável pelo Setor Mil, bem como o curto período de tempo entre sua saída de Fortaleza e o levante de Recife (onde ficou aquartelado), podem ter ocasionado o refluxo das atividades políticas nas células militares na capital, resultando no quadro de aparente imobilidade em 1935.

Assim mesmo, como consequência do levante em Natal, a situação política e militar ficou insustentável para os comunistas no Ceará, tendo a maioria de seus membros se evadido para o interior com o objetivo de preparar guerrilhas. O resultado positivo desta última mobilização distante da capital é que esse grupo viabilizou abrigo a muitos foragidos dos levantes de 1935. Nessa linha militarista, houve um plano de sublevação do 24º Batalhão de Caçadores no Maranhão, conjuntamente com algumas ramificações na PM. Inicialmente abortado pelos acontecimentos de Natal, o plano ali era do conhecimento das autoridades locais, e as prisões decorrentes inviabilizaram qualquer reação programada para o dia da insurreição. O resultado proposto de outra ação insurrecional não teve desfecho diferente no Piauí, onde o PCB planejou insurgir o 25º Batalhão de Caçadores da capital, Teresina. Como vimos, já ocorrera ali uma sublevação em 1931, no qual os comunistas tinham algumas ligações, mas, a exemplo das demais unidades militares da federação, o plano foi abortado em vista do estado de prontidão dos quartéis decorrente dos acontecimentos de Natal. No Pará, havia parcas ligações dos comunistas com alguns militares do 25º Batalhão de Caçadores em Belém, em geral cabos e sargentos, mas, devido à surpresa com os acontecimentos de Natal e à falta de informações, a direção optou por não tomar nenhuma atitude e, particularmente, se preservar depois de informada do fracasso do levante no Rio de Janeiro (Buonicore, 2012, p.44).

Ao que tudo indica, essa não foi a única direção estadual do PCB que teve posição análoga de cautela e recuo; ademais, estava previsto um levante em São Paulo, cuja orientação era de que a deflagração ocorresse somente após a vitória no Nordeste, em vista, sobretudo, da infiltração policial em alguns regimentos da Força Pública nos quais os comunistas tinham alguma presença e influência. Dada a precipitação dos acontecimentos em Natal e Recife, e após a derrota do movimento na Praia Vermelha do Rio de Janeiro, o Setor Militar na capital paulista igualmente optou pela cautela e sua preservação em 1935 (Dulles, 1985, p.37). Voltaremos a esse ponto no próximo Capítulo IV.

As informações disponibilizadas por essas fontes são importantes, mas ainda não permitem apreender a correta dimensão dessa problemática, ainda que os dados preliminares possibilitem inferir a hipótese de que havia esforços maiores em articular uma rebelião nacional à esquerda, da qual os militares apareciam como expressão de vanguarda. Curiosamente, informações pontuais advindas de IPMs indicam que, entre 1936 e 1937, ocorreria ainda uma certa agitação orientada pelo Partido Comunista nas Forças Armadas, particularmente na Marinha, embora muitas sem maiores confirmações, salvo essas advindas de fontes oficiais, aliás muito frágeis (Lobo; Costa, 1983, p.164-165).

Por fim, não cabe, nos limites deste ensaio, recuperarmos os fatos decorrentes do insucesso do levante de 1935, até porque há vasta literatura conhecida e disponibilizada ao público, inclusive algumas recentes, abordando com originalidade esse acontecimento em centros menores além das capitais, como Petrópolis (Machado, 2015), ou uma relacionada à participação estrangeira (Rose; Gordon, 2010). Nessa linha, vale sinalizar com brevidade para alguns apontamentos de um trabalho sobre o papel dos agentes estrangeiros na revolta de 1935, em particular uma memorialística das mais qualificadas, enviadas pela Internacional Comunista, de Johann Graaf (Ibid.), mais conhecido por Johnny, codinome Gruber no Brasil, também um agente duplo. Tudo indica que teve algum papel no aborto da derrota, embora não fosse o único. Mas, a despeito das várias colocações bem questionáveis em seu relato, inclusive admitidas pelos autores (Ibid., p.277), cujas razões variavam de laivos vingativos a questões de segurança em se preservar – portanto, levantando dúvidas quanto à veracidade do exposto –, há apontamentos interessantes que merecem atenção.

O primeiro é que sua qualificação era pautada em sólida formação militar, associada a uma experiência enquanto revolucionário em várias partes do mundo, não obstante ter se desapontado com o comunismo ainda na juventude, passando a trabalhar para o serviço secreto inglês. Seu relato demonstra que sua intervenção junto às Forças Armadas foi inexistente e, segundo ele, deveria ser a principal missão de seu apoio no Brasil, dada a sua experiência anterior junto aos militares por vários países. Mas foram ignoradas suas observações nas demais instâncias partidárias quanto à condução, possibilidades e decisão do projeto revolucionário. Em passagens de seu relato, pontua discordâncias de análise de conjuntura em confronto à leitura de Prestes e dos demais membros do PCB, inclusive de outros agentes da IC no Brasil. Ao que tudo indica, atuou no treinamento de vários grupos de estudantes, em armas e explosivos,[23]

---

23 Gruber seria o responsável pelo dispositivo elétrico ligado a uma bomba, posto no cofre de Berger e também no cofre de Prestes, segundo Dulles (1985, p.20), cujo objetivo era destruir papéis e documentos comprometedores, provas, em última instância, se os cofres fossem arrombados pela polícia. Como é sabido, *deliberadamente*, ao que tudo indica, o dispositivo não funcionou quando os

bem como em outras capacitações necessárias à revolução; ao mesmo tempo, relatava ao seu contato inglês no Rio de Janeiro informações sobre a preparação da insurreição, admitindo, inclusive, que a data planejada para desencadeá-la seria janeiro de 1936 (Ibid., p.257-281), confluindo com afirmações de Costa Leite.

Todavia, persiste ainda uma literatura editada com questionáveis versões, a exemplo daquela de que os militares legalistas teriam sido mortos covardemente na calada da noite; ou da que procura sustentar a tese de que a decisão da insurreição adveio de uma determinação da IC comandada de Moscou. A primeira não encontra receptividade maior, mesmo entre os militares, frente à comprovada falsidade da acusação, até porque houve, de fato, mortos de ambos os lados, um de cada lado, estando o Exército em rigorosa prontidão. A segunda ainda é aceita por setores militares conservadores contemporâneos, divulgada há tempos em suas instituições de ensino; talvez não seja coincidência que os autores dessa linha encontrem receptividade na Biblioteca do Exército Editora (Bibliex) (Carvalho, 1981; Waack, 1993; Pedrosa, 2001; Augusto, 2002).

É importante registrar que conexões do movimento com a IC não são negadas por nenhum analista sério e competente, ou mesmo por seus participantes; mas Paulo Sérgio Pinheiro (1991, p.308) deu ênfase a esse aspecto em seu estudo sobre o tema, afirmando que "a insurreição de 1935 apresenta enorme especificidade nacional e revela larga responsabilidade dos brasileiros". Com argumentos correlatos, mas valorizando outro enfoque, Marly Vianna (2007, p.24-25) sustenta em sua pesquisa que a "IC foi um ator coadjuvante no drama de novembro de 1935 – que não planejou nem sugeriu –, mantendo sobre as anunciadas possibilidades revolucionárias do país uma expectativa conivente". A historiadora complementa seu argumento com dados novos advindos da recente abertura das notas taquigráficas das conferências de 1934 em Moscou, demonstrando que, em

---

cofres foram abertos pela polícia; porém, no resgate memorialístico de Rose e Gordon (2010, p.269) sobre Gruber, somente no cofre de Prestes é que o dispositivo fora instalado.

nenhum momento, houve sugestão de um movimento armado no Brasil; tal intenção teria sido desaconselhada por Dmitri Manuilski, especialmente face às inúmeras falhas do Partido Comunista. Anos depois, Luiz Carlos Prestes (apud Pinheiro, 1991, p.308), ao comentar criticamente sobre aqueles acontecimentos, desabafaria:

Já em 1935, apesar da justa orientação do partido, procurando unir as mais amplas forças anti-imperialistas e antifeudais na Aliança Nacional Libertadora, a influência do radicalismo pequeno-burguês na direção do partido, sob a forma específica do chamado golpismo "tenentista", levou-nos a cometer erros de precipitar a insurreição quando ainda eram débeis as nossas forças na classe operária, e, por falta de apoio na massa camponesa, quase inexistente a aliança operário-camponesa. Para triunfo da insurreição popular, é indispensável ganhar o apoio de soldados e marinheiros, mas reduzir a luta quase que só de quartéis é grave erro que teria de levar, como de fato levou, à derrota do movimento de novembro de 1935.

Como vimos, essa análise de Prestes não é uma interpretação isolada, soma-se a outras bem qualificadas, e, por essa razão, sugiro a leitura de seus desdobramentos, bem como dos impasses e tensões decorrentes da derrota de 1935, em pesquisas, livros e nos documentos[24] citados na bibliografia que substanciam este ensaio. Seguramente, há uma leitura que caracteriza o período como sendo de um romantismo revolucionário, entre os militares de esquerda, incluindo Apolônio de Carvalho (1977, p.66), que, em suas memórias, fala desses tempos e do período de prisão. O aspecto de triunfalismo estava muito presente na militância comunista mesmo após a derrota de 1935 e teria duração até a primavera de 1936. Talvez auxiliado, como vimos, por uma certa agitação à esquerda ainda presente nas Forças Armadas, em particular na Marinha, mas que

---

24 Um importante documento recentemente publicado, e válido enquanto fonte oficial, como bem pontua Marly Vianna na apresentação, é o Relatório Bellens Porto (Vianna, 2015).

refletia positivamente no moral alto dos presos (apesar das torturas frequentes e das péssimas condições carcerárias), e também fundamentado na perspectiva de novas insurreições, corroboradas pela análise do Partido Comunista, cujo teor de devoção era sentido entre os militares e militantes presos, expressando, em sua maioria, a certeza de uma nova onda revolucionária em curso, cujo paradigma era a União Soviética e o marxismo a balizar sua atuação enquanto sujeito na história – ainda que Carvalho viesse a lamentar, posteriormente, uma leitura subsumida pela "cega subestimação do inimigo como obstinada sobreavaliação de nossas forças", conforme suas palavras.

À guisa de conclusão, vale registrar que o Partido Comunista não ficaria imune à repressão que se seguiu à derrota de 1935 e, com a instalação do Estado Novo em novembro de 1937, ficaria acéfalo por algum tempo, especialmente entre 1940 e 1942, quando quase todos os seus dirigentes nacionais estiveram encarcerados. As prisões recaíram mais sobre os militares recém-ingressados no PCB, em especial Prestes, que amargaria uma pena de dez anos, ficando a maior parte do tempo incomunicável. Com a Macedada, a anistia parcial concedida por Getúlio Vargas, muitos seriam convocados a lutar na Guerra Civil Espanhola, tendo alguns retornado somente após a redemocratização.

Entretanto, o mais significativo foi o anticomunismo resultante desses acontecimentos, e que implicou uma apreensão ideológica tendenciosa (direitista) daqueles fatos – a traição da intentona, com o assassinato de militares enquanto dormiam; a IC (leia-se: o ouro de Moscou) como determinação externa –, versão que se tornaria quase que uma política de Estado, em especial para as novas gerações de oficiais. Ainda que um competente analista tenha definido esse processo político como "o grande engodo" (Motta, 2002, p.214), suas consequências se fariam sentir por décadas, já que a negativa versão oficial ou oficiosa construída sobre a intervenção dos militares comunistas e veiculada – com inegável sucesso, diga-se de passagem – ao longo dos anos seguintes forneceria questionáveis argumentos para as rupturas institucionais subsequentes que aconteceriam com o Estado Novo em 1937; a partir do engodo do Plano Cohen e de argumentos correlatos, adveio o golpe militar de 1964.

Tempos de novos desafios

Não muito tempo depois do levante de 1935 e da implantação da ditadura do Estado Novo em 1937, uma virada tática dos comunistas é operacionalizada em 1938, numa política diametralmente oposta à anterior, com a União Nacional objetivando a (re)democratização do país. A despeito de o PCB ter em atividade algumas poucas células em alguns estados particularmente até fins de 1942, essa diretriz ganharia contornos estratégicos mais definidos em 1943, a partir da entrada do Brasil na guerra a favor dos aliados, não coincidentemente quando, no plano internacional, ocorria, como expressão de boa vontade da União Soviética junto aos países aliados da luta contra o nazifascismo, a dissolução da III Internacional Comunista. Um ciclo histórico é oficialmente encerrado.

No mesmo ano, o Partido Comunista finalizou sua rearticulação orgânica na Conferência da Mantiqueira (iniciada em 1942 na Comissão Nacional de Organização Provisória [CNOP]), e nela percebe-se a influência da adesão de Luiz Carlos Prestes ao comunismo, tendo por reflexo maior a presença de militares nos postos de direção; situação bem diferente do primeiro Comitê Central (CC), fundado em 1922, quando a maioria de seus integrantes era formada por operários, não havendo nenhum militar. Sua composição consignou pela primeira vez uma maioria de ex-tenentes, e, com a eleição de Prestes para secretaria geral, contava o CC com sete ex-militares em suas fileiras (além de seis operários e cinco intelectuais): Maurício Grabois, ex-oficial da Aeronáutica; Júlio César, ex-militar; Dinarco Reis, ex-oficial da Aeronáutica; José Militão Soares, ex-militar; Ivan Ribeiro, ex-oficial da Aeronáutica; Leivas Otero, ex-oficial da Aeronáutica; Luiz Carlos Prestes, ex-oficial do Exército.

Esses militares advindos do Tenentismo não seriam o único grupo a aderir ao comunismo naqueles anos. Em 1945, também se somaria às fileiras do PCB combatentes de várias origens, alguns deles egressos das lutas antifascistas na Europa; outros febianos vindos dos campos de batalha italianos, muitos aderindo entusiasmados face ao prestígio angariado pelo socialismo, particularmente devido ao papel decisivo da União Soviética na derrota do Eixo nazifascista. Uns já eram militares comunistas quando convocados para atuar naquele cenário de guerra, incluindo membros do Antimil, sendo eles os responsáveis pela redação de um importante documento: "A FEB – Símbolo vivo da união nacional".[25]

Com efeito, vale ainda chamar atenção para o seguinte fato: as referências históricas disponíveis sobre a presença dos militares comunistas nas Forças Armadas até 1945 e sua intervenção organizada no Brasil são residuais, em que pese esta última ser digna de registro. Houve tímidas articulações com núcleos organizados do Setor Militar, especialmente no Sul do país e no Rio de Janeiro, por dirigentes do recém-eleito Comitê Central de 1943, das quais a mais significativa foi sua presença na Liga de Defesa Nacional. Até fins de 1945, a entidade confluiria no seu interior para a mais importante intervenção organizada de seus militantes nas Forças Armadas, tendo uma ação política a favor da entrada do Brasil na guerra e na luta contra o fascismo para, pouco depois, às vésperas do término da Segunda Guerra, alavancar propostas contundentes pela anistia e pela democracia.[26] Sob hegemonia dos militares comunistas, a Liga teve um reconhecimento político como poucas vezes se viu em sua história. Retomaremos essa reflexão em outro ensaio.

Ao que tudo indica, essa orientação política posta no final do conflito, correlata às demais mediações elencadas, é que possibilitaria ao PCB crescer de modo organizado e aumentar sua influência nas Forças Armadas e em algumas PMs nos estados. Nas eleições

---

25 Sobre esse debate, ver ensaio sobre o tema neste livro, bem como a seguinte bibliografia: Batibugli (2004); Carvalho (1997); Cunha (2002, p.205 e ss.); e Penna (2009, p.151).
26 João Amazonas em *Princípios: Revista Teórica e Política e de Informação*, São Paulo, n.69, 2004; Salomão Malina em *Política Democrática: Revista de Política e Cultura*, Brasília, n.1, jan./abr. 2001.

de dezembro de 1945, entre os quinze parlamentares comunistas eleitos para o Senado Federal e a Câmara dos Deputados, três eram de origem militar, o capitão Luiz Carlos Prestes e os sargentos José Maria Crispim e Gregório Bezerra. Pouco depois, somar-se-ia mais um deputado, o capitão Trifino Correa, que assumiria – em algumas ocasiões – na condição de suplente, perfazendo, ao final, um quarto de sua bancada no Congresso. A eles se juntariam ainda os demais militares com uma presença significativa no Comitê Central, bem como à frente de muitas das direções estaduais, embora a tendência nas bases que surgia no pós-1945 viesse a ser diametralmente oposta, reflexo de um outro Partido Comunista que emergia naqueles anos com novos atores sociais.

No entanto, essa tendência ainda estaria presente em 1954, quase dez anos depois, no Comitê Central, advinda do IV Congresso. Nele, 27% de seus membros eram ex-oficiais das Forças Armadas, o segundo grupo mais numeroso depois dos operários; embora seja possível que o grupo dos operários não refletisse de fato este perfil de classe, sendo mais valorizado por razões políticas, já que o número reflete mais um esforço de penetração ou de se apresentar como um partido operário. Ainda nesse Congresso, somente 4% dos delegados eram ex-oficiais, e outros 4% soldados, cabos e marinheiros. Dentre o conjunto total dos ali presentes, 2,6% tinham entrado no PCB antes de 1930, e 17,3%, entre 1930 e 1935. A maioria era de uma geração de militantes pós-1945 (Rodrigues, 1986, p.420). Mas esse é um outro debate.

Com esse grupo de militares-militantes, finaliza-se uma etapa insurrecional que caracterizou a intervenção comunista nas Forças Armadas e, a partir deles, inicia-se outra, em 1945, durando até 1964, muito conturbada, é verdade, mas fundamentalmente centrada numa agenda em *defesa da legalidade democrática*. Talvez por isso, o comunismo no Exército, configurado inicialmente como expressão maior de uma quartelada, e nucleada, em grande medida, no prestismo, teria uma expressão de outra ordem nos anos seguintes, não somente pelo fato de ser confrontado por outras mediações e um outro contexto, mas pela percepção de que havia uma gradual inserção do marxismo nas Forças Armadas com outras bases teóricas e referências políticas – contando, inclusive, com a presença de intelectuais orgânicos, como o historiador e general da reserva Nelson Werneck Sodré. Este último pressuposto é ainda uma hipótese aberta à investigação, dialética e igualmente conflituosa.

IV
O ANTIMIL: ORIGENS DE UMA ORGANIZAÇÃO

> *"Nenhuma dessas hesitações perturbou a primeira geração de inspirados pela luz brilhante de outubro a dedicar suas vidas à revolução mundial. Como os primeiros cristãos, a maioria dos socialistas pré-1914 era de crentes na grande mudança apocalíptica que iria abolir tudo que era mal e trazer uma sociedade sem infelicidade, opressão, desigualdade e injustiça. O marxismo oferecia à esperança do milênio a garantia da ciência e da inevitabilidade histórica; a Revolução de Outubro agora oferecia a prova de que a grande mudança começara. [...] Contudo, embora seu número fosse pequeno, não se pode entender o século XX sem eles."*
>
> (Hobsbawm, 1995, p.78-79)

  Um componente militante bem pouco investigado na história do Brasil, para não dizer correlato historicamente enquanto expressão de desconhecimento tanto dessa geração de militares descrita em epígrafe quanto, seguramente, das gerações militantes desse longo do século XX, são os militares de esquerda; e o objetivo deste ensaio é recuperar a organização e sua intervenção política por meio do Antimil, o Setor Militar do PCB nos seus primeiros tempos, cuja presença se deu ao longo do século XX, clandestinamente – sendo, portanto, uma esfera de atuação inexplorada academicamente para a maioria dos estudiosos, além de quase invisível na história da esquerda militar. A partir desse resgate, procuraremos apreender sua estrutura no processo de atuação dos militares comunistas junto às Forças Armadas. Ao que tudo indica, essa particularidade reservada da militância na estrutura partidária variou bem pouco historicamente; por essa razão, não pretendemos avaliar sua eficiência revolucionária ou mesmo todos os cenários nos quais seus participantes estiveram envolvidos; algo ainda difícil, até porque, face à ausência de documentação e mesmo de estudos específicos, é um exercício que demanda exaustivas pesquisas.

Há, no entanto, parâmetros novos e desafiadores nesta introdução para enfrentar essa problemática. Inicialmente, procuraremos resgatar sua configuração organizacional enquanto *modus operandi*, apreendida *por meio da narração de alguns de seus membros*; com exceção de um deles, civil, os demais são militares do Exército, alguns comunistas bem conhecidos (mas não identificados como membros dessa organização militar); em seguida, levantaremos sua intervenção política a partir de um diálogo com as referências bibliográficas e documentais disponíveis sobre o tema. Cabe preliminarmente indagar se houve ou não a presença de uma estrutura militar correlata ao Antimil em outras organizações políticas e partidárias numa época anterior à presença dos comunistas entre as Forças Armadas, o objeto maior deste ensaio; embora, enquanto hipótese a ser futuramente explorada, podemos sinalizar que houve também, nessa linha, intervenções à esquerda nas Polícias Militares, como sugere a recente contribuição de Felipe Garcia (2009), entre outras memorialísticas.[1]

---

[1] Apesar de não ser o eixo de exposição deste ensaio, já que as informações sobre a presença dos comunistas entre os PMs pelo país são mais esparsas que os dados disponíveis dessa intervenção entre os militares das Forças Armadas, demandando, portanto, estudos e pesquisas, somente a título de ilustração temos duas referências importantes e que resgatam a intervenção do Setor Militar, especificamente na Força Pública e na Guarda Civil de São Paulo, bem como a presença do jornal *A Sentinela Vermelha*. A primeira, as memórias do capitão

Antes de desenvolvermos uma reflexão sobre o Antimil entre 1929 e 1945, vale pontuarmos alguns parênteses. Citada esparsamente na literatura acadêmica e no debate político, a organização ficou conhecida, em especial entre os militares, por Setor Mil, havendo outras denominações, desde a original e mais antiga Antimil, diminutivo de *antimilitarista*, cuja nomenclatura adveio de sua fundação no final dos anos 1920; até uma posterior, Comitê Militar, sua primeira referência conhecida no Brasil. Alguns militares comunistas se referiam ao setor em 1935 como Comitê Militar Revolucionário, em que pese gerações recentes utilizarem a expressão Setor Mil. Desta última geração de militares, muitos deles, se não a maioria, desconhecia a conotação original – Antimil – dada à organização pela IC em 1929.[2]

Este, no entanto, seria um dos setores mais longevos do PCB. Ao longo de sua história, e em particular nessa época que ora analisamos, ele teve uma intervenção significativa e, de certa forma, bem-sucedida sob vários aspectos. Uma interessante hipótese para o seu êxito, e também para o seu virtual desconhecimento, é que o Antimil se manteve praticamente imune às lutas internas que erodiam as demais esferas partidárias; outro aspecto é que, por razões de segurança, sua estrutura era à parte. Poucos foram seus assistentes políticos, a maioria deles militares; entre eles, o mais conhecido foi

---

Davino Santos (1948), compiladas em livro bem polêmico. O autor viria a ser cooptado pela polícia como *informante* e, por essa razão, ao renegar o PCB, também qualificaria negativamente seus membros com adjetivos bem depreciativos (Agildo Barata: "ultravaidoso"; Agliberto Azevedo: "Alglibofe"), e até racistas (assim exposto o "negroide Marighella"), porém recorremos a alguns de seus apontamentos para a construção deste ensaio ao resgatar o cotidiano da organização em São Paulo até 1945, estabelecendo conjuntamente um diálogo crítico com outras fontes. A outra referência é a biografia do ex-sargento da Força Pública de São Paulo, e posteriormente guerrilheiro da VPR, Pedro Lobo, de autoria de João Roberto Laque (2010). O resgate é singular quanto a essa rica trajetória política, todavia, o período de sua militância entre os policiais paulistas é posterior a 1945, portanto, o livro será objeto de um diálogo futuro nos volumes II e III dessa coletânea.

2 Há referências bem pontuais, para não dizer isoladas, postas por alguns militares, sobre outras denominações dadas ao Setor Militar, como *organismo*, *grupo* ou *organização*.

Almir Neves, que esteve à frente por décadas, respondendo diretamente a Luiz Carlos Prestes (Vianna, 2007, p.76 e ss.).

Ainda assim, o Partido Comunista Brasileiro[3] não foi a única agremiação de esquerda a ter um Setor Militar (por hipótese, há possibilidades análogas nos partidos de direita), tampouco foi o mais antigo a procurar incorporar organicamente os militares em suas fileiras. Digo isso porque, na virada do século XX pós-consolidação da República, emergiam no cenário político associações, grupos, partidos socialistas e, mesmo, movimentos de tendências ideologicamente antípodas procurando intervir ou contrapor de alguma forma com esse objetivo, ou com a preocupação de ter uma presença nas Forças Armadas.

O jacobinismo é um exemplo significativo, expressão política de esquerda, mas cuja configuração não se aproximava de um partido político, constituindo-se em clubes ou associações espalhados às dezenas pelo país, tendo muitos militares entre seus membros (em geral, de baixa patente e à frente), inclusive militando até a sua virtual extinção pós-campanha de Canudos (Moraes, 2005, p.111). Entre suas atividades de agitação, propaganda, havia reuniões de caráter político, sugestivas de haver algo parecido com um Setor Militar, já que, em muitas delas, se decidia a participação de seus membros em *atos bélicos* (empastelamento de jornais de oposição e tentativas de assassinatos), cujo resultado mais expressivo foi a criação de Batalhões Patrióticos, espécie de milícia que tinha por objetivo maior defender a República (Gomes, 1988, p.50; Queiroz, 1986, p.49, 54, 64, 79, 82, 92, 232). Não foram os únicos nesse período.

A disposição de uma intervenção pelos anarquistas entre os militares variou ao longo do tempo, e as referências maiores que temos em seus documentos remetem inicialmente à condenação do

---

3 Desde sua fundação em 1922 até 1961, o Partido Comunista do Brasil tinha como sigla PCB, sendo que, em 1962, com a cisão, passaram a existir o Partido Comunista Brasileiro (PCB) e o Partido Comunista do Brasil (PCdoB). Dado que o componente militar seguiu majoritariamente Prestes após cisão, utilizarei a denominação primeira PCB para efeito de compreensão quanto ao ator político preferencial.

militarismo e à guerra, na sua leitura, o maior inimigo do operariado. Algumas pistas até poderiam indicar uma certa reavaliação, que se apresentou enquanto uma leitura militante oferecida pelos anarquistas à época do II Congresso Operário Brasileiro de setembro de 1913, vésperas da Primeira Guerra que se anunciava no horizonte. Mesmo aconselhando o proletariado a uma constante propaganda antimilitarista, em especial junto à juventude operária, provavelmente era uma resposta ao seu internacionalismo, que, naquela conjuntura, desencadeou contra eles aquilo que significou um *front ideológico* (Gomes, 1988, p.109). Como questionavam a ideia de pátria, algo totalmente descolado de um projeto de inserção dos trabalhadores, os anarquistas emergiram com outras políticas contrárias à intervenção do Brasil na guerra, bem como com a presença operária ao longo do conflito; mas essa intervenção entre os militares, curiosamente, apresentar-se-ia de alguma forma entre eles nos anos seguintes, sobretudo ao final da Primeira Guerra, com a emergência das grandes greves nacionais, e na abortada insurreição de 1918.

Menção digna de registro é oferecida por Bartz (2008), recuperando em artigo a trajetória de Abílio de Nequete, um dos futuros fundadores do PCB em 1922. Nele, o historiador ressalta que, no ano de 1917, por ocasião da campanha pela entrada do Brasil na Primeira Guerra Mundial, Nequete presenciou violências populares contra a comunidade alemã de Porto Alegre, e, sensibilizado, começou a atuar no movimento operário, especialmente na Liga de Defesa Popular. Por ocasião de uma greve geral em agosto do mesmo ano, tendo se tornado figura de expressão no processo, assumiu como editor do jornal da entidade, *A Epocha*; depois, mais experiente, atuou isoladamente, com distribuição de panfletos e juntando-se a militares de baixa patente, com o objetivo de pavimentar sua aproximação com o movimento operário. Em um desses panfletos, intitulado "Ao povo rio-grandense", assinado por um Grupo de Operários e Soldados Brasileiros, recorreu a uma retórica nacionalista, tendo o objetivo de sensibilizar os soldados da situação de penúria dos trabalhadores, sugerindo que "suspendessem o pagamento dos seus aluguéis, para doar 5% da quantia para a Cruz Vermelha brasileira e para o desenvolvimento da aviação", ato considerado subversivo e que teve por consequência a abertura de um IPM. Mas, ainda segundo Bartz, nesse momento é que Nequete se aproximou da Revolução Russa. Voltaremos a esse ponto.

O debate, ainda assim, não se esgota, e há vários exemplos dignos de registro, uns especificamente enquanto propostas políticas dirigidas aos militares, desta feita com os intelectuais socialistas; outras os aproximando do movimento operário, e de uma intervenção junto aos praças nos primeiros quinze anos do século XX, em especial na Revolta da Chibata em 1910, na dos Sargentos de 1915 e 1916 (Batalha, 2009; Carone, 1975; Maestri, 2000; Moraes, 2005). Não há informações específicas de que esses agrupamentos tinham à frente um Setor Militar, mas havia entre eles militares de esquerda. Diante do ambiente originário da Revolução Russa no Brasil, denominado por Moniz Bandeira como o "soviet do Rio", e que acontecia paralelamente à revolta da classe operária pelas consequências da gripe espanhola, do custo de vida e do descontentamento generalizado da população, é que temos o registro de uma proposta de greve insurrecional em 1918 com vistas a desencadear um processo revolucionário.[4]

As pistas sobre essa abortada insurreição operária advêm de um processo policial, bem como de informações disponibilizadas por jornais da época, e o interessante nela é que havia uma política cujo enfoque objetivava atrair os militares à causa do proletariado. Entre o material apreendido pela polícia, havia boletins anarquistas dirigidos aos soldados e marinheiros, conclamando-os a se unir aos operários como expressão de serem filhos do povo. Mais uma vez, argumentavam que o patriotismo e a disciplina, como apresentados oficialmente, se constituíam em meios de os opressores enganarem

---

4 Nesse trabalho de Bandeira, há muitas informações sobre o impacto da Revolução Russa no Brasil, bem como sobre sua influência no proletariado, e outras que oferecem subsídios para se pensar essa problemática. Também sobre a questão, há o fascinante trabalho de Ângela Gomes (1988), e o panorâmico, e valioso, resgate das lutas e dos jornais operários posto no livro de Hermínio Linhares (1977), citados na bibliografia.

o povo, e que o verdadeiro patriotismo e a verdadeira disciplina deveriam ser instrumento de libertação dos pobres e oprimidos, chamando atenção que eles, praças, também faziam parte dessa classe. Entre outras pontuações, indicavam concretamente, como política de união, a formação de comitês de soldados e operários. Propostas como essas também se farão presentes entre os primeiros maximalistas socialistas em transição ao comunismo na mesma época (Bandeira, 2004, p.157 e ss.; Gomes, 1988, p.133 e ss.; Linhares, 1977, p.27 e ss.).

Uma problemática em aberto a ser explorada é se o sucedâneo dos muitos agrupamentos socialistas da virada do século XX, ou de militares socialistas, ex-tenentes que iriam compor os quadros do Partido Socialista Brasileiro que seria (re)fundado em 1945, procurou elaborar uma política específica de intervenção nas Forças Armadas; e, em caso afirmativo, se houve entre eles uma organização com um projeto correlato ao Antimil. Um dos tenentes era o major Miguel Costa, oficial da Força Pública, extremamente cauteloso nesse tipo de atividade militante junto aos militares; mas, ao que tudo indica, assim como o PSB em 1945, ele estaria distante do projeto socialista de sua primeira (re)fundação no início dos anos 1930, cujos membros, inclusive, reivindicavam a matriz socialista de 1902. Entretanto, somente para registro, o PSB teve uma preocupação histórica nessa linha de intervenção junto aos militares que antecedia a ANL. Tanto é que o próprio Miguel Costa propôs, em carta a Prestes em 1935, que fosse preparada "uma organização secreta, com o objetivo de viabilizar uma reação efetiva das massas, no caso de um golpe fascista" (Vianna, 2007, p.213).

A ANL contava naquela ocasião com muitos oficiais entre seus dirigentes, e alguns deles se somariam aos quadros do Partido Socialista em 1945; mas Prestes desconsiderou a proposta, e não há elementos para avaliar se Miguel Costa tinha ou não conhecimento das atividades do Antimil. No Capítulo V, desenvolveremos alguns aspectos dessa problemática relacionada à trajetória de Miguel Costa, mas, sobre o Partido Socialista, essa é uma possibilidade que ainda carece de fundamentação. A presença de outros prestigiosos oficiais tenentistas, como Herculino Cascardo na organização, sugere, ao menos em tese, que a presença de militares é uma fascinante hipótese de trabalho a ser explorada.[5] Como sinalizado na introdução do capítulo, além do PCB, possivelmente algumas agremiações de esquerda tiveram um Setor Militar organizado, ou tinham uma presença militante entre as Forças Armadas; mas, por hipótese, houve nessa linha movimentos e partidos de direita com organismos de intervenção correlatos, sem dúvida, com condicionantes e características estruturantes diferenciadas, mas com uma presença militante efetiva no cenário político. Isso não é novo na história do Brasil republicano. Somente para registro, foram muitas as entidades com militares em seu quadro constitutivo, procurando intervir junto com lideranças civis no processo político, objetivando integrar as Forças Armadas a um projeto de modernização conservadora. Talvez a mais conhecida fosse a Liga de Defesa Nacional (Oliveira, 2012), que, inclusive pavimentou a implementação do serviço militar obrigatório enquanto expressão dessa política nos anos 1920. Mas tivemos movimentos análogos, incorporando, desta feita, os setores militares e civis do Tenentismo, cuja presença foi bem significativa nos anos 1930, a destacar a Legião Revolucionária e o Clube 3 de Outubro. A primeira ainda existe, na virada do século XXI, as duas últimas foram de curta duração. De qualquer forma, eram organizações bem diferentes de outras entidades que – por hipótese – já operavam de fato com estruturas análogas ao Setor Militar, como as que pretendemos expor neste ensaio. Apontemos alguma delas.

---

5 Adalberto Coutinho Araújo Neto, em sua tese sobre o *socialismo tenentista*, resgata aspectos reveladores sobre o PSB nos anos 1930, quando o partido operou conflituosamente uma linha de intervenção à esquerda e, em alguns momentos, chegou a indicar uma política insurrecional nos anos 1930. Um dado que chamou atenção se apresenta em uma das alianças à eleição de 1934, em que a Liga Comunista Internacionalista chegou a compor a Frente Única, atentando, em seu manifesto, para a necessidade de formar uma *milícia popular antifascista* e também *milícias operárias*, com funções de polícia urbana (Araújo Neto, 2012, p.158 e ss.).

A Ação Integralista Brasileira (AIB) é um desses exemplos, já que a organização teve uma inegável influência nas Forças Armadas nos anos 1930. Alguns dados disponibilizados são bem elucidativos, e, embora persista uma certa controvérsia se se tratava ou não de um partido político, já que sua estrutura era análoga à de uma organização partidária (Cavalari, 2001), o fato é que havia em seu interior a presença de muitos militares. Segundo algumas fontes, a AIB teria recrutado com sucesso cerca de 2 mil oficiais, cuja propaganda tinha, inclusive, um caráter oficioso nos quartéis, onde seus jornais *A Ofensiva* e *A Ação* eram distribuídos livremente. Decerto, havia militares à frente da direção. Hélgio Trindade (1974, p.186) chama atenção sobre o papel paramilitar da *milícia integralista*, expondo aspectos de sua estrutura e revelando a sua ação enquanto tropas especiais, particularmente nos conflitos de rua (Costa, 1986, p.291; Pedrosa, 2001, p.153). Ainda que sejam pontuais, essas referências nos autorizam inferir a hipótese de que, na AIB, haveria uma organização correlata à do PCB.

Um partido político de direita conservador (ou liberal, para alguns analistas), com características análogas ao exposto, e que teve um dinâmico e atuante Setor Militar, foi a União Democrática Nacional (UDN). Fundado bem depois do Partido Comunista, a UDN seria bem atuante ao longo do período da redemocratização, entre 1945 e 1964, tendo uma intervenção política que contava em suas fileiras com militares, alguns deles, à frente das muitas tentativas de golpe que ocorreram naqueles anos. Tal como o Antimil, o Setor Militar da UDN igualmente carece de estudos específicos, e mesmo sua existência é uma hipótese em aberto (Cavalari, 2001), embora a Cruzada Democrática, organização formada por militares em 1952 com o objetivo de combater o setor nacionalista e de esquerda no Clube Militar, tivesse a maioria de seus membros vinculados a esse partido, conferindo a essa tese uma fundamentação concreta (Almeida, 2002; Smallman, 2002, p.160; Rouquié, 1980, p.17).

Antes de iniciarmos a reflexão sobre o Antimil, vamos a uma breve análise sobre esta possibilidade última entre a UDN e a Cruzada Democrática como uma mediação simbiótica à direita, e pontuar algumas hipóteses. Um histórico expoente do udenismo, Juracy Magalhães é resgatado por Gueiros (1996) em um livro biográfico intitulado *O último tenente*, em que o autor chama atenção para a proximidade da UDN com os militares e o golpismo característico de sua trajetória política, ainda que o biografado registre, em várias passagens, suas discordâncias e um distanciamento pessoal das muitas iniciativas conspiratórias de vários de seus companheiros. Em que pese seu grau de comprometimento com as liberdades democráticas que diz afiançar estar sujeito a controvérsias,[6] ele é categórico ao afirmar: "Os udenistas viviam conspirando, visitando quartéis, e não sabiam bem avaliar suas possibilidades" (Gueiros, 1996, p.284). Não é uma frase isolada; na verdade, é a sintetização afirmativa de um processo na história da agremiação.

Talvez o trabalho teórico mais bem construído sobre a UDN, um clássico, diga-se de passagem, seja o excelente livro de Maria Victoria Benevides (1981). Nele, a autora retoma a história, a trajetória e a intervenção dos udenistas no processo político brasileiro, ressaltando suas ambiguidades e contradições. Por um lado, ela apresentava um cunho liberal advindo de uma origem contrária à ditadura do Estado Novo; por outro, caracterizou-se como uma agremiação com forte conotação anticomunista. Seus vínculos com os militares são bem conhecidos, mas o trabalho de Benevides dedica pouco mais que uma dezena de páginas para analisar especificamente essa relação; não obstante, pesquisas e livros recentes sinalizam interfaces de diálogo, com apontamentos ilustrativos para corroborar essa hipótese (Mendonça, 2002).

Um deles bem remete à orientação militarista dos udenistas e ao papel decisivo que a UDN teve no golpe de 1964, coerente com sua história de quase vinte anos de recurso à intervenção militar, sobretudo o epílogo de um processo, já que, anteriormente, ocorreram

---

6 Esses apontamentos, bem como sua trajetória política, não fazem parte desta análise, mas há neles sua participação nas manobras de cassação do PCB, a defesa do constrangedor beijo "cívico", conforme suas palavras, de Otávio Mangabeira à mão de Eisenhower em plenário, bem como sua atuação no golpe de 1964.

outras iniciativas golpistas, como as crises de 1954 e 1955. Esse seria o momento-chave da problemática udenista-militar, mesclando golpismo e legalismo como ponto de análise, ou na justificativa de intervenção contra Getúlio Vargas e, depois, contra Juscelino Kubitschek, tendo o lacerdismo como ponto nevrálgico enquanto contradição, especialmente na Aeronáutica.

Nessa trajetória, alguns posicionamentos políticos articulados com a presença da UDN e dos militares são curiosos. Embora polêmico, e elaborado à revelia dos círculos militares, o antipatriótico Acordo Militar Brasil-Estados Unidos foi defendido pelo partido e, décadas depois, denunciado no governo do general Ernesto Geisel. A UDN também apoiou a estratégia americana para as Américas, e mesmo a instalação da base americana na ilha de Fernando de Noronha, entre outras políticas sensíveis aos brios nacionalistas dos militares brasileiros, mesmo aqueles da direita militar. Talvez o ponto maior a ser ressaltado nesta reflexão remeta a uma concepção de nação associada à moralidade e à segurança, expressa na contradição e em ambiguidades de um liberalismo do qual a organização se dizia caudatária e o qual afiançava.

Enfim, qualquer que seja a polêmica sobre a existência ou não de um Setor Militar da UDN, indagação que só será respondida na medida em que estudos específicos forem desenvolvidos, sua articulação com setores civis e militares não é objeto de questionamento. O depoimento de um udenista histórico, José Bonifácio (apud Benevides, 1981, p.137), ao jornal *O Estado de S. Paulo* nos anos 1980 propicia, de certa forma, elementos de fundamentação dessa hipótese. Numa passagem, é claramente estabelecida a conexão umbilical desse vínculo da agremiação com os militares, sugestiva de um golpismo constantemente à espreita e admitida pelo histórico udenista com extrema sinceridade. Em suas palavras: "Nós, da UDN, nunca tiramos os pés do quartel. Atravessamos toda a luta com os pés no quartel, almoçando e jantando com generais, almirantes e brigadeiros".

Devido a essas relações com a Cruzada Democrática, não seria coincidência que esta recebesse a alcunha de "UDN Militar"

(Rouquié, 1980, p.18). Tal assertiva é contemporaneamente corroborada em livros recém-editados, que demonstram a presença de militares de origem udenista nas várias conspirações golpistas e nos atentados da extrema direita militar depois de 1964. De certa forma, isso não indica somente a existência, mas também a continuidade do Setor Militar udenista constituído por um grupo com essa origem e atuante ao longo da ditadura militar, inclusive, quando a própria UDN já tinha sido dissolvida pela proclamação do AI-2 em 1965, oferecendo pistas para sustentar as hipóteses sugeridas, hipóteses de uma pesquisa à espera de uma melhor fundamentação (Argolo, 1996; Argolo; Fortunato, 2004).

Antecedentes históricos

A apreensão histórica do Antimil está intimamente relacionada à intervenção dos partidos comunistas entre os militares como projeto, ou mesmo à leitura sobre o papel que estes últimos teriam nos processos revolucionários. Esse pressuposto permeou, de alguma forma, esta análise, e esteve presente nas teses dos vários congressos da Internacional Comunista, embora nelas também tenha sido destacado o caráter repressivo de suas instituições como órgão de um Estado burguês, bem como a necessidade de estratégias (em geral, pautadas em Lênin) de como organizar sovietes nas Forças Armadas. Em várias passagens das teses da IC, poucos são os apontamentos registrando a necessidade de organizações clandestinas entre os militares, já que, face ao seu caráter de classe, a leitura vigente era de que essa intervenção deveria ser desenvolvida de forma ilegal à espera da eclosão revolucionária. No conjunto, não havia mais que algumas linhas sobre esse ponto específico.[7]

---

7 Não há muitas informações disponíveis sobre a IC, especialmente desse tópico. Recorremos neste ensaio às teses de uma edição em três volumes em português com uma Introdução de Tau Golin: III Internacional Comunista: manifestos, teses e resoluções do 1º Congresso (1988, p.64); III Internacional Comunista: manifestos, teses e resoluções do 2º Congresso (1988, p.56 e ss.).

Porém, entre o II Congresso da IC, que aconteceu em julho de 1920, e o Congresso de Baku realizado em setembro é que temos apontamentos específicos, para não dizer curiosos, dessa problemática sobre as Forças Armadas, com um documento de novembro daquele mesmo ano intitulado "Sobre a revolução na América". Decorrente de uma leitura que ainda refletia as ásperas polêmicas entre Lênin e M. N. Roy sobre a questão nacional e colonial, e publicado poucos meses depois desses congressos, o documento pode ser considerado a primeira formulação elaborada pela IC como estratégia revolucionária para América Latina (Pinheiro, 1991, p.45-46).

Entre as muitas questões apontadas, algumas válidas, como o reconhecimento sobre a presença do componente agrário no continente, propugnava, com um entusiasmo muito corrente na ocasião (reflexo de uma expectativa de que a revolução estava na agenda do dia a dia), uma análise que incorporava a possibilidade de agitação entre os militares na América do Sul. Preconizava que o Exército no continente sul-americano era composto, em sua maioria, por camponeses suscetíveis à agitação revolucionária, e que uma política de agitação deveria confluir à união de soldados, operários e camponeses contra os grandes proprietários fundiários, os capitalistas e o governo.

Não podemos afirmar se há uma relação direta dessa formulação com as teses subsequentes da IC, até porque esse documento foi bem específico para o contexto sul-americano, e a conjuntura mundial seria consideravelmente alterada dali um tempo, em particular quanto à expectativa de os processos revolucionários emergirem de forma vitoriosa na Europa. Como vimos no capítulo anterior, é uma interpretação – em muitos aspectos correlata quanto a essa possibilidade sobre o Exército brasileiro – entusiástica (e ausente de fundamentação), que seria apresentada pouco depois por Antonio Bernardo Canellas, delegado brasileiro no IV Congresso da IC em 1922.

Nesse meio-tempo, uma atenção maior sobre a problemática emergiu nas teses do III Congresso em 1921, quando foram elaboradas tímidas e vagas políticas de intervenção das Forças Armadas no processo revolucionário. O debate em curso refletia o conflito interno da IC quanto às estratégias revolucionárias em curso e em nível mundial, muito em função das derrotas de processos importantes, a destacar o alemão e o italiano.[8] Talvez seja por isso que tenha havido, nesse congresso, certa atenção em relação aos militares enquanto uma específica política de intervenção. A tese nº 30, que sinalizou para a agitação antimilitarista condenando a perspectiva pacifista, tida como "má", pontua que o proletariado rejeite, em princípio, as instituições militaristas do Estado burguês; e o documento sinaliza, como estratégia, a possibilidade de aproveitar essas instituições para exercitar militarmente os operários, chamando, inclusive, atenção para as arbitrariedades dos oficiais, diferenciando-os como um segmento social da formação em relação aos soldados. Ressaltou ainda o antagonismo de classe quando confrontado aos oficiais, e sugere como política a ser desenvolvida, no momento de fermentação revolucionária, a eleição democrática dos comandos pelos soldados e marítimos, bem como a formação de sovietes.[9] Mesmo sendo esse o congresso que, pioneiramente, procurou dar alguma ênfase neste tópico (ao menos pelas fontes disponibilizadas), a tese de intervenção dos comunistas junto aos militares consistiu basicamente em alguns parágrafos, quadro que só irá se alterar de modo substancial no final dos anos 1920.

Propostas nessa linha de formar o Setor Militar já estavam no horizonte da IC, como sugerem pistas nesses documentos e nos congressos posteriores, evoluindo gradualmente com uma política da entidade. Neles, as análises eram muito pautadas pela alteração da conjuntura internacional, as vicissitudes em relação à União Soviética e ao projeto socialista em curso, em que pese as avaliações sobre países como o Brasil continuarem a refletir certa vacuidade

---

8 Havia, nas teses, reflexões táticas que variaram entre o refluxo e a readequação de uma estratégia em que a União Soviética teria um papel decisivo, ou proposta de ações mais ofensivas defendida por grupos mais à esquerda. Sobre esse debate, ver: III Internacional Comunista: manifestos, teses e resoluções do 3º Congresso (1988, p.129).

9 Um aspecto que chama atenção é o alerta sobre as tropas especiais e de voluntários armados, sugerindo as teses táticas para a anulação de seu potencial repressivo (III Internacional Comunista: manifestos, teses e Resoluções do 3º Congresso [1988, p.129]).

(em geral, o país era comparado com a China) e a real falta de informações confiáveis.

No período, há de se destacar os esforços de formação de quadros com treino militar, embora não necessariamente confluentes a uma política relacionada às Forças Armadas. Quando foi formada a Escola Leninista da IC em Moscou em 1926, conta o jovem alfaiate Heitor Ferreira Lima, havia nela doze vagas para os militantes da América Latina, e além do ensino de marxismo, economia, política, história, tática e organização, os alunos tinham conferências, dadas por militantes convidados, com vistas à insurreição. Nesse escopo de intensa formação teórica e prática, havia a instrução militar, pela qual o aluno aprendia a ler mapas militares, como organizar um estado-maior militar, montagem e desmontagem de metralhadoras, e exercício de tiros ao alvo com várias armas (Pinheiro, 1991, p.151).

Todavia, no VI Congresso da IC, particularmente no X Pleno do Comitê Executivo realizado em 1929, é que houve uma orientação específica com o objetivo de formar um Setor Militar nos partidos comunistas (Del Roio, 1990). Humberto Droz, o responsável na IC para tal tarefa na América Latina, faria uma análise pretensiosamente bem fundamentada, ao refletir, um pouco antes em 1928, sobre a presença do Movimento Tenentista no Brasil. Nela, apreende uma leitura sob vários aspectos bem próxima a do documento anteriormente citado, leia-se: algo distante do real, sobretudo no quesito sobre os militares à época, já que a caracterização exposta tinha pouco a ver com o papel e a composição do Exército brasileiro. Para uma melhor compreensão, recuperamos sua formulação (Droz, 1928, apud Pinheiro, 1991, p.66):

> O Exército, quer ele seja de recrutados ou profissional, é composto em sua maioria de camponeses e operários enquadrados por elementos da pequena burguesia urbana que compõem os quadros de oficiais. Todo movimento revolucionário tem, portanto, repercussão no Exército, que desempenha uma parte ativa na ação revolucionária, sob a direção dos oficiais. Quando o movimento triunfa, são eles que exercem o poder.

Um membro do secretariado da Internacional da Juventude Comunista (IJC), Orestes Ghioldi, alertava sobre o imperativo de realizar o trabalho antimilitarista nos países coloniais e neocoloniais, chamando atenção sobre a necessidade de atuarem juntos aos Exércitos, cuja atenção a esse tipo de intervenção fora, até então, praticamente nulo e, segundo ele, constituiria em "uma falha séria do movimento revolucionário" (Ghioldi apud Pinheiro, 1991, p.184), concluindo que isso seria um fator decisivo. Seguramente, fora muito influenciado pelo Movimento Tenentista, sublinhando, por essa leitura, os militares como expressão e objetivo desse trabalho no Exército burguês, a sua desagregação. Ao analisar táticas para os vários tipos de Exército, ilustrando positivamente sua tese, cita o Brasil: "Naqueles em que a pequena burguesia democrática tem uma grande influência (Brasil) além dessa finalidade geral, atraí-la para a nossa influência, como uma parte integrante da luta pela hegemonia do proletariado no interior das Forças Armadas".

Paralela a essa orientação, outra se apresentou *oficialmente*, apreendida como uma determinação: que a intervenção entre os militares ocorresse a partir da Juventude Comunista.[10] As razões não estão claras, mas um dado sobre esse aspecto, que nos chama atenção, é ressaltado por Pierre Broué em parcas linhas de seu volumoso *História da Internacional Comunista*. Uma estratégia de intervenção junto aos militares requeria um aparato especial, até porque deveria se desenvolver na clandestinidade para ser norteada por uma série de precauções. A tarefa seria precedida, numa primeira fase, por um trabalho realizado por rapazes e moças da Juventude Comunista, consistindo em contatos, pesquisas e acompanhamento de militares,

---

10 Não há indícios de que alguma destas orientações tenha se refletido diretamente na política do PCB. Nos documentos conhecidos do partido – embora fundado no ano de 1922 e já proponente das teses e de admissão na IC –, não há nenhum elemento que sugira uma política de intervenção junto aos militares, ainda que os comunistas tivessem uma surpreendente presença militante, em especialmente na Marinha. No período, há uma lacuna de dados na bibliografia existente nos documentos disponíveis sobre a IC e mesmo do PCB sobre a existência de uma política específica a ser desenvolvida junto às Forças Armadas.

bem como discussões e sondagens; somente depois, a tarefa passaria aos especialistas, quando a ação é mais específica, e haveria a difusão de panfletos e a organização de células (Broué, 2007, p.776).

Nessa correlata linha de análise, temos alguns apontamentos biográficos e memorialísticos em livros relacionados a formas de atuação dos militares à esquerda (Whiting, 1986; Rose; Scott, 2010), e que chamam atenção para operações que já ocorriam em situações revolucionárias antes mesmo da orientação da IC sobre a formação do Setor Militar, conferindo o caráter das intervenções políticas numa linha revolucionária,[11] vista não somente na Alemanha, mas também na França (Bell; Ellemann, 2003). Valorizamos, nessa aproximação histórica, a leitura que confere, enquanto fato, uma *ação política* organizada *a priori* e evidenciada em uma intervenção revolucionária, ou *ação política revolucionária*, mas especialmente ao final da guerra, e que ocorria em vários países europeus. Na Alemanha, um grupo de jovens vinculados à Juventude Socialista, e que se transmutaria em seguida para o Movimento Spartaquista, interveio em fins da Primeira Guerra no sentido de afundar barcaças por canais alemães, com o objetivo de impedir a navegação marítima a partir dos portos do Mar do Norte. Um deles se destacaria nessa atividade revolucionária, Ernst Wollweber, cuja habilidade igualmente o relacionaria, como Johnny Graaf (visto no capítulo anterior), a atividades conspirativas; nessa ocasião, ainda como foguista, liderou um motim em um dos navios da esquadra alemã no sentido de abortar uma última tentativa de ação contra a Inglaterra.

A *ação política revolucionária* foi bem-sucedida, alastrando-se, e uma semana depois, com os oficiais imobilizados e a esquadra paralisada, houve o içamento da bandeira vermelha, atuando Wollweber junto com outros marinheiros no sentido de jogar uma pá de

---

11 Contudo, há uma polêmica sobre essa questão, e teses contrárias a essa linha de exposição indicam que o desgaste dos marinheiros quanto à continuidade da guerra, confrontando a posição dos oficiais da Marinha, seria a razão maior que resultou, em um primeiro momento, nas muitas rebeliões e motins nos navios da Armada, além de haver razões corporativas, disciplinares ou estruturais internas (Horn, 1969; Haffner, 2018).

cal na Monarquia alemã. Após um tempo em Moscou cursando espionagem, sabotagem e atuação conspirativa, sua *ação política* teve continuidade entre os marítimos, em particular com uma presença significativa na resistência ao nazismo, mas também intervindo, junto a marinheiros e estivadores suecos, dinamarqueses, na danificação ou no afundamento de navios de abastecimento das potências do Eixo. Por fim, entre 1937 e 1939, ele seria o encarregado do Departamento de Organização do Bureau Ocidental do Comintern, tendo atuado na antiga Alemanha Oriental; sua fama, correta ou não, o levaria a ser identificado em dezenas de outros casos de sabotagem ao longo das décadas seguintes, por vários países (Whiting, 1986, p.97-98).

Uma segunda fonte advém de informações da vivência de Johnny Graaf, agente duplo cuja experiência política associada a uma formação militar e treinamento o qualificou para uma primeira intervenção junto aos militares da Romênia, outra depois na Inglaterra no início dos anos 1930, além de passagens por China e, posteriormente, Brasil. Sua atuação naqueles dois primeiros países ocorreu a partir de contatos já estabelecidos, provavelmente por membros da Juventude Comunista, e sua entrada em cena, pelo exposto anteriormente, demandava uma intervenção mais específica, tendo em vista a organização de células, e conduzida por um quadro mais preparado.

Na Romênia, Graaf atuou junto a jovens quadros partidários no sentido de organizar células vermelhas nos quartéis do Exército e instruir o uso de códigos, medidas de segurança. Dado o quadro caótico em que se encontrava o Exército romeno, e com nítida diferença de classes entre oficiais e soldados, tendo os últimos total desprezo pelos primeiros, pela ostentação de um padrão de vida luxuoso oposto às péssimas condições dos praças, o resultado político, em poucos meses, foi a formação de seis células nos quartéis da capital e arredores. Apesar do crescimento do fascismo na Romênia, o saldo de seu trabalho junto aos militares foi por ele avaliado como positivo, embora mencione dificuldades de outra ordem não equacionadas entre os comunistas romenos (Rose; Scott, 2010, p.183-199).

Na Inglaterra, Graaf foi designado, ainda no mesmo ano de 1931, para uma missão correlata, cuja situação interna nas Forças Armadas, com ameaças de corte de efetivos, além de drástica redução de soldos entre os praças e corte de benefícios dos militares, era vista pela IC como extremamente positiva para uma ação revolucionária. Sua missão se daria junto ao Partido Comunista da Grã-Bretanha (CPGB), tendo em vista um motim, especialmente devido ao moral baixo, e havia em curso um trabalho antimilitarista. A despeito dos evidentes exageros mencionados em sua memorialística, consta a circulação de um periódico clandestino entre os militares, o *Soldier's Voice*, distribuído nas unidades do Exército e da Marinha. Segundo ele, essa inserção era limitada, mas, a partir de um intenso trabalho de reorganização do Setor Militar do CPGB, em pouco tempo havia mais três outros tabloides, o *Red Army*, o *The Red Soldier* e o mais popular de todos, *The Red Gun*, distribuídos de forma eficaz pelos portuários nos navios da Marinha.

Talvez o dado maior e comprobatório sobre a efetividade do trabalho do Setor Militar, ou mesmo o receio de que sua presença se alastrasse, adveio em resposta ainda no ano de 1934: uma nova legislação repressiva, a Lei de Incitação ao Descontentamento, cuja reação pelos marinheiros foi o início de uma operação-tartaruga nos navios de guerra ancorados em várias bases inglesas, demonstrando seu descontentamento, e que resultou na dispersão dos navios da esquadra. De qualquer forma, o Motim de Invergordon, a despeito de ter sido propagandeado pela imprensa como expressão maior de uma efetiva capacidade organizativa do CPGB, teve resultado positivo na medida em que a política repressiva até então proposta foi reavaliada, em especial quanto ao não corte dos soldos, embora ao custo de dezenas de marinheiros expulsos da Armada. Graaf, depois, ainda atuou na China, lecionando táticas de guerrilha para os soldados e, em seguida, foi designado com o mesmo objetivo para atuar entre os militares brasileiros, ao que tudo indica, como visto no capítulo anterior, sem maiores resultados, principalmente por ter sido mantido a distância por Luiz Carlos Prestes (Ibid., p.201-218, 245).

Setor Militar: o início

Inicialmente, é importante ressaltar que o processo de intervenção da Juventude Comunista entre os militares no Brasil e a formação do Setor Militar terão uma orientação correlata à dada aos demais partidos comunistas pelo mundo, em especial entre seus atores e autores. Há, no entanto, um parêntese a ser explorado. O entendimento do Tenentismo como expressão do comunismo será igualmente uma determinação sobre as concepções da IC relacionadas aos Exércitos na América Latina e, tudo indica, influenciará suas análises sobre 1935. Ao mesmo tempo, há um equívoco sério nessa leitura: além de ela ser realizada antes da formação do Setor Militar no Brasil, associa os movimentos tenentistas e a Coluna Prestes como exemplos de um resultado satisfatório. Ou seja, sugere que são considerados focos positivos desse trabalho em Exércitos, mesmo que fosse algo que estivesse descolado da realidade interveniente dos comunistas como expressão do trabalho antimilitarista (que veio a existir de forma organizada depois), embora já houvesse alguns esforços militantes anteriores, como procuramos abordar. Mas não era a única leitura.

A título de ilustração, recorro a alguns apontamentos de outro dirigente da IC, Orestes Ghioldi, o qual ressalta haver três tipos de Exército, remetendo à especificidade sul-americana. De início, o *mercenário*, cujo trabalho antimilitarista encontra dificuldades; o segundo, o do *serviço militar obrigatório*, cuja forma outra era inexistente na América Latina. Por fim, alertou para um terceiro tipo advindo de uma evolução do tipo mercenário, cujo contexto de um militarismo moderno refletia em uma forma de capitalismo em curso na época, o *misto*. Este modelo último refletia polícias militarizadas, gendarmes, guardas especiais como expressão de um Exército moderno.

No caso brasileiro, ele sugere que, em alguns estados do Nordeste, as polícias estavam submetidas ao coronelismo, diferentemente da situação dos estados do Sul, em particular São Paulo e o Distrito Federal. Em sua análise, não há diferença na relação de Estado quanto a essas forças julgadas mercenárias, até porque sua relação não é mediatizada por interesses locais, embora elas conflitassem pelo domínio e controle do Estado moderno. Ghitor, inclusive, recomenda evitar a bandeira de redução do serviço militar obrigatório, ou mesmo a adoção de formas mais democráticas, ou a democratização dos Exércitos, por entender que tendem ao fortalecimento de modelos mercenários. A exigência do fim do serviço militar obrigatório, em sua leitura, seria aceitável se associada a outras medidas, como dissolução dos corpos mercenários e armamento do proletariado. Ao final, contestava o direito das Forças Armadas em não intervir nos conflitos armados entre capital e trabalho, um equívoco, que daria às massas a ilusão de democratização de um Exército e de neutralidade em face da luta. Sugeria uma palavra de ordem mais radical: "Confraternização dos soldados e marinheiros com operários e camponeses em luta" (Pinheiro, 1991, p.184-185).

Polêmicas à parte, e percebe-se que são muitas entre os vários teóricos da IC, somente em outubro de 1929, ou seja, bem pouco antes das deliberações do III Pleno do Comitê Central, é que se apresentou aos comunistas brasileiros a orientação de se criar o Setor Militar. Coube a Leôncio Basbaum, na condição de membro do Comitê Central e à frente do Congresso da Juventude Comunista do Brasil (JCB), a tarefa de incluir o "trabalho Antimil" na agenda política e organizacional da entidade. Uma curiosidade nessa diretriz é que, apesar de ser uma política secreta, instruções foram trocadas por telegrama de maneira aberta, aparentemente sem maiores consequências. A despeito de uma pequena variação quanto à data de origem (Basbaum indica janeiro de 1929, num telegrama recebido por Astrojildo Pereira), a orientação tinha um duplo significado: realizar propaganda política entre a juventude das Forças Armadas e pavimentar uma estratégia específica junto aos militares.

Entretanto, desde 1927 já havia uma estratégica política de intervenção e agitação nas Forças Armadas no Brasil, com a organização de células comunistas, exposta de forma ostensiva nas páginas do jornal *A Nação*. Nele, a militância refletia o ambiente entre os militares com a publicação de cartas, manifestos revolucionários, denúncias e reivindicações dos marujos da esquadra, e de praças em quartéis do Exército (Moraes, 1994, p.177; Sodré, 1996, p.369). Em 1928, bem pouco tempo depois de seu fechamento pelo governo Bernardes, temos o solitário registro de um primeiro jornal especificamente dirigido aos militares, *O Jovem Proletário*, editado pelo Comitê Central da Juventude Comunista (Carneiro; Kossoy, 2003, p.194-195). Pela data de sua fundação, percebe-se que sua origem antecede em alguns meses a própria formação do Setor Mil no Brasil; aliás, o periódico nem é citado por Basbaum (1978). Provavelmente, essa lacuna memorialística decorre do fato de que sua primeira fase tenha durado de janeiro a abril daquele ano, portanto, sem sua presença à frente da UJC, com sua segunda fase acontecendo no pós-1930, concomitante ao seu afastamento do PCB. Em meio às publicações da época, havia um boletim interno editado pela Federação da Juventude Comunista, no qual há pistas sobre o trabalho entre os militares da Juventude Comunista. Numa passagem, assim é exposta a política de intervenção:

> Realizar agitação, sem perca [sic] de um só minuto, nas fábricas, nos quartéis, nos navios de guerra, nas organizações esportivas, nos sindicatos, nas escolas e em todas as partes que hajam [sic] jovens explorados. É necessário reforçar nosso trabalho revolucionário entre soldados e marinheiros, para apressar o processo de desagregação do exército burguês e sua passagem para as fileiras do exército proletário na luta contra o imperialismo. (Bertolino, 2012, p.54)

Denominado, a princípio, de Comitê Militar, o Setor Militar do PCB foi a primeira iniciativa de intervenção orgânica de esquerda conhecida nas Forças Armadas no Brasil. As informações sobre a estrutura inicial são esparsas, mas contava com cinco membros, tendo por objetivo maior manter e estreitar relações com oficiais envolvidos nas conspirações; estar alerta para quando eclodisse a terceira explosão revolucionária; e nela participar com armas na mão, organizando formações paramilitares, a exemplo da *Rote Front* alemã. Das poucas referências sobre as atividades do Comitê junto à Marinha de Guerra e ao Corpo de Fuzileiros Navais, sabe-se que

MILITARES E MILITÂNCIA 293

houve reuniões com militares do Exército, uma delas com a presença de Cordeiro de Farias. Noutras situações, assumindo a condição de um parente, Basbaum registrou encontros que teve com Estillac Leal, na ocasião, hospitalizado e incomunicável. Eram encontros exploratórios e de sondagem, para "conversas preliminares", como escreveu em suas memórias, e, conquanto intermitentes e na cautela requerida, admitiu que nenhum deles soube que essa atividade era de fato o trabalho do Antimil. Tanto é que não houve mais referência alguma sobre esses históricos personagens, e mesmo Cordeiro de Farias parece não ter percebido o significado daquela presença, já que não há nenhum registro sobre o fato em suas memórias (Basbaum, 1978, p.73; Farias, 1981).

Há, em seu relato memorialístico, a recuperação da atuação do Comitê Militar junto aos baixos escalões das Forças Armadas por meio de células e sua articulação na Marinha. Em alguns navios de guerra, bem como junto aos fuzileiros navais, havia organização de células comunistas, e o contato se estabelecia por meio de uma alfaiataria militar localizada em frente ao prédio do Ministério da Marinha, cujo proprietário era do PCB. Sem despertar maiores suspeitas, passava-se o material partidário dentro de um jornal. Um dos instrumentos utilizados para essa intervenção foi o periódico *O Triângulo de Ferro*, em cujo emblema um operário, um camponês e um soldado apareciam de mãos dadas, sendo depois incluída nesse logotipo a figura de um marinheiro, decerto com o intuito de expressar o reconhecimento e a importância política da Armada dada pelo Comitê Militar. Não há dados sobre sua periodicidade ou tiragem ao longo daqueles anos, e talvez nem tenha sido o primeiro periódico comunista a intervir junto às Forças Armadas (consta a presença anterior de *O Jovem Proletário*); mas, posteriormente, o jornal adotaria o nome de *União de Ferro*, constituindo-se na maior referência para os militares comunistas até 1935.[12]

---

12 Vale dizer que, nos anos 1950, conjuntamente com outros periódicos comunistas dirigidos aos militares, reapareceria o *União de Ferro*. Porém, da mesma forma como esses jornais do período inicial que enfocamos neste ensaio, não há sobre eles literatura específica. Em ambos os períodos, mesmo residual enquanto

A singularidade da organização do Setor Mil à época bem chama atenção, aliás, é destacada por Basbaum (1978) em suas memórias quando esteve à frente da organização, e seria praticamente uma constante ao longo de sua história. Somente ele tinha contatos com os membros de uma célula, e, face a uma situação de estrita clandestinidade que caracterizou a organização ao longo das décadas seguintes, a cautela era mais que necessária. Reuniões eram realizadas em locais diferentes, inclusive na praia, como um encontro de simples banhistas; ou em horários de rush, geralmente com uma única pessoa ou contato, quando então era entregue o material informativo, trocavam-se informações e se passava a orientação partidária. Havia um código, segundo Basbaum (1978, p.74)

Na possibilidade de que explodisse algum movimento militar quando estivesse fora de suas bases, estabelecemos um código para cartas ou telegramas, muito simples e muito seguro, baseado em um livro qualquer, o mais inocente possível, em duplicata, um dos quais ficava comigo e outro com eles, um grupo qualquer, um código de três algarismos em que o primeiro significava a página; o segundo, a linha; o terceiro, a letra. Um código moroso, que, todavia, não chegou a ser utilizado senão a título experimental, duas ou três vezes.

Pouco tempo depois, as vicissitudes partidárias tencionariam Basbaum com a linha política oficial do Partido Comunista, mas com o historiador ainda à frente do Setor Militar numa última tarefa em São Paulo. O encontro foi com um oficial do Exército em um apartamento repleto de bombas caseiras. Sem fornecer maiores detalhes, registrou o esforço feito para o ocultamento daquele material.

possibilidades concretas de intervenção, há uma hipótese em aberto em face da brevidade de suas existências; esses jornais, entre outros, refletem a preocupação e o esforço do PCB em intervir de forma organizada junto aos militares. A título de ilustração, houve também, nessa fase até 1935: *O Marujo Vermelho, A Âncora, O Soldado Comunista, Infante Vermelho, O Jovem Proletário, O Liga, O Soldado Vermelho, A Sentinela Vermelha*. Ver Vianna (2007, p.396); Chilcote (1982, p.382); Maffei (1984, p.66); Carneiro; Kossoy (2003, p.194-196, 216-219).

Depois, não há maiores informações suas atuando junto aos militares, salvo o registro isolado de uma palestra sobre as atividades do Setor Militar para o Bureau Sul-Americano da IC sediado no Uruguai. Não se sabe se houve uma relação direta dessa exposição (da qual ele não teceu maiores comentários sobre o conteúdo) e das subsequentes análises produzidas pela IC sobre a intervenção do Partido Comunista junto aos militares, quadro que permanece com muitas perguntas em aberto; mas, se houve, ao que tudo indica, ela se refletiu na forma de entusiásticos e controversos informes sobre o Antimil no Brasil, como veremos. Passados os anos, percebemos que foi uma leitura um tanto distante de uma aproximação efetiva com a realidade, e não foram poucas as controvérsias sobre essa primeira experiência do Setor Militar no Brasil.

A caminho da revolução

Luiz Carlos Prestes não valorizou essa primeira intervenção da organização junto aos militares, e, em face da expulsão de Basbaum do PCB e o aborto da projetada revolução tenentista, o Comitê Militar seria dissolvido pouco tempo depois. Não desapareceria a organização, e sim os vínculos daquela direção com os militares, embora alguns dos pressupostos que nortearam sua intervenção, particularmente o trabalho reservado e clandestino, continuassem a ser uma das molas mestras características do organismo. Talvez a crítica maior de Prestes pelo fracasso daquela primeira experiência se deva a uma outra razão registrada por Pierre Broué: o papel que deveria ser desenvolvido pela Juventude Comunista. Isso explica o fato de o historiador ter sido encarregado de dirigir o Setor Militar quando de sua formação inicial, e não um militar. Posteriormente, outros assistentes políticos assumiriam o Setor Mil, tendo à frente sempre militares, e recuperando o projeto inicial de intervenção orgânica militarizada junto às Forças Armadas.

Esse, contudo, é um aspecto a ser avaliado, bem como as formas como sua presença se manifestou nos vários segmentos militares. Sua intervenção até 1935 é um pouco mais conhecida, até porque, com a adesão de Prestes ao comunismo e a consequente entrada de muitos militares no PCB, o Antimil foi o setor partidário que mais cresceu exponencialmente, e os militares iriam compor a maioria do Comitê Central por mais de uma década, mesmo havendo lacunas importantes para apreender suas particularidades enquanto esfera de organização. E são muitas. Não há conhecimento – até a vinda de Prestes ao Brasil – de um nome que ficasse responsável direto pelo Antimil, como foi o caso de Basbaum, na fase anterior, ou, como já sinalizado anteriormente, de Almir Neves, seu responsável nos anos 1950. Salvo estes, outros desses assistentes são pouco conhecidos, dos quais nem todos foram militares. Em São Paulo, no ano de 1933, consta ter havido células em alguns quartéis do Exército e na Força Pública, e à frente da direção, um antigo oficial do Exército, João Raimundo, vulgo Tupi, mas tendo por assistente o jornalista Hermínio Sacchetta. Ao que tudo indica, por recomendação da liderança comunista, o Setor se absteve de participar do levante de 1935, embora a cautela se justificasse, uma vez que, internamente, havia uma eficiente infiltração policial. Uma segunda pista advém de registros de um documento policial, indicando, sem muita precisão, que Câmara Ferreira, antes de ser preso, teria sido o encarregado do Setor Militar durante um período nos anos 1940 (Silva, 2010, p.88; Dulles, 1985, p.37, 220).

Portanto, vale atentar para a hipótese de haver uma razoável autonomia do Setor Militar em relação ao Comitê Central, mesmo no Rio de Janeiro. Um dado a mais chama atenção e fundamenta essa linha de análise: entre 1929 e 1935, o Partido Comunista teve oito dirigentes à frente da secretaria geral. Face às suas características de clandestinidade e por estar à parte da estrutura partidária, bem como de suas vicissitudes, esse aspecto contribuiu para sua preservação e, principalmente, sua autonomia. Aliás, essa seria uma característica do Setor Mil em vários momentos de sua história depois 1935, e mesmo no pós-1964. Voltaremos a este ponto, já que há outros a serem destacados.

Além da alta rotatividade na direção, vale dizer que muitos dos dirigentes comunistas eram bem pouco confiáveis em suas análises do quadro político. Um deles, que assumiria em 1934, o ex-sargento Antonio Maciel Bonfim, mais conhecido pelo codinome Miranda, era famoso pelas fantasiosas análises sobre a evidenciação da presença dos comunistas nas Forças Armadas, que só refletiam, em última instância, o seu quase desconhecimento da situação política brasileira. De certa forma, em função de seu alto prestígio e influência na ocasião, seus informes foram aceitos com credibilidade por Prestes e pela IC; não cabia a eles nenhum questionamento quanto à veracidade dos dados oferecidos pelo dirigente comunista em razão do cargo que ocupava – de secretário-geral –, o mais importante da estrutura partidária. Um exemplo é o documento de fins de 1934, em que Miranda (apud Zimbarg, 2001, p.107) relata uma situação na Marinha e no Exército muito questionável quanto ao real efetivo da presença comunista entre os militares, mas exposta com argumentos tão detalhados que, certamente, induziria qualquer leitor a entender que o Brasil estava numa situação pré-revolucionária.[13] Algumas dessas passagens são elucidativas, indicando que:

[...] Temos uma influência cada vez mais crescente, no Exército, sobretudo, e também na Marinha e na polícia. A nossa influência é de 70% no Exército, depois das desilusões crescentes dos soldados nos demagogos e esquerdistas, e depois da entrada de Prestes no partido, pois este camarada tem um enorme prestígio nas Forças Armadas. Esta influência se caracteriza na medida em que organizamos a massa de soldados e elevamos o nível político das nossas organizações partidárias no Exército, polícia e Marinha. Entre Exército, polícia e Marinha, tínhamos, em julho de 1934, mais de 45 células e alguns comitês de lutas. Destas 45 células, mais de 30 no Exército (no Rio, só no Exército temos 16 células), depois policiais, umas 12, e o resto Marinha (4). Os centros onde temos mais força são Rio, São Paulo, Nordeste, Rio Grande do Sul, Campo Grande.

---

13 Uma cópia completa desse documento pode ser acessada no link da Fundação Dinarco Reis vinculada ao PCB: <http://pcb.org.br/fdr/index.php?option=com_content&view=article&id=237:em-1934-pcb-informa-ao-comintern-estrutura-militar-do-brasil&catid=1:historia-do-pcb>.

De fato, havia algumas células nas Forças Armadas e nas polícias de vários estados brasileiros, mas nada que se aproximasse do estratosférico número relatado – 70% no Exército –, já que o cenário político em 1934 não sugeria uma situação pré-revolucionária como a exposta pelo então secretário-geral, algo que seria ferozmente criticado *a posteriori*.[14] Entretanto, como eram frequentes as revoltas em guarnições do Exército, indicativo de que havia uma radicalidade maior entre os militares à época, um aspecto chama atenção, e talvez tenha contribuído para a apreensão de uma leitura sobre um quadro extremamente caótico nas Forças Armadas: a situação dos sargentos. Suas possibilidades de ascensão profissional foram abortadas, e, ao contrário dos oficiais, foram-lhes negados direitos ou mesmo a progressão na carreira sob normas tais como baixa obrigatória após oito anos de serviço; ou, no limite, um reengajamento condicionado a determinadas condições; ou mesmo baixa por limite de idade, bem como já estavam em curso ondas de licenciamento, com consequente desligamento de muitos deles. Decerto, isso contribuiu para um questionamento do modelo de relações hierárquicas e disciplinares. Tanto é que, no ano de 1933, corria em alguns quartéis a "Circular secreta dos sargentos revolucionários", documento elaborado por uma *entidade secreta* (leia-se: o Antimil), composta por 417 sargentos, com instruções de um levante de classe, e também com várias reivindicações nessa linha mais igualitária.[15]

---

14 Quanto às localidades citadas, não restam dúvidas de que, em muitas, havia mesmo essa presença e há alguma bibliografia comprobatória. O curioso é em relação a Campo Grande, pois informações recentes sugerem que havia ali alguma atividade do Setor Militar, tendo ocorrido vários levantes no início dos anos 1930 (Bessa, 2010); ou perceptível na trajetória do coronel Euclydes de Oliveira em Bittar (2005); Lobo e Costa (1983, p.153-187).

15 A) a criação de um quadro de suboficiais em substituição ao de sargentos, com melhorias características, não se permitindo a demissão; B) serviço permanente nas fileiras até a reforma; C) aumentos dos vencimentos, os oficiais apenas assinam; D) revogação dos números 1, 2, e 3 do art. 340 do RISG (reivindicação dos oficiais com relação à aplicação das punições; E) "o suboficial deve amor, respeito e obediência etc. ao oficial, contudo não é necessário falar-lhe com a

Na Marinha, havia desde a década de 1920 um cenário de agitação pouco conhecido, porém temos alguns apontamentos que sugerem uma crescente presença militante à esquerda em vários navios da esquadra, evidenciada nos anos 1930 por um singular esforço de mobilização e intervenção do Setor Militar do PCB. Entre os reflexos desse esforço, um primeiro indicativo é a "Carta aberta de março de 1931", na verdade um forte apelo de Luiz Carlos Prestes aos marinheiros, propondo um programa revolucionário com o objetivo de forjar uma aliança com o proletariado. Entre denúncias e conclamações, a carta procurou chamar atenção ao fato de que os marinheiros (e também soldados) eram utilizados de forma indigna por seus oficiais, e os conclamava, numa passagem, a usar suas armas contra seus chefes, além de se organizar em conselhos (Dulles, 1977, p.380). Talvez o resultado dessa carta e mesmo dessa política possa ser auferido anos depois. Há ainda o IPM "Relatório de 10 de março de 1937", do comandante Lúcio Martins Meira, denunciado posteriormente como torturador, que chamava atenção sobre a "liberdade inconsciente", segundo suas palavras, referindo-se à venda e distribuição de jornais a serviço do Partido Comunista, a destacar a *Manhã* e o *Jornal do Povo*, com "nossa excessiva complacência", alertando ainda, neste documento, para o teor da divulgação em curso, propaganda "insidiosa", cujo objetivo era a destruição da Marinha. A leitura desse denso relatório é ilustrativa, e resgata a considerável agitação de seus militantes, em alguns casos, indicando conexões com o Exército, mas também propiciando um interessante organograma do Setor Militar, nunca revelado de forma parecida ou com tantos detalhes em outras fontes oficiais, ou documentos partidários. Segundo o IPM, em sua intervenção:

> Estructuravam-se em perfeita ordem hierárquica sob direcção superior de um comitê denominado "Secretário Político" da Marinha. [...] Este comitê recebia intrucções dos dirigentes do partido

mão à pala". NA. AGM 1933, Circular Secreta dos Sargentos Revolucionários (Costa, 1986, p.274-275; Lobo; Costa, 1983, p.157).

comunista e com elles se ligava por intermédio da "Comissão Anti-militar" usualmente conhecida por "Comissão Anti". (Anti militar porque visa dissolver o exército "burguês" e reconstituir um exército anti-militarista, o exército proletário.) Esta comissão controlava a actividade comunista nos setores militares, Marinha, Exército e Polícia. Ao Secretariado, sob seu controle na Marinha, ligavam-se dois comitês, "O Comitê e de Concentração" e o "Comitê Auxiliar". O primeiro tinha por objetivo dirigir a actividade das grandes unidades: "E. Minas Geraes", e "E. São Paulo", Corpo de Fuzileiros e Aviação Naval. O segundo tinha por funcção dirigir os cruzadores, destroyers e navios auxiliares. Os membros desses dois comitês ligavam-se com os representantes dos "Organismos" – denominação dada aos agrupamentos comunistas de cada unidade. Os representantes dos organismos eram secretários dos "Bureaux" ou das Céllulas. Sempre que um "organismo" tinha elementos bastantes para constituir mais de uma cela organizavam-se um Bureau dirigindo-se aos membros das céllulas que pudessem constituir. Ligada directamente ao "Secretariado" existia ainda uma "Comissão de Imprensa", constituída geralmente por cinco membros, controlada por um dos membros do secretariado e tendo por funcção imprimir boletins, jornaes de propaganda, cujos artigos redigia ou recebia de outros membros do partido. [...] O secretariado era composto por quatro membros que exerciam funcções idênticas as das céllulas: secretário, encarregado de organização, thesoureiro e agit-prop. O tesoureiro tinha o encarregado das finanças. O "agit-prop" era vinculado da propaganda. O encarregado da organização era incumbido dos trabalhos de organização e designava secretamente um dos membros da célula par serviços de "e-stafeta" cuja funcção era receber boletins e jornaes de propaganda, circulares etc. em pontos secretamente determinados e levar quaesquer documentos ou recados. Ultimamente foi crescendo cargo do Encarregado de contra-espionagem tendo por funcção identificar os elementos integralistas e elementos suspeitos à organização comunista. Cada um dos membros das células ou "Buereaux" dirigiam elementos sympathisantes que pudessem "organisar" até que suffientemente desembaraçados pudessem vir a constituir outras céllulas.

Ao que tudo indica, o Setor Mil era politicamente bem efetivo em 1935, e neste IPM, entre outras fontes, há relatos de uma quase insurreição nos seguintes navios da esquadra: São Paulo, Bahia, Rio Grande do Sul e Paraíba, insurreição abortada face a um alerta preventivo que levou o almirantado a afastar a Armada do Rio de Janeiro. Dado o cenário de tensão política em que as lutas de classes se operavam entre os militares no Brasil, a ousadia em resposta dos marujos comunistas parecia não ter limites. Não se sabe se há correlação com fato descrito acima – o afastamento da esquadra – com o exposto em seguida, mas alguns marinheiros do Antimil pichariam, não muito tempo depois, a casa do ministro da Marinha com o slogan "Viva o comunismo!", provocação que não ficaria isenta de reação, tendo como consequência, a prisão de 24 de seus membros.

Uma provável explicação para essa questionável intervenção política, talvez reles provocação, sem uma aparente e consequente avaliação, aliás sugestiva de uma total irresponsabilidade cujo resultado imediato foram prisões e processos de expulsão de vários marinheiros da Armada, encontra fundamento na passagem posta pelo historiador Eric Hobsbawm (1995, p.77-79) em epígrafe. A inspiração da Revolução de Outubro levou aquela geração de militantes a dedicar-se a um projeto revolucionário que não conhecia limites quanto aos sacrifícios pessoais, cujo exemplo paradigmático para uma sociedade alternativa ao capitalismo se constituía como possibilidade concreta; ademais, o marxismo e suas teses se construíam enquanto realidade na União Soviética. A despeito de eventuais polêmicas em contrário quanto à factibilidade dessa hipótese,[16] ou outras possibilidades de compreensão, eles poderiam ser entendidos

---

16 Talvez, ainda por hipótese, encontramos uma aproximação dessa leitura com uma outra fonte no Brasil, ideologicamente antípoda, a do capitão-tenente Lúcio Martins Meira, encarregado do IPM citado, que também reconhecia haver entre aqueles militantes um "ideal de felicidade terrena, o Partido Comunista, a mystica que dora em diante os guiaria".

(e se viam) como verdadeiros sujeitos revolucionários, quiçá atores de um palco cujas vontades expressavam, identificando-se com o movimento inexorável da história rumo ao futuro. Mesmo que fossem poucos os militares de esquerda, e o eram mesmo quando comparados ao conjunto de militantes comunistas, concordamos ainda com Hobsbawm, conclusivamente, quando afirma que, sem essa geração, e também as subsequentes, não se poderia entender o longo século XX.

Tanto é que, face ao inconformismo do fracasso da rebelião de 1935 e à violenta repressão advinda sobre os militares comunistas pós-levante, mesmo assim há ainda alguns registros de tentativas posteriores de levantar a Armada. Uma delas previa um motim às vésperas do Natal de 1935 com os cruzadores Bahia e Rio Grande Sul; outra ocorreu depois da prisão de Prestes, em abril de 1936, e deveria levantar, além dos mesmos Bahia e Rio Grande do Sul, também o Paraíba e o São Paulo, tendo a expectativa de adesão de outros vasos de guerra; e, por fim, em junho daquele mesmo ano, consta o aborto de um plano para tomar de assalto o encouraçado São Paulo por marinheiros e alguns civis sob orientação do PCB (Vianna, 2007, p.196; Carone, 1974, p.242; Koval, 1982, p.307; Lobo; Costa, 1983, p.157).

Finalmente, em que pesem os parcos dados disponíveis, percebe-se que o Setor Militar alcançou razoável grau de organização no Rio de Janeiro, em Recife e Natal, cidades onde eclodiria o movimento de 1935, tendo nesses locais uma presença ativa e desempenhando sua intervenção – independentemente dos resultados – com certa eficiência. Neles, há uma curiosa e simbiótica relação. O levante de 1935 foi capitaneado em Recife e Natal por militares comunistas, alguns mais ligados a Prestes que ao PCB; outros tinham uma formação política de esquerda advinda do Rio de Janeiro, onde o Antimil alcançou um espraiamento maior. Alguns fatores também ajudam a explicar a atipicidade desse quadro, afinal, o Rio de Janeiro, maior contingente do Exército, foi palco de muitas revoltas tenentistas; além disso, era ali que o Partido Comunista, apesar de ser um partido nacional, tinha bases sociais mais profundas, com algumas ramificações anteriores entre seus militantes e militares. Uma literatura acadêmica e também memorialística sustenta a tese de que a Escola Militar era um palco de debates (Cunha, 2002; Carvalho, 1997), resgatando o papel que a instituição teve na formação à esquerda de muitos oficiais enquanto membros do Partido Comunista, embora também formasse muitos de direita. Não coincidentemente, alguns deles foram depois designados para servir nas unidades militares de Natal e Recife, estando à frente do levante. Havia outras singularidades naqueles locais. Vários suboficiais comunistas tiveram destacada atuação no processo revolucionário, como o sargento Gregório Bezerra em Recife, e particularmente alguns em Natal. Lá, antes do levante, houve a adesão ao comunismo do sargento Quintino e do cabo Giocondo Dias, este futuro secretário-geral do PCB, ocorrendo, em paralelo, o ingresso de doze cabos e cinco sargentos, e a formação de uma célula atuante no 21º Batalhão de Caçadores. Dirigida pelo Antimil, a célula passou a ter uma atuação política organizada, e o trabalho revolucionário consistia em passar e receber literatura marxista-leninista, orientação partidária, ações que se desenvolviam satisfatoriamente nos quartéis às vésperas de 1935. Análoga a essa presença, havia militantes em praticamente todas as fábricas potiguares (Vianna, 2007, p.248; Oliveira, 1985, p.54; Alves Filho, 1987, p.38).

Evidente, somente isso não explica a erupção desses movimentos, quiçá, a efetiva inserção do Setor Militar no Rio Grande do Norte; até porque também influenciavam no processo político questões locais e regionais, bem como corporativas. Vale dizer que os contatos entre civis e militares comunistas eram frequentes na capital, e havia certa autonomia do Setor Militar com a direção do PC. A própria decisão de precipitar o levante ocorreu face à insatisfação dos militares nos quartéis, confrontando a orientação partidária, situação diferente do quadro insurrecional de Recife. Voltaremos a este ponto, mas, como bem analisa Marly Vianna (2007, p.84), o quadro efetivo sugeria um otimismo além da conta. Em suas palavras:

O trabalho do "Antimil" esteve sempre ameaçado pelo unilateralismo em sua avaliação. Por suas características estanques e conspirativas, tanto as informações que vinham das unidades militares quanto a sua transmissão à direção do partido ficavam nas mãos de poucas pessoas que, em geral, faziam um julgamento tão otimista quanto subjetivo da situação. Qualquer descontentamento dos quartéis ou navios era tomado como "espírito revolucionário" de toda a guarnição, alimentando as fantasias do PCB. Formou-se na direção nacional a ideia de que havia uma grande desagregação nas Forças Armadas e que seria fácil mobilizar as unidades militares para uma revolução por ela comandada.

De fato, essa leitura encontra fundamento em relatos sobre suas atividades do período, e isso decerto influenciou os vários informes da IC sobre a presença exponencial dos comunistas nas Forças Armadas. Principalmente, conflui enquanto uma interface que esse equívoco levou a graves erros de avaliação, já que os militares comunistas não perceberam as mudanças nas Forças Armadas desde a Coluna Prestes, especialmente após o fracasso da Revolução de 1932, que possibilitaram o restabelecimento da hierarquia e da disciplina no Exército. Naquela conjuntura política, significava que o comando de tropas não era mais dos *tenentes*, e sim dos generais, embora não somente destes. A derrota de 32 permitiu a recomposição de solidariedades anteriormente frustradas, e que refletiu no enfraquecimento da jovem oficialidade tenentista, já que muitos deles, se não a maioria, foram cooptados e integrados à estrutura do aparelho do Estado. Como resultado, o Exército em 1935 era uma outra instituição, mas, mesmo assim, o Antimil surpreenderia muitos veteranos militares da ativa, ex-tenentes dos tempos da Coluna, como Cordeiro de Farias (1981, p.224), que assim registra em suas memórias: "O que mais impressionou a todos foi constatar que uma conspiração comunista havia feito tantos progressos dentro da organização militar. Foi espantoso [...], todos ficaram impressionados".

Essa não é uma leitura isolada. Qualquer que seja a dimensão positiva e entusiástica militante nas Forças Armadas em 1935, de fato chama atenção essa presença à esquerda na leitura de muitos interlocutores, muitas delas corroboradas por Prestes e assistentes da IC no Brasil. Uns, com tons marcadamente triunfalistas sobre a derrota de novembro de 1935, procuraram tirar conclusões positivas, como Arthur Ewert (apud Pinheiro, 1991, p.315), que, depois, seria preso e trucidado pela tortura nos porões do Estado Novo, análise que seria conhecida somente em 1951, quando publicada no jornal *Voz Operária*. Seguramente se referindo às atividades do Antimil, embora não o citasse especificamente, escreveu: "Somente nas Forças Armadas o partido conseguiu formar organizações disciplinadas, às quais, no entanto, agora, sob as novas e difíceis condições, é necessário dar uma atenção toda especial quanto às regras da ilegalidade".

Autores e atores

Para efeito de análise, importa verificar, na temporalidade deste ensaio, a factibilidade da hipótese sobre a autonomia (ou não) do Setor Mil com o Comitê Central do Partido Comunista, bem como pontuar aspectos de sua intervenção até 1945 (na verdade, um pouco além) no processo histórico brasileiro. Essa reflexão será operada fundamentalmente em um diálogo com as memórias e os livros de alguns de seus membros, a exemplo de Gregório Bezerra, Agildo Barata, Apolônio de Carvalho, Dinarco Reis, José Maria Crispim, Geraldo Campos, militares comunistas históricos do Exército e da Marinha, tendo igualmente a contribuição de um depoimento do coronel Sued Lima sobre seu pai, o sargento da Aeronáutica Henry Lima.

Os primeiros foram militares bem atuantes no Setor Mil até 1935, e à exceção de Dinarco Reis e Apolônio de Carvalho, que ainda teriam uma curta presença militante nas Forças Armadas após quase uma década exilados no exterior, os demais encerraram sua militância entre os militares no pós-1935. Quanto aos últimos, ambos iniciaram sua militância no Antimil pouco antes do término da guerra, mas ainda tiveram uma presença efetiva até a década de 1950. A razão de sua incorporação nessa leitura (eles foram além quando comparados à militância dos demais militares citados) remete à possibilidade de dialogarmos com outra hipótese, a de que o Antimil passou a ser diretamente orientado pelo Comitê Central no pós-1945, e que também sugeria uma intervenção diferenciada face às lições apreendidas – em tese – das quedas de 1935, refletindo, portanto, numa nova concepção organizacional. Veremos que não foi bem assim.

A despeito de haver uma orientação centralizada do Setor Militar desde 1929, trabalhamos com a hipótese de que a organização cresceu autonomamente em várias unidades militares espalhadas pelo país, e se desenvolveu por meio de núcleos isolados nesses primeiros tempos entre 1929 e 1945. Em alguns casos, essas células se rearticularam com a Direção Nacional somente às vésperas de 1935, muito pelo auxílio dinâmico da organização da ANL; noutros casos, pelo fato de o Setor Mil já existir e operar sob condições de estrita clandestinidade, mas somando-se ao processo revolucionário de forma mais incisiva no período. Um dado a mais chama atenção, componente importante desses militares enquanto militantes: o afinco com que se dedicavam às suas funções. Isso tinha um duplo significado. Por um lado, o respeito de seus pares e de seus comandantes; por outro, um eficaz escudo de defesa quanto às suas opções ideológicas desenvolvidas paralelamente ao exercício profissional.

Um deles foi o sargento do Exército Gregório Bezerra (1980, p.204-250). Histórico militante comunista, comentaria em suas memórias que recebeu tímidas influências à esquerda quando soube da Revolução Russa e pelo contato com *A Nação*, jornal sob influência do Partido Comunista. Por meio deste é que teve suas primeiras leituras marxistas, feitas dentro de sua unidade militar. Em janeiro de 1930, filiou-se ao PCB em Recife, mas ficou sem orientação durante algum tempo, servindo em várias unidades do Nordeste. Em Fortaleza, organizou uma célula do Setor Mil com cinco membros, sem qualquer ligação orgânica ou orientação com a direção nacional. Nela, lia-se o material partidário, livros, e se realizavam debates, bem como se faziam ações de proteção em comícios operários contra os integralistas. Com sua crescente popularidade na capital, recebeu a orientação da direção regional de ser discreto e não se declarar membro do Partido Comunista.

Nas páginas seguintes de sua autobiografia, Bezerra recupera a formação de um Círculo Socialista no Colégio Militar, aparentemente outro grupo, embora possa ser o mesmo citado. Era composto por cinco membros que, na falta de uma sede, se reuniam em piqueniques na praia, sendo corrente ali a leitura de Lênin, Gorki, entre outros clássicos, além de atuarem em outras instituições de ensino. Depois, Bezerra registra a organização de uma célula na Brigada Militar, que chegou a contar com treze membros, tendo alguns oficiais entre eles, intervindo de forma decisiva em passeatas e comícios. Tanta agitação na pequena e pacata cidade de Fortaleza não passaria despercebida de seus superiores e colegas de farda, de forma que, aos poucos, Bezerra começou a ter problemas pelo excesso de exposição. Em vista das características da atuação do Setor Militar e da célula por ele dirigida, anotou em suas memórias que esta permanecia estagnada, particularmente pela forte vigilância da oficialidade, embora isso não tenha impedido de ser denunciado como comunista. Após temporada no Rio de Janeiro, regressa ao Recife, onde em 1935 participaria ativamente do levante.

Contatado pelo PCB na cidade, ele ressalta em sua memorialística que, ali, o partido era bem organizado, coeso e disciplinado, e mais uma vez recebeu a orientação de não se expor em tarefas civis, já que sua intervenção se pautaria somente no Setor Militar. Isso trouxe alguns dissabores, até porque, a exemplo de Fortaleza, era sempre procurado por operários para participar na proteção em comícios, proposta que era prontamente recusada. O momento, no entanto, era de formação da ANL e, em função do prestígio crescente no estado de Pernambuco, a entidade encontrava enorme receptividade em todos os segmentos da sociedade. Por orientação da direção, ele começou a atuar junto aos militares e, graças à sua enorme capacidade de trabalho e dinamismo, os resultados não se fizeram esperar, tendo a ANL crescido enormemente entre eles. Após o fechamento desta última, há o registro da exponencial atuação do Comitê Militar (como denominou a organização), fortalecido com a adesão de muitos aliancistas, estendendo suas atividades a vários quartéis do Exército, à Polícia Militar e também à Guarda Civil.

Às vésperas do levante de 1935, essa intervenção do Setor Mil seria duplicada entre as instituições militares, incluindo-se desta feita os Bombeiros. A diferença agora é que sua militância decorria de uma orientação e ligação estreita com a direção do Partido Comunista, já tendo clara a preparação de um levante militar. Nesse sentido, Bezerra (Ibid., p.237) se desdobrava em participar de discretíssimas reuniões para receber orientações e, aos domingos, repassá-las ao Comitê Militar. Apesar das reservas e cautelas, já era um militar altamente suspeito, ressaltando, entusiasmado, numa passagem:

> No Setor Militar estava tudo pronto. Só aguardávamos a palavra de ordem para desencadear a luta armada. Fui chamado ao Comando Revolucionário, onde tomamos conhecimento da situação e das tarefas a cumprir. Às três horas da madrugada, recebemos um telegrama do Rio suspendendo o movimento revolucionário e mandando aguardar nova oportunidade. Saí de carro com um membro do Comitê Regional para desmobilizar as massas concentradas nos subúrbios de Recife, enquanto outros elementos da direção se dirigiam aos bairros para desfazer as concentrações de massa. Isto serviu de experiência e mostrou a capacidade de mobilização do PCB.

Esse registro é de agosto, portanto, antecede em alguns meses o momento do levante que ocorreria em novembro, mas, quando veio a orientação, esses militares foram à luta. Dois aspectos chamam atenção na articulação do Setor Militar em Recife. Primeiro: a organização existente antes da chegada de Gregório Bezerra e por ele dinamizada (grandemente favorecida pela conjuntura política entusiástica da ANL). Segundo: o Antimil, como já acontecia no Ceará, congregava oficiais, suboficiais e soldados conjuntamente nas mesmas células, e sua intervenção estava articulada com orientação partidária, diferente do Setor Militar de Natal. Preso com a derrota do levante, Bezerra seria expulso do Exército, amargaria dez anos de prisão, para então retomar a militância comunista até sua morte nos anos 1980.

Ao que tudo indica, ele não teria mais militância alguma no Setor Militar, mas atuaria na clandestinidade à frente do Trabalho

Especial, setor reservado que intervinha nas tarefas de apoio às lutas em curso, bem como em atividades clandestinas nos vários movimentos camponeses nas décadas seguintes, ou na preservação da estrutura partidária clandestina no pós-1964. Ao final, Bezerra manteria sua adesão e militância no PCB, chegando ao Comitê Central na década de 1980, mas tendo nos últimos anos de sua vida uma dúbia relação com a agremiação após a ruptura de Luiz Carlos Prestes, identificando-se mais com este.

Um outro exemplo, porém com uma trajetória política diferenciada de militar de esquerda à frente do Antimil, é o capitão Agildo Barata (1962), que, antes, fora um expoente histórico do Movimento Tenentista na Revolução de 1930. Exilado em Portugal por discordância dos rumos do processo (e por conspirar contra Getúlio Vargas pós-1932), aos poucos ele perderia suas ilusões com os tenentes que aderiam ao poder, alguns deles amigos de longa data, como Juraci Magalhães. Na volta do exílio, faria gradualmente sua rotação ao marxismo, não sendo o único militar de sua geração nesse sentido: foi, na verdade, uma tendência que prevaleceu em muitos deles. Aderiu ao PCB com a anistia e, pela orientação deste, reintegrou-se ao Exército, embora fosse cauteloso em expor datas e nomes. Chamou atenção o fato de ter sido procurado por seu antigo companheiro C. L., que fazia parte do Setor Militar. Por analogia desses contatos, que igualmente veremos no diálogo com Apolônio de Carvalho, não é difícil supor que C. L. fosse Costa Leite. Seu nome não foi mencionado por razões de segurança, talvez o mesmo estivesse vivo quando da primeira edição de seu livro autobiográfico publicado nos anos 1960.

Pesquisas recentes indicam que Costa Leite foi um personagem singular nesse processo, não somente por ser digno de registro em várias memorialísticas de militares de esquerda, mas pelo fato de ter sido um dos principais conspiradores. Além de Costa Leite possuir uma inegável capacidade organizacional e conspirativa, Zimbarg (2001, p.119) pontua que era ele quem deveria comandar o levante nos três estados do Sul. Em outro relato sobre a Guerra Civil Espanhola, Meihy (2009) corrobora a versão sobre sua importância, acrescentando um dado novo sobre sua trajetória e que somente embasa essa hipótese. Dotado de uma personalidade forte, e bem articulado com o Alto Comando da IC, Costa Leite era quem decidia, no Uruguai, sobre aqueles que poderiam ir à Espanha, e não raro apresentava posições sectárias em seus julgamentos, bem de acordo com a orientação do Partido Comunista. Mesmo assim, era muito respeitado e prestigiado pelos militares brasileiros. Posteriormente, atuaria como combatente na Espanha, no início como instrutor e, depois, como comandante de uma unidade de artilharia.

Entretanto, é no período que antecede a formação da ANL que Barata passou a receber orientação do Setor Militar, embora ressaltasse ter militado durante uns meses, atuando junto com outros militares contra os integralistas e inserindo-se organicamente aos poucos na organização. O curioso em sua reflexão é que, ao contrário de muitos militantes comunistas, ele registra o incômodo e o desconforto de intervir politicamente sob estrita clandestinidade, algo necessário entre os militares, mas que, em sua leitura, era grandemente favorecido pela liturgia comunista. Como já tinha um passado conspiratório como tenente, militância assim era algo que questionava, embora o fato de ter escrito suas memórias após ter sido expulso do Partido Comunista talvez favorecesse esse tipo de reflexão crítica ou condenatória. Transferido para o Rio Grande do Sul antes de partir, teve um contato com a Direção Comunista e, já em Porto Alegre, antes de assumir sua designação em uma unidade militar em São Leopoldo, esteve mais uma vez com C. L., com o capitão Rolim e com um tenente, este último o responsável pelo Setor Mil.

A formação da ANL naquela localidade teria ocorrido por orientação direta do Setor Militar, e nela sua militância encontrou algum efeito, aliás, não somente a dele. A entidade teve uma receptividade inaudita, e seu crescimento em vários municípios também refletiu o respaldo no dinamismo dos comunistas. Sua militância em São Leopoldo, no entanto, não duraria muito tempo, já que foi preso e transferido para o Rio de Janeiro, recontatado por Leivas Otero, que coordenava a célula comunista no 3º RI, cujo efetivo, segundo ele, não passava de uma quinzena de membros entre trinta aliancistas.

Mas, sob orientação do Comitê Revolucionário (como intitulou o Antimil), veio a ordem do levante de 1935, que, na ocasião, respondia diretamente a Prestes.

O epílogo é bem conhecido, e depois disso não há mais menções de sua atuação junto aos militares, em que pese ter se mantido como um dirigente importante até sua saída do Partido Comunista em 1957, optando, após a crise do XX Congresso do PCUS, por caminhos políticos mais próximos do nacionalismo. Por seu relato, percebe-se que sua militância, iniciada em 1934, se desenvolveu quase que osmoticamente sob a orientação direta do Setor Militar, em particular com C. L. como assistente político, seu elemento de ligação, e sempre próximo. Como veremos, C. L. não foi próximo somente dele.

É o caso do tenente Apolônio de Carvalho, cuja trajetória tem nuances curiosas. Ele adveio politicamente do Tenentismo de esquerda, apesar de já haver, na sua época, células comunistas na Escola Militar. Em suas memórias, diz que sua formação política teve a contribuição de outras mediações, uma delas por osmose familiar, outras, associadas a uma série de leituras marxistas que desenvolvia de forma autônoma. A Escola Militar, seguramente, contribuiu para essa rotação à esquerda, tendo ele convivido ali com muitos professores, intelectuais esquerdistas e alunos, entre os quais Nelson Werneck Sodré e Ivan Ribeiro, este último já membro do PCB e atuante na instituição. Designado para servir em Bagé, no Rio Grande do Sul, relata que a ANL é que mudou sua postura inicial de "mero espectador da cena política nacional" (Carvalho, 1988, p.53); ali conheceria muitos militares, alguns extraoficialmente desterrados, que serviam naquele estado por punição. Vários deles seriam decisivos em seu processo de adesão, como o já citado capitão Rolim. Aos poucos, ele se envolvia e era envolvido por canais sinuosos no processo de organização da ANL que, em Bagé, consistia de uma babel ideológica composta por aliancistas, anarquistas e comunistas.

Com a ilegalidade da ANL e o imobilismo decorrente do processo político, resgatou a esperança de sua continuidade justamente no seu novo comandante: o major Costa Leite, o C. L. relatado por Agildo Barata. Mesmo assim, não recebeu mais que vagas orientações. Ao que parece, ele se articulava diretamente com membros do PC e Apolônio, e, até aquele momento, não era filiado ao Partido Comunista, embora soubesse que Costa Leite mantinha um trabalho clandestino. Por meio dele, é revelado um plano de insurreição armada para 1936; e ambos – entre outros – foram igualmente surpreendidos pelo levante de Natal. Sob orientação de Costa Leite (que preferiu fugir a ser preso), Carvalho se deixou prender, até porque foi alertado de que nada havia de suspeitas quanto a sua participação, sendo encaminhado junto com outros militares para o Rio de Janeiro.

Na prisão, emerge o mais interessante do seu relato sobre sua rotação ao Partido Comunista: nela entraria na condição de um tenente de esquerda, para dela sair um militante comunista. Só não ocorreu sua incorporação oficial porque havia uma norma partidária de não recrutar quadros na prisão. Admitiu que sua reflexão e sua intervenção política adquiriram naquela prisão contornos apaixonados no sentido de mudar o mundo. Decerto, aquela seria a primeira escola de formação política brasileira, aliás, uma verdadeira universidade popular, embora não tenha sido a única no período, e não somente para ele, mas para muitos militares e militantes (Carvalho, 1988, p.63; Batibugli, 2004, p.74 e ss.; Magalhães, 2012, p.123).

Contudo, a orientação anteriormente recebida foi acertada, já que, beneficiado pela Macedada (a parcial anistia política concedida por Vargas), Apolônio de Carvalho e centenas de presos políticos sem processos foram libertados, e ele logo seria contatado pelo Setor Militar. A partir de um encontro com Octávio Malta (1969), futuro autor de um clássico sobre o Tenentismo, e já sendo implícita sua condição de membro do PCB, receberia – assim como outros militares –, a tarefa de seguir na Guerra Civil Espanhola:

> Os espanhóis, portanto, precisam urgentemente da ajuda de militares, da sua experiência profissional, e por isso o partido tem pensado muito nos oficiais e praças de pré expulsos após novembro de 1935. [...] O mundo, continua Malta, está diante da ameaça fascista, e a Espanha é hoje o principal bastião contra esse perigo comum.

Ajudá-la é, com certeza, dever primordial do militante [...] E há outro motivo, diz Malta, para combater na Espanha republicana – aí o povo ergue bandeiras semelhantes, se não idênticas da ANL. Sob a direção da Frente Popular espanhola não faremos mais que dar prosseguimento à nossa luta. O mesmo combate, só que em terras distantes. (Carvalho, 1988, p.77)

Para um revolucionário e internacionalista, os argumentos eram mais que suficientes e adquiriam contornos singulares de continuidade ao ser reforçado pela associação daquela tarefa com a agenda política nacional com a qual lidara havia pouco. Carvalho faria um caminho tortuoso rumo à Espanha, passando pela Bahia, governada por Juraci Magalhães (que o auxiliou com recursos para viagem), curiosamente um dos locais onde o PC teve sua estrutura razoavelmente preservada após as quedas de 1935. Ele não foi o único, alguns militares comunistas libertados também foram sondados ao mesmo destino ibérico, mas não prosseguiram por razões várias; outros seguiram para o Rio Grande do Sul, onde o Partido Comunista pôde ser reconstruído até 1942 (ao menos em parte, com o secretariado nacional), tendo o apoio de Flores da Cunha, até que este veio a ser deposto por Vargas e o estado sofreria intervenção (Batibugli, 2004, p.94; Zimbarg, 2001, p.152; Meihy, 2009, p.24; Santos, 1948, p.194).

Entretanto, sua presença junto ao Setor Militar que mal se iniciara é interrompida com sua ida para a Espanha, apesar de ter havido em sua rica trajetória uma curta referência quando esteve à frente, na década de 1950, do jornal *O Patriota*, o elo do PCB junto aos militares. Depois dessa fase, não houve mais relação alguma sua com o Antimil, salvo os contatos com os camaradas de armas ao longo de sua rica militância. Posteriormente, face às divergências com a linha política, Apolônio de Carvalho romperia em 1964 com o PCB, fundando, em 1968, o Partido Comunista Brasileiro Revolucionário (PCBR); e, em 1980, participaria ativamente da fundação do Partido dos Trabalhadores (PT), vindo até seu falecimento a ser um de seus mais destacados dirigentes.

Um outro raro e muito cauteloso depoimento memorialístico enfocando especificamente algumas passagens sobre o Setor Mil, mas *coincidentemente* ausentes em seu livro intitulado *A luta de classes no Brasil e o PCB*, é o do ex-tenente da aviação Dinarco Reis.[17] Militar de família modesta do Rio de Janeiro, filho de um afinador de pianos e mãe doméstica, ingressaria por falta de outras opções como soldado na Escola de Aviação, ascendendo paulatinamente na carreira, de cabo a sargento, e daí a tenente. A origem social, destacou, foi uma determinação para que se orientasse pela esquerda; mas, como militar, não esteve imune às influências do Tenentismo, inclusive, participando dos movimentos de 1924 e 1930. Combateria ainda ao lado do governo em 1932, e acreditava sinceramente na ocasião que era necessário um voto de confiança a Getúlio Vargas. Posteriormente, admitiu que havia certa ambiguidade em sua intervenção política, mesmo que objetivasse a vitória das forças democráticas (Reis, 1981).

Na condição de oficial comissionado e para efetivar sua patente a segundo-tenente, teve de se matricular na Escola Militar, instituição que, tradicionalmente, valorizava a reflexão teórica e política, e que tinha, em seu interior, células comunistas e militares próximas ao marxismo. Ao mesmo tempo, as limitações dos movimentos tenentistas no seu tempo levaram o jovem oficial a perceber que aquelas experiências não eram resposta aos problemas nacionais e, mais ainda, o confrontavam a uma reflexão e um questionamento: qual seria a saída política para o Brasil? Reis conhecia, desde 1926, *Dez dias que abalaram o mundo*, livro de John Reed que lhe causara profunda impressão; e, em 1932, teve acesso ao *Manifesto comunista*, cuja leitura

---

17 Percebe-se que a entrevista que deu a Berenice Cavalcante para a dissertação de mestrado dela em 1982 reveste-se de uma particularidade ao se referir à sua intervenção no Setor Militar nas Forças Armadas em 1935, bem como à sua participação na organização, não posta nos livros. Reis, no entanto, ao escrever sobre a trajetória do PCB na terceira pessoa em uma edição de dois volumes publicados em 1981, deixa pistas de que há neles uma sugestiva e intencional omissão de delicados aspectos, particularmente pelo fato de ambos terem sido realizados bem pouco depois de sua volta do exílio, portanto, ainda no quadro de um regime militar em transição (Reis, 1981; 1982).

lhe delineou consistentes referências políticas e ideológicas. Com essa autocrítica sobre o Tenentismo, o despertar pelo marxismo e, mais ainda, o interesse pela Revolução Soviética, ele gradualmente se aproximaria de outros camaradas do meio militar, leia-se o Antimil, e, por meio deles, do ingresso no Partido Comunista.[18] Contrariando outras fontes e depoimentos, Reis (1982) observa em seu relato que a literatura marxista no seu tempo era muito escassa, embora circulassem jornais entre os militares e houvesse palestras com uma intensa e apaixonada discussão política, confluindo na formação de vários grupos à direita e à esquerda nas Forças Armadas. Entretanto, devido ao receio de infiltração policial, ele era visto pelo Setor Mil como simpatizante de esquerda. Pouco a pouco, foi se reunindo, participando de debates e realizando tarefas e, mesmo com dificuldade de precisar a data, integrou-se ao PCB entre 1933 e 1934, passando a atuar como militante engajado na Escola de Aviação Militar.

A arma de aviação do Exército era constituída de duas unidades sediadas no Rio de janeiro, uma delas situada no Campo dos Afonsos. Ali se constituiu uma célula de pouco mais de uma dezena de oficiais que se reuniam com frequência, discutiam política e documentos partidários. Atuando sob estrita orientação do Setor Militar, havia na mesma unidade a presença de outra célula de cabos e soldados comunistas, mas com pouca articulação com os oficiais, segundo ele, "devido à posição hierárquica".[19] Entretanto admitiu, era bem atuante, tendo os praças formado uma associação com cerca de trinta membros. Em suas palavras:

> Apesar de sermos um grupo de militares e não termos, portanto, muita vivência na área civil do partido. Nós constituímos uma organização muito disciplinada, e essas discussões ou posições eram

---

18 Dinarco Reis refere-se ao Setor Militar como grupo, e à célula como sessão (Reis, 1982).

19 Esta afirmação sobre hierarquia igualmente destoa de outros depoimentos sobre a presença de uma militância conjunta entre oficiais e praças no Setor Militar até 1935.

reflexos da orientação que recebíamos da direção. Nós não fazíamos nada por nossa conta. Nós sempre aguardávamos orientação da direção nesse sentido. E era justamente essa orientação, mesmo quando a gente tinha dúvida, que prevalecia, era o que a gente recebia como orientação. Porque nós também éramos um grupo reduzido, com muitas limitações, e não tínhamos contato, as informações que o partido possuía dos meios que tinha [...]. Nós éramos uma organização disciplinada, era uma característica do partido nesta época, nós e a organização dos cabos e soldados éramos muito disciplinados e sempre buscávamos cumprir fundamentalmente aquela orientação que vinha do partido. (Reis, 1982)

Com a formação da ANL e objetivando a constituição de uma frente de esquerda, uma relação política com outros militares pôde ser pavimentada, apesar das limitações em intervir sob normas estritas de clandestinidade do Antimil. A consequente ilegalidade da entidade, segundo ele, se refletiu numa radicalidade mais à esquerda do PCB, favorecendo sobremaneira a leitura de que o cenário político caminhava para uma situação pré-revolucionária. Em última instância, confluiu enquanto orientação para os militares comunistas que a resposta política, inegavelmente, seria via insurreição armada. E ressaltou:

Então nós recebíamos informação de que a situação da classe operária se agravava, havia portanto, espírito de revolta contra aquela situação econômica, social, tudo mais... Isso correspondia, vamos dizer assim, à nossa tendência de militar, em tempo a coisa se encaminharia para um confronto armado. Isso talvez em nós coincidisse com a própria mentalidade de militar, dada a formação. (Ibid.)

Todavia, com a eclosão do levante em Natal, seguido pelo de Recife, a maioria das unidades militares do Rio de Janeiro já estava de prontidão, e não seria diferente na Escola de Aviação. Não havia mais o elemento surpresa, inclusive os aviões tinham sido desarmados na véspera. Mesmo assim, oito oficiais e cerca de trinta alunos rebelados tomaram a Escola de assalto, e a manteriam sob seu domínio por algumas poucas horas. Na luta pela sua retomada, houve violentos combates, com mortos e feridos, já que a Escola se situava estrategicamente ao lado da Vila Militar, a mais poderosa divisão do Exército brasileiro (com considerável efetivo e poder de fogo), não demorando muito aos rebelados perceberem que não havia a menor condição de resistência, não restando alternativa senão a rendição.

A prisão e a consequente expulsão do Exército seriam o epílogo daquele processo armado de 1935, mas não da história de Dinarco Reis. Enviado à Casa de Detenção, ficaria preso por um ano e sete meses, período em que aproveitou para estudar e receber ensinamentos teóricos, que somente reafirmaram sua opção partidária e convicções socialistas. Assim como outros militares e presos políticos, seria igualmente beneficiado pela Macedada, seguindo como voluntário para lutar na Guerra Civil Espanhola como membro das Brigadas Internacionais. Posteriormente, com a derrota da República, atuou na resistência francesa, retornando ilegalmente ao Brasil em 1942.

Aos comunistas, a tarefa principal que se impunha era a reorganização do Partido Comunista, com a atuação de Reis sendo decisiva para reaglutinar os vários núcleos isolados pelo país. Em seguida, ele teve papel de destaque na realização da Conferência da Mantiqueira em 1943, quando foi eleito, pela primeira vez, membro do Comitê Central. Não cabe o desenvolvimento desta reflexão última, alvo de algumas pontuações nos demais ensaios, e objeto de vasta literatura, mas ele continuou sendo um quadro proeminente do Partido Comunista e membro de seu Comitê Central nas décadas seguintes até o seu falecimento. Dinarco Reis (1982) ainda teve uma breve intervenção como assistente político do Setor Militar junto aos operários do Arsenal de Guerra no Rio de Janeiro, cuja organização de base, às vésperas de 1946, era numericamente significativa, dividida em várias células, e, segundo seu relato, politicamente muito atuante. Porém, chama atenção o considerável número de membros citado nessa base comunista: 1.500; mas, independentemente disso, a presença do Setor Militar no Arsenal é historicamente corroborada por outras fontes, algumas até anteriores ao período mencionado (Gomes, 1988, p.52-65). Um relato do almirante Guillobel (apud Duarte, 2012, p.76), no mesmo período, é indicativo de preocupação, assim descrevendo o quadro no Arsenal:

> Quando assumi a direção do Arsenal, disseram-me que ali havia uma célula comunista, cujo maioral era um determinado operário; como me cabia fazer, tomei providências que me pareceram justas para que esta célula não me viesse a causar aborrecimentos; sucede que, ao inaugurar o hospital que construí, denominei-o "Júlio Regis", em homenagem ao meu antecessor; e de que tanto careciam os operários, o tal líder, falando em nome dos companheiros, disse-me: "O senhor é um dos nossos...". Deste incidente decorrem conclusões que devem apreender nossa atenção; primeiramente o perigo que na época atual um procedimento perfeitamente humano e compreensível faz correr um chefe de serviço que quer atender às necessidades de seus subordinados. (Guillobel apud Duarte, 2012, p.76)

Enquanto objeto de investigação, essa presença do PCB no Arsenal da Marinha é algo a ser devidamente resgatado. Na continuidade dessa linha de diálogo, temos ainda um relato sinuoso, para não dizer cauteloso, do sargento José Maria Crispim, aliás, bem reduzido quando comparado aos depoimentos citados, a maioria resultado de amplas e cuidadosas memorialísticas, embora sua trajetória política seja muito significativa. Ele também foi praça do Exército, e um dos militares com mais longa militância no PCB, cujo depoimento ganha singularidade por sua trajetória que o levaria a participar dos eventos de 1935. Foi um dos parlamentares comunistas eleitos à Constituinte de 1946, e membro do Comitê Central. Sempre reconhecido como militante de base, e diferente dos demais depoentes, Crispim permaneceu polemicamente nas hostes do Partido Comunista, mesmo depois da última cisão ocorrida no pós-1989, a que resultou na criação do Partido Popular Socialista (PPS), integrando-se na Refundação Comunista, que se reconstituiria depois enquanto partido com a histórica sigla PCB.

Nesse diálogo, recorreremos como fonte aquele que talvez seja um de seus últimos depoimentos, do qual temos interessantes pistas sobre sua militância na caserna, cuja intenção, manifestou sem rodeios, era fazer uma limpeza de memória, mas "para dizer o que me convém" (Côrrea, 1996, p.292). Ou seja, passados tantos anos, temos um registro de bem poucas linhas, indicativo da intenção do depoente quanto a uma deliberada omissão a respeito. O relato é fundamentalmente um desafio na apreensão de uma presença no Setor Militar que permeou sua militância até os anos 1940; aliás, uma expressão que não utiliza em momento algum, preferindo os termos *grupo* ou *organização*. Por ter servido em Fortaleza, seu relato conflui com o de Gregório Bezerra em algumas passagens, e o complementa em outras, evidenciando uma efetiva militância no Antimil.

Como muitos comunistas de sua geração, Crispim entrou no Exército em busca de melhores possibilidades de ascensão social. No Rio de Janeiro dos anos 1930, fez o curso de sargento, e reiterou que, ao se dedicar a outros correlatos em um Colégio Militar que se chamava Ptolomeu, encontrou o Partido Comunista. Ali começou sua história de engajamento e militância. Chamou atenção que os militares – ele em particular, na condição de praça – não ficaram imunes às vicissitudes políticas advindas daquele *turbilhão de acontecimentos*, a exemplo da Coluna Prestes, da Revolução de 1930 ou da influência do Movimento Tenentista. Discutir com oficiais sobre isso era algo aparentemente comum, e registrou que, nos dias de pagamento na Vila Militar, as calçadas ficavam "coalhadas" de livros de Marx, Engels, Lênin, disponíveis para aquisição dos militares. Ao final, pontuou que no Colégio Militar Ptolomeu passou "a fazer parte do grupo", sendo o pessoal da Artilharia e da Marinha o mais *desenvolvido* (Côrrea, 1996, p.293). O grupo mencionado ao qual se integrou seria uma ativa célula do Antimil, cuja presença era uma característica nas instituições de ensino militar à época.

Sobre o período posterior à sua transferência para Fortaleza, o relato é obscuro, e o mesmo cita Gregório Bezerra, aparentemente sem ligação, embora seja possível supor que tivessem tido contato naquela cidade. Ferido quando serviu nas frentes de combate da

Revolução de 1932, e após seu restabelecimento, quando é confrontado com a precária normalidade institucional decorrente do conflito militar, ele registra que não o deixaram voltar para o Colégio Militar de Fortaleza, o mesmo local que já havia sido destacado por Gregório Bezerra quanto a uma dinâmica atividade do Setor Militar. Ponderou, inclusive, que, ao entrar na Juventude Comunista em 1934 e passar a frequentar os clubes da juventude, havia uma ligação da entidade com os quartéis, bem na orientação anterior dada pela IC – e, como exposto, linha mestra de um tipo intervenção que seria posteriormente criticada por Prestes, em particular quando Basbaum esteve à frente do Antimil. Pelo relato, algumas linhas de intervenção quanto ao papel a ser desempenhado pela Juventude junto aos militares permaneceram em curso, aparentemente inalteradas.

É evidente que sua militância, assim como de muitos outros militares comunistas, não passou despercebida. Era um sargento vigiado, tendo suas atividades cuidadosamente mapeadas, preso em 1935. Porém, seu relato neste tópico é bem cuidadoso, atentando que já havia a organização do partido e da Aliança Nacional Libertadora em seu regimento na Vila Militar. A exemplo de muitos militares, depois de solto pela Macedada, Crispim deixou observações positivas na linha do exposto por Apolônio de Carvalho sobre os cursos ministrados na prisão, bem como a respeito das leituras dos clássicos comunistas, concluindo ao final: "Foi muito bom". Seu relato ainda indica uma quase ida à Espanha e uma militância ativa no PCB, aparentemente, sem maiores registros de uma efetiva presença entre os militares. Não se tratou de um caso isolado, esse afastamento foi uma característica de todos os militares citados, talvez até por razões de segurança. Com a perspectiva de democratização, porém, distantes da caserna, suas trajetórias teriam novos rumos, seja enquanto efetivos militantes, seja, principalmente, como militante comunista.

Numa linha temporal subsequente ao período das quedas de 1935, correlata em muitos aspectos, mas sugestiva de uma nova forma de intervenção do Setor Mil, é que se apresentam os depoimentos do sargento da Aeronáutica Henry Moreira Lima e do marinheiro Geraldo Campos. A militância no Setor Mil deste último teve início entre 1943 e 1944, bem pouco depois de ele ter entrado na Marinha, quando veio a ter seus primeiros contatos com o Partido Comunista, e foi encerrada no final da década de 1950, quando um quadro orgânico é designado para outras tarefas, inclusive no campo. Deter-nos-emos em sua longa trajetória política, ao período em que sua intervenção no Setor Militar se pautou entre a transição democrática e o início da Guerra Fria, até acabar expulso da Armada.

Nascido em Sergipe, filho de um tabelião, e de uma família com cinco irmãos, Campos (2012) ingressaria aos 17 anos na Marinha em janeiro de 1943, cursando a escola de aprendizes em Salvador. Sua entrada na instituição ocorreu com o Brasil em plena guerra, já alinhado aos países que combatiam a Alemanha e a Itália. Finalizou com êxito seu curso de marinheiro, ainda que realizado com período de formação reduzido à metade devido ao estado de guerra. Logo após prestar juramento à bandeira, foi designado para servir no encouraçado Minas Gerais, ancorado, na ocasião, em Salvador. A intensificação do conflito em várias partes do mundo não demorou a chegar às costas brasileiras, e a partir do afundamento de dezenas navios mercantes e centenas de mortos, houve o compromisso da Marinha do Brasil em propiciar proteção aos comboios aliados. Dada a falta de aparelhamento da esquadra nacional, teve início um programa de aquisição de vasos de guerra dos Estados Unidos, e Campos, juntamente com centenas de outros marujos, foi enviado àquele país para receber treinamento e capacitação de novos destróieres.

Comissionado no destróier Bracuí, voltou ao Brasil em 1944, ficando sediado na base de Natal. O jovem marinheiro, que até então não tinha nenhuma noção de política e desconhecia, inclusive, a existência de uma célula comunista naquele destróier, é contatado pelo sargento Manfredo Palma, praça muito capaz e preparado, segundo suas palavras, cuja proximidade lhe propiciou as primeiras lições de marxismo e de luta de classes, bem como sua ligação com o PCB. Por segurança, recebeu um codinome, e teve início uma discreta militância política que o jovem marujo procurou desenvolver por meio de ações de massa com caráter recreativo junto aos seus pares, tarefa que duraria até o final da guerra em 1945:

Nesse curto interregno de dois anos de relativas liberdades democráticas subsequente à Segunda Guerra, período em que houve certa oxigenação política para uma atuação à esquerda no Brasil, é que contabilizamos algumas intervenções relacionadas à presença comunista na Marinha, cuja militância não esteve associada somente aos marujos da esquadra, mas também a outras unidades navais.

Talvez o exemplo mais significativo seja a intervenção do Setor Militar no Arsenal de Guerra no Rio de Janeiro; como sinalizado anteriormente, a instituição, naquela oportunidade, não fugiria à tradição de uma ativa militância de esquerda presente desde a fundação da República.

Entretanto, é a partir do deslocamento da esquadra brasileira para o Rio de Janeiro naquele ano que Campos (2012) passou a ter uma militância organizada no Setor Militar (como se refere ao Antimil), embora, por orientação partidária, continuasse intervindo na mesma linha de massas, desta feita em um local específico de recreação muito frequentado pelos marinheiros, a Gafieira Humaitá. Na cidade, também serviria numa escola de instrução (o Ciaw), cuja fase até 1948 é referida pelo depoente como o início de uma militância mais efetiva. Participava de forma clandestina em uma célula de marujos, com quem se reunia e discutia política frequentemente, abordando tanto questões nacionais quanto o papel do imperialismo no Brasil, bem como o conteúdo dos manifestos partidários, sem, no entanto, contribuir na sua elaboração, conforme admitiu. Sua convicção era de que a revolução estava na ordem do dia, ideal grandemente fortalecido com a vitória da Revolução Chinesa em 1948, cuja importância foi intensamente debatida entre os marujos. Muitas eram as tarefas realizadas pela célula, clandestinas em sua maioria, algumas com alto grau de exposição, sujeitas, portanto, a alguma visibilidade.

Nas constantes panfletagens que se faziam, eram utilizadas tiras de papel colante com palavras de ordem do PCB em embarcações, ou em dependências terrestres da Marinha. Sem precisar bem as datas, passados setenta anos, chamou atenção em seu depoimento a lembrança de uma manifestação organizada pelo Setor Mil diante do Palácio Monroe, sede do Senado na antiga capital federal. Circulava na gafieira um jornal intitulado *Humaitá*, cuja orientação era dada pela célula comunista; por meio dele, foi convocada uma assembleia dos marinheiros para protestar contra o injustificado aumento do soldo do almirantado em contraposição aos pífios ganhos da marujada. A adesão dos marujos à manifestação foi considerável, mas o conflito, inevitável, com a chamada da polícia. Mesmo assim, reconheceu Campos (2012), essa intervenção política na frente do Senado foi "um dos pontos altos dessa época". Houve outras, como recordaria, algumas delas dignas de registro.

Um *segundo ponto alto*, por ele relatado, aconteceu a caminho de Santos no destróier Bracuí, em razão de seu envio pela Marinha no auxílio à repressão de uma greve dos portuários. A cidade era fortemente influenciada pelos comunistas, especialmente entre os portuários, o que a levou, inclusive, a ser conhecida como *Moscouzinha*; portanto, uma greve no porto de Santos era sempre objeto de muita atenção das autoridades civis e militares. Havia uma preocupação quanto às intervenções do PCB no porto: "Seguiram para Santos os contratorpedeiros 'Bracuí' e 'Benevente', que levam uma companhia de fuzileiros navais, prontos para enfrentar os agitadores e garantir os serviços do porto. O Sindicato dos Estivadores, dominado pelos comunistas, já foi fechado, registrando-se 21 prisões" (*O Globo*, 13 de maio de 1946, apud Penna, 1997, p.27).

Desta feita, a ação repressora da Marinha teve um desdobramento, no mínimo, inusitado, sem maiores registros na imprensa. Havia uma organizada e atuante célula do Antimil no destróier Bracuí, e bem antes de este e de o destróier Benevente chegarem à cidade, os marujos comunistas içaram a bandeira vermelha em solidariedade aos grevistas, um aviso direto aos oficiais de que uma revolta a bordo era iminente. Cautelosamente, o destróier ainda seguiu seu curso até Santos, mas, face à desconfiança do comando com a tripulação, ficou ao largo do porto, e a planejada missão contra os portuários acabou abortada.

No entanto, as consequências da presença do Setor Militar na Armada, bem como de sua militância, não demorariam a acontecer. Denunciado conjuntamente com dezenas de outros marujos (muitos deles desconhecidos para o depoente), passou a responder a um IPM sobre a influência comunista na Armada. Inegavelmente, essas ações refletiram uma singular ousadia militante, tanto é que, antes de ser conduzido ao interrogatório, ele teve tempo de reagir aos captores e destruir papéis comprometedores com nomes, endereços, datas de reuniões, provas contundentes da organização do Antimil na Marinha.

Os marujos, em seguida, foram detidos, e colocados em celas escavadas na rocha na Ilha das Cobras; Campos acredita, com certo orgulho, que era o mesmo local onde havia ficado preso em 1910 o marinheiro João Cândido. Como em outras prisões, ali também era uma escola de formação. Ele foi detido junto com presos comuns denunciados por outros crimes, e os marinheiros comunistas logo seriam separados dos demais por suas atividades de conscientização política. Ao final, o IPM resultou em sua expulsão, assim como ocorreu a cerca de trinta outros marinheiros da Armada. Por mais dois anos, sua militância ainda teve alguma continuidade no Setor Mil, agora como assistente político entre os militares do Exército e da Aeronáutica em Belo Horizonte, bem como em células da Polícia Militar de Minas Gerais, e ali participou da edição de um jornal. Contudo, foi seu canto do cisne no Setor Militar. Após esta última passagem na capital mineira, Campos (2012) seria designado para outras tarefas pelo país, tendo, inclusive, uma inserção na fase inicial da luta camponesa de Formoso e Trombas em Goiás.[20] Ele se afastaria do PCB somente nos anos 1960, mas sem perder o

---

20 Essa fase de sua militância entre os militares e policiais em Minas Gerais será retomada no volume II desta coletânea. Porém, a título de registro, além de o depoente participar da fase inicial da luta de Formoso e Trombas juntamente com Gregório Bezerra, passou dois anos na União Soviética fazendo cursos de formação, retornando ao Brasil após a crise do XX Congresso do PCUS. Geraldo Campos ainda teve significativa militância no PCB e, em algumas ocasiões, atuou como segurança de Luiz Carlos Prestes, antes de ir para Brasília. Sobre esse relato memorialístico, além de uma entrevista de Geraldo Campos dada ao autor em Brasília, na data de 4 de dezembro 2012, recorremos ao depoimento com o título "Geraldo Campos: navegar é preciso", concedido a Ivan Alves Filho no projeto Brasileiros e Militantes, da Fundação Astrojildo Pereira, disponível em DVD no site: <www.fundacaoastrojildo.org.br>.

reconhecimento político por sua intervenção na esquerda, cuja trajetória na luta sindical o levou a ser eleito deputado constituinte pelo PSDB em Brasília.

Essa, no entanto, é outra etapa de sua trajetória militante, cujo escopo foge a esta reflexão, mas sua presença no Antimil singulariza-se, comparada à militância dos demais militares citados, salvo Reis, afinal, eram todos do Exército, com patentes de oficiais e sargentos, cuja temporalidade é finalizada em 1935, bem diferente do contexto da intervenção de nosso último registro, que é de um militar na Aeronáutica, que exporemos em seguida. Além de ele ser uma das poucas referências recentes de história oral sobre a intervenção comunista na Marinha, a militância de Campos (2012), em todo o período, esteve inserida em uma célula composta de marinheiros, portanto, sem a presença de oficiais. Ao que tudo indica, essa intervenção do Setor Militar já expressava a orientação estanque por armas e patentes advinda das quedas da década de 1930, e seria o padrão da intervenção na Marinha, mesmo entre os militares nas décadas subsequentes, salvo alguns casos, como o da Célula de Canoas.

Nesse sentido, temos uma última contribuição a essa reflexão sobre o Setor Militar, com o registro memorialístico e histórico apresentado pelo coronel Sued Lima[21] sobre a militância de seu pai, o sargento da Aeronáutica Henry Moreira Lima, cuja militância não foi interrompida quando foi preso nos anos 1950, tendo continuidade no Setor Militar até às vésperas do golpe de 1964. Posteriormente na reserva, o sargento Lima teve significativa militância no PCB até voltar a ser preso com as quedas da década de 1970, e torturado, vindo a falecer pouco tempo depois. Apesar de o texto do coronel Sued abordar múltiplos aspectos de uma rica militância individual de seu pai e coletiva de outros praças numa célula comunista na base aérea

---

21 Uma versão desse texto – ainda não publicado – com o título "Os comunistas na Aeronáutica" foi apresentada pelo coronel Sued Lima em 2012, em exposição na mesa "Os militares e os comunistas no Brasil", no seminário internacional "90 anos de movimento comunista no Brasil", realizado na FFC/Unesp, campus de Marília. Agradeço ao autor a gentileza de me passar os originais para esta reflexão.

de Gravataí, próxima a Porto Alegre, sua trajetória temporal de transição e seu início se inserem quase que no mesmo período da militância do marinheiro Geraldo Campos. Valorizaremos, para efeito desta exposição, os aspectos de organização e intervenção daqueles militares da Aeronáutica em um contexto *relativamente democrático* advindo da Constituição de 1946, embora com uma agenda política inserida no explosivo cenário da Guerra Fria.

A razão maior da opção de um resgate dessa intervenção do Antimil, efetivada sobretudo nos anos 1950 e que se apresentou historicamente em Canoas em um período posterior ao indicado em quatro depoimentos de militares comunistas elencados neste ensaio (Agildo Barata, Apolônio de Carvalho, Gregório Bezerra e José Maria Crispim), remete a algumas singularidades na sua constituição. Uma delas é que a célula comunista era constituída, além de praças, por oficiais, entre os quais, a se destacar, o major Fortunato Câmara de Oliveira, piloto de caça e herói do grupo Senta a Pua, com dezenas de missões de combate na Itália. Não deveria ser o caso, já que, após as quedas de 1935, a orientação do Setor Militar indicava a separação estanque por hierarquia e armas, como vimos na célula em que militava Geraldo Campos na Marinha.

Uma segunda singularidade é que, embora a célula reproduzisse a estrutura organizacional e clandestina característica do Setor Mil de 1929 a 1935, talvez fosse uma das últimas que comportasse organicamente uma militância integrada entre oficiais e praças (não se sabe de outras no período), sendo paradigmática por outra razão: a queda e a consequente prisão de seus membros na repressão dos anos 1950 se tornaram objeto de menção de vários oficiais comunistas sobre a necessidade de restabelecer, na década de 1960, a estrutura estanque por armas e hierárquica do Antimil após 1935, como veremos ao final deste ensaio.

Vale registrar que a organização da célula comunista em Canoas teve sua atividade iniciada em 1946 – portanto, ainda no período da redemocratização, estando o PCB na legalidade – e dinamizada nos anos seguintes até 1952. Constituída por 23 membros (3 oficiais, 3 suboficiais e 17 sargentos), sua estrutura organizacional, segundo

Lima (2012), obedecia ao padrão adotado nacionalmente pelo partido. Em sua leitura, o organismo maior (como se referiu ao Setor Mil) era subordinado à direção geral do setor da Aeronáutica, subdividido em organismos que pouco se comunicavam por razões de segurança, cuja composição era de um assistente e entre dois e quatro integrantes, ocupando as funções de secretário Político, secretário de Agitação e Propaganda e secretário de Organização e Finanças. Todos tinham codinomes, assistidos por um dirigente ligado ao Comitê Central, sendo citados, neste caso, o ex-capitão Agliberto Vieira de Azevedo (ativo participante da insurreição de 1935), ou Jacob Gorender, ainda que "não se tem claro se ambos foram assistentes em diferentes períodos ou se apenas um o foi e a referência ao outro é equivocada" (Ibid.).

No resgate dessa intervenção entre os militares no Rio Grande do Sul, a célula operava via distribuição de panfletos e publicações, demonstrando que a agenda política refletia o debate em curso do país e a linha programática partidária; nelas expressava o compromisso nacionalista com a defesa da tese do monopólio do petróleo, a legislação antitruste, a oposição ao acordo militar com os Estados Unidos, assumindo, pouco depois, uma posição contrária à intervenção americana na Guerra da Coreia e à criação do Instituto Internacional da Hileia Amazônica pela ONU. Nessa linha militante, os sargentos comunistas foram assumindo a direção de entidades de classe, como a sucursal do Clube de Suboficiais e Sargentos da Aeronáutica em Porto Alegre, e criaram a Casa do Sargento do Brasil, instituição destinada a congregar militares da Aeronáutica, do Exército e da Brigada Militar, possibilitando a ação política nessas corporações. A agenda política igualmente demandava reivindicações corporativas, como a estabilidade dos sargentos e a denúncia sobre a obsolescência das aeronaves, cujos constantes acidentes acarretavam óbitos de vários aviadores, entre outras (Ibid.).

Com efeito, face ao agravamento da situação política nacional (já delicada para os comunistas e movimentos populares desde a cassação do PCB em 1947) e internacional (em vista da Guerra Fria, a partir de 1951), ocorre a intensificação da campanha do Setor Mil entre os militares contra o envio de tropas brasileiras no conflito coreano. A reação em contrário não se fez esperar, e por meio de IPMs, a repressão desencadeada sobre os militares comunistas, nacionalistas e de esquerda é inaudita, com prisões, torturas e expulsão de centenas deles das Forças Armadas. Entretanto, sobre as quedas de militantes no Setor Militar, avalia Lima (2012):

> A leitura do citado inquérito conduz à conclusão de que o sistema de segurança da organização comunista de militares de Porto Alegre era irremediavelmente precário. Em poucos dias foram identificados os componentes da organização e seu modo de operação. Na verdade, fica patente a impossibilidade de manter-se oculto um movimento político daquele porte, com dezenas de participantes, desenvolvendo ações de elevada exposição, como a difusão do seu ideário e os processos de recrutamentos de novos militantes. Historicamente, o ano de 1952 marca a queda de várias organizações comunistas de base em diversas unidades militares das três forças, por todo o país.

Esse caso da Aeronáutica não foi isolado, como vimos, aconteceu também na Marinha, quiçá em outras células do Exército. Talvez este apontamento último seja o paradigma maior a ser desvelado e confrontado quanto à singularidade de uma forma de intervenção clandestina entre os militares em processo de transição democrática, mesmo que limitado. Voltaremos a esse ponto.

Início de um novo tempo

Novos tempos se seguiriam às quedas da insurreição de 1935, e se há algo que chama atenção é que, apesar das prisões e do fato de muitos de seus líderes importantes amargurarem penas de até dez anos, o Setor Mil foi, de alguma forma, preservado, e continuou intervindo, embora com limitações, particularmente após 1935; entre 1940 e 1941, o Partido Comunista ficou praticamente acéfalo devido à repressão, embora houvesse a presença de núcleos isolados pelo país. A partir de 1942, (re)emerge a Política de União Nacional (em gestação desde 1938 e que sofria com as vicissitudes do cenário político), encontrando o PCB com condições mínimas de se rearticular nacionalmente. O quadro político internacional tinha se alterado com a entrada no conflito da URSS; com a declaração de guerra do Brasil aos países do Eixo, há a reorientação política tanto interna do Estado Novo quanto dos comunistas em relação ao regime. Dissolvida a III IC em 1943, continuaria existindo o Setor Militar, porém, reconfigurado organicamente em outras bases, como veremos.

Primeiramente, o processo de reaglutinação do Partido Comunista teve início com a organização da Comissão Nacional de Organização Provisória (CNOP), liderada por ex-tenentes, como Ivan Ribeiro, Leivas Otero e Dinarco Reis, em articulação com outros grupos comunistas (em particular da Bahia e de Goiás), muitos deles com militares egressos do levante de 1935 em suas direções. Foi finalizado em 1943, com a realização da Conferência da Mantiqueira. A liderança de Prestes na secretaria geral, a despeito de ele estar preso, foi reconhecida, e o Partido Comunista, em sua reorganização, estabeleceu mais uma vez a maioria de membros de origem militar no Comitê Central.

Contudo, os registros da intervenção do Setor Militar entre 1943 e 1945, bem como sua presença militante e de organização nas Forças Armadas, são bem esparsos. Uma referência pontual advém de um depoimento de João Amazonas, na época membro do Comitê Central, que resgata a presença de um núcleo no Exército intervindo em tarefas de reorganização do Antimil no município de Alegrete, Rio Grande do Sul. Nele, o histórico dirigente comunista recuperou a figura do capitão Sérgio Machado, em suas palavras, "um homem abnegado" (Amazonas, 2004) que atuava junto aos militares.

Na Marinha, temos mais de uma pista da década de 1940, que advêm da organização de um núcleo do encouraçado Minas Gerais, ancorado na Baía de Todos-os-Santos em Salvador. Por meio de alguns militantes baianos, um grupo de marinheiros travou contato com Giocondo Dias, membro da direção no estado, estabelecendo, pouco tempo depois, ligação com integrantes do CNOP do Rio de Janeiro, sendo orientado por Mário Alves. Não se tem maiores detalhes sobre essa intervenção na Armada, salvo aqueles correlatos apontados por Campos em sua militância, mas há indicativos de se tratar de outra célula; entretanto, esse núcleo de sete marinheiros alcançaria o expressivo número de mais de quarenta militantes; por ocasião das quedas no Setor Militar entre 1951 e 1952, muitos deles seriam presos, torturados e até expulsos (Gorender apud Lima, 2012; Campos, 2012). Essa, porém, é uma referência a mais a ser investigada.

Contudo, a intervenção do Antimil mais significativa nessa época, mas também bem pouco conhecida, é a cautelosa presença militante dos militares na Liga de Defesa Nacional. A entidade convergia, na ocasião, para uma política de propaganda antifascista aglutinando militares e a favor participação do país na guerra. Contava em seus quadros com militares nacionalistas, ex-tenentes de esquerda e militares comunistas. Com a oxigenação política advinda daqueles meses finais do conflito que anunciava a democracia, a Liga ganharia vulto e reconhecimento político, dado em grande medida pela dinâmica intervenção dos comunistas que praticamente a hegemonizariam.

Na verdade, essa presença dos militares do Setor Militar na Liga se articulava em uma organizada e atuante célula comunista no cenário de guerra italiano composta por alguns combatentes da Força Expedicionária Brasileira. Esse núcleo – ao que tudo indica – foi o responsável pela elaboração de um documento a favor da redemocratização, não coincidentemente dirigido à Liga de Defesa Nacional, assinado por centenas de oficiais na linha de frente, a maioria tenentes e capitães. O documento, intitulado "A FEB: símbolo vivo da união nacional", refletia a linha política do PCB sobre a união nacional, e é de supor que essa célula tivesse uma intervenção política orientada pela direção no Brasil. Sua organização, constituição, formas de intervenção naquele cenário são desconhecidas, e vários de seus membros já eram militares, orgânica e historicamente vinculados ao Setor Militar antes mesmo de serem convocados ou alistados de forma voluntária como combatentes.

No capítulo subsequente deste livro, retomaremos esse debate sobre a Liga de Defesa Nacional, bem como esse documento sobre a FEB. Vale registrar que, entre os membros dessa ativa célula, uns eram históricos tenentes, conhecidos revolucionários como Leivas Otero, um dos responsáveis do Setor Militar no 3º RI em 1935 e membro do Comitê Central em 1943; outros, como Salomão Malina, Fortunato Câmara, Kardec Lemme e Henrique Cordeiro Oest, teriam significativa presença no cenário político nacional que adviria ao final do conflito. Em vista de suas credenciais partidárias, é bem provável que Leivas Otero tenha sido o assistente político dessa célula, quiçá do Setor Militar. Por fim, Almir Neves, um dos signatários, seria, depois de 1945, o assistente por décadas do Antimil.

Há algumas particularidades importantes sobre a intervenção do Setor Militar, para as quais o documento nos chama atenção. O fato de ele ter sido assinado somente por oficiais sugere um aspecto novo quanto à sua organicidade, mas que seria uma característica do pós-1945: a divisão do Setor Mil por armas e patentes. É uma hipótese, já que o manifesto sinalizava para uma nova esfera de intervenção, não havendo nele praças presentes enquanto signatários, embora houvesse entre eles muitos militantes comunistas nos campos de batalha. De certa forma, a fase do Setor Mil que teve início no pós-1945 acabou refletindo uma lição daqueles anos na organização e em sua estrutura, em especial com a derrota de 1935.

Um primeiro aspecto é que esta última refletia a cultura político--partidária iniciada em 1930, que era grandemente pautada no *obrerismo*, aliás, muito presente entre os militantes comunistas como expressão de uma leitura de mundo e norma de conduta. Conhecida também por proletarização, essa cultura procurava forjar proletários autênticos, e mesmo que oficialmente, enquanto política, tenha durado pouco mais de dois anos, ela se refletiu entre os militares comunistas, já que havia, nesse período, militância conjunta entre oficiais e subalternos. Nos documentos partidários, o obrerismo também se apresentava com reflexos entre os militares, já que, neles, os soldados, cabos e sargentos eram vistos como elementos de massa, e os oficiais, reconhecidos como representantes da pequena burguesia, portanto, afeitos às suas vicissitudes de classe (Zimbarg, 2001, p.220; Vianna, 2007, p.68 e ss.; Santos, 1948). Embora não seja o único, um exemplo bem ilustrativo é o de Luiz Carlos Prestes. Tentando, à época, se aproximar do Partido Comunista enquanto este se afastava dele até 1934, Prestes era visto por muitos militantes comunistas com reservas, e o prestismo, como encarnação dos desvios pequeno-burgueses. Noutros termos, essa característica de valorização do proletário se refletiria em muitas células pela presença conjunta de oficiais, suboficiais e soldados, minimizando, por hipótese, a questão hierárquica. Se essa questão entre os militares era delicada na caserna, sem dúvida, também veio a ser na esquerda militar.

Ao que tudo indica, a formulação de "A FEB: símbolo vivo da união nacional", em 1945, e o público a que era dirigido e o subscreveu – somente oficiais – sugeriam um esforço novo e diferenciado quanto aos métodos de intervenção entre os militares comunistas, bem como é de supor que essa orientação comportava vários objetivos. Por um lado, o de buscar uma maior adesão de novos militares ao PCB naqueles tempos pós-Segunda Guerra; mas, para pavimentar essa nova política, haveria, por outro, a necessidade de superar o forte caráter de classe do obreirismo que confrontava os pressupostos da cultura castrense, em especial a hierarquia e a disciplina. Como vimos, suas consequências foram desastrosas sobre a militância, cuja experiência anterior desautorizava sua continuidade entre os militares. Em última instância, sinalizava para uma nova tendência em curso que expressava a resistência dos militares de esquerda, muitos deles vendo nesses pressupostos um impeditivo a essa integração (obreirista), já que a hierarquia e a disciplina eram uma norma a ser preservada e valorizada entre seus pares, mesmo sendo eles militantes comunistas. Afinal, os exemplos na história a serem referenciados eram muitos, e o próprio Exército Vermelho tinha restabelecido normas hierárquicas castrenses enquanto um pilar das instituições militares modernas.

No entanto, há outra razão a corroborar essa nova política de intervenção, talvez a principal, segundo alguns relatos. A divisão por patentes e armas refletiria uma questão de segurança, muito contribuindo para isso a postura de alguns subalternos em 1935 quando foram presos e interrogados. Quase todos os praças procuraram se inocentar quando interrogados, alegando ter sido obrigados a participar do movimento por ordens superiores, de modo que não seriam responsáveis por seus atos. Exceção digna de nota foi a do sargento Gregório Bezerra, que não fugiu às suas responsabilidades (Vianna, 2007, p.306-307). Essa é uma questão polêmica e controversa à luz de algumas informações recentes.

De fato, o Setor Militar passou a operar no pós-1935 com a divisão entre seus pares – oficiais, suboficiais e soldados –, apesar de o assistente político ser o mesmo em muitas células; porém, uma indagação se apresenta: qual seria a razão de se operar de forma integrada, na década de 1950, ao menos em alguns casos, como vimos em Canoas? Em tese, estaria em curso entre os militares comunistas uma outra orientação? Esse aspecto chama atenção não somente por se apresentar documentado nos inquéritos e peças de acusação como uma evidência de quebra de hierarquia em Canoas, mas também por corroborar a tese de vários oficiais do Setor Mil sobre a inconveniência de uma intervenção militante conjunta com os praças, ou seja, seria uma questão de segurança, recorrendo alguns deles à lembrança de 1935 e à cultura militante obrerista que, em grande medida, nortearam aqueles militares.

Há várias hipóteses relacionadas à explicação das quedas dos anos 1950, entretanto, nenhuma delas nos autoriza a sustentar que o pressuposto dos sargentos – ou seja, pressuposto hierárquico relacionado à segurança – seja o principal, embora haja, em muitos casos, evidências nessa linha. Ao recorrermos ao exemplo paradigmático de constituição e intervenção da célula comunista de Canoas, acredito que não seja o caso de sustentar a tese de que as lições anteriores não foram aprendidas, afinal, ali o Setor Mil operava na clandestinidade, cujas normas de segurança não permitiam transgressão com a disciplina, ainda que seja forçoso pontuar que não deveriam ser absolutas, face à necessidade de alguma exposição, especialmente no contexto de militância entre militares em um regime "democrático", como bem analisou Lima (2012).

Talvez seja este último aspecto o reajuste de foco necessário e explicativo a ser explorado, ou seja, o equívoco, as dificuldades e as limitações de se operar com um instrumento de intervenção clandestino, e clandestinamente, em um movimento de massas numa democracia, quaisquer que fossem suas restrições. Parece que essa não foi uma equação resolvida, nem objeto de consideração maior a ser investigado, aliás, é um aprendizado para os militares militantes.

Todavia, a leitura das quedas no Setor Mil nos anos 1950 decorria, entre muitos oficiais comunistas, de uma lacuna sobre a questão da *segurança* relacionada à *hierarquia* advinda de uma intervenção conjunta com os praças. E sempre citado o caso de Canoas.

A militância entre praças e oficiais ali não era estimulada nem seria uma orientação do Setor Militar naqueles anos pós-1945, mas, provavelmente, face a algumas atipicidades daquela célula (concentração de unidades específicas da FAB; relações de camaradagem anteriores dos militares ali sediados, como ocorridas em Natal, em 1935), essa possibilidade de atuação veio a ser considerada, talvez por hipótese, uma exceção a ser explorada ou mesmo validada. Tanto é que a presença de alguns oficiais entre os praças na célula de Canoas foi, inclusive, tida como "insólita", e sua admissão chegou a ser alvo de consulta à direção partidária que deu a necessária autorização (Ibid.). Esse é o exemplo mais conhecido e talvez emblemático a ser referenciado, e provavelmente foi o canto do cisne dessa forma de intervenção conjunta; mas, sem dúvida, com as quedas dos anos 1950, o Setor Militar retomaria com mais efetividade esta orientação política estanque, "Forças Armadas e hierarquia", sendo uma constante até a sua dissolução em 1992. Enfim, há muitas hipóteses a serem investigadas, e enquanto conceito sociológico, a *representação* entre oficiais e praças na esquerda militar é um desafio a ser desvelado, e também se apresenta como uma interessante possibilidade de análise e pesquisa.

Finaliza-se, com esse ciclo inicial, uma singular etapa de intervenção do Setor Militar nas Forças Armadas iniciada em 1929 e a pavimentação de outra com a democratização pós-queda do Estado Novo, incorporando nela (em graus maiores ou menores) lições advindas daquele processo. Em 1945, o PCB cresceu exponencialmente nas Forças Armadas, não somente pelo prestígio de Luiz Carlos Prestes e de muitos militares comunistas que atuaram com bravura nos campos de batalha europeus, como Apolônio de Carvalho, Dinarco Reis, Salomão Malina; mas também pelo exemplo de vários deles que saíam da prisão dignificados pelo bom comportamento após anos de reclusão, como foi o caso de Gregório Bezerra; cenário que seria magistralmente recuperado por Graciliano Ramos em suas *Memórias do cárcere*, ou pela adesão de muitos militares, em vista do prestígio do socialismo, que estava na ordem do dia. Uma presença que será significativa no Comitê Central, refletindo-se nas eleições para a Constituinte de 1946, quando foram eleitos quatro parlamentares de origem militar na bancada do PCB.

Ao que parece, os ventos liberalizantes e democratizantes sugeriam o início de um novo ciclo histórico do Setor Militar, reflexo de uma etapa histórica, epílogo da Segunda Guerra e preâmbulo da Guerra Fria. Esse é um outro debate e será objeto de outro ensaio. Com a democracia em curso, teve início uma fase muito atuante do Setor Mil, bem diferenciada quanto à agenda política. Há sugestivamente uma maior centralização organizacional e uma intervenção política orientada com o assistente político respondendo diretamente a Luiz Carlos Prestes no Comitê Central. Essa orientação estaria presente até o golpe de 1964, quando as sucessivas quedas, cassações ou reforma dos militares comunistas seriam indicativos de que o Setor Mil retornava à condição de núcleos autônomos operando sob estrita clandestinidade, à margem da direção, ao menos durante o período em que praticamente todo o Comitê Central esteve no exílio. Este último ciclo do Antimil, iniciado em 1964, teria durado até a transição do PCB para o Partido Popular Socialista (PPS), quando, em 1992, a organização é oficialmente dissolvida.[22] Tanto a fase pós-1945 quanto esta última fazem parte de uma outra história, objeto de um futuro resgate.

---

22 Em 7 de junho de 1992, tendo à frente o ex-tenente-coronel Hélio Anísio e o ex-major Sérgio Cavalari, ambos da Aeronáutica, foi oficialmente dissolvido o Núcleo Militar do PPS, herança do Setor Militar do PCB fundado nos anos 1930 (Anísio, 2001).

V
UM MANIFESTO ELABORADO NO CALOR DAS BATALHAS

O manifesto "A FEB: símbolo vivo da união nacional", que ora apresentamos, é praticamente desconhecido nos dias atuais e não há referências maiores sobre o documento, embora ele seja reflexo de um momento particularmente significativo da história brasileira.[1] Razões para tal desconhecimento podem ser várias e, ao longo deste ensaio, procuraremos desenvolver algumas hipóteses, mas sua origem antecede o final da Segunda Guerra, e o conteúdo de suas formulações e o sentido de sua intervenção política podem ser debitados a um grupo de oficiais que a historiografia "oficiosa" procurou obscurecer, para não dizer apagar. Essa é uma das hipóteses mais significativas para o entendimento de tal lacuna.

A própria manifestação política advinda de jovens oficiais, em si, já seria motivo suficiente para que não houvesse iniciativas semelhantes ou mesmo estímulos no sentido de os militares opinarem sobre as grandes questões nacionais, em especial na polarizada

---

1 A íntegra do texto pode ser vista nos Anexos. No entanto, há poucas referências publicadas sobre o documento, algumas podendo ser encontradas nos seguintes trabalhos: *Política Democrática: Revista de Política e Cultura* (Brasília, Fundação Astrojildo Pereira, n.1, p.165-170, jan./abr. 2001); *Nova Democracia* (n.8, abr. 2003); Dines, Fernandes Jr. e Salomão (2000, p.127); e Meirelles (1990, p.86-89).

década de 1950 que se seguiu aos anos de sua veiculação, e que não estavam distantes no tempo daquelas manifestações revolucionárias do Tenentismo e da Coluna Prestes, bem como, em particular, da memória de 1935, presente para muitos deles. O espaço não permite um desenvolvimento maior dessas hipóteses, e qualquer uma que seja aquela aventada, a problemática posta sobre a factibilidade da participação dos militares na política permanece em aberto. Por essa razão, o presente ensaio procura levantar pistas, hipóteses e, talvez, respostas preliminares para uma reflexão que é significativa no debate histórico daqueles tempos, mas igualmente contemporâneo na agenda política brasileira.

Em janeiro de 1942, não muito tempo depois do ataque japonês a Pearl Harbor, que resultou na entrada dos Estados Unidos na Segunda Guerra, o quadro político internacional se alterou, com reflexos quase que imediatos no Brasil. No mesmo mês, há o rompimento das relações com as potências do Eixo: Alemanha, Itália e Japão. Após a declaração de guerra em agosto daquele ano, Getúlio Vargas foi forçado a uma tomada de posição no plano doméstico. Ele, que até então tinha sido o ditador, começou a afrouxar – com relutância – os mecanismos de controle internos, o que significou o gradual abrandamento da repressão (com altos e baixos, recuos e avanços, de acordo com a maré da guerra), e isolou os elementos pró-germânicos que faziam parte do seu governo, seja anulando-os politicamente, seja cooptando muitos daqueles que, até então, afiançavam a aliança com o Eixo. Qualquer que seja a gradação adotada, a mudança no ambiente político era mais que evidente, como, por exemplo, o governo ter admitido o retorno de inúmeros exilados.

Ao mesmo tempo, forças de oposição internas começam a se posicionar de várias formas: seja por um lado, dando aval a Getúlio Vargas quanto à sua política de alinhamento, seja por outro, como resultado de uma forte comoção popular pela perda de vidas depois do afundamento de vários navios brasileiros mercantes e de passageiros por submarinos alemães (em represália à ruptura de relações diplomáticas), confluindo para um grande movimento de massas que passou a pressionar o governo para que enviasse tropas à frente de batalha (Sodré, 2010, p.352). Getúlio Vargas, já negociava com Roosevelt a possibilidade do envio de uma Força Expedicionária à Itália (inicialmente a ideia era o front africano) e intensificava a cooperação com os Aliados, permitindo a instalação de bases americanas na costa Nordeste do Brasil, cujo papel seria decisivo na invasão do Norte da África. Mas tudo indica que, no plano externo, já não havia muitas opções para Vargas. Desde 1939, existiam planos de ocupação do Nordeste brasileiro, aliás, o primeiro deles e os cinco subsequentes intitulados de *Rainbow* (arco-íris), todos atualizados ao longo dos anos, um forte sinal das reais intenções dos Estados Unidos, embora sustados em seu objetivo final após negociações de alto nível (Conn, 2000).

Nesse momento é que a Política de União Nacional emergiu fortemente na agenda política. Ademais, a luta contra o fascismo no Brasil foi igualmente favorecida com a vitória da União Soviética na Batalha de Stalingrado em 1943, o que se refletiu numa maior oxigenação política interna e num clima de debates diametralmente oposto aos obscuros anos do Estado Novo. Não havia mais dúvidas de que o regime ditatorial estava com os dias contados, afinal, não se sustentaria politicamente enviando soldados para combater totalitarismos lá fora, tendo, no plano interno, uma situação que, em muitos sentidos, era análoga à daqueles regimes que combatia. A democracia era questão de tempo, e a liberalização em curso refletia esse processo, tendo início a reorganização de muitas forças políticas: liberais, nacionalistas, comunistas, bem como de intelectuais, sindicalistas e estudantes, que se mobilizavam ocupando as ruas e vários espaços políticos.

Pouco antes, entre 1941 e 1942, é organizada a Coordenação Nacional de Organização Provisória (CNOP), favorecendo aos poucos a rearticulação do PCB (sigla do Partido Comunista do Brasil, que, após 1961, torna-se o Partido Comunista Brasileiro) e de seus militantes até então dispersos pelo país em pequenos grupos isolados, a partir da dura repressão pós-Estado Novo. Em 1943, realizou-se a Conferência da Mantiqueira, quando os comunistas instauraram as bases de uma nova política a ser desenvolvida com a democratização, que já se anunciava num futuro não muito distante. Nesse encontro, foi (re)estabelecida a Política de União Nacional, que, de certa forma, já estava em curso pelo apoio dos comunistas ao esforço de guerra do Brasil com os Aliados e cujas bases são anteriores à deflagração do conflito.[2] Seu programa e bandeiras de luta propugnavam a anistia; eram contra a carestia e apoiavam a normalização constitucional, a legalização do Partido Comunista e, especialmente, a abertura de uma outra frente de guerra. Na conferência Luiz Carlos Prestes é eleito secretário-geral, mesmo estando preso, só vindo a assumir o cargo com a anistia em 1945.[3]

Um aspecto importante sobre a Política de União Nacional que nos chama atenção remete à leitura de um forte componente nacionalista e democrático a nortear esse processo, aliás, um aspecto pouco explorado, como indica Anita Prestes:[4] o entendimento de que a luta

---

2 Anita Prestes avalia que a Política de União Nacional teve origem em 1938, e sugere o momento da declaração de guerra, após o afundamento de navios brasileiros, como um novo impulso (Prestes, 2001, p.33 e ss.). Sobre a temática, e com um aprofundamento quanto às fontes, ver o trabalho de Carlos Zacarias de Sena Júnior que enfoca União Nacional entre 1936 e 1948 (Sena Júnior, 2009).

3 Um dado a mais nos chama atenção: a nova direção eleita tinha a predominância de militares, um reflexo da atuação histórica dos comunistas nas Forças Armadas, especialmente no Exército, fator este facilitado após a adesão de Prestes ao PCB nos anos 1930. Sobre este debate, ver Vianna (2007, p.87 e ss.).

4 Segundo ela: "É importante lembrar que o sentimento nacionalista não era novo no Brasil e que para o surgimento do nacionalismo antifascista no país fora decisiva a atuação da ANL (Aliança Nacional Libertadora)". "Num período de intensa polarização política no cenário mundial, diante do avanço do fascismo em nível internacional e do integralismo em âmbito nacional", a ANL "ajudou a formar, no Brasil, uma consciência antifascista, anti-imperialista e antilatifundista, que a derrota de novembro de 1935 não seria capaz de apagar." Consciência que, "embora naquele momento histórico tivesse sido abafada pelos donos do poder, viria a ressurgir mais tarde, com grande força, a partir das lutas pela entrada do Brasil na guerra [...] e pela democratização do país" (Prestes, 1997, p.74, 141-142). "A política de 'União Nacional' não foi uma criação do PCB ou da IC; resultou da situação histórica concreta existente no país e no mundo nos anos de 1938-1945. A 'União Nacional', no Brasil, refletiu a combinação específica de uma série de fatores nacionais e internacionais presentes naquele período, fatores que terminariam por levar as potências do Eixo à derrota" (Id., 2001, p.94).

pela democracia estava intimamente associada à participação brasileira no conflito, e acabaria por confluir na mesma política, embora com um cronograma diferenciado. Sobre a primeira, a democracia, havia quase um consenso de que ela teria de esperar a finalização da guerra, sem que isso impedisse que vários setores políticos se mobilizassem, como aqueles liberais que redigiram o "Manifesto dos mineiros de 1943". A proposta dessa agenda era correlata a algumas exigências dos comunistas, como anistia, Constituinte, liberdade de expressão, tendo esse manifesto significativa repercussão à época.

Ao mesmo tempo, outras entidades que aglutinavam civis e militares se faziam presentes no cenário político brasileiro: a Sociedade dos Amigos da América e a Liga da Defesa Nacional.

A Sociedade dos Amigos da América não duraria muito tempo, e seria fechada em 1944 por ordens diretas de Vargas. Vista com desconfiança pelas autoridades, era dirigida, na ocasião, pelo prestigioso general Manoel Rabelo, tendo como vice-presidente o chanceler Oswaldo Aranha; congregava setores liberais e de esquerda em oposição ao Estado Novo, sendo, inclusive, associada por alguns militares fiéis ao regime como expressão de um "socialismo avançado" (Bandeira, 1973, p.294). A repercussão da medida foi extremamente negativa, e trouxe consideráveis polêmicas, internamente e no exterior, em especial após a demissão de Oswaldo Aranha do Ministério das Relações Exteriores. Contudo, apesar da truculência com que o governo operou a intervenção na entidade, a erosão do regime era uma questão de tempo, de meses, mas ainda havia de se ter cautela. Por essa razão, não seria coincidência que esses setores se aglutinariam em outra entidade, a Liga da Defesa Nacional.

Esta era uma entidade bem mais antiga, fundada em 1916 pelo poeta Olavo Bilac (Oliveira, 2012), cujo caráter conservador de origem sugeria, inclusive – entre outras razões –, que seria uma trincheira mais associada ao regime; mas, em consequência do fechamento da Sociedade dos Amigos da América, ganharia uma vitalidade inaudita naqueles anos. Oficiosamente vinculada às Forças Armadas e, segundo várias fontes, ponto de convergência daqueles que lutaram pela participação do Brasil na guerra na época do manifesto que ora analisamos, a Liga da Defesa Nacional era presidida por Oswaldo Aranha, e a entidade acabou assumindo – timidamente no início, ostensivamente depois – posições políticas contundentes a favor da democracia. Face à mudança do ambiente político, o PCB também deixou de ser alvo de perseguição, e os militares comunistas assumiram a Liga da Defesa Nacional, aglutinando, por meio dela, seus simpatizantes nas Forças Armadas, operando com habilidade nessa linha de intervenção, e possibilitando que a entidade convergisse em um centro de ação política na luta contra o nazifascismo e pela anistia.[5] Uma articulação que não passou despercebida ao governo. Numa carta de 22 de junho de 1944, o ministro da Guerra, Eurico Gaspar Dutra, entre várias considerações relacionadas à conjuntura, alertava Getúlio Vargas:

> Valendo-se das circunstâncias especiais da guerra, quando o povo russo, inspirado em suas seculares tradições guerreiras, vem com bravura destruindo o poder militar nazista e varrendo do chão de sua pátria o invasor germânico, multidobram-se os comunistas entre nós, os esforços de propaganda de seu credo, acobertando-se para tanto à sombra da bandeira da União Nacional e da imperativa necessidade do Esforço de Guerra do Brasil [...]. Criam comitês em todas associações de classe, que logo dominam, invadem os tradicionais sodalícios de cultura e as associações de civismo, onde se firmam nos cargos-chave para lhe ditarem as atividades e lhes modificarem os rumos. Porém, onde melhor se radicalizaram, como redutos inexpugnáveis, foi, parece, na Liga de Defesa Nacional, cujo último meeting é a melhor evidência dessa afirmativa; na União

---

5 Salomão Malina, histórico dirigente do PCB e depois do PPS, participou ativamente dos combates na Itália, subscreveu o documento, dando baixa na patente de capitão. João Amazonas, dirigente histórico do PCB e depois do PCdoB, participou do processo de reorganização do partido e da política de intervenção na Liga de Defesa Nacional. Quanto à Sociedade dos Amigos da América e à Liga da Defesa Nacional, há muitas referências sobre o papel significativo que ambas desempenharam – vide bibliografia –, mas nenhum estudo específico (Malina, 2001, p.265; Amazonas, 2004; Sena Júnior, 2009, p.149).

Nacional dos Estudantes e na Sociedade dos Amigos da América, cujas raízes já têm tal resistência, que a decisão de V.Exa. de fazê-la fechar, consta-me, ainda não logrou ser realmente efetivada [...]. Dentre em pouco, bem podemos prever, estarão nossas tropas além-oceano engajadas na luta. É necessário que os que partem tenham certeza de que o Brasil, a cujo serviço estão, não será presa fácil de quaisquer aventureiros político-revolucionários que queiram dominar e talar, e de que jamais deixaremos cair-lhes nas mãos como proveta ou cobaia para experimentações de práticas de meras elucubrações doutrinárias. (Isenburg, 2015, p. 95-99)

De qualquer forma, em julho de 1944, começam a chegar ao Sul da Itália os primeiros contingentes de soldados da FEB, e em setembro daquele ano, a 1ª Divisão entrou em combate no teatro de operações, já com efetivo completo. Dela participaram dezenas de combatentes comunistas enviados ao front, alguns por determinação partidária, outros por alistamento e convocação, e muitos na condição de voluntários.

Não cabe, neste espaço de poucas linhas, o desenvolvimento de aspectos militares da participação da FEB, inevitavelmente uma gota d'água no esforço maior de guerra aliado; contudo, essa presença nos campos de batalha italianos desperta contemporaneamente, entre os analistas, salvo pontuais exceções, o reconhecimento de que foi uma intervenção realizada com bravura e competência. Vale registrar, inclusive, que a Força Expedicionária efetuou missões com um contingente menor quando comparado aos objetivos elencados, levando-se em conta, especialmente, o fato de ser uma divisão sem experiência de combate (incluído aí o 1º Grupo de Caça), cujo preparo para intervir naquele cenário foi realizado de forma meteórica. Um cenário, sob todos os aspectos, desconhecido e geograficamente diferenciado da realidade brasileira, mas com uma intervenção enquanto força de combate que teve desempenho meritório naquele teatro de operações. Reflexões bem fundamentadas sobre esse debate e a presença da FEB podem ser vistas em Isenburg (2015), Ferraz (2012) e Bonalume Neto (1995).

A presença militar no exterior, no entanto, teve por significado maior, internamente, jogar uma pá de cal no que restava do Estado Novo, cuja possibilidade de apreensão é ter valorizado a intervenção dos combatentes febianos como politicamente significativa, ou seja, extrapolando em muito seu papel somente enquanto uma força de combate. Em 1945, portanto com a guerra ainda em curso, palpitavam muitas manifestações contrárias ao regime, algumas com significativo impacto político, e várias delas advindas de novos segmentos que confluíram ofensivamente no sentido de construir e pavimentar as bases de uma sociedade democrática. Uma das primeiras a destacar foi o Congresso Brasileiro de Escritores, evento ocorrido em janeiro de 1945; já no mês seguinte, houve a bombástica entrevista de José Américo, que, na leitura de muitos analistas, pôs um ponto final na censura, leia-se: assegurou a liberdade de imprensa. Ainda nesse cenário, no mês de abril, portanto não muito distante da finalização do conflito – o que aconteceria somente em 8 de maio – e da volta dos primeiros soldados ao país – a partir de julho de 1945 –, é que o manifesto "A FEB: símbolo vivo da união nacional" emergiu no debate político.

Um parêntese se faz necessário. Seja quanto à sua autoria, ou particularmente quanto à presença de militantes comunistas na Itália, havia um Setor Militar no PCB – o Antimil –, cujo objetivo era orientar os militares comunistas no processo de intervenção junto às Forças Armadas, com a organização respondendo diretamente a um assistente político, e este ao secretário-geral. Como ressaltado no ensaio anterior, mesmo Luiz Carlos Prestes estando na prisão, podemos inferir a hipótese de que sua vinculação, ou melhor, a atuação dessa fração militar organizada na Itália recebia orientação da direção nacional no Brasil. Talvez o elemento comprobatório maior dessa articulação decorra de o manifesto expressar textualmente a linha Política de União Nacional, incorporando nele a própria bandeira elaborada pelo CNOP em 1943, refletindo a avaliação político-partidária quando de sua divulgação.[6]

---

[6] Duas referências recentes sobre o debate relacionado à presença comunista na FEB são as dissertações de Pimentel (2019) e de Ferraz (2012).

Entretanto, há muitas lacunas, e mesmo algumas controvérsias, nessa hipótese. Jacob Gorender, ex-febiano, admitiu em entrevista ao autor[7] que teve acesso ao documento antes de ele ser encaminhado à Liga, sugerindo que a ideia do manifesto adveio desses oficiais lá na Itália, pontuando, inclusive, que poderia haver autonomia relativa dessa fração, hipótese que não pode ser descartada. Ele, no entanto, era um praça, e veremos que havia uma política específica para que esse documento fosse direcionado à oficialidade, nada indicando que ele tivera participação efetiva em sua elaboração, ressaltando que só travara conhecimento do mesmo. Na linha do exposto, temos um raro depoimento de outro praça, o cabo Humberto Neder (que, pelo relato, era próximo do PCB): chama atenção em seu diário a indicação de que havia alguma relação entre camaradas subalternos e os oficiais, e mesmo algumas iniciativas de contato com o PC italiano, embora sem maiores esclarecimentos. Em suas palavras:

Quinta-feira, 5 de abril – "Na segunda parte do dia, visitei a Casa de Dante (como demorei a encontrá-la), hoje sede do Partido Comunista. Apresentei-me como um deles, da Organizzazione Giovanile Comunista fui muito bem recebido pelas moças e rapazes, conversei longamente com eles, são grandes entusiastas do movimento partigiano (quase todos os partigiani são comunistas) e se interessam muito pela vida do partido no Brasil [...], voltei à sede.[8]

O curioso é que nem ele, nem Gorender mencionaram um fato correlato que se seguiu à elaboração do Manifesto, relacionado a uma intervenção dos militares comunistas no front de batalha: a coleta pública de fundos em auxílio à repatriação de Anita Prestes, filha de

---

7 Jacob Gorender, historiador e militante histórico do PCB e, depois, do PCBR, também participou da FEB como soldado. Em entrevista ao autor, admitiu contato com membros desta célula no front italiano (Gorender, 2007).
8 Diário do cabo Humberto Neder (sem título definido), a ser publicado, sob a organização do professor Valmir Correa, pelo Instituto Histórico e Geográfico de Mato Grosso do Sul. Agradeço ao professor Valmir a gentileza de enviar essa passagem do texto.

Luiz Carlos Prestes. O montante levantado entre os combatentes da FEB foi de 10 mil cruzeiros, que foi enviado para o Brasil. Esse largo movimento, nas palavras de Joel Silveira, chamou atenção por outro motivo, já que estava associado ao lançamento de um manifesto, seguramente esse que ora analisamos. Ressaltou o articulista, em seu livro sobre a FEB, a efusiva receptividade do documento entre os militares, particularmente com relação à possibilidade de uma anistia a todos os presos políticos (Smallman, 2002, p.79; Silveira, 1967, p.255). A coleta foi capitaneada por sargentos e soldados, mas é bem possível que sua orientação e mesmo a divulgação do manifesto citado entre eles tenham sido articuladas militantemente com esse grupo de oficiais, ou talvez, recorrendo ao jargão partidário, pelo assistente político do Setor Militar no campo de batalha italiano.

Aliás, não deixam de ser curiosas algumas coincidências. Além de "A FEB: símbolo vivo da união nacional" refletir *ipsis litteris* a linha partidária, há outras coincidências interessantes, e bem confluentes, quanto à trajetória de alguns membros dessa fração do Antimil na Itália. Houve, de início, a preocupação do comando da FEB em filtrar ideologicamente os oficiais que se apresentavam de forma voluntária como combatentes, até porque a presença de comunistas nas Forças Armadas já preocupava generais do alto comando do Exército, como Góes Monteiro e Valentim Benício da Silva (Smallman, 2002, p.79). Preocupação não despossuída totalmente de fundamento, já que existia um componente organizacional presente de esquerda havia décadas na história da instituição, como vimos nos ensaios anteriores. Essa política até conseguiu dificultar a ida de alguns militares reconhecidamente comunistas; como o major Humberto Freire Costa (Guedes, [s.d.]), mas não de todos. Nos casos de militares que tinham sido combatentes na Guerra Civil Espanhola, tudo indica que o filtro foi mais elaborado e efetivo, sendo totalmente ignoradas as solicitações de Delcy Silveira e Homero de Castro Jobim (Silveira, 1998, p.115; Dulles, 1985, p.235).

Porém, fica a indagação quanto à *omissão*, quiçá *incompetência*, do alto comando relacionada à ida dos demais voluntários e futuros combatentes na Itália, cuja trajetória política, enquanto membros históricos do PCB, era bem conhecida, a se constatar pelo currículo pretérito de alguns deles. Almir Neves, um desses signatários, foi militante comunista de longa data, e seria, no decorrer dos anos seguintes, o responsável pelo Antimil, ocupando o cargo por décadas, mais tempo do que qualquer outro dirigente, salvo Prestes à frente da secretaria geral. Leivas Otero, outro signatário e *ex-tenente*, revolucionário de 1935, eleito membro do Comitê Central na Conferência da Mantiqueira em 1943, talvez fosse, naquela ocasião, o responsável pelo Setor Militar; Henrique Cordeiro Oest, além de militar de origem, era um histórico e ativo militante comunista de longa data; ou também o capitão aviador da Força Aérea Brasileira Fortunato Câmara de Oliveira, comunista histórico, que já tinha sido preso por sua militância.

Talvez a explicação mais plausível para essa aparente contradição esteja relacionada às muitas dificuldades encontradas pelo Exército em compor a futura divisão de combate com quadros de oficiais regulares (Ferraz, 2012), e por essa razão, a inicial política de restrição ideológica para com os voluntários comunistas tenha sido amenizada ou, possivelmente, limitada àqueles casos de combatentes mais conhecidos que foram à Guerra Civil na Espanha. Como se verificou ao longo do conturbado processo de formação da 1ª Divisão Expedicionária enquanto corpo de combate operacional, não foram poucos os reservistas e mesmo oficiais de carreira do Exército que procuraram dar um *jeitinho para evitar ir à guerra*, muitos deles se recusando peremptoriamente à convocação, entre eles, alguns primeiros lugares de suas turmas (Bonalume Neto, 1995, p.129). Essa talvez tenha sido a razão maior, já que a intenção do governo Vargas era enviar à Itália um corpo de Exército que seria composto por três divisões de combate, e seguramente as dificuldades postas em se constituir e operacionalizar somente uma primeira divisão já refletiam os desafios que estariam à frente daquele projeto. São hipóteses em aberto, à espera de maiores investigações.

Entretanto, outros aspectos do documento chamam atenção. O manifesto da FEB foi subscrito majoritariamente por oficiais do Exército, alguns da FAB, datado de abril de 1945. Nessa relação, há cerca de trezentas assinaturas: uma de um coronel, uma de um tenente-coronel (Pedro Paulo Sampaio de Lacerda, que também era membro do PCB), onze de majores, e a imensa maioria de capitães e tenentes, sendo este o dado que mais chama atenção.[9] Podemos inferir, por hipótese, que essa composição hierárquica reflete, em sua manifestação política, uma tentadora analogia com os jovens tenentes dos anos 1920. Recado maior e direto a Getúlio Vargas era desnecessário, já que a adesão de jovens oficiais correspondia ao menos a uma fissura preocupante e incômoda nas Forças Armadas que, até então, fora um dos pilares do regime.

O segundo aspecto remete à pluralidade ideológica posta no manifesto. Saltam aos olhos alguns nomes dentre os oficiais que assinaram e seriam expoentes maiores da direita militar nos anos seguintes (havia também liberais), vários dos quais ocupariam posições de destaque no pós-1964, a maioria tendo chegado ao generalato. Alguns se viram envolvidos em delicadas situações políticas durante a ditadura, outros estiveram em posições de comando de tropa. Parte deles é mais conhecida, como o major Syseno Sarmento e os capitães Heitor Furtado Arzinaut de Matos, José Maria de Andrada Serpa, D'Avila Mello, Plínio Pitaluga, Milton Tavares de Souza e Ernani Ayrosa da Silva. Além desses oficiais, chama atenção a presença de alguns dos membros mais conhecidos da esquerda militar, entre os quais o aspirante Salomão Malina, o capitão-aviador Fortunato Câmara de Oliveira, o capitão Kardec Lemme, os tenentes Leivas Otero e Almir Neves, o major Henrique Cordeiro Oest e o tenente--coronel Pedro Paulo Sampaio de Lacerda, embora não fossem os únicos. Numa entrevista, o atual coronel (reformado) Kardec Lemme trouxe novas pistas à reflexão, afirmando que o grupo de militares que subscreveu o documento era composto de 26 militantes organizados (Magalhães, 2012, p.138), grupo bem maior que os sete oficiais assinalados e conhecidos. Ao que tudo indica, essa fração

---

9 A íntegra do manifesto, com a identificação de seus signatários e patentes na ocasião de sua divulgação (reproduzida em anexo), pode ser encontrada no jornal *Nova Democracia* (ano 1, n.8, abr. 2003).

comunista atuando no front italiano é que teria sido a responsável pela elaboração do documento.[10] O terceiro aspecto refere-se ao destinatário, a Liga da Defesa Nacional. Supõe-se que, por aglutinar muitos militares na ativa, e para evitar futuras punições previstas no Regulamento Disciplinar do Exército (RDE), o manifesto não foi endereçado diretamente a Getúlio Vargas e ao ministro da Guerra, e sim ao presidente e aos membros do diretório central da entidade – embora, estatutariamente, o presidente de honra fosse o presidente da República.[11] Numa leitura preliminar, tratava-se mais de um documento de reconhecimento e valorização dos esforços da entidade do que um manifesto político à nação. Sem dúvida, se foi uma sutil manobra para não encaminhá-lo diretamente ao presidente – o que significaria, em última instância, a possibilidade de haver punição, com o argumento de quebra de hierarquia –, o destino final, divulgado na imprensa, foi, seguramente, Getúlio Vargas.

O documento, no entanto, é um libelo à democratização e refletia, em 1945, o ambiente político de um processo iniciado tempos antes, e fortalecido, neste caso, pelo fato de ser avalizado por significativa parcela da jovem oficialidade que estava engajada em combate. Na sua formulação, esse espírito está presente e correlato à necessidade de união nacional, mas ele pode ser apreendido de várias formas. Vou privilegiar uma leitura que talvez seja a de seus formuladores. Semanticamente, chamam atenção os conceitos postos, muitos deles mais afeitos aos manifestos de esquerda. O *imperialismo* é sinalizado à direita, claramente definido como prussiano-fascista, além de *retrógrado*. *Camadas populares, organizações populares, causa justa, forças progressistas*, entre outros, são alguns dos conceitos presentes listados com conotação de esquerda, inclusive o de *tarefa* (a ser desenvolvido no Brasil pela entidade), posto no lugar do de

---

10 *Política Democrática: Revista de Política e Cultura* (Brasília, Fundação Astrojildo Pereira, n.1, p.165-166, jan./abr. 2001); Gorender (2007); Gorender apud Dines, Fernandes Jr. e Salomão (2000, p.127).
11 Faço referência ao estatuto original, datado de 10 de novembro de 1916, mas é possível que o estatuto vigente na ocasião fosse outro; uma hipótese plausível, mas ainda sem comprovação.

missão (conceito etimológico que também é utilizado em detrimento daquele), usado costumeiramente para se referir à Força Expedicionária Brasileira na Europa. O conceito de *missão* é o usualmente utilizado pelos militares. Ao mesmo tempo, manifesta a necessidade de combater internamente os agentes nazi-integralistas e, concomitantemente, projeta a necessidade de ação mobilizadora das forças progressistas e, com elas, no pós-guerra, um novo projeto de desenvolvimento pautado nessas novas bases.

O manifesto procurou habilmente correlacionar esse projeto aos princípios postos por outras conferências, algumas delas em curso, e se associou ao sutil desejo de continuidade harmoniosa entre os Aliados, conquistada no conflito, aspecto este que se mostraria inútil, face ao contexto explosivo da Guerra Fria que se seguiu. Dentro das alianças postas, chama atenção que elas tenham sido capitaneadas pelos grandes vencedores do processo de luta – incluindo a China e a Iugoslávia. Nesse sentido, o manifesto valorizava os princípios postos pela Carta do Atlântico – a solidariedade, a independência, a liberdade, a paz e o progresso, bem como a soberania dos povos. Por consequência, o documento apoiava a necessidade de uma instituição que viria a ser as Nações Unidas, entre outros projetos sinalizados como afiançados por Roosevelt, este citado textualmente. Talvez, para não melindrar os resquícios não muito distantes de 1935 e abortar a iniciativa de incorporar um universo maior de oficiais em apoio àquele grupo mais restrito que o formulou, Stálin não foi sequer mencionado, a União Soviética, sim.

Ao final, o documento afunila para o diálogo com os militares – via Liga de Defesa Nacional – e evoca, como herança daquele processo, as figuras de Caxias e Floriano Peixoto, combatentes que foram forjados nos campos de batalha, exemplares como espíritos unificadores. Nele, é evidenciada a confluência desse ideário patriótico como expressão das tarefas a serem desenvolvidas, uma em particular: a união nacional com liberdades democráticas. Aspecto este que se demonstraria ilusório e que não duraria muito tempo, já que a Constituição democrática se revelaria limitada em vista da Guerra Fria e, em seu bojo, imporia limites a essas conquistas e avanços.

Oficialmente, a Segunda Guerra Mundial foi finalizada na Europa em 8 de maio, quando o regime de Vargas já contabilizava sucessivas derrotas políticas. A FEB, como ressalta Ferraz (2012, p.93), em vez de se constituir orgulho, tornava um incômodo, sobretudo, um estigma. Porém, "A FEB: símbolo vivo da união nacional", enquanto documento elaborado no calor das batalhas, teve um papel significativo no processo de queda do Estado Novo (Malina, 2001; Gorender, 2007; Gorender apud Dines; Fernandes Jr.; Salomão, 2000, p.127); quase em simultâneo à sua veiculação em abril, talvez coincidentemente, Getúlio Vargas concedia a anistia (parcial, diga-se) e eram convocadas eleições para uma Constituinte, política que favorecia a legalização dos partidos políticos, inclusive a do Partido Comunista.

Curiosamente, houve nesse meio-tempo uma proposta de Constituinte com Getúlio Vargas – que encontrou fortes resistências de alguns segmentos partidários. Mas a direção do PCB entendia que o então ditador abraçava uma política que fortalecia a democracia e o dissociava, em grande medida, de outros segmentos do Estado Novo incrustados na UDN. Estes últimos é que representariam a continuidade do antigo regime. Mesmo assim, alguns militantes comunistas, muitos deles oficiais de prestígio, se afastaram da organização; outros, porém, entendiam que a continuidade do processo de liberalização com Getúlio Vargas era um mal menor, desde que assegurada a transição democrática com uma Constituinte (Sodré, 1967, p.173-244; Basbaum, 1975, p.147-166).

Em outubro de 1945, o Estado Novo tinha seu ponto final com um ultimato dos generais que depôs Getúlio Vargas, fazendo com que a Política de União Nacional gestada ao longo daqueles anos tivesse de se readequar a um novo cenário político. A despeito do currículo reacionário dos protagonistas golpistas, o quadro político não permitiu que houvesse retrocesso no processo democrático. A política subsequente construída pelos comunistas ainda teve reflexos desse objetivo e, por algum tempo, procurou-se resgatar e aglutinar um amplo leque de forças para as primeiras eleições do pós-guerra. Inicialmente, cogitou-se o lançamento à presidência da República do ex-prefeito de São Paulo Prestes Maia (que chegou a vacilar), recusando a candidatura pouco antes do pleito. Praticamente em cima da hora das eleições, os comunistas lançaram a candidatura de Yedo Fiúza, sem sucesso – apesar da considerável votação com apenas quinze dias de campanha –, mas elegendo uma significativa bancada constituinte, de catorze deputados e um senador (Luiz Carlos Prestes). Esse período democrático, no entanto, não duraria por muito tempo, já que o cenário da Guerra Fria iria tornar o ambiente interno conflituoso, e o externo, explosivo.

Todavia, a "A FEB: símbolo vivo da união nacional" seria um manifesto praticamente ignorado ao longo dos anos seguintes à democratização, e como sinalizado, podemos inferir, por hipótese, que tenha sido um esquecimento deliberado, que o tornou desconhecido para as presentes gerações. Hipótese que não pode ser descartada, em razão da biografia e da trajetória de seus signatários, e pelo fato de a origem comunista de sua formulação ficar mais do que evidente no explosivo ambiente do pós-guerra. Esse aspecto, sem dúvida, era politicamente constrangedor para muitos militares: afinal, haviam se passado pouco mais que vinte anos das primeiras rebeliões dos tenentes, e menos de uma década do tempo dos revolucionários de 1935. Salomão Malina, um dos fundadores da Associação de Ex-Combatentes, lamentou em suas memórias (Almeida, 2002, p.60-61) que, pelo fato de ser comunista – e essa condição veio a ser divulgada logo depois de sua volta –, teve os laços com seus camaradas de armas praticamente cortados. Talvez essa politização seja a explicação mais factível e evidente para esse quase *esquecimento deliberado*, mas decerto não é a única. A questão do esquecimento envolve outras interfaces, algumas inconclusas. Vale registrar que houve o esquecimento dos ex-combatentes da FEB como um todo, uma situação que os remeteu, na volta ao Brasil e nas décadas seguintes, a várias batalhas para seu reconhecimento, processo este descrito por Ferraz (2012) como uma guerra ainda inacabada na virada do milênio. Mas não só isso.

Podemos também inferir que a meteórica desmobilização da FEB, iniciada bem pouco tempo depois de finalizada a guerra na

Europa, e completamente efetivada em sua volta ao Brasil, corrobora, em alguma medida, essa hipótese, contribuindo com várias mediações à tese de um deliberado esquecimento desse documento. Como ressaltado, se já havia a suspeita de muitos esforços da parte do alto comando do Exército para implementar uma política que dificultasse o ingresso de oficiais comunistas voluntários na Divisão Expedicionária quando de sua formação, a volta dos campos de batalha italianos trouxe uma preocupação adicional em fins de 1945, quando se avaliava o grau de influência que esses militares poderiam ter entre seus pares nas Forças Armadas. Embora essa política não fosse totalmente bem-sucedida, um memorando secreto, datado de setembro de 1945, respalda essa hipótese, na medida em que sinaliza para uma preocupação no alto comando do Exército relacionada ao fato de os comunistas estarem obtendo grande êxito no recrutamento de oficiais da FEB à sua causa, denunciando, inclusive, que armas recebidas dos soldados desengajados estariam sendo estocadas, escondidas em veículos militares em retorno ao país (Smallman, 2002, p.79).

Guardados os exageros desta última parte do documento – até porque, após algumas investigações, o resultado de um inquérito sobre as denúncias foi inconclusivo –, a preocupação tinha algum fundamento, afinal, não podia ignorar o prestígio do socialismo em 1945, especialmente após o papel decisivo da União Soviética enquanto aliado na vitória sobre o nazifascismo, e também o prestígio de Luiz Carlos Prestes. Anistiado e libertado, dignificado pelo comportamento de anos na prisão, ele era uma lenda no Exército por sua história na Coluna que levou seu nome, sendo eleito o senador mais votado da República. Em situação similar, havia outros militares comunistas insurretos de 1935, como Apolônio de Carvalho e Dinarco Reis, entre outros combatentes dos campos de batalhas europeus e da resistência francesa, que voltaram ao Brasil em 1945, heróis, ambos assumindo posições dirigentes no Partido Comunista por décadas.

Podemos recorrer ainda ao exemplo de outros militares comunistas que serviram na FEB. Alguns viriam a ser bem conhecidos por sua presença na política pós-1945, como o já citado capitão Salomão

Malina, condecorado por bravura em combate com a mais alta distinção conferida pelo Exército brasileiro, a Cruz de Combate de Primeira Classe; reformado, viria a ser um dos principais dirigentes do PCB e um de seus últimos secretários-gerais; ou o futuro coronel Paulo Eugênio Pinto Guedes, igualmente condecorado com a Cruz de Combate, e também com a Estrela de Bronze dos Estados Unidos, entre outras medalhas nacionais e estrangeiras, e que se destacaria nos anos 1950 na campanha *O petróleo é nosso*, vindo a ser membro do Gabinete Militar de João Goulart, e um dos primeiros nomes da lista de cassados pelo golpe civil-militar de 1964. Temos ainda o exemplo do tenente-coronel Pedro Paulo Sampaio de Lacerda, que seria um dos primeiros suplentes da bancada de dezoito vereadores do PCB à Câmara Municipal do Rio de Janeiro nas eleições de janeiro de 1947. Esses são apenas alguns nomes de militares comunistas da FEB com uma presença militante no período – seguramente não foram os únicos. A politização era um fato, e incomodava vastos setores militares, inclusive febianos. Uma passagem posta por Ferraz ilustra bem o quadro:

> Inicialmente, as associações foram formadas e dirigidas, na maioria, por praças e oficiais subalternos da reserva. [...] Em outras localidades do país, o perfil dos fundadores e primeiros associados assemelha-se ao de São Paulo. Outra característica presente também em São Paulo foi o expressivo envolvimento de expedicionários militantes ou simpatizantes do Partido Comunista do Brasil (PCB) na organização das seções da AECB [...]. Afeitos aos trabalhos de organização sindical e associativa, esses militantes ocupavam posições na diretoria e, posteriormente, no Conselho Nacional. A exceção a esse padrão foi a associação paranaense, organizada em Curitiba. Em 1946, para auxiliar os trabalhos de organização da coirmã paranaense, foi enviado, pelo Conselho Nacional da AECB, a Curitiba o artista plástico Carlos Scliar, que serviu na artilharia da FEB e era membro da seção do Rio Grande do Sul, da AECB. Suas orientações desagradaram aos outros cinco veteranos empenhados na organização da associação em Curitiba, que rejeitaram "os

rumos (comunistas) que o forasteiro buscava emprestar aos destinos das associações que viessem fundar". Fundaram a associação paranaense e evitaram qualquer veleidade de partidarização. Sua postura anticomunista ficou explícita na 1ª Convenção Nacional dos Ex-Combatentes, no Rio de Janeiro, quando protestaram publicamente contra a candidatura do presidente nacional, Pedro Paulo Sampaio de Lacerda, à Câmara de Vereadores, pelo Partido Comunista e, ato contínuo, retirando-se do Congresso e desligando-se da AECB. Fundaram então a Legião Paranaense do Expedicionário, independente. (Ferraz, 2012, p.226)

Na verdade, o quadro político se agravaria nos anos subsequentes ainda mais entre os ex-combatentes nas muitas associações, evidenciado pela incendiária polarização trazida pela Guerra Fria, cuja consequência política mais significativa do curto interregno democrático no pós-1945 é desastrosa, até porque um projeto de nação distanciou-se cada vez mais de uma agenda unitária e democrática. Nesse explosivo contexto que se seguiu, uma nova agenda emergiu para muitos de seus signatários, com outro conjunto de teses. Guerra Fria na nomenclatura da literatura política e acadêmica, mas, na realidade, uma guerra para lá de quente.

VI
O GENERAL MIGUEL COSTA E A COLUNA PRESTES: UMA REFLEXÃO NA HISTÓRIA

Decifra-me ou devoro-te.

A esfinge possui várias faces. Algumas se perderam no tempo, sem deixar maiores referências à contemporaneidade; outras são famosas na história, como aquela que se apresenta no imaginário popular, evocada na epígrafe. Há igualmente muitas controvérsias quanto à identificação e à autoria do vaticínio em questão, mas tudo indica que sua origem remonta a tempos antigos da mitologia grega, cuja imagem está associada a um demônio e à representação de um leão com cabeça de mulher, cauda de serpente e asas de águia.

A origem grega, no entanto, não é a mais conhecida, e sua ideia chama atenção para o monumento mais apreciado dos contemporâneos, salvo entre os especialistas: a esfinge egípcia. Descomunal sob todos os aspectos, ela conta com corpo de leão e cabeça humana, avizinhada pelas grandes pirâmides do Cairo. Sua expressão é um enigma, que encantou e atemorizou poderosos como Napoleão Bonaparte, que considerou que sua grandeza como militar e estrategista poderia ficar obscurecida por sua glória no tempo. Fontes diversas sugerem que, por sua ordem direta, o nariz da esfinge foi pulverizado com um tiro de canhão pelo Exército francês.

Polêmicas à parte, e são muitas, não cabe aqui sustentar uma tese ou debater com os clássicos se foi com a literatura helênica ou a egípcia que circulou a famosa frase "Decifra-me ou devoro-te", e sim encarar o desafio na história em relação a outras esfinges que se travestem como enigmas. O general Miguel Costa é um deles.

Um enigma e sua esfinge

Passado algum tempo do cinquentenário do falecimento de Miguel Costa em 2009, vale a pena desenvolvermos alguns tópicos sobre a sua personalidade – mesmo que de forma embrionária –, no sentido de decifrar e expor fatos históricos de sua trajetória política e militar. Procuraremos ainda chamar atenção para a possibilidade de esse enigma ser apreendido em suas várias dimensões: pessoal, militar e política, já que, apesar de Miguel Costa ser muito citado em livros e discursos, é, na verdade, mais que desconhecido, para não dizer negligenciado, pela literatura política e acadêmica. Além disso, este ensaio objetiva pontuar algumas razões de seu desconhecimento pela universidade, um verdadeiro *enigma*, mas também levantar pistas e analisar as razões para seu estranhamento na própria Polícia Militar de São Paulo, sobretudo quando esta o confronta como ator político – cautelosamente apreendido e que a desafia, por hipótese, como uma *esfinge*, com enorme receio de ser por ele devorada.[1]

Por essa razão, pretendo privilegiar um enfoque teórico-metodológico pouco explorado da reflexão política e ideológica que cerca Miguel Costa: aquele que o apreende como um policial/militar de esquerda, um socialista.[2] Não é um caso isolado em sua geração, mas sua trajetória reflete a história de um militar inserido em um arco conceitual da esquerda militar, conceito desenvolvido por João Quartim de Moraes e que encontra fundamentação em um conjunto

---

1 Este ensaio reflete, em grande medida, a exposição que proferi no Seminário Miguel Costa, organizado pelo Museu da Polícia Militar de São Paulo em 2009.
2 Sobre pistas do perfil ideológico de Miguel Costa, recorri a estudos de Costa (2010) e Macaulay (1977).

de militares que procuraram intervir politicamente na história do Brasil, norteando e pautando sua ação em vetores morais e políticos. Segundo Morais (2005, p.7), o conceito assim se apresenta:

> Com efeito, apesar das evidentes diferenças de formação intelectual, de formulação doutrinária, de forma de atuação e de perspectiva programática, parece-nos clara a continuidade da inspiração ético-política dos jovens oficiais abolicionistas e republicanos, dos "tenentes" dos anos 1920, dos militares anti-imperialistas dos anos 1950, dos antigolpistas dos anos 1960. Essa continuidade rompeu-se com os amplos expurgos que os golpistas vitoriosos em 1964 promoveram nos quadros das Forças Armadas.

Dentre essa geração de *tenentes*, em sua maioria desconhecidos ou secundarizados pela historiografia, Miguel Costa teve significativa presença política entre 1930 e 1932 (à época, já um socialista), e posteriormente na fase da redemocratização do Brasil em 1945, uma presença importante enquanto um dos articuladores da (re)fundação do Partido Socialista Brasileiro (PSB) (Costa, 2010, p.117; Macaulay, 1977, p.231), conjuntamente com outros prestigiados intelectuais de esquerda que se somaram à agremiação, como Antonio Candido e Paul Singer. Fundamentalmente, a legenda era uma agremiação de notáveis civis, mas incorporava em suas fileiras prestigiados militares adeptos das Revoltas de 1924, como o comandante Herculino Cascardo (que liderou a insurreição do encouraçado São Paulo), embora, ao que tudo indica, o PSB não tenha tido por política mobilizar organicamente os militares ou mesmo incorporar um Setor Militar, uma característica desse segmento vinculado ao PCB.

Porém, por Miguel Costa ter posicionamento ideológico à esquerda, aspecto pouco palatável entre policiais e militares da época (e mesmo contemporaneamente), é sugestivo pontuar como hipótese que isso contribuiu para o seu virtual desconhecimento na própria Polícia Militar de São Paulo. Vale ainda chamar atenção para uma breve reflexão – mesmo que embrionária – sobre outro aspecto articulado ao anterior, que, acreditamos, contribuiu para seu desconhecimento enquanto personagem histórico: o debate sobre a lendária Coluna que fez história no Brasil, e o fato de ela não ter sido chamada de Miguel Costa pela literatura acadêmica e política (ou mesmo ter seu nome incluso), ficando conhecida na posteridade como Coluna Prestes. Para fundamentar esta última hipótese, tenho por objetivo dialogar com alguns autores referenciais e livros produzidos sobre o tema, procurando resgatar a produção temática e estabelecer uma reflexão com aqueles trabalhos desenvolvidos no âmbito dos pesquisadores que procuram contestar esta tese. Vamos por partes.

Apontamentos e uma problematização

Inicialmente, vou procurar abrir um diálogo sobre as razões de a Coluna ter recebido o nome de Prestes e de Miguel Costa ter ficado na história com um papel aparentemente secundário. Podemos dizer que, entre a vasta bibliografia nacional e estrangeira sobre a Coluna, a grande maioria denomina a empreitada como Coluna Prestes, com algumas poucas memórias ou estudos, a exemplo dos de Juarez Távora (1974), *Memórias: uma vida e muitas lutas*, João Alberto Lins de Barros (1997), *A marcha da Coluna*, e Glauco Carneiro (1989), *História das revoluções brasileiras*, intitulando-a como Coluna Miguel Costa/Prestes, além de referências de brasilianistas, como John Foster Dulles (1977, p.202). Também se encontram em bibliografias outras denominações, como Coluna Fênix, assim chamada pelo general Isidoro Dias Lopes, conforme veiculado pelo jornal *O Estado de S. Paulo*; Coluna Invicta, também segundo *O Estado de S. Paulo* (Costa, 2010, p.179), nominada, entre outros, por Luiz Carlos Prestes em algumas ocasiões, embora comumente ele a denominasse Coluna Prestes ou Grande Marcha Revolucionária (Moraes, 1982, p.36). A Coluna também foi chamada por vários de seus membros, inclusive por Miguel Costa, de 1ª Divisão Revolucionária, apesar de o próprio Costa a ter intitulado, em várias ocasiões, como Coluna Prestes. Outras denominações pontuais aparecem em livros, e referências esparsas, mas mesmo entre esses autores, sem maiores repercussões nesse debate.

Na contracorrente, encontramos a tese de que a Coluna deveria ser nomeada Coluna Miguel Costa, ideia defendida, em grande medida, extramuros acadêmicos e, principalmente, sustentada por historiadores de origem militar. Mas seus adeptos são raros no debate universitário, bem como os livros que encampam tal ideia têm uma circulação restrita na sociedade, face à reduzida penetração de suas edições. Dentro dessa bibliografia, as obras mais emblemáticas são do coronel Davino Francisco dos Santos, personagem histórico da Polícia Militar de São Paulo, com seu clássico *A marcha vermelha* (1948) e o mais recente *A Coluna Miguel Costa e não Coluna Prestes* (1994). De autoria do historiador e coronel da PM/SP Edilberto de Oliveira Melo, o ensaio *General Miguel Costa* (2000) articula um resgate histórico do retratado numa reflexão bem próxima daquela desenvolvida pelo coronel Davino em *A Coluna Miguel Costa e não Coluna Prestes*. O coronel Edilberto, em conjunto com o também coronel José Canavó Filho, ainda escreveu, em 1977, *Polícia Militar: asas e glórias de São Paulo*, que traz pistas interessantes sobre a biografia de Miguel Costa e relatos sobre os acontecimentos de 1930 e 1932, uma fase de sua biografia bem pouco explorada pelos estudiosos.

Por fim, nessa linha, temos os estudos de autoria do coronel do Exército Gay Cardoso Galvão, intitulados *Coluna Prestes, Por quê?* (1996) e *Os oito últimos dias do General Miguel Costa* (2006), com o sugestivo subtítulo *o legítimo condutor da Divisão Revolucionária que se agregaram os "homens do Rio Grande"*, *Prestes*, escrito em parceria com o capitão da PM/SP Hélio Tenório dos Santos.[3] Deste último, há um texto biográfico publicado em 2009 na revista *A Força Policial*, intitulado "General Miguel Costa", no qual o autor não foge à

---

3 Nesses trabalhos, o autor centraliza idealisticamente Miguel Costa e apresenta, com seu nome ou não, em várias passagens (em uma narrativa confusa e eivada de adjetivos), titularidades distintas, como Coluna Miguel Costa/Prestes, Brigada Miguel Costa/Prestes, Grande Marcha, Divisão Revolucionária e Coluna Miguel Costa (Galvão, 1996; Galvão; Santos, 2006).

linha do debate anterior quanto à tese sobre a titularidade da coluna, singularizando-o pelo resgate da figura humana do biografado.

Ao longo deste ensaio, procurarei estabelecer uma reflexão crítico-analítica com esses autores e levantar algumas hipóteses sobre a efetividade de suas teses, denominando essa linha de interpretação de *corrente militar*. Chamo atenção sobre a necessidade dessa interlocução com tal nomenclatura, pela razão de eles todos defenderem a tese de a Coluna ser intitulada Coluna Miguel Costa, mas também pelo fato de serem pesquisadores militares da reserva ou da ativa com vinculação à Polícia Militar de São Paulo ou com o Exército. Também porque essa denominação não encontra correspondência ou proximidade com esse enfoque na literatura acadêmica ou mesmo entre pesquisadores civis.

Todavia, há outras razões que podem sustentar a hipótese de a Coluna ser chamada de Coluna Prestes e não de Miguel Costa. A primeira decorre da total falta de estudos históricos e reflexões sobre o papel político das instituições policiais militares paulistas, a saber: Força Pública, Guarda Civil, Polícia Civil e Polícia Militar.[4] Como segunda hipótese, o fato de que a bibliografia sobre Miguel Costa é reduzida quando comparada com a vasta bibliografia sobre Luiz Carlos Prestes. Mas, se por um lado, muitos dos trabalhos sobre o último são elogiosos e contribuíram para formar seu mito de o Cavaleiro da Esperança de Jorge Amado, em meio a outras várias bibliografias, algumas bem recentes, incluindo uma antologia poética (Souto Maior, 2006), por outro, não conseguimos localizar nenhum trabalho de referência sobre Miguel Costa, salvo aquelas últimas obras citadas. Certamente, isso contribuiu para a Coluna continuar, ao longo do século XX, com o nome de Prestes; mas nem ele procurou, nem é culpado. Prestes teve seu nome associado à coluna e à história do Brasil bem antes de ser comunista e à sua entrada no PCB, quando houve a instrumentalização de sua trajetória associada a um

---

4 A título de ilustração, além do clássico trabalho de Heloísa Fernandes (1974) sobre a Força Pública, e o posterior livro de Thaís Batibugli (2010), ambos citados na bibliografia, outras duas contribuições se somam nessa reflexão após a elaboração deste ensaio: Carvalho (2011) e Sadek (2003).

projeto político, e que veio a ser evidenciada politicamente, para não dizer ideologicamente.

Como um ponto importante, registro ainda o fato de que a Coluna gaúcha já era conhecida como Coluna Prestes (Mello; Canavó Filho, 1978; Távora, 1974) mesmo antes da formação da 1ª Divisão Revolucionária em Foz do Iguaçu, quando houve a junção das forças de Rio Grande e Paulista. Nesse debate, não se pode desprezar a biografia de Prestes como militar e político: como cadete na Academia Militar, suas notas foram superadas somente nos anos 1980; como dirigente político, assumiu posições ideológicas corajosas, em especial com sua rotação ao marxismo, ao contrário da maioria dos tenentes que aderiram à nova ordem estabelecida após a Revolução de 1930.

Seus méritos como militar e estrategista naquele processo também são inquestionáveis: Prestes se destacou em meio a outros tenentes combatentes, como Siqueira Campos, Cordeiro de Farias, Djalma Dutra, João Alberto, que foram e são contemporaneamente referências na história do Brasil. Isso não é pouco, e como lembra o historiador Gorender (1987, p.30), o mito sobre o Cavaleiro da Esperança e a Coluna com seu nome não se operou no vazio, embora a competência de Prestes como militar tenha sido bem maior que a de político, leitura corroborada por outros analistas marxistas, como Vianna (1988, p.56-64).

De qualquer forma, o acima exposto não responde, ao menos não de forma satisfatória, a razão de a Coluna ser reconhecida como Coluna Prestes e não como Coluna Miguel Costa, apesar de algumas referências importantes em contrário. Seguramente, há outros pontos a serem observados, sobretudo quanto à metodologia adotada em vários livros para enfrentar a questão, algo que, como sinalizamos, não está associado a uma total ausência de trabalhos, ainda que sejam poucos aqueles que se referem a ela como Miguel Costa.

Concretamente, se alguns livros e ensaios mencionados no debate proposto tiveram circulação restrita, em particular aqueles elaborados pela *corrente militar* (mais conhecidos entre os especialistas), estes incorrem no mesmo erro de alguns trabalhos sobre

Prestes quanto à exposição: mostram-se pouco objetivos e poucos fundamentados quando expõem o adversário, com textos inflados de adjetivos e julgamentos de valor e, em muitos momentos, suas opiniões não encontram sustentabilidade ou fundamentação na história em trabalhos consagrados e reconhecidos, bem como na documentação disponível.

Vale um registro *a priori*: partilho de um reconhecimento, que não é isolado, ainda que pouco explorado, sobre o papel extraordinário de Miguel Costa na Coluna e na história (e voltarei a este ponto), sendo legítima a proposta de interlocutores em (re)nomear a Coluna, muitos destes militares, como Juarez Távora, João Alberto e Isidoro Dias Lopes (alguns sugerindo nomes diferentes), válida enquanto projeto elaborado pelos demais historiadores militares. Mas quando procuram atingir o objetivo de valorizá-lo, incorrem no equívoco maior de minimizar ou desqualificar seus oponentes, Prestes no caso.[5] Não cabe aqui, neste esforço de análise, advogar deles neutralidade, e sim objetividade. Em estudos desse tipo, isso não é um caso isolado, como pontua Doratioto (2008, p.17), autor de uma magnífica biografia do general Osório:

> A rigorosa aplicação do método histórico permite reduzir o nível de subjetividade nos diferentes estudos e se buscar a verdade no sentido aproximativo. Contudo, a elaboração da biografia do grande personagem histórico apresenta maior a objetividade do historiador, a saber: a sedução ou aversão gerada pelo biografado. No primeiro caso, a sedução pode resultar da utilização de fontes parciais, quer dizer, exclusivamente favoráveis ao biografado. Outra possibilidade é que, de fato, o personagem em estudo teve papel saliente e foi visto como positivo por seus contemporâneos. Por outro lado, a aversão pode resultar quer pela aversão do pesquisador sobre o biografado, como se este tivesse que atendê-lo quando, na realidade, viveu em uma época em que os valores eram outros. A aversão também pode resultar de características do biografado cuja condenação é

---

5 Nesta linha, temos a interpretação de Santos (1994) e Galvão (2006).

praticamente universal – no tempo e em diferentes culturas – como, por exemplo, a crueldade com os mais fracos e desprotegidos ou a indiferença ao sofrimento dos seus semelhantes. A resposta para o desafio sedução/aversão é o historiador sustentar a postura crítica, inserir o biografado em seu contexto, analisar a lógica interna do discurso/documento e comparar os discursos dos atores históricos com sua prática real.

A crítica, nesse sentido, não deve ser expressão ou sinônimo da negação sistemática de aspectos da personalidade biografada, ou seja, aspectos tidos como positivos/negativos de sua época, nem deve expô-la aos citados valores universais. A contextualização histórica ou o relativismo cultural, segundo o mesmo autor, não pode servir de pretexto para o pesquisador se recusar a ter uma conclusão ética sobre seu biografado, especialmente no caso de o personagem histórico ser responsável por decisões que influenciaram a vida dos membros de uma sociedade. Esse foi o caso de Luiz Carlos Prestes e Miguel Costa. Quanto às possibilidades de apreensão desses personagens, aconteceu o equívoco metodológico de aversão aos biografados, praticados, principalmente, quando conferimos os livros dos autores da *corrente militar*, pautados por uma leitura com viés anticomunista, sobretudo em relação a Prestes; mas situação também análoga se apresenta a Miguel Costa, face ao seu posicionamento político de esquerda, ele que, historicamente, foi um rebelde.

Ao que tudo indica, a aversão ao personagem político e que, de certa forma, está presente na cultura da própria instituição – Polícia Militar de São Paulo – apresenta-se ainda mais no Exército, leia--se: a exclusão de um enfoque analítico sobre a Coluna não é um aspecto isolado, atingindo outros personagens históricos. Um deles é Cordeiro de Farias, que nos oferece um relato bem ilustrativo numa passagem de suas memórias, produzidas pouco antes de seu falecimento e concedidas ao Programa de História Oral do CPDOC. Nele, registra sua importância no tempo e na história, não sem uma pitada de lamento:

É a primeira vez que tenho a oportunidade de falar longa e completamente sobre minha vida. Curioso, mas a verdade é que nunca fui ouvido por nenhuma autoridade militar brasileira sobre a experiência da Coluna Prestes ou mesmo sobre a Segunda Guerra. Nem eu, nem meus companheiros da Coluna e da FEB. Os estrangeiros é que me procuraram. Logo no início da Guerra da Coreia, recebi inúmeros professores norte-americanos interessados em me ouvir sobre questões militares. Eles vieram exclusivamente conversar sobre a experiência de guerrilhas da Coluna. Mais tarde, durante a Guerra do Vietnã, o fato se repetiu. Agora vocês me dão a oportunidade de discorrer sobre estes e outros episódios, deixando-os registrados para a história brasileira. (Farias, 1981, p.47-48)

No entanto, se por um lado a Coluna, enquanto objeto de estudo, está presente em muitas instituições militares de ensino no mundo, e talvez enquanto movimento político ou quanto às suas inovadoras táticas de combate, muitas delas gestadas e reelaboradas na práxis advinda dos combatentes, particularmente aqueles cavalarianos gaúchos que confrontavam a Doutrina Militar Francesa (incorporada em 1906 na Força Pública, e no Exército nos anos 1920), por outro, não há registro de estudos sobre a Coluna ou de sua valorização enquanto movimento político realizado por historiadores militares, nem recorte sobre o tema entre os livros editados pela Biblioteca do Exército Editora (Bibliex), salvo algumas memórias, como as de Juarez Távora e João Alberto. Exemplos correlatos nessa linha são bem significativos quanto a outros autores críticos, alguns mesmo de origem militar.

Euclides da Cunha, do magistral *Os sertões*, é um deles. Pouco estudado sob a ótica de estratégia militar, o autor chamou atenção em sua narrativa sobre Canudos e para a original estratégia de resistência desenvolvida naquele cenário, salvo engano, ignorada por nossos militares como possibilidade de construção de uma doutrina, em que pese ela já estivesse à disposição deles à espera de uma cuidadosa análise, bastando somente um reajuste de foco para o cenário da guerra (de guerrilha) em movimento da Coluna.

Somente o major Bertoldo Klinger (um dos jovens turcos e futuro general em 1932) percebeu o equívoco da estratégia governista no combate à Coluna; mas, decerto, é difícil no tempo superar essa dicotomia de um *modus operandi* pautado em um referencial externo. As geniais intuições de Euclides da Cunha seriam posteriormente ignoradas nas ações militares contra a guerrilha do Vale do Ribeira ou sua possível contribuição como estratégia de combate na guerrilha do Araguaia. Mesmo aspectos técnicos elementares descritos da corporação militar e por ele criticados, como o uniforme de talhe europeu, inadequado para a luta na caatinga; o Exército somente o alterou e incorporaria a mudança na década de 1990 em unidades especializadas em combate naquele cenário. O interessante é que os uniformes da corporação refletem atualmente a vestimenta do sertanejo – "aquele é, sobretudo, um forte", em suas palavras –, valorizam-se as suas táticas de guerrilha, algo incorporado contemporaneamente pelo Exército brasileiro como doutrina de resistência para a defesa da Amazônia. Chamo atenção para exemplos acima na perspectiva de análise das operações militares desenvolvidas pela instituição, e não para o aspecto político daquelas intervenções em que foram utilizadas, como outras em nossa história (por exemplo, o caso de Canudos), até porque foram movimentos de resistência à ditadura militar.

Honrosa exceção a essa reflexão crítica, advinda de um militar, é o livro *A Coluna Prestes: análise de depoimentos*, do historiador e general de Brigada Nelson Werneck Sodré (1985). Não coincidentemente, Sodré é ainda um militar pouco estudado entre seus pares do Exército, e quase um desconhecido na Academia Militar de Agulhas Negras (Aman). Isso provavelmente decorre do fato de ele ser um historiador marxista e militar de esquerda. De qualquer forma, não há registro de nenhum módulo de estudos sobre a Coluna Prestes naquela instituição e, salvo enquanto tática militar, não há nada nessa linha na Escola de Comando e Estado-Maior do Exército (Eceme).

Corroborando a tese de um desconhecimento quase que deliberado sobre a Coluna, temos alguns trabalhos elaborados por historiadores de origem militar. Em *O Brasil de minha geração*, livro de memórias do general Lyra Tavares (1976, p.54), oficial de vasta obra e muito prestigiado no Exército, o autor sequer menciona em seu relato a coluna como objeto merecedor de uma reflexão, ou mesmo a pontua como um indicativo de uma influência nos militares de seu tempo; ele a ignora historicamente, exceto por uma isolada menção a partir de uma referência citada em outro trabalho. Nessa linha, podemos citar obras como *A grande mentira*, do igualmente prestigiado historiador e general Agnaldo Del Nero Augusto (2002), e mesmo o Projeto Orvil, editado em livro com o título de *Orvil: tentativas de tomada do poder*, cuja autoria coletiva, além do próprio general Del Nero, inclui o tenente-coronel Lício Maciel e o tenente José Conegundes (2012).

Uma explicação para essa ignomínia entre os militares do Exército, e que reflete (quase que) uma política da instituição, é dada pelo coronel da reserva do Exército Geraldo Cavagnari Filho (2008, p.34), pesquisador do Núcleo de Estudos Estratégicos da Unicamp. Em suas palavras:

> O Exército brasileiro sempre procurou desqualificá-lo como objeto de estudo assim como fez com Canudos e Contestado. Por quê? Porque estudar tais fatos históricos teria de obrigatoriamente inseri-los na memória militar e de reconhecer sua incapacidade para lidar com conflitos de baixa intensidade [...]. Porque, apesar de toda incompetência revelada na conduta das operações militares, o Exército foi vencedor em Canudos e Contestado, e esse resultado não se confirmou contra a Coluna Prestes. Ou melhor, a história militar brasileira não registra as derrotas sofridas pelas Forças Armadas. É verdade que a única derrota sofrida pelo Exército brasileiro em combates de baixa intensidade – ou seja, em operações contra irregulares – foi quando se confrontou com a Coluna Prestes [...]. A rejeição contra Luiz Carlos Prestes pelas Forças Armadas brasileiras não se apresentou durante a ação da Coluna, nem quando de sua dissolução. Após a Intentona de 1935 é que essa rejeição viria a se apresentar com virulência crescente. O levante de 1935 eliminou

qualquer possibilidade de essas forças reconhecerem Prestes o chefe militar vitorioso, o brilhante estrategista que impôs a elas a única derrota militar na história brasileira.

Essa não é uma leitura isolada: encontra fundamentação correlata em trabalhos de acadêmicos, como Motta (2002, p.37), ou em publicações de outros historiadores militares, como o livro do coronel Maya de Pedrosa (2001, p.174). Quanto às informações disponibilizadas de como esse debate se apresenta na Academia de Polícia Militar do Barro Branco, a simbiose de exclusão com a Aman é surpreendente (quiçá por algumas das mesmas razões acima elencadas), já que a Coluna, nominada como Prestes ou Miguel Costa, e sua trajetória não integram as disciplinas de história ali ministradas, salvo aparecendo em pontuais referências, algumas bem recentes. São aspectos confluentes e elucidativos para apreendermos a problemática de sua exclusão e, com ela, uma hipótese a ser explorada, ainda que não responda ao ponto central em questão sobre a titularidade da coluna: Prestes e não Miguel Costa.

Na verdade, percebemos que esse aspecto não pode ser dissociado da ignomínia que cerca Miguel Costa, apesar de isso, isoladamente, não responder adequadamente à indagação de a Coluna ser chamada de Prestes. Noutros termos, não se sustenta, em nossa leitura, a afirmação de que a Coluna só é chamada de Prestes devido a uma construção política com viés ideológico. A Coluna com o nome de Prestes é, de fato, corroborada na literatura acadêmica por autores marxistas, como o historiador e general Nelson Werneck Sodré (1985), as historiadoras Marly Vianna (1992, 2007) e Anita Prestes (1991); mas também é assim posta por autores que não têm nenhuma veleidade à esquerda, como o brasilianista Macaulay (1977), a jornalista Brum (1994) ou o historiador católico Silva (1971); bem como assim se apresenta em trabalhos contemporâneos, a exemplo do livro do escritor e repórter Meirelles (1995), ou de historiadores de um campo conservador, como o coronel do Exército Maya Pedrosa (2001). São apenas alguns exemplos, já que o arco teórico e ideológico sobre a temática é bem mais amplo.

Vale pontuar que, qualquer que seja o enfoque, é uma polêmica que perpassa o âmbito acadêmico, já que muitos personagens militares que participaram da Coluna sustentam a tese da Coluna como Coluna Prestes, como é o caso de Cordeiro de Farias (1981; em algumas ocasiões, assim se referiu a ela o próprio Miguel Costa, enquanto outros estudiosos, como Távora (1974) e João Alberto (1997), trataram-na como Coluna Miguel Costa/Prestes. A complexidade desse debate ainda pode ser expressa numa solitária frase do insuspeito coronel Davino Santos (1994, p.58) que, apesar de sustentar a tese da Coluna Miguel Costa, rende-se a contragosto às evidências da história, ao afirmar que a Coluna poderia, "quando muito", ser denominada Miguel Costa/Prestes. Com esse mesmo nome ou como Brigada Miguel Costa Prestes, assim se refere à Coluna o coronel Gay Cardoso (Galvão, 1996, p.36, 46).

Estas últimas referências somam-se ao debate como contribuições relevantes à polêmica em curso, já que muitos desses interlocutores são expoentes de um pensamento conservador, cujas memorialísticas, como as de Cordeiro e Távora, se inserem como registros na história. Fica, então, aberta a indagação, ou melhor, qual é o ponto de ruptura, face aos argumentos elencados, se é que houve algum? Vamos a algumas hipóteses.

Uma outra linha de análise

Inicialmente, mesmo sem maiores desenvolvimentos teóricos, podemos sustentar a legitimidade da tese sobre a titularidade da Coluna como Prestes por vários enfoques, embasados em conceitos relacionados com *imaginário popular, mito* ou *lenda* construídos em seu entorno, que nortearam, a figura de Prestes e sua trajetória. Isso porque, além de Miguel Costa, temos o tenente Cabanas, figura lendária que fez sua própria história na fase da Revolução Paulista, e outros personagens admiráveis, como Siqueira Campos, Juarez Távora, Cordeiro de Farias, Isidoro Dias Lopes e João Francisco. Alguns deles vieram a ser reconhecidos como expoentes marcantes no cenário nacional;

outros, como Miguel Costa, merecem ser resgatados, e centenas deles ainda são desconhecidos. Soldados, em sua maioria, que, apesar de "atrasados, ignorantes, tinham" – nas palavras de Prestes – "um sentimento patriótico profundo"; e finaliza: "Se houve heróis, eles o foram" (Meirelles, 1995, p.21; Viana, 1998, p.37).

Como foi dito anteriormente, esse *mito* ou *lenda* sobre Prestes não se operou no vazio; para ilustrar essa possibilidade, vamos a alguns exemplos, a maioria abertos à investigação. Além da vasta literatura acadêmica, política, literária e de cordel sobre a presença de Prestes na história do Brasil, há, inclusive, movimentos camponeses que contribuíram para a construção do imaginário da Coluna, a exemplo da luta camponesa de Formoso e Trombas. Ali se encontravam, dentre seus líderes e participantes nos anos 1950, alguns ex-membros da Coluna Prestes que ficaram em Goiás (Cunha, 2007, p.175; Bezerra, 1980, v.II, p.85-114) e sua lenda, quando eclodiu o conflito. O mito do Cavaleiro da Esperança se articulava com a intervenção dos comunistas naquele processo, muitos deles vistos como os soldados de Prestes.

Nesse sentido, podemos apreender essa problemática em outra linha de análise por meio do conceito de carisma, magistralmente construído pelo sociólogo alemão Max Weber, que se apresenta na expressão de *dominação carismática*, como reflexo de um tipo ideal sustentando três variáveis: a do *grande guerreiro*, a do *sacerdote* e a do *grande demagogo*. Não é essa a proposta em questão, mas não deixa de ser um desafio operar esse conceito como possibilidade de análise no cenário político brasileiro, seja à esquerda ou à direita, como o lulismo, o prestismo, o miguelismo, o getulismo, o janismo, o ademarismo, o malufismo, entre outros. Mas, inegavelmente, Prestes se destacou na Coluna enquanto o guerreiro e estrategista, reconhecido por seus pares e admirado pelos inimigos, cujo carisma, recorrendo mais uma vez a Weber, permaneceu inalterado ao longo de décadas. Essa é uma possibilidade fascinante de análise, a ser mais bem desenvolvida, mas já fundamentada em certa medida por várias passagens deste ensaio e na bibliografia citada.

Contudo, vou procurar construir uma reflexão com um outro enfoque teórico e metodológico, procurando articular dois conceitos muito caros aos militares: o de *comando* e o de *liderança*, presentes nos muitos trabalhos citados. Com eles, temos uma possibilidade de aproximação para avaliar a razão quase osmótica de a coluna ser intitulada, pela maioria dos analistas, como Prestes em detrimento de Miguel Costa. Nessa interlocução, valorizaremos as referências desenvolvidas pelo estado-maior do Exército – *liderança militar e princípios de chefia* –, sugestivas de se apreender como esses conceitos são articulados contemporaneamente (aliás, já expostos no Capítulo I); e, nessa linha, por hipótese, como teriam sido operacionalizados na intervenção dos militares do Exército e da Força Pública naquela da época, lembrando que esta última era uma corporação militar e não policial. Percebe-se, inclusive, que a própria instituição opera esses conceitos com certa tensão, especialmente o de *liderança* e o de *chefia militar* (este último associado à esfera do *comando*), separados em alguns momentos, conjugados em outros. Mas não deixa de surpreender, face aos apontamentos desenvolvidos, como expressam um conteúdo e uma preocupação na formação do militar, em particular em situações de combate.

Na verdade, o conceito de *comando* chama mais atenção pela institucionalidade legal do cargo que remete à autoridade hierárquica; embora nela possa estar incluso o componente de liderança, mas não necessariamente. De acordo com o exposto, *comando* (Portaria nº 088-3ª SCH/EME, de 19 de setembro de 1991) assim se apresenta:

> Exercício profissional de um cargo militar, consubstanciando o comando (autoridade legal), a administração (gestão de coisas e pessoas) e a liderança (condução de seres humanos). b. Comando – Componente da chefia militar que traduz, em essência, a autoridade da qual o militar está investido legalmente no exercício de um cargo. c. Administração – Componente da chefia militar que traduz, em essência, as ações que o militar executa para gerir pessoal, material, patrimônio e finanças, inerentes ao exercício do cargo que ocupar. (2) d. Liderança – Componente da chefia militar que diz respeito ao domínio afetivo do comportamento dos subordinados, compreendendo todos os aspectos relacionados com valores, atitudes,

interesses e emoções, que permite ao militar, no exercício de um cargo, conduzir seus liderados ao cumprimento das missões e à conquista dos objetivos determinados. (3) e. Chefe Militar – Militar no exercício de um cargo de chefia, de qualquer nível ou natureza, consubstanciando a autoridade legal, o administrador e o líder. (4) f. Comandante – Militar investido de autoridade legal para o exercício de um cargo de chefia. (5) g. Administrador – Militar habilitado a gerir coisas e pessoas em função do cargo de chefia que ocupa. h. Líder – Militar habilitado a conduzir subordinados ao cumprimento do dever, em razão do cargo de chefia que exerce.

Quando se apreende o conceito de *liderança*, percebe-se que o pressuposto de alguns interlocutores de valorizar Miguel Costa somente enquanto comandante ressalta, em nossa leitura, o argumento e as razões de muitos analistas que sustentam a tese de a Coluna ser chamada de Prestes. Nessa linha, *liderança* (Portaria nº 088-3ª SCH/ EME, de 19 de setembro de 1991) segue com a seguinte definição:

> Liderança militar é a capacidade de influenciar o comportamento humano e conduzir pessoas ao cumprimento do dever. Está fundamentada no conhecimento da natureza humana, compreendendo a análise, a previsão e o controle de suas reações. A liderança militar não é privilégio de alguns poucos chefes, dotados de qualidades inatas para influenciar o comportamento de outras pessoas. É natural que tais qualidades concorram para a formação e o aperfeiçoamento do líder, mas sua simples existência não determina o sucesso do seu desempenho. A liderança militar é um construtor classificável no domínio afetivo dos objetivos educacionais, portanto, passível de ser desenvolvida pela via do processo ensino-aprendizagem, permitindo e tornando desejável que todo militar, independente do escalão ou da natureza dos cargos de chefia para os quais esteja habilitado, seja um líder em sua profissão.

O que mais chama atenção no conceito acima exposto (histórica e analiticamente) é seu desenvolvimento dado pelo Exército, já que é objeto de uma reflexão muito atenta e detalhada, sugerindo, inclusive, uma preocupação recente da instituição, e relevante (aspecto mais que necessário a um militar em combate), superando a leitura institucional de *comando hierárquico*. Pode-se depreender que o conceito de liderança atualmente incorporado pelo Exército expressa uma contribuição e a experiência de ações militares passadas, sem dúvida muito presentes à época.

Há ainda apontamentos bem complexos e detalhados em muitas páginas do documento citado que nos auxiliam a assimilar aquilo que, recentemente, Celso Castro (1990) chamou de *espírito militar*, que, sugestivamente em relação à *liderança* e ao *comando*, pode confluir em uma única pessoa ou ser um corpo coletivo. Digo isso porque os militares sustentam a tese de que o comando pode e também não pode expressar liderança militar, embora existam casos em que o comandante pode ser um líder nato. Temos, então, um ponto de partida diferenciado para apreender nossa problemática com um novo enfoque.

Um diálogo crítico

Numa apreensão cíclica e um pouco arbitrária, a história da Coluna não pode ser dissociada de cinco momentos: o primeiro, a rebelião de 5 de julho em São Paulo; o segundo, a rebelião tenentista no Rio Grande do Sul, quase quatro meses depois (vale lembrar que eclodiram várias manifestações correlatas pelo país, a destacar em Sergipe e no Amazonas); o terceiro momento foi marcado pela junção das forças paulistas e do Rio Grande; o quarto, pela formação da Divisão Revolucionária e pela epopeia que fez história; o quinto e último, pelo exílio de seus membros. Evidentemente que, para efeito de análise, não cabe aqui o resgate de todo o processo, e sim alguns apontamentos articulados aos dois extraordinários personagens, que levam a uma indagação: para apreendermos a problemática da história da Coluna nesse recorte teórico-metodológico, como se apresenta o questionamento de Miguel Costa nesse processo?

Quando avaliamos os trabalhos de alguns analistas da corrente militar sobre a presença de Miguel Costa na Revolução Paulista, em especial dos que advogam a tese de que a Coluna deveria se chamar Miguel Costa, embasados na leitura de comando, percebe-se a armadilha conceitual em que são engolfados. Em outras palavras, esses trabalhos postulam que a Coluna deveria se chamar Miguel Costa pelo fato de este ter sido nomeado comandante da Divisão Revolucionária, e expõem, para essa comprovação, argumentos um tanto questionáveis. Citam que a patente de major de Miguel Costa era superior à dos demais militares, em grande medida capitães e tenentes, inclusive à de Prestes, que era de capitão. Há também o argumento de que não cabe a hipótese de a Coluna ser chamada de Prestes pelo fato de não haver, nos anais militares, situação em que um militar hierarquicamente superior é comandado por um de patente inferior. Outro argumento explica que a coluna de São Paulo era mais numerosa, mais bem armada e mais municiada que a colcha retalhos (expressão nossa) da Coluna Gaúcha, representada pela miscelânea de militares formada por cavalarianos gaúchos civis e mulheres em oposição à rígida organização militar que caracterizava a Força Pública de São Paulo. Por analogia, citam o caso hipotético de um rio que não pode desaguar em outro menor e manter neste o mesmo nome daquele, com alguns desses autores pontificando (Santos, 1994, p.93; Galvão, 1996, p.31; 2006, p.27, 33), ao final, com a seguinte pergunta: "Existe a figura do Tietê desaguando no grande Paraná?". A resposta em contrário virá em seguida.

Ponderações igualmente dispensáveis como critério de avaliação estão presentes, quando é citado que Prestes quase morreu afogado. Para efeito de análise, essa afirmação é depreciativa e inútil, já que Miguel Costa também não sabia nadar, segundo Farias (1981, p.114) revela em suas memórias. Entretanto, Siqueira Campos, expoente histórico dos tenentes de 1922, exímio nadador, morreu afogado poucos anos depois quando voltava da Argentina, em decorrência de um desastre de avião.

A defesa do nome Miguel Costa para a Coluna encontra fundamento nos argumentos acima apresentados, endossada, sobretudo, nos trabalhos dos autores da corrente militar: Santos (1994, p.93), Santos (2006, p.31) e Galvão (2006, p.31), mas resulta ao final, mesmo quanto à legitimidade do propósito de provar uma tese, o contrário. Uma outra assertiva é de que a Coluna levaria o nome de Prestes pelos muitos preconceitos em relação a Miguel Costa, a saber, o fato de ser argentino de nascimento, desquitado e policial. Essa leitura ignora que foram usados argumentos em escala bem maior para denegrir a imagem de Prestes, em especial após sua opção pelo comunismo, e mais intensamente depois de 1935, quando uma versão daqueles acontecimentos foi veiculada como fato, refletindo-se numa ideologia e numa política anticomunista no Brasil, expressas quase que na forma de política de Estado defendida pelas instituições militares (Motta, 2002, p.84-88, 120-125).

Há ainda apontamentos pouco compreensíveis para fundamentar essa tese, no caso reconhecidamente falsos, como referências elogiosas a Filinto Müller, personagem muito valorizado em algumas passagens desses trabalhos e objeto de uma recente biografia (Rose, 2017, p.65-66). Entretanto, em muitas delas, é ignorado que Müller, além de desertor, foi expulso da Coluna por ser considerado covarde e ladrão, conforme revelam vários estudos (Prestes, 1991, p.179-180; Farias, 1981, p.109; Meirelles, 1995, p.395; Lira Neto, 2013, p.136). A ordem de expulsão veio de Miguel Costa, mas, curiosamente, Santos (1994, p.62, 89) afirma que ele foi "ingenuamente" manipulado por Prestes, ou a "inveja" deste estava por detrás da assinatura do primeiro no caso da expulsão do tenente Cabanas.

Nessa linha, ao analisarem a presença de Miguel Costa no comício do Pacaembu em 1945, encontramos Galvão e Santos (2006, p.75-76) afirmando, com todas as letras, que este último tinha sido convencido a participar pelos "asseclas de Prestes", e "por imposição do mesmo". Isso pouco contribui para esclarecer a verdadeira dimensão de seu papel na Coluna e minimiza o fato de ele ter sido o comandante. Aliás, não contribui para valorizar o que está posto e mesmo para refletir sobre sua verdadeira dimensão na história. Está tudo por resgatar. E por quê?

De fato, o argumento acima exposto pouco contribui para valorizar a importância de Miguel Costa para a Coluna. Diminui e desconsidera não só a sua posição de comandante, como também a sua consequente superioridade hierárquica quando comparada com a de Prestes. Pontuar com argumentos pouco confiáveis, como o de que a Coluna deveria ter o nome de Miguel Costa pela metáfora de que um rio não deságua em outro menor, nem continua a manter o mesmo nome, é desconhecer que essa possibilidade existe, sim, a de um rio menor, menos imponente, somar-se a um rio maior e garboso e se manter o nome do primeiro. É o caso dos rios Tocantins e Araguaia, que, ao se afunilarem no bico do papagaio, têm o nome de Tocantins preservado. Avaliar a Coluna Gaúcha com adjetivos para apresentá-la como uma coluna de maltrapilhos e mal armados, ao contrário da Coluna Paulista (que também estava em péssimas condições após a derrota militar de Catanduvas), é mistificar a história. São muito valorizados, por alguns analistas, o garboso uniforme da Força Pública e sua disciplina, contrapondo aos do Exército de Brancaleone (a expressão é nossa), que vinha do Sul, comandado por Prestes, mas desqualificar seu valor de combate com adjetivos desse tipo é, no mínimo, um contrassenso.

Para ilustrar o contraditório, assim exemplificamos: os vietnamitas, magros em sua grande maioria, pobremente vestidos e mal calçados (muitos soldados nem botas tinham e utilizavam sandálias), venceram os bem apetrechados, armados e municiados norte-americanos. Mais recentemente, os Talibãs, adjetivados dessa forma depreciativa, também tiveram êxitos na Guerra do Afeganistão. Sem esquecer em nossa história os mal armados, mal municiados e maltrapilhos combatentes de Canudos, que derrotaram três expedições do Exército brasileiro, tendo sido derrotados somente na quarta expedição, formada por contingente de militares que chegavam a somar metade de todo o efetivo da corporação.

Quanto à tese de pressupostos hierárquicos para sustentar a titularidade da Coluna, vale dizer que também é frágil, já que desconhece ou ignora situações históricas correlatas significativas, que não foram poucas. Um exemplo: a do recém-promovido general de

Brigada Charles de Gaulle, fundador da V República Francesa, que, ao romper com o governo colaboracionista do marechal Pétain em Vichy, comandou um amplo movimento político e militar que veio a ser conhecido como Franceses Livres e, em seu bojo, teve sob seu comando muitos generais de patente superior. Nessa mesma época, mas do outro lado da fronteira francesa, o coronel Stauffenberg, enquanto liderança, comandou vários generais alemães durante a execução da Operação Valquíria.

Outra situação, vista após o término da Segunda Guerra Mundial, foi a de um grupo de militares no Egito conhecido como Movimento Oficiais Livres, que desencadeou, em 1952, um processo revolucionário que depôs a Monarquia; e mesmo tendo à frente em comando o general Naguib, a liderança, de fato, era do coronel Gamal Abdel Nasser, que não demoraria a assumir o poder e conduzir o país e o Oriente Médio a uma nova fase de sua história. No Brasil, há exemplos análogos aos acima expostos. Como a liderança do tenente-coronel Góes Monteiro em 1930 (promovido meteoricamente em seguida a general), sobrepondo o comando de muitos generais; ou mesmo a reconhecida liderança de Miguel Costa quando da quase Batalha de Itararé. Vale registrar, então, que a situação do respeito à hierarquização da patente no caso da Coluna é somente uma das registradas pela história militar.

Retornando à questão de comando, como assinalada e valorizada por vários analistas para debater a titularidade do nome de Prestes à Coluna, ela oculta uma armadilha conceitual que é também política, já que minimiza as várias ocasiões em que Miguel Costa expressou sua liderança e desqualifica, inclusive, seu papel na primeira fase da revolução em São Paulo, que é incomensuravelmente maior que o dos demais expoentes. Nas palavras de Farias (1981, p.114), Miguel Costa era: "A alma da rebelião em São Paulo [...]. E a revolta de São Paulo foi o determinante de toda a arrancada revolucionária".

Portanto, se operarmos somente com o conceito de comando como pressuposto para a denominação da Coluna, então os méritos da revolução em São Paulo são do general Isidoro Dias Lopes. Mas vale uma ressalva: mesmo que o conceito de liderança se apresente como centralidade na fase inicial da revolução paulista, a liderança da Coluna Paulista teve personagens que rivalizaram, ou podiam dividir seus méritos, com Miguel Costa em prestígio e competência, a exemplo dos irmãos Távora, do tenente Cabanas, do coronel João Francisco, entre outros. Isso, no entanto, não o diminui historicamente – ao contrário, singulariza-o.

O início da revolução em São Paulo registrou uma passagem conflituosa entre o general Isidoro Dias Lopes e o major Miguel Costa, em que a questão da liderança do último sobrepôs-se ao de comando do primeiro, quando divergiram em relação à estratégia de abandonar a cidade de São Paulo. Conforme relata Meirelles (1995, p.90-94):

> O major Miguel Costa, um dos mais brilhantes oficiais da Força Pública de São Paulo, se insurge contra a decisão de abandonar a cidade. A retirada, diz, em vez de preservar a unidade das forças revolucionárias acabaria dissolvendo o Exército rebelde. Os soldados, que constituem a espinha dorsal da rebelião, não estão dispostos a trocar o emaranhado urbano, que conhecem bem, pelo combate em campo aberto, defendido pelo chefe da rebelião. Miguel Costa, que exerce inquestionável liderança sobre a tropa, resolve perfilar ao lado de seus comandados. Ele e o Regimento de Cavalaria preferem ficar em São Paulo, sozinhos, lutando contra o governo, a se refugiar "como um animal vadio" no interior do estado. O general Isidoro não abre mão de sua autoridade. Como não consegue romper a resistência obstinada do major Miguel Costa, retira-se magoado, para seu hotel, mantendo a decisão de retirada da cidade ao amanhecer. A revolução, que desde o início é perseguida por uma sucessão de infortúnios, vê-se, agora, diante de mais uma vicissitude: o risco de fraturar gravemente a estrutura das forças que sustentam a revolta e, com isso, apressar seu fim. [...] O major Miguel Costa procura o general Isidoro para comunicar que São Paulo está nas mãos dos rebeldes. Os dois se reúnem, a sós, no quarto do general. Isidoro permanece ressentido com o episódio ocorrido durante a madrugada. Continua intimamente magoado e ferido na sua autoridade com

o gesto de insubordinação do major Miguel Costa. O velho general recusa-se a permitir que essa vitória, por ele atribuída a capricho do acaso, seja contabilizada como um feito militar sob seu comando. O comportamento indisciplinado de Miguel Costa, além de ter arranhado a hierarquia, a qual não abre mão, convence-o também de que já não é mais o chefe da revolução em São Paulo. O major, com a ajuda de outros oficiais, tenta convencer Isidoro de que, agora mais que nunca, a revolução não pode prescindir de seu prestígio e da sua liderança. Miguel Costa e os oficiais fazem um apelo dramático, em nome dos ideais que sempre defenderam, durante os anos que conspiraram juntos. Isidoro reconsidera sua posição e decide continuar no comando.

Percebe-se, com esse exemplo (que não é o único), que a centralidade da leitura de comando acaba incorrendo em uma desvantagem enorme na construção do nome de Miguel Costa à Coluna quando comparada com Prestes; além disso, contribui (embora não seja a intenção) para o total desconhecimento de sua liderança enquanto personagem na história. E por quê?

Qualquer que seja a apreensão histórica das duas colunas até sua junção na 1ª Divisão Revolucionária, a Coluna vinda do Rio Grande do Sul já era nominada de Coluna Prestes, em referência ao seu comandante e líder. Os conceitos de comando e liderança, nesse caso, se afunilam em um único personagem, Prestes, algo que não se apresenta na Coluna Paulista, nem aconteceu na Divisão Revolucionária. Isso, por si só, é um diferencial, e as razões são várias. Prestes teve sua liderança reconhecida no início do levante, e foi posto no comando por militares de prestígio que participaram da Revolta de 1922, como Siqueira Campos, naquela ocasião, uma lenda do Tenentismo. Muitos dentre os militares que estavam servindo no Rio Grande do Sul, ou clandestinos, quase que imediatamente aceitaram o comando e a liderança de Prestes, quando, em tese, essa chefia poderia ser de outro daqueles históricos tenentes, como Cordeiro de Farias ou João Alberto, comandantes dos destacamentos da então futura Divisão Revolucionária.

O mito de Prestes e a titularidade de seu nome na Coluna, como ressaltado, não operaram no vazio. Foi reconhecida, por todos aqueles históricos tenentes, a eficiência do Batalhão Ferroviário que ele comandava, que se destacou pela disciplina e coesão, situação esta que não foi corrente nas demais unidades rebeladas. Ele era uma lenda entre seus soldados por suas qualidades enquanto comandante e pela liderança que estabeleceu junto a seus comandados. Nada que significasse quebra de hierarquia, e sim outra concepção de comando. Ao que parece, essa forma de comando é adotada atualmente pelo Exército brasileiro. Por fim, coube a Prestes a elaboração de uma estratégia que se mostrou vitoriosa ao longo da história da Coluna Gaúcha, implementada na Divisão Revolucionária: a guerra de movimento, que o singularizou nos anais da história como estrategista militar.

Há aspectos importantes que podem ser mencionados e que contribuíram para a tese de a Coluna ser chamada de Prestes. A saber, quando houve a junção da Coluna Gaúcha com a Paulista em Foz do Iguaçu. Nisso há certo consenso entre os analistas, independentemente do estado da tropa e seu efetivo, a Coluna Gaúcha vinha com moral alta, era vitoriosa em campanha, condição que os paulistas não podiam contrapor naquele momento, não somente pelo desgaste de muitos meses de duros combates, como também pela derrota militar em Catanduva.[6]

Tanto é que, numa análise das várias fontes citadas, verifica-se que os comandantes dos destacamentos eram todos advindos da Coluna Gaúcha, salvo Juarez Távora. A avaliação sobre o percentual de

---

6 Há muitas controvérsias quanto às causas da derrota da Coluna Paulista em Catanduva. Historiadores da corrente militar atribuem a derrota à espera das tropas que vinham do Sul comandadas por Prestes. Porém possibilidades outras são postas por analistas, dentre as quais a opção em combater estaticamente no campo do inimigo (mesmo frente ao enorme volume de fogo e homens do general Rondon); ou desconsideram outras estratégias de ação que fugiriam às rígidas táticas advindas da Missão Militar Francesa, chamadas pelos militares de jogos de guerra. Evidentemente, embora sejam militares, em sua maioria, essa leitura linear e acrítica é norteada por pressupostos ideológicos da maioria dos autores em relação a Prestes.

oficiais de ambas as colunas que efetivamente deram continuidade à luta, e que formaram a Divisão Revolucionária, indica que a Coluna Gaúcha contribuiu com um número muito maior de combatentes.

Uma esfinge a ser decifrada

Os argumentos elencados neste ensaio podem sugerir que a problemática sobre a denominação da Coluna não se apresenta como uma proposta para a sua (re)avaliação, e que considera Miguel Costa um ator secundário, e daí apontar (após todas essas comparações) para a sinalização de um desfecho: a Coluna deveria ser mesmo chamada de Prestes. Na verdade, não cabe, nos limites destas páginas, uma reavaliação desse pressuposto mais ou menos consolidado, nem é esse o propósito deste trabalho; a rigor, é um outro debate.

Procuramos, sim, articular algumas hipóteses sobre essa problemática relacionada à trajetória de Miguel Costa e seu virtual desconhecimento contemporaneamente, bem como à ignomínia que o cerca, embora essa apreensão e suas possibilidades de investigação estejam ainda em aberto, sujeitas a controvérsias. Mas, ao que tudo indica, é um fator importante que contribui para a construção dessa esfinge, nossa segunda hipótese. E qual a razão?

Inicialmente, quero ressaltar que não partilho da leitura sobre um papel *secundário* atribuído a Miguel Costa na história da Coluna, já que suas qualidades como militar são inegáveis, reconhecidas e demonstradas em combate; mas sua apreensão enquanto personalidade política é algo a ser resgatada, já que há muitos fatos sugestivos para que ele seja analisado de forma original enquanto analista e ator político. Como exemplo, temos a sua decisão em Foz do Iguaçu de somar a sua Coluna com a de Luiz Carlos Prestes para dar continuidade à luta, confrontando a decisão de retirada (face ao clima de derrota) de muitos membros da oficialidade paulista (Prestes, 1991, p.173; Meirelles, 1995, p.366). Em sua maioria, foram para o exílio, alguns por doenças ou ferimentos, muitos por desilusão, outros por não concordarem ou estarem dispostos a continuar com a revolução.

Desponta, então, naquele momento, a figura política do general Miguel Costa. Somente a Coluna liderada por Prestes vinda do Sul não poderia sustentar, militar e politicamente, a épica jornada que fez história, e isso, em geral, é minimizado, mesmo naqueles trabalhos que advogam sua causa. Ali aparece o comandante militar, mas também um líder político. O fato de ele ter sido nomeado comandante é um reconhecimento, mas não implica que a liderança no processo revolucionário não tenha cabido a Prestes. É preciso que se apreenda melhor a articulação desses conceitos – comando e liderança – em batalha e, por essa razão, a nomeação de Miguel Costa como comandante não aconteceu somente como expressão ou fundamento de um argumento institucional e hierárquico; nesse caso, o quadro era, sobretudo, político, e essa característica tem sido pouco estudada.

O fato de Prestes ter sido nomeado chefe de estado-maior e as peculiaridades que essa função lhe ofereceu, associados à sua inegável capacidade militar, trouxeram-lhe o reconhecimento de seus liderados, muitos deles, soldados. Estando à frente dos destacamentos na maioria das situações da Coluna, a notoriedade que recebeu da população por onde passava fez com que seu nome fosse associado ao reconhecimento de sua liderança, e seu nome, à Coluna.

A singularidade da Divisão Revolucionária também minimiza – em vários momentos – a leitura de comando e liderança pela via institucional e conceitual apresentada em muitos dos trabalhos citados. A forma como a 1ª Divisão Revolucionária se constituiu e operou em combate não pode ser avaliada pelos critérios de uma divisão de combate regular, e mesmo seu *modus operandi* não aconteceu em um cenário de conflito convencional, como indica a literatura militar e histórica.

Afinal, uma divisão que, por si só, se intitula revolucionária, possui em suas muitas atribuições de comando algumas que são políticas. Em outras palavras, não cabe a leitura de comando naquele cenário como expressão, maior ou menor, institucionalizada e hierarquizada; mas, no caso dessa divisão, houve, sim, uma singular possibilidade de o comandante e a liderança se articularem no campo de batalha. Ademais, Miguel Costa e Luiz Carlos Prestes expressaram particularidades interessantes, que até poderiam sugerir a existência de um confronto, inclusive estético. É que todos os comandantes eram barbudos, salvo Miguel Costa, o único que conseguia se apresentar barbeado, com uniforme impecável (impecável naquelas circunstâncias, quando comparado aos demais comandantes), e com uma postura que o diferenciava dos outros, muito digna. Talvez não pudesse ser diferente. Todos, enquanto comandantes de destacamento, eram capitães de origem e promovidos a coronéis, jovens com média de idade de 20 e poucos anos. Miguel Costa era o mais velho e demonstrou, ali entre eles, inegáveis qualidades de comando, como o de liderança operacional. Os papéis de cada um – Miguel Costa e Prestes – são bem definidos quando analisados, mas se articularam em comando e liderança entre si em vários momentos da história da Coluna.

Como foi aqui destacado, Miguel Costa teve em São Paulo uma importante atuação de liderança ao enfrentar a liderança do comandante, general Isidoro, e também se fez presente como líder decisivo em Foz do Iguaçu, quando reuniu os combatentes paulistas nas fileiras daquela que seria, no futuro, chamada de Divisão Revolucionária. Do final da história da Coluna, bem pouco antes do seu exílio na Bolívia, temos um registro digno de nota. Sugestivo de desespero de causa, Prestes tinha elaborado o plano de juntar na sua Coluna os garimpeiros e dividi-la em grupos autônomos. Como registrou Domingos Meirelles (1995, p.599):

> Miguel Costa fez um discurso apaixonado em defesa da unidade das forças revolucionárias. Em hipótese alguma admite a sua fragmentação em bandos armados de eficiência duvidosa. A maioria da oficialidade endossa a posição assumida por Miguel Costa e se coloca, pela primeira vez, contra a principal figura da revolução. Os próprios oficiais tomam a iniciativa de suspender a reunião para impedir que seja tomada uma decisão definitiva sobre o assunto. A manobra tem por objetivo evitar o confronto entre Prestes e Miguel Costa. Aprovar a preservação da Coluna, naquele momento, seria

o mesmo que impor a destituição compulsória de Prestes da chefia do estado-maior. Prevalecem o espírito de camaradagem, o carinho, o respeito que todos têm por ele. À noite, João Alberto e Siqueira Campos vão à cabana de Prestes, a fim de negociar uma solução conciliatória que não afete o prestígio do líder e amigo e não arranhe, também, a autoridade de Miguel Costa. Prestes, que sempre os escuta por amizade e distinção, está indignado por não ter conseguido convencer a oficialidade sobre as vantagens do seu plano. Na verdade, a tropa está esgotada, quase sem forças para combater; todos só pensam num único objetivo: emigrar o mais rapidamente possível.

Isso não é pouco, e o mérito de salvar a coluna – por esse relato – coube a Miguel Costa. Sua voz de comando se afirmou naquela delicada situação como expressão de liderança, e sua postura abortou aquela que seria, sem dúvida, uma aventura inconsequente que resultaria em um desastre militar. Soube, com serenidade, avaliar o cenário político e firmar uma posição, não somente com o peso de sua autoridade de comandante, mas com o reconhecimento de que era uma liderança.

Ao que tudo indica, não ficaram sequelas maiores entre ambos; mas cabe reconhecer por esse gesto (que não é singular ou isolado em sua trajetória), sua importância como liderança, sem desmerecer os demais membros da Coluna. Como foi apontado, tais fatos remetem a um aspecto importante de sua personalidade, aliás, pouco explorado pelos analistas: sua capacidade de avaliação política, que seria demonstrada em várias ocasiões, para não dizer posta à prova, nos anos seguintes.

Para o resgate de sua trajetória política e militar subsequente à fase da Coluna, recorremos fundamentalmente ao excelente trabalho de Marly Vianna (2007) sobre os revolucionários de 1935 e a alguns apontamentos do livro de Yuri A. Costa (2010), embora o diálogo entre Prestes e Miguel Costa, sugerido nas entrelinhas deste ensaio, é um objeto temático à espera de uma investigação mais detalhada. E por quê? Inicialmente, há muitas mediações envolvidas e são enormes os desafios em apreender a intervenção dos militares paulistas e das Forças Armadas no período subsequente até 1935, uma delas bem interessante, apresentada como tese, enquanto linha de argumentação, como reflexo de um *socialismo tenentista*.[7] Válida e bem fundamentada, no entanto, pouco explora o personagem maior deste ensaio, Miguel Costa, mas indica, enquanto hipótese a ser desenvolvida, que essa mediação à esquerda apresentou influências marcantes em seus posicionamentos políticos futuros. Mas além desta, há outras.

Nas trajetórias de vida de Prestes e Costa, encontramos muitas semelhanças: no campo militar, foram os primeiros colocados em suas turmas; socialmente, aderiram à carreira das armas para auxiliar no sustento de casa; no plano pessoal, perderam os pais muito cedo, tendo mães como referências em suas vidas. Aliás, ambos se mantiveram fiéis às suas origens populares e, ao que tudo indica, muitas dessas mediações influenciaram seus posicionamentos políticos e ideológicos à esquerda. Há outros pontos importantes a serem elencados. Diferentemente dos demais comandantes da Coluna, que vieram a ser não somente adversários, mas inimigos de Prestes, ambos – Prestes e Miguel Costa – tiveram carreiras políticas paralelas e, de certa forma, confluentes. O primeiro, como secretário-geral do PCB, o segundo, na linha de frente de muitas missões como militar, iniciadas com sua adesão à Revolução de 1930, desempenhando importante papel político em vários momentos da história do Brasil.

Cabe, no entanto, mais um parêntese: ambos nutriam admiração e respeito um pelo outro, sentimentos preservados ao longo de suas vidas. Prestes, em entrevistas, sempre se reportava a Miguel Costa

---

7 Esse é um aspecto que deve ser mais bem explorado no resgate da biografia política de Miguel Costa. Embora a pesquisa de Adalberto Coutinho tangenciasse o personagem, a tese traz ao debate elementos muitos inovadores e esclarecedores que possibilitam levantar várias hipóteses sobre sua participação, ainda à espera de estudos mais específicos, especialmente quanto à sua presença no Partido Socialista Brasileiro em São Paulo, às articulações correlatas com outros tenentes que atuavam na Legião Cívica 5 de Julho de São Paulo e na Bandeira dos Dezoito, bem como às discussões, aprofundamentos político-ideológicos, divergências e dissensões internas na luta contra as oligarquias constitucionalistas e o fascismo/integralismo (Araújo Neto, 2012).

como "o comandante da Coluna" (Moraes, 1997, p.139; Prestes, 1991, p.195), mesmo quando houve algum estranhamento entre eles. Como quando Prestes estava exilado na Argentina e resistira, até então, a todas as tentativas de cooptação ensaiadas por Getúlio Vargas. A rigor, ele já tinha aderido ao comunismo (mas não ao PCB, o que só viria a acontecer em 1934, por determinação direta da IC) e, consequentemente, se distanciado cada vez mais de seus antigos liderados, os tenentes da Coluna, bem como de seu comandante, Miguel Costa.

Após a derrota eleitoral de Getúlio Vargas, Miguel Costa apareceu solidariamente ao seu lado, o que, naquela conjuntura, tinha por significado apoio político. Quando retornou a Buenos Aires, houve um encontro entre ambos, e consta que as relações azedaram, pouco tempo depois ocorrendo o rompimento de Prestes com os antigos companheiros. Para este, estava havendo a utilização do prestígio da Coluna a uma causa que não era aquela que identificava como o projeto para o Brasil, posicionamento este exposto, em seguida, com a publicação do seu manifesto "Ao povo brasileiro". Nesse momento, deu-se sua ruptura com os antigos tenentes, embora o respeito deles por Prestes tenha permanecido inalterado (Vianna, 2007, p.110).

Por outro lado, ao assumir novas posições, sobretudo sectárias, Prestes não poupou adjetivos pesados aos antigos companheiros que aderiam à nova ordem advinda da vitoriosa Aliança Liberal. Quanto ao posicionamento de Miguel Costa, Prestes, em seus documentos, a ele se referia como "o policial", entre outros adjetivos. Embora o primeiro fosse, de fato, membro de uma corporação policial, a referência posta assim sugere mais uma desqualificação que uma caracterização. Depois de 1930, suas trajetórias são conhecidas, embora a de Miguel Costa, em menor medida. Abordando o período posterior à deposição de Washington Luís, Lira Neto (2013, p.65) chama atenção, em sua magistral biografia sobre Getúlio Vargas, para as dúvidas a respeito de quem seria o ocupante do Palácio dos Campos Elíseos, que governaria São Paulo. O nome mais cotado era o de Miguel Costa, entretanto, havia o temor de muitos setores políticos de que este faria uma inflexão "cedo ou tarde" à esquerda.

O reconhecimento de sua ação revolucionária veio no sentido de comandar a Força Pública e, concomitantemente, a Secretaria de Segurança Pública, bem como a outorga da patente de general, embora a proximidade com Vargas tenha durado bem pouco tempo, distanciando-se dele um ano depois – junto com outros desiludidos tenentes. Talvez isso até explique o fato de ele ter se posicionado posteriormente contrário à presença de militares em cargos públicos (Costa, 2010, p.114). Prestes, já morando em Moscou, planejava voltar ao Brasil no bojo de um processo revolucionário, mas essa fase da trajetória política de Miguel Costa, contraditória e muito polêmica, se ressente de maiores desenvolvimentos. Mesmo assim, ambos se reaproximaram e até confluíram em objetivos políticos comuns em 1935, quando estavam na mesma frente de batalha da ANL, embora com posições ideológicas conflitantes. Poucos dias antes de a entidade ser fechada por Vargas, nas comemorações de 5 de julho em São Paulo, Miguel Costa adere ao movimento da ANL e, em discurso publicado posteriormente no jornal *A Manhã*, lembrou "os heróis de Copacabana e Catanduvas e os soldados da Coluna Prestes" (Vianna, 2007, p.107-112). O interessante não foi a afirmação dele quanto ao nome da Coluna, mas a análise da conjuntura política, com os desdobramentos advindos da cassação do registro da ANL e sua avaliação sobre as reais possibilidades de uma insurreição no Brasil.

No diálogo entre ambos, Prestes, já clandestino no Rio de Janeiro, sinalizou que contava com o apoio de Miguel Costa (apesar das divergências num passado não muito distante), e pontuou que tinha intenção de reviver com ele a Coluna. Também queria o apoio de seus antigos liderados ao processo revolucionário em curso. A resposta do comandante – sempre em carta – ao antigo liderado demonstrou lucidez em avaliar a conjuntura. Valorizou a questão da aliança, em particular ao defender-se da ilegalidade dentro da ordem e, por tabela, fez em carta uma profissão de fé nacionalista que negava qualquer ligação com o Partido Comunista. Contestou, no entanto, a pregação insurrecional, despossuída, para ele, de qualquer base operacional para sua implementação (Ibid., p.213).

Em suas palavras: "Supondo que o movimento da aliança tivesse de profundidade quanto de extensão, lançou o seu manifesto, dando a palavra de ordem de 'todo poder à ANL'. Brado profundamente revolucionário, subversivo e só aconselhável nos momentos que devessem proceder a ação. Grito que deveria, para estar certo, ser respondido pela insurreição".

Ao que parece, mais uma vez comprovou a sua acuidade de avaliação política, algo que faltou aos membros do PCB. Ainda atentou para as muitas dificuldades por ele encontradas, já que o fechamento da ANL não encontrara resposta contrária do movimento operário, e mesmo daqueles oficiais mais comprometidos com a causa, muitos deles presos ou transferidos. Observou com perspicácia que a precipitação das palavras de ordem "todo poder à ANL", analogicamente, teria o mesmo resultado de "atirar uma criança desarmada contra um elefante". Como bem pontua Vianna (2007), Miguel Costa estava disposto a ir à luta, mas orientou outra estratégia, sugerindo que fossem organizadas correntes partidárias com o programa da ANL, atuando e intervindo legalmente. Cauteloso, também sugeriu que fosse montada em paralelo àquela atividade legal: "Uma organização secreta, tendente a preparar uma reação efetiva das massas, no caso de um golpe fascista. [...] Por ora, basta que você saiba que continuo como você sempre me encontrou, disposto a arrestar todos os sacrifícios num movimento realmente organizado, pela salvação do Brasil" (Ibid., p.213).

Prestes não levou em conta essa leitura (aliás, ele não foi o único a se posicionar nessa linha), mas esse é um registro importante e que demonstra bem a argúcia de Miguel Costa como analista político. Ponderou e avaliou a situação como não favorável a uma insurreição, como Prestes assim afiançava. Seu posicionamento era um caso isolado, expressava coletivamente *o espírito do Tenentismo mais à esquerda*, cujo projeto revolucionário os comunistas acreditavam estar na ordem do dia.

A despeito das discordâncias, Prestes propôs que Miguel Costa assumisse a direção da ANL em São Paulo em substituição a Caio Prado Júnior, já que entendia que a condução do processo revolucionário caberia a um militar e não a um intelectual. Miguel Costa deveria ser o chefe em um futuro governo popular em São Paulo, uma vez que a tomada do poder, em suas palavras, era somente uma "questão de tempo", estando asseguradas para o Cavaleiro da Esperança as condições objetivas para o levante. Apesar de suas muitas reservas aos desdobramentos pós-cassação da ANL, Miguel Costa foi à luta, pondo em prática a reorganização da entidade via frentes populares.

De certa forma, implementou aquilo que recomendara a Prestes (na carta citada anteriormente), tendo lançado, inclusive, um manifesto em São Paulo assinado por ele e pelo coronel Melo Mattos. Coincidentemente, sua publicação no diário *A Noite* ocorreu na data da insurreição em Natal. Os resultados do levante naquela cidade, e depois em Recife e no Rio de Janeiro são bem conhecidos, e seus desdobramentos e o advento do Estado Novo, objeto de vasta literatura. Há de se registrar que a atuação de Miguel Costa teve por consequência imediata o cancelamento de sua patente de general sem proventos, justificada no decreto de Getúlio Vargas por ser ele um "fervoroso adepto das ideias contrárias ao atual regime" (Dulles, 1985, p.44; Costa, 2010, p.116-118), situação que só reverteria em 1956 no Supremo Tribunal Federal. Preso por um tempo e tendo se afastado da vida pública, viveu com dificuldades, tirando seu sustento da terra; no entanto, não significou o fim de uma atuação política conjunta entre ambos os personagens. Dez anos depois, quando aconteceu a democratização do país, mais uma vez estavam juntos na mesma trincheira da democracia, e Miguel Costa prestigiou o camarada de armas Luiz Carlos Prestes no grande comício do estádio do Pacaembu em São Paulo.

Há muito para aprender sobre sua intervenção política nos anos da redemocratização e no interregno democrático entre 1945 e 1964, mesmo antes de seu falecimento em um programa de televisão em 1959. Alguns analistas nem sequer sinalizam para sua participação nos acontecimentos da ANL de 1935, ou sua presença junto a Prestes em 1945 (quando o fazem, é pela via da negação), ou ignoram o fato de ele ter sido membro do PSB, entre outros acontecimentos subsequentes. Prestigiam-no, nesta fase última de sua vida, mais pelo esforço em valorizar as forças policiais em São Paulo.[8]

Curiosamente, essas fontes não registram que ele foi fundador do Clube de Oficiais da Reserva da Polícia Militar (CORPM) – nome atual –, uma das mais prestigiadas entidades de defesa da categoria policial no âmbito da sociedade civil. O CORPM é a mais política entre as mais de três dezenas de associações de classe correlatas que procuram representar a PM (as outras são quase todas de caráter recreativo) e, contemporaneamente, reflete um singular pluralismo político e ideológico (é o local onde se reúnem os policiais militares cassados pela ditadura militar), sendo democrática, especialmente quando comparada às demais, refletindo o espírito de seu fundador. Longe de esgotar esse resgate, vale registrar que Miguel Costa foi o fundador do Sindicato dos Estivadores de Santos em 1930, cujo mérito é reconhecido pela própria categoria, inclusive sendo ele apelidado de General Estivador pelos portuários (Sarti, 1981, p.92; Tavares, 2007, p.84), postura que reflete um compromisso social de sua juventude, quando teve os primeiros contatos com os trabalhadores, solidarizando-se com a precariedade de sua situação e miséria.

No conturbado processo eleitoral pós-morte de Getúlio Vargas, entre a eleição de Juscelino Kubitschek e sua posse, vários foram os movimentos golpistas articulados pela extrema direita militar, alguns com lideranças civis à frente, a destacar Carlos Lacerda. Entre os mais conhecidos, houve a frustrada rebelião do cruzador Tamandaré, capitaneada pelo almirante Penna Boto, seguida, pouco tempo depois, pela Revolta de Jacareacanga. O fato teria ocorrido pouco antes da posse de JK, e Miguel Costa estava a postos na sede do 2° Exército, à espera do general Falconière, vindo do Rio de Janeiro. Este último estava comprometido com a legalidade e a posse

---

8 É o caso dos trabalhos da *corrente militar*. Por exemplo, o coronel Davino (1994, p.51) registra, nesse período, somente um fato importante relacionado à questão salarial, o de quando a figura de Miguel Costa se impôs como autoridade militar numa assembleia, evidenciando o seu prestígio. Embora com outros pressupostos, mas ressaltando sua figura humana, insere-se nessa linha o texto do capitão Hélio Santos (2009).

do presidente eleito (curiosamente, respaldada preventivamente por um golpe branco), e foi enviado a São Paulo com esse objetivo pelo próprio ministro da Guerra, marechal Lott, que procurava articular forças militares leais e assegurar a adesão do ambíguo e vacilante governador Jânio Quadros à causa democrática. Consta que o general Falconière, ao entrar à noite em sua sala, deu de cara com Miguel Costa, que já o aguardava; com um *sorriso*, Falconière disse que havia assumido o comando daquele Exército. Face ao (suposto) gesto de rebeldia do comandante legal, Miguel Costa se impôs e disse: "Eu sou o comandante do 2º Exército, Falconière". Este último teria se perfilado e, com uma continência, respondido: "Às suas ordens, general" (Costa, 2010, p.118).

Ponderações sobre esse gesto nada inusitado na história do Brasil, correlato a outros momentos de sua trajetória ou da história dos grandes homens, podem ser feitas. Miguel Costa, ao que tudo indica, ali se encontrava com um camarada de armas, em um momento político delicado, para dar apoio à luta que não permitia vacilos maiores. Politicamente, ambos estavam do mesmo lado, e pela mesma causa, porém seu posicionamento foi de enorme coragem pessoal, até porque o processo descrito foi via golpe de Estado, sendo que, naquela ocasião, o quadro militar ainda estava indefinido. O exposto reflete o seu compromisso histórico com a democracia, mesmo se rebelando contra a ordem legal (leia-se: contra os governos interinos de Café Filho e Carlos Luz) para assegurar a legitimidade da ordem democrática (a posse de JK). Embora possamos remeter isso ao debate conceitual sobre liderança e comando nos tempos da Coluna, vale dizer que sua liderança também foi imediatamente reconhecida pelo comando institucional-legal do Exército em São Paulo.

Afinal, o general Falconière, ao bater continência àquele que estava na reserva, subverteu a cadeia tradicional hierárquica. Miguel Costa não só estava hierarquicamente abaixo dele, como era um militar advindo da Força Pública, uma outra Arma. É bem provável que, nesse encontro, já tivesse articulado apoios militares entre seus comandados de outros tempos ainda na ativa da Força Pública, estando ali não somente em seu nome pessoal, mas expressando um posicionamento político – face ao seu prestígio – que somava adesões militares daqueles que lhe eram leais e reconheciam sua liderança. O fato em si é pouco conhecido, e as fontes que o relatam são bem esparsas, para não dizer contraditórias, quanto a alguns aspectos, merecendo, portanto, uma investigação aprofundada. Mas há de se ressaltar que o seu posicionamento político e militar seguramente contribuiu para que o processo democrático ocorresse sem rupturas em São Paulo.

Considerações finais

À guisa de conclusão, temos alguns apontamentos para avaliar esses questionamentos e, no caso, se podemos ou não argumentar sobre a problemática sugerida em relação à denominação da Coluna, não nos esquecendo de que ela se apresenta osmoticamente à lacuna biográfica sobre Miguel Costa, bem como à ausência de estudos acadêmicos sobre as instituições policiais de São Paulo. Sob todos os aspectos, apresenta-se como enigma, embora fatores correlatos tenham contribuído para a construção dessa esfinge. Muitos até poderiam ser pontos de partida para a reavaliação dos pressupostos elencados e para os desafios de se apreender essa problemática. E quais seriam?

Primeiro, o fato de Miguel Costa ter, entre suas características pessoais, a modéstia, e nunca haver supervalorizado publicamente ou minimizado seu papel, ou mesmo de seus companheiros de armas. Agiu sempre com discrição. Mas há outros desafios para apreender esse personagem enquanto ator político. Curiosamente, ele se opunha à presença de militares em cargos públicos, o que sugere uma ambiguidade difícil de entender quando confrontado com sua própria trajetória. A complexidade dessa questão é exposta numa frase daqueles tempos, quando resume, com todas as letras, "que lugar de militar é no quartel" (Ibid., p.114). Nada mais contraditório com sua história, por tê-la realizado fora dos quartéis, construída como um rebelde e um expoente do Tenentismo.

Na verdade, isso pode auxiliar a explicitação das dificuldades da PM paulista enquanto instituição para apreender o personagem. Contradição maior, aliás, impossível, e sem dúvida é algo de sua personalidade ainda a ser desvelado, até porque ele pode ser visto contemporaneamente como uma referência de rebeldia por toda uma geração de militares que foi literalmente à luta, e que, em graus maiores ou menores, permaneceu intervindo de forma decisiva no processo político brasileiro. Faltam estudos detalhados sobre sua trajetória, mas isso, por si só, dignifica sobremaneira essa singular figura à espera de uma biografia, cujo reconhecimento e cuja importância decorrem de várias fontes.

Uma em especial, digna de registro, é o próprio Luiz Carlos Prestes.[9] Em entrevistas e depoimentos, admitiu – nas entrelinhas – que também deveria ter incluído na Coluna o nome de Miguel Costa. Há, sem dúvida, um componente de sua vaidade pessoal ou política em não batalhar mais publicamente por essa causa, afinal, sua explicação para a titularidade remete sempre ao componente popular oriundo da associação de seu nome com sua atuação na condição de chefe de estado-maior, intervindo à frente da Coluna e com uma relação atípica com os soldados, algo que não era original naquela situação, mas uma característica de sua liderança desde os tempos em que comandava o Batalhão Ferroviário em Santo Ângelo. Como vimos, sua versão quanto ao batismo da Coluna com seu nome não é isolada: é corroborada por vários analistas. No entanto, grandeza maior seria desnecessária demonstrar, e nela há o reconhecimento de que a história, um dia, os irmanou no combate, mantendo o respeito e a admiração mútuos.

Procuramos demonstrar que a problemática sobre a questão – operacionalizada por vários intelectuais em graus maiores ou menores –,

---

9 Vale lembrar que as trajetórias pessoais e políticas de Miguel Costa e Prestes foram confluentes mesmo depois da Coluna, já que ambos eram ideologicamente de esquerda, dentro do plano estratégico de luta pelo socialismo. Após a Coluna, suas relações se desenrolaram paralelas, e ambos sofreram campanhas difamatórias face aos seus posicionamentos: Miguel Costa, depois de 1932, e Prestes, após sua adesão ao comunismo e à chamada Intentona Comunista de 1935.

quando relacionada aos conceitos de comando e liderança analisados, apenas reforça a tese de a Coluna ser intitulada de Prestes, e não de Miguel Costa. Qualquer que seja o objetivo dos interlocutores da corrente militar citados neste ensaio – legítimos, diga-se de passagem – em enfrentar esse debate e propor sua reavaliação, mas tendo como argumento central a premissa de desqualificar Prestes (para, em contrário, valorizar Miguel Costa), é, em nossa interpretação, contraproducente.

Temos, então, um segundo pressuposto para avaliação, e também uma hipótese, e nele há de se resgatar a centralidade da frase em epígrafe – *Decifra-me ou devoro-te* –, já que é por meio dela que se percebe, particularmente para os policiais militares, Miguel Costa como uma esfinge à espera de ser decifrada. Talvez haja receio da instituição Polícia Militar em ser devorada por esse fascinante personagem político. Qualquer que seja a iniciativa de restabelecer o debate sobre a titularidade da Coluna, inicialmente há de se enfrentar a lacuna maior da produção bibliográfica sobre Miguel Costa e Prestes. Vale dizer que a biografia de Miguel Costa é bem mais ampla que sua história na Coluna, sendo esta um mero componente daquela; portanto, urge um resgate (procurei pontuar alguns aspectos embrionários nesse sentido) enquanto trajetória maior. Aliás, não é um caso isolado.

Sugestivamente, Luiz Carlos Prestes chamou atenção para esse aspecto em um evento na PUC-SP sobre conjuntura nacional e internacional na década de 1990; nele, sinalizava para um entendimento correlato ao acima exposto relacionado à sua própria trajetória. Naquela ocasião, atuando Prestes em um conturbado processo de transição democrática no Brasil pós-ditadura, confrontado com a erosão das experiências socialistas no Leste Europeu e a consequente crise no PCB, havia, em seu entendimento, uma agenda política bem mais significativa de ser debatida que a história da Coluna, mas, com paciência e elegância, ele respondeu ao insistente questionamento de um jovem estudante sobre a epopeia dos anos 1920. Conclusivamente, afirmou em uma única frase: "A Coluna eram arroubos da juventude", leia-se: um componente de sua longa história política, importante, sem dúvida, mas não a íntegra de sua jornada.

Quanto a Miguel Costa, o pressuposto é o mesmo. Embora não tenhamos a intenção de realizar uma ruptura epistemológica, vale ressaltar que sua trajetória política e militar teve várias fases, diferenciadas e articuladas entre si. Existiu o Miguel Costa humanista, socialista que demonstrou sensibilidade social quando se opôs a reprimir movimentos operários grevistas em São Paulo nos anos 1920; ou aquele da pouco estudada e conhecida Revolução Paulista, cujo papel nela desempenhado foi determinante enquanto liderança; e como comandante da Coluna, muito citado, mas pouco conhecido. Temos o Miguel Costa do período de 1930 a 1932, que ocupou vários cargos públicos na interventoria de João Alberto, afastando-se tempos depois e deixando incógnitas as razões daquela polêmica atitude; há ainda o personagem da linha de frente da ANL em 1935, em São Paulo, avaliando com lucidez a conjuntura política; ou aquele que, filiado ao PSB, desempenhou um papel importante na democratização do Brasil, também à espera de uma detalhada investigação. Por fim, temos o Miguel Costa a desempenhar papel político nos anos JK, que assegurou a normalidade do processo democrático em São Paulo. Nela, esse conjunto compõe uma unidade enquanto possibilidade de apreensão, mas não expressa necessariamente uma identidade. A diferença maior entre eles é a ignomínia que cerca Costa quando comparado à mais conhecida história de Luiz Carlos Prestes. E por quê?

Retomando o argumento posto: apreender a esfinge grega ou a egípcia com a frase *Decifra-me ou devoro-te* é, sem dúvida, sinônimo de tensões, reações e curiosidades. Não cabe aqui, nestas poucas linhas, avaliar qual foi o grau de sua apreensão na Polícia Militar; sugestivamente, foi residual. Mas, em relação a Miguel Costa, percebe-se que a frase traduz o receio maior da instituição PMSP em ser devorada por seu desvelamento histórico. Esse é o desafio e o ponto central a serem enfrentados, ao menos em um primeiro momento. Afinal, Miguel Costa se rebelou contra a ordem no mais generoso espírito de rebeldia dos tenentes, fez parte de uma geração de militares e policiais que foi à luta em busca do progresso, e continuou atuando politicamente em várias frentes políticas ao longo das décadas seguintes.

Isso, claro, encontra enorme resistência na tradição política conservadora brasileira, muito especialmente numa instituição policial que se articula no sentido de manutenção da ordem e do *status quo*. Como bem pontua o já clássico trabalho de Mercadante (1980, p.26-27, 37, 51-52), historicamente, para um personagem advindo das classes populares ingressar no pensamento conservador ou liberal, ou mesmo ser aceito pelas elites brasileiras, é preciso que, politicamente, ele tenha demonstrado convicções moderadas.

A trajetória política de Miguel Costa, antes e depois da Coluna, desautoriza essa possibilidade. Dado o exemplo como militar a ser seguido, talvez uma referência política para ser mais conhecida, decerto esse (re)conhecimento poderia estimular novas gerações de policiais a pensar ou intervir politicamente na instituição, ou por meio dela em defesa da sociedade. Para a instituição militar e policial, é uma possibilidade fora de questão, a despeito do desconhecimento de que tanto policiais da antiga Força Pública quanto da Guarda Civil (bem como a Polícia Civil) continuaram a atuar politicamente nas décadas seguintes à Coluna em movimentos à esquerda ou de esquerda, e que intervieram, de várias formas, nas grandes questões nacionais e corporativas, como demonstram os trabalhos de Fernandes (1974) e Batibugli (2010). Nada distante de manifestações análogas aos movimentos grevistas da Polícia Militar, em 1988, ou da Polícia Civil de São Paulo, em 2009.

Por hipótese, o receio maior que transparece está na própria PM de São Paulo,[10] e seguramente remete ao perfil ideológico de Miguel Costa – um socialista –, cujas atitudes políticas intervindo como militar de esquerda naquele processo histórico não violentaram a própria consciência; muito pelo contrário, foi coerente com ela ao

---

10 Apesar de ser representado em estátuas e bustos em várias unidades policiais do estado (muitos deles fornecidos por admiradores), somente em 2009 Miguel Costa foi paraninfo de uma turma de formandos de oficiais na PM e de outra de soldados com seu nome. Em 2010, foi paraninfo de uma formatura de majores do Caes. Entretanto, o público de policiais presentes no pioneiro Seminário Miguel Costa, organizado pelo Museu da Polícia Militar em 2009, ano do cinquentenário de seu falecimento, foi extremamente reduzido.

longo de sua vida, associando um pressuposto de rebeldia à esquerda característico dos tenentes. Mesmo que os programas das revoltas de 1922 e 1924 não ultrapassassem uma reflexão liberal radical, e seu projeto pudesse encontrar bases teóricas consistentes desde os primeiros clássicos da teoria política (Locke e Rousseau), seja enquanto um posicionamento do direito de resistência como pressuposto de legitimidade, seja do direito à rebelião contra um governo que não responda mais aos anseios do povo e da sociedade, em nossa interpretação, sua fundamentação é mais bem explicitada e apreendida no Brasil enquanto Miguel Costa inserido no arco conceitual de uma esquerda militar, exposto na introdução.

Ao que parece, é um impasse não equacionado mesmo contemporaneamente, entre a legitimidade de um posicionamento político e a ilegalidade de uma atitude numa instituição pautada por normas castrenses. Miguel Costa não foi o único militar a se posicionar ideologicamente à esquerda, e a intervir politicamente na sociedade contra a ordem conservadora ao longo do século XX. Como ele, encontramos muitos militares das Forças Armadas e também policiais da Força Pública e da Guarda Civil de São Paulo. Esse princípio de contestação à ordem que legitima sua intervenção política em várias ocasiões no Brasil no século XX é ainda muito controverso, em particular numa instituição conservadora como a Polícia Militar de São Paulo.

Decifrar esse enigma, que igualmente expressa uma esfinge, é um desafio, já que se percebe que a intenção da instituição é que a esfinge Miguel Costa fique como está, que não seja maculada, sugerindo preferencialmente sua apreensão como uma estátua grega, daquelas muito belas, que não se permitem retoques, pois perfeitas são suas linhas. Talvez seja este o ponto: valorizar o resgate biográfico daquele que foi, ao longo da vida, sobretudo um rebelde, e apreender seu papel político na história, de modo que se possa produzir uma nova reflexão sobre a Coluna.

Referências bibliográficas

III INTERNACIONAL COMUNISTA: Manifestos, teses e resoluções do 1º Congresso. v.1. Introdução de Tau Golin. *Cadernos de Formação Marxista 3*. São Paulo: Editora Brasil Debates, 1988.
III INTERNACIONAL COMUNISTA: Manifestos, teses e resoluções do 2º Congresso. v.1. Introdução de Tau Golin. *Cadernos de Formação Marxista 4*. São Paulo: Editora Brasil Debates, 1988.
III INTERNACIONAL COMUNISTA: Manifestos, teses e resoluções do 3º Congresso. v.3. Introdução de Tau Golin. *Cadernos de Formação Marxista 5*. São Paulo: Editora Brasil Debates, 1988.
100 FRASES HOMOFÓBICAS DE JAIR BOLSONARO. *Revista Lado A*, 17 mar. 2016. Disponível em: <https://revistaladoa.com.br/2016/03/noticias/100-frases-homofobicas-jair-bolsonaro/>. Acesso em: 8 fev. 2020.
ABREU, Hugo. *O outro lado do poder*. Rio de Janeiro: Nova Fronteira, 1979.
AGOSTINI, Renata. Aluno de Olavo de Carvalho, novo ministro da Educação promete gestão técnica. *UOL*, Educação, 8 abr. 2019. Disponível em: <https://educacao.uol.com.br/noticias/agencia-estado/2019/04/08/aluno-de-olavo-de-carvalho-novo-ministro-da-educacao-promete-gestao-tecnica.htm>. Acesso em: 10 fev. 2020.
AGRONEGÓCIO "JAIR SE ARREPENDEU" POR APOIAR BOLSONARO. *Brasil 247*, 15 mar. 2019. Disponível em: <https://www.brasil247.com/pt/247/brasil/386943/Agroneg%C3%B3cio-'Jair-se-arrependeu'-por-apoiar-Bolsonaro.htm>. Acesso em: 9 fev. 2020.

ALMEIDA, Anderson da Silva. *Todo leme a bombordo*: marinheiros e ditadura civil-militar no Brasil: da rebelião de 1964 à anistia. Rio de Janeiro: Arquivo Nacional, 2012.

ALMEIDA, Francisco Inácio (org.). *O último secretário*: a luta de Salomão Malina. Brasília: Fundação Astrojildo Pereira/FAP, 2002.

ALMEIDA, Juniele Rabêlo. *Tropas em protesto*: o ciclo dos movimentos reivindicatórios dos policiais brasileiros no ano de 1997. São Paulo, 2010. Tese (Doutorado em História) – Programa de Pós-Graduação em História Econômica do Departamento de História, FFCLH, USP.

_____. Tropas em greve: militarismo e democratização no ciclo de protesto dos policiais militares brasileiros. *Seaculum: Revista de História*, João Pessoa, v.24, p.105-122, jan./jun. 2011.

ALUCINADO, OLAVO DE CARVALHO ATACA GENERAIS E CHAMA BRASIL DE PUTEIRO. *Brasil 247*, 9 mar. 2019. Disponível em: <https://www.brasil247.com/pt/247/brasil/386279/Alucinado-Olavo--de-Carvalho-ataca-generais-e-chama-Brasil-de-puteiro.htm>. Acesso em: 10 fev. 2020.

ALVES, Maria Helena Moreira. *Estado e oposição no Brasil*: 1964-1984. Bauru: Edusc, 2005.

ALVES, Vagner Camilo. *O Brasil e a Segunda Guerra*: história de um envolvimento forçado. Rio de Janeiro/São Paulo: Editora PUC-Rio/Loyola, 2002.

ALVES FILHO, Ivan. *Giocondo Dias*: uma vida na clandestinidade. Rio de Janeiro: Mauad, 1997.

AMARAL, Luciana. "Trump dos trópicos", Bolsonaro nega ligação com milícia em canal nos EUA. *UOL*, 19 mar. 2019a. Disponível em: <https://noticias.uol.com.br/internacional/ultimas-noticias/2019/03/19/trump--dos-tropicos-bolsonaro-rebate-ligacao-com-milicia-em-canal-nos-eua.htm>. Acesso em: 9 fev. 2020.

_____. Deus, PT, mercado e piada com homofobia: a 1ª fala de Bolsonaro nos EUA. *UOL*, 19 mar. 2019b. Disponível em: <https://noticias.uol.com.br/internacional/ultimas-noticias/2019/03/19/deus-pt-mercado-e-piada-com--homofobia-a-1-fala-de-bolsonaro-nos-eua.htm>. Acesso em: 9 fev. 2020.

_____. De um lado, Bannon: do outro, Olavo: como foi o jantar de Bolsonaro nos EUA. *UOL*, 17 mar. 2019c. Disponível em: <https://noticias.uol.com.br/internacional/ultimas-noticias/2019/03/17/de-um-lado-bannon-do--outro-olavo-como-foi-o-jantar-de-bolsonaro-nos-eua.htm>. Acesso em: 9 fev. 2020.

_____. Sobre críticas de Olavo de Carvalho, Mourão responde com "beijinho". *UOL*, 7 mar. 2019d. Disponível em: <https://noticias.uol.com.

br/politica/ultimas-noticias/2019/03/07/sobre-criticas-de-olavo-de--carvalho-mourao-responde-com-beijinho.htm>. Acesso em: 10 fev. 2020.

AMORIM, Celso. A submissão explícita de Bolsonaro aos objetivos norte--americanos. Nocaute, Coluna do Celso Amorim, 19 mar. 2019. Disponível em: <https://www.youtube.com/watch?v=4ZIPa4Dh0Kk&t=29s>. Acesso em: 9 fev. 2020.

AMORIM, Felipe. Comemorar golpe de 64 é provocação surreal, dizem manifestantes em Brasília. UOL, 31 mar. 2019. Disponível em: <https://noticias.uol.com.br/politica/ultimas-noticias/2019/03/31/comemorar--golpe-de-64-e-provocacao-surreal-dizem-manifestantes-em-brasilia.htm>. Acesso em: 9 fev. 2020.

AMORIM, Paulo Henrique Amorim. Moniz: a intervenção militar é a única saída, Conversa Fiada, 1 set. 2017. Disponível em: <https://www.conversaafiada.com.br/brasil/moniz-intervencao-militar-e-a-unica-saida>. Acesso em: 8 mar. 2020.

AMPARO, Thiago. Ao censurar comercial do BB, Bolsonaro mostra ter medo da diversidade; decisão vai na contramão do mercado. Folha de S.Paulo, Colunas e Blogs, 26 abr. 2019. Disponível em: <https://www1.folha.uol.com.br/colunas/thiago-amparo/2019/04/ao-censurar-comercial-do-bb--bolsonaro-mostra-ter-medo-da-diversidade-decisao-vai-na-contramao--do-mercado.shtml>. Acesso em: 8 fev. 2020.

ANDRADE, Hanrrikson de. CNT/MDA: avaliação negativa do governo Bolsonaro cresce e é de 39,5%. UOL, 26 ago. 2019. Disponível em: <https://noticias.uol.com.br/politica/ultimas-noticias/2019/08/26/avaliacao--governo-bolsonaro-pesquisa-cntmda.htm>. Acesso em: 9 fev. 2020.

ANDRADE, Pedro Antonio Ribeiro de. Associativismo militar no Brasil: tentativas reprimidas da liberdade de associação de praças das Forças Armadas nos séculos XX e XXI. Brasília: Centro Universitário Unieuro, 2018.

ANDRADE, Hanrrikson de; MATTOS, Rodrigo. Clube Militar atua em campanha eleitoral mesmo proibido por estatuto e lei. UOL, 26 ago. 2018. Disponível em: <https://noticias.uol.com.br/politica/eleicoes/2018/noticias/2018/08/26/clube-militar-atua-em-campanha--eleitoral-mesmo-proibido-por-estatuto-e-lei.htm>. Acesso em: 8 fev. 2020.

AO MENOS 18 MARCAS SUSPENDEM COMPRA DE COURO DO BRASIL. Globo Rural, 28 ago. 2019. Disponível em: <https://revistagloborural.globo.com/Noticias/Sustentabilidade/noticia/2019/08/ao-menos-18-marcas-suspendem-compra-de-couro-do-brasil.html>. Acesso em: 9 fev. 2020.

APLAUSOS AO GENERAL MOURÃO. *O Antagonista*, 27 mar. 2019. Disponível em: <https://www.oantagonista.com/brasil/aplausos-ao-general--mourao/>. Acesso em: 12 fev. 2020.

APÓS POSICIONAMENTO DE BOLSONARO PRÓ-EUA, CHINA BOICOTA SOJA BRASILEIRA E CAUSA PREJUÍZO BILIONÁRIO. *Plantão Brasil*, 27 fev. 2019. Disponível em: <https://www.plantaobrasil.net/news.asp?nID=103365>. Acesso em: 9 fev. 2020.

APÓS POSTAR VÍDEO COM PORNOGRAFIA, BOLSONARO PERGUNTA O QUE É "GOLDEN SHOWER". *G1*, 6 mar. 2019. Disponível em: <https://g1.globo.com/politica/noticia/2019/03/06/apos-postar-video-com-pornografia-bolsonaro-pergunta-o-que-e-golden--shower.ghtml>. Acesso em: 8 fev. 2020.

ARAGÃO, Jarbas. General Heleno: "O PT tentou levar o país para o socialismo". *Gospel Prime*, 4 jan. 2019. Disponível em: <https://www.gospelprime.com.br/general-heleno-o-pt-tentou-levar-o-pais-para-o--socialismo/>. Acesso em: 10 fev. 2020.

ARAÚJO, Saulo. Quando a polícia adoece. *Metrópoles*, 31 dez. 2018. Disponível em: <https://www.metropoles.com/materias-especiais/gatilho-para--suicidio-doencas-mentais-viram-epidemia-entre-policiais>. Acesso em: 26 fev. 2020.

ARAÚJO NETO, Adalberto Coutinho. *O socialismo tenentista*: trajetória, experiência e propostas de políticas públicas e econômicas dos socialistas tenentistas no Estado de São Paulo na década de 30. São Paulo, 2012. Tese (Doutorado em História) – Programa de Pós-Graduação em História Econômica do Departamento de História, FFCLH, USP.

ARCHANJO, Georgeocohama. *A massa da tropa*: greve na Polícia Militar da Bahia – 1981. Salvador: Solisluna, 2008.

ARGOLO, José Amaral. *A direita explosiva no Brasil*. Rio de Janeiro: Mauad, 1996. ARGOLO; José Amaral; FORTUNATO, Luiz Alberto. *Dos quartéis à espionagem*: caminhos e desvios do poder militar. Rio de Janeiro: Mauad, 2004.

ARIAS NETO, José Miguel. *Em busca da cidadania*: praças da Armada nacional (1967-1910). São Paulo, 2001. Tese (Doutorado) – Departamento de História da Faculdade de Filosofia, Letras e Ciências Humanas, USP.

ARRUDA, João Rodrigues. *O uso político das Forças Armadas e outras questões militares*. Rio de Janeiro: Mauad, 2007.

ARRUDA, Roldão. Caserna longe da crise. *O Estado de S. Paulo*, A11, 17 mar. 2012. Disponível em: <https://politica.estadao.com.br/noticias/eleicoes,caserna-longe-da-crise-com-governo-imp-,849605>. Acesso em: 21 fev. 2020.

ASSUNÇÃO, Moacir. *Luiz Carlos Prestes*: um revolucionário brasileiro. São Paulo: Companhia Editora Nacional/Lazuli, 2007.
AUGUSTO, Agnaldo Del Nero. *A grande mentira*. Rio de Janeiro: Bibliex, 2002.
AUGUSTO, Agnaldo Del Nero; MACIEL, Licio; NASCIMENTO, José Conegundes (orgs.). *Orvil*: tentativas de tomada do poder. São Paulo: Schoba, 2012.
AZEVEDO, José Eduardo. *Polícia Militar*: procedências políticas de uma vigilância acentuada. São Paulo, 2003. Tese (Doutorado em Ciências Sociais) – Programa de Ciências Sociais, PUC.
AZEVEDO, Reinaldo. Pesquisa inédita: o que pensa o militar brasileiro. *Veja*, 24 nov. 2007. Disponível em: <https://veja.abril.com.br/blog/reinaldo/veja-6-pesquisa-inedita-o-que-pensa-o-militar-brasileiro/>. Acesso em: 24 fev. 2020.
_____. O complexo de vira-lata da direita 1: encantamento basbaque e fim de vistos. *UOL*, Coluna do Reinaldo Azevedo, 19 mar. 2019a. Disponível em: <https://reinaldoazevedo.blogosfera.uol.com.br/2019/03/19/o-complexo-de-vira-lata-da-direita-1-encantamento-basbaque-e-fim-de-vistos/>. Acesso em: 9 fev. 2020.
_____. Bolsonaro não deu cargo a Mourão, mas é ele o verdadeiro chanceler brasileiro, já que há um deserto mental no Itamaraty. *UOL*, Coluna do Reinaldo Azevedo, 26 fev. 2019b. Disponível em: <https://reinaldoazevedo.blogosfera.uol.com.br/2019/02/26/bolsonaro-nao-deu-cargo-a-mourao-mas-e-ele-o-verdadeiro-chanceler-brasileiro-ja-que-ha-um-deserto-mental-no-itamaraty/>. Acesso em: 12 fev. 2020.
_____. Bolsonaro é saudoso da tortura que não praticou. E um alerta às Três Forças. *UOL*, Coluna do Reinaldo Azevedo, 31 jul. 2019c. Disponível em: <https://reinaldoazevedo.blogosfera.uol.com.br/2019/07/31/bolsonaro-e-saudoso-da-tortura-que-nao-praticou-e-um-alerta-as-tres-forcas/>. Acesso em: 21 fev. 2020.
AZEVEDO, Rita. Setembro de 2015: Bolsonaro chama refugiados de "escória do mundo". *Exame*, 15 jul. 2019. Disponível em: <https://exame.abril.com.br/brasil/bolsonaro-chama-refugiados-de-escoria-do-mundo/>. Acesso em: 8 fev. 2020.
BÄCHTOLD, Felipe. Brigada indicia 13 policiais que protestaram em 2011 no RS. *Folha de S.Paulo*, 28 mar. 2012. Disponível em: <https://www1.folha.uol.com.br/cotidiano/2012/03/1068734-brigada-indicia-13-policiais-que-protestaram-em-2011-no-rs.shtml>. Acesso em: 26 fev. 2020.
BAGATINI, Fernanda. "Nunca o Brasil se submeteu a essa humilhação", diz Celso Amorim sobre isenção de vistos. *Rádio Guaíba*, 19 mar. 2019.

Disponível em: <https://guaiba.com.br/2019/03/19/nunca-o-brasil-se-submeteu-a-essa-humilhacao-diz-celso-amorim-sobre-isencao-de-vistos/>. Acesso em: 9 fev. 2020.

BALBÚRDIA NO GOVERNO FAZ IMPEACHMENT DEIXAR DE SER ASSUNTO TABU NO CONGRESSO. *Exame*, republicado por *DCM*, 12 maio 2019. Disponível em: <https://www.diariodocentrodomundo.com.br/essencial/balburdia-no-governo-faz-impeachment-deixar-de-ser-assunto-tabu-no-congresso/>. Acesso em: 12 fev. 2020.

BANDEIRA, Luiz Alberto Moniz. *Presença dos Estados Unidos no Brasil* (Dois séculos de história). Rio de Janeiro: Civilização Brasileira, 1973.

_____. *O ano vermelho*: a Revolução Russa e seus reflexos no Brasil. São Paulo: Expressão Popular, 2004.

_____. *O governo João Goulart*: as lutas sociais no Brasil – 1961-1964. São Paulo: Editora Unesp, 2010.

BARATA, Agildo. *Vida de um revolucionário (memórias)*. Rio de Janeiro: Melso, 1962.

BARBOSA, Bernardo. Ato por vítimas da violência do Estado reúne milhares contra ditadura em SP. *UOL*, 31 mar. 2019. Disponível em: <https://noticias.uol.com.br/politica/ultimas-noticias/2019/03/31/ato-por-vitimas-da-violencia-do-estado-reune-milhares-em-sp.htm>. Acesso em: 12 fev. 2020.

BARBOSA, Jefferson Rodrigues. *Integralismo e ideologia autocrítica chauvinista regressiva*: crítica aos herdeiros do Sigma. Marília, 2012. Tese (Doutorado em Ciências Sociais) – Programa de Pós-Graduação em Ciências Sociais, Faculdade de Filosofia e Ciências, Unesp.

BARCELLOS, Thaís; GALVÃO, Daniel. Bolsonaro: na 1ª vaga que tiver no STF, espero cumprir compromisso com Moro de indicá-lo. *O Estado de S. Paulo*, 12 maio 2019. Disponível em: <https://politica.estadao.com.br/noticias/geral,bolsonaro-na-1-vaga-que-tiver-no-stf-espero-cumprir-compromisso-com-moro-de-indica-lo,70002825809>. Acesso em: 8 mar. 2020.

BARROS, João Alberto Lins de. *A marcha da Coluna*. Rio de Janeiro: Bibliex, 1997.

BARTLE, Richard; HEINECKEN, Lindy. *Military Unionism in the Post Cold Era*: a Future Reality. Abingdon: Routledge, 2006.

BARTZ, Frederico Duarte. Abílio de Nequete (1888-1960): os múltiplos caminhos de uma militância operária. *IFCH Unicamp*, 2008. Disponível em: <https://www.ifch.unicamp.br/ojs/index.php/rhs/article/view/129/124>. Acesso em: 8 mar. 2020.

BASBAUM, Leôncio. *Uma vida em seis tempos (memórias)*. São Paulo: Alfa Omega, 1978.
BASTOS, Abguar. *Prestes e a revolução social*. São Paulo: Hucitec, 1986.
BASTOS, Pedro Zahluth; FONSECA, Pedro Cezar Dutra Fonseca (orgs.). *A era Vargas*: desenvolvimentismo, economia e sociedade. São Paulo: Editora Unesp, 2012.
BATALHA, Cláudio H. A difusão do marxismo e os socialistas brasileiros na virada do século XIX. In: MORAES, João Quartim de (org.). *História do marxismo no Brasil*: os influxos teóricos. v.II. Campinas: Editora da Unicamp, 1995.
_____. (org.). *Dicionário do movimento operário*: Rio de Janeiro do século XIX aos anos de 1920, militantes e organizações. São Paulo: Fundação Perseu Abramo, 2009.
BATIBUGLI, Thaís. *A solidariedade antifascista*: brasileiros na Guerra Civil Espanhola (1936-1939). Campinas/São Paulo: Autores Associados/Edusp, 2004.
_____. *Democracia e segurança pública em São Paulo (1946-1964)*. São Paulo: Humanitas, 2010.
BELL, Christopher M.; ELLEMANN, Bruce A. *Naval Mutinies of the Twentieh Century*: an International Perspective. Abingdon: Routledge, 2003.
BELLONI, Luiza. 57% dos brasileiros desprezam comemoração do golpe de 64, diz Datafolha. *Huffpost*, 6 abr. 2019. Disponível em: <https://www.huffpostbrasil.com/entry/57-despreza-comemoracao-de-golpe-64_br_5ca889aee4b0a00f6d402f5f>. Acesso em: 12 fev. 2020.
BENEVIDES, Maria Victoria de Mesquita. *A UDN e o udenismo*: ambiguidades do liberalismo brasileiro (1945-1965). Rio de Janeiro: Paz e Terra, 1981.
BENJAMIN, Cid. Hélio Luz. *Um xerife de esquerda*. Rio de Janeiro: Relume Dumará, 1998.
BERMÚDEZ, Ana Carla. Comissão de desaparecidos sempre foi apartidária, diz presidente demitida. *UOL*, 1 ago. 2019. Disponível em: <https://noticias.uol.com.br/cotidiano/ultimas-noticias/2019/08/01/comissao--de-desaparecidos-sempre-foi-apartidaria-diz-presidente-demitida.htm>. Acesso em: 10 fev. 2020.
BERTOLINO, Osvaldo. *Maurício Grabois*: uma vida de combates o caminho de um revolucionário brasileiro. São Paulo: Fundação Maurício Grabois/ Anita Gariabaldi, 2012.
BETIM, Felipe. Com Mourão à frente, governo Bolsonaro é cada vez mais tutelado por militares. *El País*, 24 fev. 2019. Disponível em: <https://brasil.elpais.com/brasil/2019/02/19/politica/1550608227_589926.html>. Acesso em: 10 fev. 2020.

BEZERRA, Gregório. *Memórias*. 2v. Rio de Janeiro: Civilização Brasileira, 1980.

BIASETTO, Daniel; LEALI, Francisco; COPLE, Júlia. Bolsonaro põe militares e integrantes do PSL na Comissão de Mortos e Desaparecidos Políticos. *O Globo*, 1 ago. 2019. Disponível em: <https://oglobo.globo.com/brasil/bolsonaro-poe-militares-integrantes-do-psl-na-comissao-de-mortos--desaparecidos-politicos-23847049>. Acesso em: 10 fev. 2020.

BIERRENBACH, Julio de Sá. *Riocentro*: quais os responsáveis pela impunidade? Rio de Janeiro: Domínio Público, 1996.

BILENKY, Thais. Araújo retoma e reforça censura imposta por seu sogro no Itamaraty. *Folha de S.Paulo*, Caderno Mundo, 10 mar. 2019. Disponível em: <https://www1.folha.uol.com.br/mundo/2019/03/araujo-retoma--e-reforca-censura-imposta-por-seu-sogro-no-itamaraty.shtml>. Acesso em: 10 fev. 2020.

BOBBIO, N. *A teoria das formas de governo*. Brasília: Editora UnB, 1988.

BOHOSLAVSKY, Ernesto; MOTTA, Rodrigo Patto Sá; BOISARD, Stephane (orgs.). *Pensar as direitas na América Latina*. São Paulo: Alameda, 2019.

BOLSONARO DIZ NA TV QUE SEUS FILHOS NÃO "CORREM RISCO" DE NAMORAR NEGRAS OU VIRAR GAYS PORQUE FORAM "MUITO BEM EDUCADOS". *O Globo*, 29 mar. 2011. Disponível em: <https://oglobo.globo.com/politica/bolsonaro-diz-na-tv-que-seus--filhos-nao-correm-risco-de-namorar-negras-ou-virar-gays-porque--foram-muito-bem-educados-2804755>. Acesso em: 8 fev. 2020.

BOLSONARO É CONDENADO POR COMENTÁRIO RACISTA CONTRA QUILOMBOLAS. *CartaCapital*, 3 out. 2017. Disponível em: <https://www.cartacapital.com.br/politica/bolsonaro-e-condenado-por--comentario-racista-contra-quilombolas-leia-a-integra/>. Acesso em: 8 fev. 2020.

BOLSONARO E MOURÃO: CHAPA REÚNE ADMIRADORES DE USTRA, ÍCONE DA REPRESSÃO DA DITADURA. *Revista Fórum*, 5 ago. 2018a. Disponível em: <https://www.revistaforum.com.br/bolsonaro-e-mourao-chapa-reune-admiradores-de-ustra-icone-da-repressao-da--ditadura/>. Acesso em: 8 fev. 2020.

BOLSONARO DIZ QUE INDICAÇÃO DE MOZART FOI FAKE NEWS. *Folhapress*, republicado por Folha PE, 22 out. 2018b. Disponível em: <https://www.folhape.com.br/politica/politica/sucessao/2018/11/22/NWS,88309,7,1284,POLITICA,2193-BOLSONARO-DIZ-QUE-INDICACAO-MOZART-FOI-FAKE-NEWS--ESTUDA-NOVOS-NOMES.aspx>. Acesso em: 9 fev. 2020.

BOLSONARO DIVULGA VÍDEO COM CONTEÚDO SEXUAL PARA CRITICAR BLOCOS. *Poder 360*, 6 mar. 2019a. Disponível em: <https://www.poder360.com.br/governo/bolsonaro-divulga-video-com-conteudo-sexual-e-nudez-para-criticar-blocos-assista/>. Acesso em: 8 fev. 2020.

BOLSONARO NÃO DESCARTA APOIAR INTERVENÇÃO NA VENEZUELA; MADURO REAGE. *InfoMoney*, 20 mar. 2019b. Disponível em: <https://www.infomoney.com.br/mercados/politica/noticia/7995309/bolsonaro-nao-descarta-apoiar-intervencao-na-venezuela-maduro-reage>. Acesso em: 8 fev. 2020.

BOLSONARO CONDECORA SOLDADOS ISRAELENSES QUE NÃO ENCONTRARAM UM CORPO EM BRUMADINHO. *Brasil 247*, 1 abr. 2019c. Disponível em: <bolsonaro-condecora-soldados-israelenses-que-nao-encontraram-um-corpo-em-brumadinho/>. Acesso em: 9 fev. 2020.

BOLSONARO QUER EXPLORAR AMAZÔNIA COM OS ESTADOS UNIDOS. *Deutsche Welle*, reproduzido por *Poder 360*, 9 abr. 2019d. Disponível em: <https://www.poder360.com.br/internacional/bolsonaro-quer-explorar-amazonia-com-os-estados-unidos/>. Acesso em: 9 fev. 2020.

BOLSONARO AFIRMA QUE PODE DISCUTIR "NO FUTURO" BASE MILITAR DOS EUA NO BRASIL. *AFP*, reproduzido por *O Globo*, 3 jan. 2019e. Disponível em: <https://oglobo.globo.com/mundo/bolsonaro-afirma-que-pode-discutir-no-futuro-base-militar-dos-eua-no-brasil-23345240>. Acesso em: 9 fev. 2020.

BOLSONARO DESISTE DE BASE MILITAR DOS EUA NO BRASIL, DIZ JORNAL. *Reuters*, reproduzido por *Exame*, 8 jan. 2019f. Disponível em: <https://exame.abril.com.br/brasil/bolsonaro-desiste-de-base-militar-dos-eua-no-brasil-diz-folha/>. Acesso em: 9 fev. 2020.

BOLSONARO ABRE ESCRITÓRIO EM JERUSALÉM E FERRA O AGRONEGÓCIO BRASILEIRO. *Brasil 247*, 31 mar. 2019g. Disponível em: <https://www.brasil247.com/brasil/bolsonaro-abre-escritorio-em-jerusalem-e-ferra-o-agronegocio-brasileiro>. Acesso em: 9 fev. 2020.

BOLSONARO DECRETA FIM DAS FACULDADES DE FILOSOFIA E SOCIOLOGIA: "OBJETIVO É FOCAR EM ÁREAS QUE GEREM RETORNO IMEDIATO". *Revista Fórum*, 26 abr. 2019h. Disponível em: <https://www.revistaforum.com.br/bolsonaro-decreta-fim-das-faculdades-de-filosofia-e-sociologia-objetivo-e-focar-em-areas-que-gerem-retorno-imediato/>. Acesso em: 10 fev. 2020.

BOLSONARO INCLUI MILITARES E MEMBROS DO PSL EM COMISSÃO DE MORTOS E DESAPARECIDOS. *JC Online*, 1 ago. 2019i. Disponível em: <https://jconline.ne10.uol.com.br/canal/politica/nacional/noticia/2019/08/01/bolsonaro-inclui-militares-e-membros-do--psl-em-comissao-de-mortos-e-desaparecidos-384608.php>. Acesso em: 10 fev. 2020.

BOLSONARO TERIA USADO ESTRUTURA DO GOVERNO PARA ESPIONAR IGREJA CATÓLICA. *Pragmatismo Político*, 13 fev. 2019j. Disponível em: <https://www.pragmatismopolitico.com.br/2019/02/bolsonaro-teria-usado-estrutura-do-governo-para-espionar-igreja-catolica.html>. Acesso em: 10 fev. 2020.

BOLSONARO REPRESENTA "LIBERAÇÃO DAS AMARRAS IDEOLÓGICAS", DIZ VILLAS BÔAS. *Exame*, 11 jan. 2019k. Disponível em: <https://exame.abril.com.br/brasil/villas-boas-bolsonaro-tirou-o-pais--do-pensamento-unico-e-nefasto/>. Acesso em: 10 fev. 2020.

BOLSONARO TROUXE CAOS AO PAÍS, APONTA A GLOBO. *Brasil 247*, 29 mar. 2019l. Disponível em: <https://www.brasil247.com/pt/247/midiatech/388504/Bolsonaro-trouxe-caos-ao-Pa%C3%ADs-aponta-a--Globo.htm>. Acesso em: 21 fev. 2020.

BONALUME NETO, Ricardo. *A nossa Segunda Guerra*: os brasileiros em combate, 1942-1945. Rio de Janeiro: Expressão e Cultura, 1995.

BONIN, Robson; GRILLO, Marco. Mourão faz busca por grampos em seu gabinete. *Época*, 2 maio 2019. Disponível em: <https://epoca.globo.com/mourao-faz-busca-por-grampos-em-seu-gabinete-23636017>. Acesso em: 21 fev. 2020.

BORGES, Altamiro. General Mourão é punido. Vice de Bolsonaro? *Brasil 247*, 12 dez. 2017. Disponível em: <https://www.brasil247.com/pt/colunistas/altamiroborges/331695/General-Mour%C3%A3o-%C3%A9-punido--Vice-de-Bolsonaro.htm>. Acesso em: 8 fev. 2020.

BORGES, Bianca. "É impossível separar bolsonarismo do antifeminismo", diz antropóloga. *UOL*, 1 mar. 2019. Disponível em: <https://noticias.uol.com.br/politica/ultimas-noticias/2019/03/01/e-impossivel-separar--bolsonarismo-do-antifeminismo-diz-antropologa.htm>. Acesso em: 8 fev. 2020.

BRANDÃO, Gildo Marçal. *A esquerda positiva*: as duas almas do Partido Comunista – 1920/1964. São Paulo: Hucitec, 1997.

BRANDÃO, Octávio. (sob o pseudônimo Fritz Mayer). *Agrarismo e industrialismo*. Buenos Aires: [s.e.], 1926.

_____. *Combates e batalhas*. São Paulo: Alfa Omega, 1978.

"O BRASILEIRO VIAJANDO É UM CANIBAL", DISSE MINISTRO DA EDUCAÇÃO DE BOLSONARO. *Veja*, republicado por *DCM*, 18 fev. 2019. Disponível em: <https://www.diariodocentrodomundo.com.br/essencial/o-brasileiro-viajando-e-um-canibal-disse-ministro-da-educacao-de-bolsonaro/>. Acesso em: 10 fev. 2020.

BRASIL É SUBALTERNO AOS EUA E AGRIDE A CHINA, APONTA ESTADO DE S. PAULO. *Brasil 247*, 19 mar. 2019. Disponível em: <https://www.brasil247.com/pt/247/midiatech/387305/Brasil-%C3%A9-subalterno-aos-EUA-e-agride-a-China-aponta-Estado-de-S-Paulo.htm>. Acesso em: 9 fev. 2020.

BRAVO, Guilherme. *O papel conservador dos liberais*: a ANL e os levantes nacional-libertadores de novembro de 1935 nas páginas do jornal *O Estado de S. Paulo*. Marília, 2012. Dissertação (Mestrado em Ciências Sociais) – Programa de Pós-Graduaçao em Ciências Sociais, Faculdade de Filosofia e Ciências, Unesp.

BRAZIL'S GENERALS VIEWED AS VOICE OF MODERATION IN POPULIST GOVERNMENT. *Financial Times*, 2019. Disponível em: <https://www.ft.com/content/978ddc5c-5246-11e9-b401-8d9ef1626294>. Acesso em: 12 fev. 2020.

BRESCIANI, Eduardo. "O senhor é um dos responsáveis por eu estar aqui", diz Bolsonaro a comandante do Exército. *O Globo*, 2 jan. 2019. Disponível em: <https://oglobo.globo.com/brasil/o-senhor-um-dos-responsaveis-por-eu-estar-aqui-diz-bolsonaro-comandante-do-exercito-23341238>. Acesso em: 10 fev. 2020.

BRITO, Ricardo. STF permite que governo revise anistias a ex-militares, decisão evita impacto nas contas. *Reuters*, 16 out. 2019. Disponível em: <https://br.reuters.com/article/idBRKBN1WV2HI-OBRTP>. Acesso em: 26 fev. 2020.

BROUÉ, Pierre. *História da Internacional Comunista*: 1919-1943. t.II. São Paulo: Sundermann, 2007.

BRUM, Eliane. *Coluna Prestes*: o avesso da Lenda. Porto Alegre: Artes e Ofícios, 1994.

_____. Bolsonaro quer entregar Amazônia. *El País*, coluna, 7 nov. 2018. Disponível em: <https://brasil.elpais.com/brasil/2018/11/07/politica/1541597534_734796.html>. Acesso em: 9 fev. 2020.

BUONICORE, Augusto. *Meu verbo é lutar*: a vida e o pensamento de João Amazonas. São Paulo: Fundação Maurício Grabois/Anita Garibaldi, 2012.

CALGARO, Fernanda; MAZUI, Guilherme; GARCIA, Gustavo. Deputados e senadores que não se reelegeram comentam revés nas urnas. *G1*, 8 out.

2018. Disponível em: <https://g1.globo.com/politica/eleicoes/2018/noticia/2018/10/08/deputados-e-senadores-que-nao-se-reelegeram-comentam-reves-nas-urnas.ghtml>. Acesso em: 8 mar. 2020.

CAMARGO, Aspásia; GÓES, Walder de. *Meio século de combate*: diálogo com Cordeiro de Farias. Rio de Janeiro: Nova Fronteira, 1981.

CAMARGO, Aspásia et al. *Artes da política*: diálogo com Amaral Peixoto. Rio de Janeiro: Nova Fronteira, 1986.

CAMPOREZ, Patrik. Governo quer cortar indenizações de até três mil militares demitidos durante a ditadura. *O Globo*, 1 abr. 2019. Disponível em: <https://oglobo.globo.com/brasil/governo-quer-cortar-indenizacoes-de-tres-mil-ex-militares-demitidos-durante-ditadura-23564217>. Acesso em: 27 fev. 2020.

CAMPOS, Rafael. Bolsonaro é eleito racista e misógino do ano por canal de TV francês. *Metrópoles*, 14 dez. 2018. Disponível em: <https://www.metropoles.com/mundo/bolsonaro-e-eleito-racista-e-misogino-do-ano-por-canal-de-tv-frances>. Acesso em: 8 fev. 2020.

CANDIDATOS MILITARES – LISTA POR ESTADOS E PARTIDOS – LISTA RIO DE JANEIRO. *Revista Sociedade Militar*, 8 ago. 2018. Disponível em: <https://www.sociedademilitar.com.br/wp/2018/08/candidatos-militares-lista-por-estados-e-partidos.html>. Acesso em: 8 mar. 2020.

CANELLAS, Antonio Bernardo. Quelques Aspects de la vie politique au Brésil. Moscou, 9 out. 1922.

_____. Rapport présent par les délègues des groupes communistes du Brésil à 1ª Exécutif de 1ª Internationale Communiste à Moscou. [s.d.].

CARDOSO, Lucileide. *Criações da memória*: defensores e críticos da ditadura (1964-1985). Cruz das Almas: UFRB, 2012.

CARDOSO, Raquel Motta. *Depois do golpe*: as eleições de 1962 no Clube Militar. Rio de Janeiro, 2008. Dissertação (Mestrado) – Pós-Graduação em História, UFRJ.

CARLONI, Karla Guilherme. *Forças Armadas e democracia no Brasil*: o 11 de novembro de 1955. Rio de Janeiro: Garamond, 2012.

CARLOS BOLSONARO VOLTA A CRITICAR MOURÃO: ESTÁ "NO ÚLTIMO SUSPIRO DE VIDA". *Correio do Povo*, 23 abr. 2019. Disponível em: <https://www.correiodopovo.com.br/not%C3%ADcias/pol%C3%ADtica/carlos-bolsonaro-volta-a-criticar-mour%C3%A3o-est%C3%A1-no-%C3%BAltimo-suspiro-de-vida-1.334479>. Acesso em: 12 fev. 2020.

CARNEIRO, Glauco. *História das revoluções brasileiras*. Rio de Janeiro: Record, 1989.

CARNEIRO, Maria Luiza Tucci; KOSSOY, Boris (orgs.). *A imprensa confiscada pelo Deops*: 1924-1954. São Paulo: Ateliê Editorial/Imprensa Oficial do Estado de São Paulo/Arquivo do Estado, 2003.
CARNERI, Santi. Bolsonaro elogia ditador paraguaio Alfredo Stroessner em público. *El País*, 26 fev. 2019. Disponível em: <https://brasil.elpais.com/brasil/2019/02/26/internacional/1551213499_127441.html>. Acesso em: 8 fev. 2020.
CARONE, Edgar. *A República Nova (1930-1937)*. São Paulo: Difel, 1974.
_____. *O Tenentismo*. Corpo e Alma do Brasil. São Paulo: Difel, 1975.
_____. *O PCB, 1922 a 1943*: corpo e alma do Brasil. São Paulo: Difel, 1982.
CARVALHO, Apolônio. *Vale a pena sonhar*. Rio de Janeiro: Rocco, 1997.
CARVALHO, Cleide. "Olavo chegou a ter três esposas muçulmanas ao mesmo tempo", diz filha. *Época*, 8 abr. 2019. Disponível em: <https://epoca.globo.com/olavo-chegou-ter-tres-esposas-muculmanas-ao-mesmo-tempo--diz-filha-23582761>. Acesso em: 9 fev. 2020.
CARVALHO, Ferdinando de. *Lembrai-vos de 35*. Rio de Janeiro: Bibliex, 1981.
CARVALHO, Glauco Silva de. *A Força Pública paulista na redemocratização de 1946*: dilemas de uma instituição entre a função policial e a destinação militar. São Paulo, 2011. Tese (Doutorado em Ciência Política) – USP.
CARVALHO, Luiz Maklouf. O julgamento que tirou Bolsonaro do anonimato. *O Estado de S. Paulo*, republicado em *Estado de Minas*, 1 abr. 2018. Disponível em: <https://www.em.com.br/app/noticia/politica/2018/04/01/interna_politica,948177/o-julgamento-que-tirou-bolsonaro-do-anonimato.shtml>. Acesso em: 8 mar. 2020.
_____. *O cadete e o capitão*: a vida de Jair Bolsonaro no quartel. São Paulo: Todavia, 2019.
CASCARDO, Francisco Carlos Pereira. *O Tenentismo na Marinha*: os primeiros anos – 1922 a 1924. São Paulo: Paz e Terra, 2005.
CASIMIRO, Flávio Henrique Calheiros. *A nova direita*: aparelhos de ação política e ideológica no Brasil contemporâneo. São Paulo: Expressão Popular, 2018.
CASO FABRÍCIO QUEIROZ: O QUE É, CRONOLOGIA DOS FATOS, PERSONAGENS. *G1*, 18 jan. 2019. Disponível em: <https://g1.globo.com/rj/rio-de-janeiro/noticia/2019/01/18/caso-fabricio-queiroz-o-que--e-cronologia-dos-fatos-personagens.ghtml>. Acesso em: 10 fev. 2020.
CASO QUEIROZ: O QUE ACONTECE COM INVESTIGAÇÃO SOBRE EX-ASSESSOR DE FLÁVIO BOLSONARO APÓS DECISÃO DO STF. *BBC News Brasil*, 1 fev. 2019. Disponível em: <https://www.bbc.com/portuguese/brasil-47050794>. Acesso em: 10 fev. 2020.

CASTILHOS, Roniara. "De esquerda, é o comunismo, não resta a mínima dúvida", diz Mourão após fala de Bolsonaro. *G1*, 2 abr. 2019. Disponível em: <https://g1.globo.com/politica/noticia/2019/04/02/de-esquerda-e-o-comunismo-nao-resta-a-minima-duvida-diz-mourao-apos-fala-de-bolsonaro.ghtml>. Acesso em: 9 fev. 2020.

CASTRO, Celso. *O espírito militar*: um estudo de antropologia social na Academia Militar das Agulhas Negras. Rio de Janeiro: Jorge Zahar, 1990.

_____. A origem social dos militares. *Novos Estudos Cebrap*, São Paulo, v.37, 1993.

CASTRO, Celso; IZECKSOHN, Vitor; KRAAY, Hendrik (orgs.). *Nova história militar brasileira*. Rio de Janeiro: Editora FGV, 2004.

CAVAGNARI FILHO, Geraldo Lesbat. Prestes, os militares e o PCB. *Cadernos Cedem*, Marília, Unesp, v.1, n.1, jan. 2008.

CAVALARI, Rosa Maria Feiteiro. *Integralismo*: ideologia e organização de massa no Brasil (1932-1937). Bauru: Edusc, 1999.

CAVALCANTI, Paulo. *O caso eu conto como foi*: da Coluna Prestes à queda de Arraes. São Paulo: Alfa Omega, 1978.

CAVALCANTI, Hylda; FERNANDES, Sarah. Temer nomeia apoiador da ditadura como membro da Comissão de Anistia. *Rede Brasil Atual*, 5 set. 2016. Disponível em: <https://www.redebrasilatual.com.br/cidadania/2016/09/temer-nomeia-apoiador-da-ditadura-como-membro-da-comissao-de-anistia-6184/>. Acesso em: 27 fev. 2020.

CAVALHEIRO, Almoré Zoch. *A legalidade, o golpe militar e a Rebelião dos Sargentos*. Porto Alegre: AGE, 2011.

CERIONI, Clara. Falar que se passa fome no Brasil é uma mentira, diz Bolsonaro. *Exame*, 19 jul. 2019. Disponível em: <https://exame.abril.com.br/brasil/falar-que-se-passa-fome-no-brasil-e-uma-mentira-diz-bolsonaro/>. Acesso em: 8 fev. 2020.

CERVEJA FAZ ANÚNCIO CRÍTICO À COMEMORAÇÃO DO GOLPE MILITAR: "NÃO COMPRE". *UOL*, 29 mar. 2019. Disponível em: <https://economia.uol.com.br/noticias/redacao/2019/03/29/cerveja-rio-carioca-golpe-comemoracao.htm>. Acesso em: 12 fev. 2020.

CHADE, Jamil. OAB denuncia Bolsonaro na ONU por recomendação sobre 1964. *UOL*, Coluna do Jamil Chade, 29 mar. 2019. Disponível em: <https://jamilchade.blogosfera.uol.com.br/2019/03/29/oab-denuncia-bolsonaro-na-onu-por-recomendacao-sobre-64/>. Acesso em: 12 fev. 2020.

CHANCELER REAFIRMA QUE "NAZISMO É DE ESQUERDA" E REVOLTA ESPECIALISTAS ALEMÃES: "ASNEIRA E DISPARATE". *Revista Fórum*, 29 mar. 2019. Disponível em: <https://www.revistaforum.

com.br/chanceler-reafirma-que-nazismo-e-de-esquerda-e-revolta-especialistas-alemaes-asneira-e-disparate/>. Acesso em: 10 fev. 2020.

CHILCOTE, Ronald. *Partido Comunista Brasileiro*: conflito e integração. Rio de Janeiro: Graal, 1982.

CHIRIO, Maud. *A política nos quartéis*: revoltas militares de oficiais na ditadura militar brasileira. Rio de Janeiro: Zahar, 2012.

CISCATI, Rafael; MELLO, Bernardo. Sob Mourão, Clube Militar quer formar candidatos de farda. *O Globo*, 18 ago. 2018. Disponível em: <https://oglobo.globo.com/brasil/sob-mourao-clube-militar-quer-formar-candidatos-de-farda-22991886>. Acesso em: 8 fev.2020.

CLÃ BOLSONARO AGE COMO FAMÍLIA IMPERIAL DE ORIGEM PLEBEIA, DIZ FHC. *Brasil 247*, 17 mar. 2019. Disponível em: <https://www.brasil247.com/pt/247/poder/387104/Cl%C3%A3-Bolsonaro-age-como-fam%C3%ADlia-imperial-de-origem-plebeia-diz-FHC.htm>. Acesso em: 9 fev. 2020.

COLAÇO, Bernardo. Sindicalismo em foco – os dados de um inquérito da AOFA. *Abril*, 11 dez. 2019. Disponível em: <https://www.abrilabril.pt/nacional/sindicalismo-militar-em-foco-os-dados-de-um-inquerito-da-aofa>. Acesso em: 27 fev. 2020.

COLOMBO, Sylvia. "Frases de Bolsonaro sobre ditadura são infelizes", afirma Piñera. *Folha de S.Paulo*, 24 mar. 2019. Disponível em: <https://www1.folha.uol.com.br/mundo/2019/03/frases-de-bolsonaro-sobre-ditadura-sao-infelizes-afirma-pinera.shtml>. Acesso em: 9 fev. 2020.

COMANDANTE DO EXÉRCITO AFIRMA QUE FORÇAS ARMADAS NÃO SE ARREPENDEM DO GOLPE. *Revista Fórum*, 28 mar. 2019. Disponível em: <https://revistaforum.com.br/politica/comandante-do-exercito-afirma-que-forcas-armadas-nao-se-arrependem-do-golpe/>. Acesso em: 21 fev. 2020.

COMANDOS APARENTEMENTE FAZEM VARREDURA NAS REDES EM BUSCA DE COMENTÁRIOS DE MILITARES DA ATIVA E RESERVA – GENERAIS DEPUTADOS DESCUMPREM ESTATUTO DOS MILITARES. *Revista Sociedade Militar*, 9 dez. 2019. Disponível em: <https://www.sociedademilitar.com.br/wp/2019/12/generais-descumprem-estatuto-dos-militares-e-comandos-fazem-varredura-nas-redes-em-busca-de-comentarios-de-militares-da-ativa-e-reserva.html>. Acesso em: 26 fev. 2020.

COMBATE PELO PL-1645 "NINGUÉM PODE NOS IMPEDIR... MINISTRO DA DEFESA NÃO ESTÁ ATUALIZADO" – BATALHA ENTRE CÚPULA E BASE DAS FORÇAS ARMADAS POR

MUDANÇAS NO PL-1645ASSUME NOVOS CONTORNOS. *Revista Sociedade Militar*, 17 ago. 2019. Disponível em: <https://www.sociedademilitar.com.br/wp/2019/08/combate-pelo-pl-1645-ninguem--pode-nos-impedir-ministro-da-defesa-nao-esta-atualizado-novidades--na-batalha-entre-cupula-e-base-das-forcas-armadas-por-mudancas-no--pl-1645-assume.html>. Acesso em: 26 fev. 2020.

CONN, Stetson. *A estrutura de defesa do hemisfério ocidental*. Rio de Janeiro: Bibliex, 2000.

CONTREIRAS, Hélio. *Militares*: confissões: histórias secretas do Brasil. Rio de Janeiro: Mauad, 1998.

CORDEIRO, Tiago. Coronel Ustra, o líder das torturas na ditadura militar. *Mundo Estranho*, 10 set. 2018. Disponível em: <https://super.abril.com.br/mundo-estranho/retrato-falado-coronel-ustra-o-mestre-das-torturas/>. Acesso em: 8 fev. 2020.

CORPO DE BOMBEIROS EXPULSA LÍDER E MAIS 12 GREVISTAS. *Folha de S.Paulo*, Caderno Cotidiano, p.C4, 13 mar. 2012.

CÔRREA DA COSTA, Carlos Frederico. *Direi...ta, volver! Esquer...da, volver!* História de experiências de vida de militares. São Paulo, 1996. Tese (Doutorado em História Social) – FFLCH, USP.

CORTRIGTH, David; WATTS, Max. *Left Face*: Soldiers Unions in Modern Armies. Westport: Praeger, 1991.

COSTA, Homero de Oliveira. *A insurreição comunista de 35*: Natal – o primeiro ato da tragédia. São Paulo/Natal: Ensaio/Cooperativa Cultural Universitária do Rio Grande do Norte, 1995.

COSTA, José Caldas. *Caparaó*: a primeira guerrilha contra a ditadura. São Paulo: Boitempo, 2007.

COSTA, Vanda Ribeiro. *Com rancor e com afeto*: rebeliões militares na década de 30. São Paulo: Anpocs, 1986.

COSTA, Wilma Peres. Os militares e a primeira Constituição da República. In: MORAES, João Quartim de; COSTA, Wilma Peres; OLIVEIRA, Eliézer Rizzo de. *A tutela militar*. São Paulo: Vértice/Revista dos Tribunais, 1987. p.19-53.

COSTA, Yuri Abyaza. *Miguel Costa*: imagens de um herói brasileiro. São Paulo: Imprensa Oficial, 2010.

CRIVELLA COLOCOU IGREJA UNIVERSAL À DISPOSIÇÃO PARA BOLSONARO COLETAR ASSINATURAS PARA NOVO PARTIDO, DIZ FREIXO. *Revista Fórum*, 13 nov. 2019. Disponível em: <https://revistaforum.com.br/politica/crivella-colocou-igreja-universal--a-disposicao-para-bolsonaro-coletar-assinaturas-para-novo-partido-diz--freixo/>. Acesso em: 10 fev. 2020.

CRUZ, Christian Carvalho. Mais uma para ficar na história. *O Estado de S. Paulo*, 11 fev. 2012. Disponível em: <https://www.estadao.com.br/noticias/geral,mais-uma-para-ficar-na-historia,834526>. Acesso em: 26 fev. 2020.

CUNHA, Paulo Ribeiro da. *Um olhar à esquerda*: a utopia tenentista na construção do pensamento marxista de Nelson Werneck Sodré. Rio de Janeiro: Revan/Fapesp, 2002.

_____. Um enfoque ousado. Apresentação da 2ª edição de *A esquerda militar no Brasil*: da conspiração republicana à guerrilha dos tenentes. São Paulo: Expressão Popular, 2005.

_____. *Aconteceu longe demais*: a luta pela terra dos posseiros em Formoso e Trombas e a revolução brasileira (1950-1964). São Paulo: Editora Unesp, 2007.

_____. Entre a memória e a história. In: PRIORI, Ângelo (org.). *História, memória e patrimônio*. Maringá: Eduem, 2009a.

_____. Um manifesto elaborado no calor das Batalhas. In: PENNA, Lincoln (org.). *Manifestos políticos do Brasil contemporâneo*. Rio de Janeiro: E-papers, 2009b.

_____. Militares e a anistia no Brasil: um dueto desarmônico. In: TELLES, Edson; SAFATLE, Vladimir (orgs.). *O que resta da ditadura*: a exceção brasileira. São Paulo: Boitempo, 2010.

_____. Militares na política ou política entre os militares: uma falsa questão? *10º Encontro Nacional da Associação Brasileira de Estudos de Defesa*, 3-5 set. 2018. Disponível em: <https://www.enabed2018.abedef.org/resources/anais/8/1533555656_ARQUIVO_ABED-MilitaresnaPoliticaouPoliticaentreosMilitares.pdf>. Acesso em: 12 fev. 2020.

CUNHA, Paulo Ribeiro; CABRAL, Fátima (orgs.). *Nelson Werneck Sodré*: entre o sabre e a pena. São Paulo: Editora Unesp/Fapesp, 2006.

D'AGOSTINO, Rosanne. Rosa Weber notifica ministro da Educação a explicar fala sobre brasileiro "canibal". *G1*, 14 fev. 2019. Disponível em: <https://g1.globo.com/politica/noticia/2019/02/14/rosa-weber-notifica-ministro-da-educacao-a-explicar-fala-sobre-brasileiro-canibal.ghtml>. Acesso em: 10 fev. 2020.

DALLARI, Dalmo de Abreu. *O pequeno exército paulista*. São Paulo: Perspectiva, 1977.

DAL PIVA, Juliana; ABBUD, Bruno. General que duvidou de tortura a Dilma é indicado para Comissão de Anistia pela ministra Damares. *O Globo*, 27 mar. 2019. Disponível em: <https://oglobo.globo.com/brasil/general-que-duvidou-de-tortura-dilma-indicado-para-comissao-de-anistia-pela-ministra-damares-alves-23554740>. Acesso em: 27 fev. 2020.

DANTAS, José Ibarê Costa. *O Tenentismo em Sergipe*. Petrópolis: Vozes, 1974.
D'ARAÚJO, Maria Celina. *Militares, democracia e desenvolvimento*: Brasil e América do Sul. Rio de Janeiro: Editora FGV, 2010.
D'ARAÚJO, Maria Celina; CASTRO, Celso (orgs.). *Ernesto Geisel*. Rio de Janeiro: Fundação Getúlio Vargas, 1997.
D'ARAÚJO, Maria Celina; CASTRO, Celso; CHEIBUB, Zairo Borges. *O Brasil e as Forças Armadas na percepção dos oficiais da Marinha*. Rio de Janeiro: CPDOC, 2002. 44p.
DEL ROIO, Marcos. *A classe operária na revolução burguesa*: a política de alianças do PCB – 1928/1935. Belo Horizonte: Oficina de Livros, 1990.
DE ORTE, Paola; SOARES, Jussara. Em Washington, Bolsonaro faz visita surpresa à CIA. *O Globo*, 18 mar. 2019. Disponível em: <https://oglobo.globo.com/mundo/em-washington-bolsonaro-faz-visita-surpresa-cia-23530762>. Acesso em: 9 fev. 2020.
DEPUTADOS AMERICANOS CHAMAM BOLSONARO DE LÍDER "COM DISCURSO DE ÓDIO, MISÓGINO E RACISTA" E CRITICAM RECEPÇÃO DE TRUMP. *O Globo*, 23 mar. 2019. Disponível em: <https://oglobo.globo.com/mundo/deputados-americanos-chamam-bolsonaro-de-lider-com-discurso-de-odio-misogino-racista-criticam-recepcao-de-trump-23546052>. Acesso em: 8 fev. 2020.
DESEMBARGADORA DERRUBA PROIBIÇÃO DE COMEMORAÇÃO DO GOLPE DE 64. *GGN*, 30 mar. 2019. Disponível em: <https://jornalggn.com.br/noticia/desembargadora-derruba-proibicao-de-comemoracao-do-golpe-de-64/>. Acesso em: 12 fev. 2020.
UM DIA APÓS RECEBER O CASO QUEIROZ, PROMOTOR SE DECLARA SUSPEITO. *Estado de Minas*, 5 fev. 2019. Disponível em: <https://www.em.com.br/app/noticia/politica/2019/02/05/interna_politica,1028066/um-dia-apos-receber-o-caso-queiroz-promotor-se-declara-suspeito.shtml>. Acesso em: 10 fev. 2020.
DIAP (Departamento Intersindical de Assessoria Parlamentar). *Radiografia do Novo Congresso: legislatura 2019-2023*. Brasília, dez. 2018. Disponível em: <http://www.diap.org.br/index.php/publicacoes/finish/41-radiografia-do-novo-congresso/4045-radiografia-do-novo-congresso-legislatura-2019-2023-fevereiro-de-2019>. Acesso em: 8 mar. 2020.
DIAS DE MEDO. *Veja*, 15 maio 1985. Disponível em: <http://www.arqanalagoa.ufscar.br/pdf/recortes/R01526.pdf>. Acesso em: 25 fev. 2020.
DIAS, Everardo. *História das lutas sociais no Brasil*. São Paulo: Alfa Omega, 1977.
DIAS, Mauricio. Rosa dos ventos. *CartaCapital*, ano XVII, v.17, n.687, mar. 2012, p.13.

DILMA COBRA EXPLICAÇÕES DE VILLAS BÔAS SOBRE ESTADO DE DEFESA DURANTE IMPEACHMENT. *Sputnik Brasil*, 15 dez. 2019. Disponível em: <https://br.sputniknews.com/brasil/2019121514896882-dilma-cobra-explicacoes-de-villas-boas-sobre-estado-de-defesa-durante-impeachment/>. Acesso em: 10 fev. 2020.

DIMENSTEIN, Gilberto. Ministro da Educação diz: turista brasileira é ladrão e "canibal". *Catraca Livre*, 1 fev. 2019a. Disponível em: <https://catracalivre.com.br/parceiros-catraca/dimenstein/ministro-da-educacao-diz-turista-brasileiro-e-ladrao-e-canibal/>. Acesso em: 10 fev. 2020.

_____. Estadão: Militares se aprumam ainda mais no governo Bolsonaro. *Catraca Livre*, 17 fev. 2019b. Disponível em: <https://catracalivre.com.br/parceiros-catraca/dimenstein/estadao-militares-se-aprumam-ainda-mais-no-governo-bolsonaro/>. Acesso em: 10 fev. 2020.

_____. Mourão abandona modos rudes e torna-se o "mozão" dos jornalistas. *Catraca Livre*, 28 fev. 2019c. Disponível em: <https://catracalivre.com.br/colunas/dimenstein/mourao-abandona-modos-rudes-e-torna-se-o-mozao-dos-jornalistas/>. Acesso em: 12 fev. 2020.

DINES, Alberto; FERNANDES JR., Florestan; SALOMÃO, Nelma (orgs.). *Histórias do poder*: 100 anos de política no Brasil. Militares, Igreja e sociedade civil. v.1. São Paulo: Editora 34, 2000.

DINIZ, José Eustáquio Alves. O voto evangélico garantiu a eleição de Jair Bolsonaro. *Revista IHU On-Line*, 1 nov. 2018. Disponível em: <http://www.ihu.unisinos.br/78-noticias/584304-o-voto-evangelico-garantiu-a-eleicao-de-jair-bolsonaro>. Acesso em: 8 fev. 2020.

DIOGO MAINARDI, REINALDO AZEVEDO E ANDREAZZA SÃO TRATADOS COMO "COMUNISTAS" POR BOLSONARISTAS. *Revista Fórum*, 13 mar. 2019. Disponível em: <https://www.revistaforum.com.br/diogo-mainardi-reinaldo-azevedo-e-andreazza-sao-tratados-como-comunistas-por-bolsonaristas/>. Acesso em: 8 fev. 2020.

DISCURSO DE ÓDIO DE BOLSONARO INCENTIVA VIOLÊNCIA CONTRA MULHERES. *Contee*, 22 out. 2018. Disponível em: <https://contee.org.br/discurso-de-odio-de-bolsonaro-incentiva-violencia-contra-mulheres/>. Acesso em: 8 fev. 2020.

DOMENICI, Thiago. Caminho de Bolsonaro ao poder seguiu "lógica da guerra", diz antropólogo. *Pública*, 11 abr. 2019. Disponível em: <https://apublica.org/2019/04/caminho-de-bolsonaro-ao-poder-seguiu-logica-da-guerra-diz-antropologo-que-estuda-militares/>. Acesso em: 10 fev. 2020.

DORATIOTO, Francisco. *General Osório*: a espada liberal do Império. São Paulo: Companhia das Letras, 2008.

DUARTE, Antonio. *Almirante Aragão*: fragmentos de uma vida. Rio de Janeiro: Consequência, 2012.

DUARTE, Luiz Cláudio. *A produção do pensamento militar brasileiro contemporâneo pela Escola Superior de Guerra*: 1989-2006. Rio de Janeiro, 2012. Tese (Doutorado) – Pós-Graduação em Educação, UFF.

DULLES, John W. F. *O comunismo no Brasil*: repressão em meio ao cataclismo mundial. Rio de Janeiro: Nova Fronteira, 1985.

_____. *Anarquistas e comunistas no Brasil, 1900-1935*. Rio de Janeiro: Nova Fronteira, 1977.

ÉBOLI, Evandro. Brasil de Bolsonaro: presença de militares de Israel incomoda Exército brasileiro. *Veja*, Coluna Radar, republicado em DCM, O Essencial, 29 jan. 2019a. Disponível em: <https://www.diariodocentrodomundo.com.br/essencial/brasil-de-bolsonaro-presenca-de-militares-de-israel-incomoda-exercito-brasileiro/>. Acesso em: 9 fev. 2020.

_____. General "melancia" de Bolsonaro "toca o terror" na Comissão de Anistia. *Veja*, 29 jul. 2019b. Disponível em: <https://veja.abril.com.br/blog/radar/general-melancia-de-bolsonaro-toca-o-terror-na-comissao-de-anistia/>. Acesso em: 21 fev. 2020.

_____. Exército impõe silêncio a militares sobre Previdência das Forças Armadas. *Montedo.com*, 31 ago. 2019c. Disponível em: <https://www.montedo.com.br/2019/08/31/exercito-impoe-silencio-a-militares-sobre-previdencia-das-forcas-armadas/>. Acesso em: 26 fev. 2020.

EGYPTO, Luiz. Capitão Bolsonaro, a história esquecida. *Observatório da Imprensa*, n.636, 6 abr. 2011. Disponível em: <http://observatoriodaimprensa.com.br/jornal-de-debates/capitao-bolsonaro-a-historia-esquecida/>. Acesso em:

EM 1988, GREVE PAROU O CENTRO; 157 FORAM DEMITIDOS. *O Estado de S. Paulo*, 12 fev. 2012. Disponível em: <https://sao-paulo.estadao.com.br/noticias/geral,em-1988-greve-parou-o-centro-157-foram-demitidos-imp-,834621>. Acesso em: 26 fev. 2020.

EM CARTA DE DESCULPAS A ISRAELENSES, BOLSONARO AFIRMA QUE QUEREM AFASTÁ-LO "DOS AMIGOS JUDEUS". *O Globo*, 14 abr. 2019. Disponível em: <https://oglobo.globo.com/mundo/em-carta-de-desculpas-israelenses-bolsonaro-afirma-que-querem-afasta-lo-dos-amigos-judeus-23598703>. Acesso em: 9 fev. 2020.

EM CRÍTICA PELA DIREITA, ESTADÃO EXIGE EM EDITORIAL DEMISSÃO DE WEINTRAUB. *Revista Fórum*, 19 nov. 2019.

Disponível em: <https://revistaforum.com.br/comunicacao/em-critica-pela-direita-estadao-exige-em-editorial-demissao-de-weintraub/>. Acesso em: 10 fev. 2020.

EM NOTA DURA, MPF DIZ QUE BOLSONARO PODE SER PUNIDO POR APOIO A GOLPE DE 64. *Brasil 247*, 26 mar. 2019. Disponível em: <https://www.brasil247.com/pt/247/brasil/388198/Em-nota-dura-MPF-diz-que-Bolsonaro-pode-ser-punido-por-apoio-a-golpe-de-64.htm>. Acesso em: 12 fev. 2020.

EM PORTUGUÊS SOFRÍVEL, EDUARDO BOLSONARO DEFENDE WEINTRAUB E ATACA HADDAD APÓS EDITORIAL DO ESTADÃO. *Revista Fórum*, 19 nov. 2019. Disponível em: <https://revistaforum.com.br/noticias/em-portugues-sofrivel-eduardo-bolsonaro-defende-weintraub-e-ataca-haddad-apos-editorial-do-estadao/>. Acesso em: 10 fev. 2020.

ERNESTO ARAÚJO DIZ QUE NAZISMO É DE ESQUERDA. *O Estado de S. Paulo*, reproduzido por *IstoÉ*, 29 mar. 2019. Disponível em: <https://istoe.com.br/chanceler-ernesto-araujo-afirma-que-nazismo-e-de-esquerda/>. Acesso em: 10 fev. 2020.

ESPIRAL DE INFÂMIAS. *Folha de S.Paulo*, Editorial, Caderno Opinião, 31 jul. 2019. Disponível em: <https://www1.folha.uol.com.br/opiniao/2019/07/espiral-de-infamias.shtml>. Acesso em: 10 fev. 2020.

ESTADÃO: GOVERNO BOLSONARO INAUGURA "DIPLOMACIA MEDÍOCRE". *Brasil 247*, 14 mar. 2019. Disponível em: <https://www.brasil247.com/brasil/estadao-governo-bolsonaro-inaugura-diplomacia-mediocre>. Acesso em: 12 fev. 2020.

ESTUDIOSOS DA ÁREA DE DEFESA CRITICAM POLÍTICA DE C&T. *SOS Brasil Soberano*, 15 jul. 2019. Disponível em: <http://sosbrasilsoberano.org.br/pesquisadores-da-area-de-defesa-condenam-politica-de-ct/>. Acesso em: 9 fev. 2020.

EX-EMBAIXADOR PATROCINOU NOS EUA INDICAÇÃO DE EDUARDO BOLSONARO PARA WASHINGTON. *Folha de S.Paulo*, 12 jul. 2019. Disponível em: <https://www1.folha.uol.com.br/mundo/2019/07/ex-embaixador-patrocinou-nos-eua-indicacao-de-eduardo-bolsonaro-para-washington.shtml>. Acesso em: 12 fev. 2020.

EXÉRCITO DIZ QUE "MALUCOS" APOIAM INTERVENÇÃO MILITAR NO CAOS POLÍTICO. *O Estado de S. Paulo*, republicado por *UOL*, 11 dez. 2016. Disponível em: <http://noticias.uol.com.br/ultimas-noticias/agencia-estado/2016/12/11/exercito-diz-que-malucos-apoiam-intervencao.htm>. Acesso em: 22 fev. 2020.

EXÉRCITO DIZ QUE ASSOCIAÇÕES SÃO ILEGAIS, MAS LÍDERES AVISAM QUE VÃO SIM AO CONGRESSO DISCUTIR SOBRE O PL-1645. *Revista Sociedade Militar*, 30 ago. 2019. Disponível em: <https://www.sociedademilitar.com.br/wp/2019/08/exercito-diz--que-associacoes-sao-ilegais-mas-lideres-avisam-que-vao-sim-ao-congresso-discutir-sobre-o-pl-1645.html>. Acesso em: 26 fev. 2020.

FABRINI, Fábio; VALENTE, Rubens. Defensoria Pública irá à Justiça contra comemoração do golpe de 1964. *Folha de S.Paulo*, Caderno Poder, 26 mar. 2019. Disponível em: <https://www1.folha.uol.com.br/poder/2019/03/defensoria-publica-ira-a-justica-contra-comemoracao-do-golpe-de-1964.shtml>. Acesso em: 12 fev. 2020.

FAIOLA, Anthony. "Shame": as Bolsonaro Visits Trump, Some Brazilians Tweet Their Embarrassment. *The Washington Post*, 19 mar. 2019. Disponível em: <https://www.washingtonpost.com/world/2019/03/19/shame-bolsonaro-visits-trump-brazilians-tweet-their-embarrassment/>. Acesso em: 9 fev. 2020.

"FALAR QUE SE PASSA FOME NO BRASIL É UMA GRANDE MENTIRA", DIZ BOLSONARO. *Globo News*, 19 jul. 2019 (3m14s). Disponível em: <http://g1.globo.com/globo-news/jornal-globo-news/videos/v/falar-que-se-passa-fome-no-brasil-e-uma-grande-mentira-diz-bolsonaro/7777481/>. Acesso em: 8 fev. 2020.

FARIA, Tales. Avaliação reservada dentro do governo é de que manifestações não foram boas. *UOL*, Coluna Tales Faria, 27 maio 2019a. Disponível em: <https://talesfaria.blogosfera.uol.com.br/2019/05/27/avaliacao-reservada-dentro-do-governo-e-de-que-manifestacoes-nao-foram-boas/>. Acesso em: 9 fev. 2020.

_____. Chefes militares tentam evitar a demissão de ministro Santos Cruz. *UOL*, Coluna Tales Faria, 6 maio 2019b. Disponível em: <https://talesfaria.blogosfera.uol.com.br/2019/05/06/chefes-militares-tentam-evitar-a--demissao-de-ministro-santos-cruz/>. Acesso em: 10 fev. 2020.

_____. Paulo Guedes e militares alertam Bolsonaro dos riscos para o governo. *UOL*, Coluna Tales Faria, 25 mar. 2019c. Disponível em: <https://talesfaria.blogosfera.uol.com.br/2019/03/25/paulo-guedes-e-militares-alertam-a-bolsonaro-dos-riscos-para-o-governo/>. Acesso em: 12 fev. 2020.

FELLET, João. Monarquistas ocupam cargos em Brasília e reabilitam grupo católico ultraconservador. *UOL*, 4 abr. 2019. Disponível em: <https://noticias.uol.com.br/ultimas-noticias/bbc/2019/04/04/monarquistas--ocupam-cargos-em-brasilia-e-reabilitam-grupo-ultraconservador.htm>. Acesso em: 9 fev. 2020.

O FENÔMENO DOS CANDIDATOS MILITARES: QUEM É E O QUE PROPÕE A "CHAPA DA FARDA". *Gazeta do Povo*, Curitiba, 13 ago. 2018. Disponível em: <https://www.gazetadopovo.com.br/eleicoes/2018/o-fenomeno-dos-candidatos-militares-quem-e-e-o-que-propoe-a-chapa-da-farda-a1u5oe93r2cm7xxi4o2hzhu2a>. Acesso em: 8 fev. 2020.

FERNANDES, Heloisa Rodrigues. *Política e segurança*: força pública do estado de São Paulo. Fundamentos históricos e sociais. São Paulo: Alfa Omega, 1974.

FERNANDES, Leonardo. Os generais e o capitão: militares divergem de Bolsonaro sobre agressão à Venezuela. *Brasil de Fato*, 20 mar. 2019. Disponível em: <https://www.brasildefato.com.br/2019/03/20/os-generais-e-o-capitao-or-militares-divergem-de-bolsonaro-sobre-agressao-a-venezuela/>. Acesso em: 8 fev. 2020.

FERNANDES, Talita. Bolsonaro muda tom e diz que ideia é rememorar, e não comemorar, golpe de 1964. *Folha de S.Paulo*, Caderno Poder, 28 mar. 2019. Disponível em: <https://www1.folha.uol.com.br/poder/2019/03/bolsonaro-muda-tom-e-diz-que-ideia-e-rememorar-e-nao-comemorar-golpe-de-1964.shtml>. Acesso em: 12 fev. 2020.

FERNANDES, Talita; URIBE, Gustavo. Bolsonaro sobre troca da PF: "Quem manda sou eu. Ou vou ser um presidente banana". *Folha de S.Paulo*, Caderno Poder, 16 ago. 2019. Disponível em: <https://www1.folha.uol.com.br/poder/2019/08/bolsonaro-sobre-troca-na-pf-quem-manda-sou-eu-ou-vou-ser-um-presidente-banana.shtml>. Acesso em: 21 fev. 2020.

FERRAZ, Francisco César. *Os brasileiros e a Segunda Guerra Mundial*. Rio de Janeiro: Jorge Zahar, 2005.

_____. *A guerra que não acabou*: a reintegração social dos veteranos da Força Expedicionária Brasileira (1945-2000). Londrina: Eduel, 2012.

FERREIRA, Oliveiros. *Vida e morte do Partido Fardado*. São Paulo: Senac, 2000.

FERREIRA, Roberto Martins. *Organização e poder*: análise do discurso anticomunista do Exército brasileiro. São Paulo: Annablume, 2005.

FILHO, João. A Lava Jato usou o Judiciário para fins políticos. *The Intercept Brasil*, 16 jun. 2019. Disponível em: <https://theintercept.com/2019/06/16/vaza-jato-corrupcao-sergio-moro-politica-dallagnol/>. Acesso em: 8 mar. 2020.

FLAVIO BOLSONARO ESCREVE E DEPOIS APAGA MENSAGEM SOBRE O HAMAS: "QUERO QUE VOCÊS SE EXPLODAM". *G1*, 2 abr. 2019. Disponível em: <https://g1.globo.com/

politica/noticia/2019/04/02/flavio-bolsonaro-escreve-e-depois-apaga-mensagem-sobre-o-hamas-quero-que-voces-se-explodam.ghtml>. Acesso em: 9 fev. 2020.

FLÁVIO DINO CRITICA ESPIONAGEM DO GOVERNO CONTRA A IGREJA CATÓLICA. *Vermelho*, 11 fev. 2019. Disponível em: <http://www.vermelho.org.br/noticia/318559-1>. Acesso em: 10 fev. 2020.

FOGLIATTO, Débora. O discurso que Bolsonaro propaga fortalece a banalização da agressão contra a mulher. *Sul 21*, 14 jan. 2019. Disponível em: <https://www.sul21.com.br/areazero/2019/01/o-discurso-que-bolsonaro-propaga-fortalece-a-banalizacao-da-agressao-contra-a-mulher/>. Acesso em: 8 fev. 2020.

FONSECA, Maximiano. *O que segura este país*. Rio de Janeiro: Civilização Brasileira, 1987.

FRANÇA, Fábio Gomes de; COELHO, Fernanda Mendes Cabral Albuquerque (orgs.). *Política & segurança pública*: relatos de pesquisa. João Pessoa: Ideia, 2018.

FRANCA, Luca. A eterna misoginia de Bolsonaro e o estupro como manutenção do poder. *Opera Mundi*, 10 dez. 2014. Disponível em: <https://operamundi.uol.com.br/samuel/38798/a-eterna-misoginia-de-bolsonaro-e-o-estupro-como-manutencao-do-poder>. Acesso em: 8 fev. 2020.

FRANCO, Bernardo Mello. Deus, pátria e família. *O Globo*, 17 nov. 2019. Disponível em: <https://blogs.oglobo.globo.com/bernardo-mello-franco/post/deus-patria-e-familia.html>. Acesso em: 10 fev. 2020.

"FRASES DE BOLSONARO SOBRE DITADURA SÃO INFELIZES", DIZ PRESIDENTE DO CHILE. *Sputnik Brasil*, 18 abr. 2019. Disponível em: <https://br.sputniknews.com/americas/2019032413552329-bolsonaro-pinera-ditadura-chile-pinochet/>. Acesso em: 9 fev. 2020.

FRAZÃO, Felipe et al. De fãs de Bolsonaro a militar de esquerda. *O Estado de S. Paulo*, 13 ago. 2018. Disponível em: <https://politica.estadao.com.br/noticias/eleicoes,de-fas-de-bolsonaro-a-militar-de-esquerda,70002446972>. Acesso em: 24 fev. 2020.

FREIXO, Marcelo. Por detrás da revolta fardada. *Le Monde Diplomatique Brasil*, 7 mar. 2012. Disponível em: <https://diplomatique.org.br/por-detras-da-revolta-fardada/>. Acesso em: 26 fev. 2020.

FROTA, Sylvio. *Ideais traídos*. Rio de Janeiro: Jorge Zahar, 2006.

GAIER, Rodrigo Viga. Posição de Bolsonaro sobre possível base dos EUA desagrada militares, diz fonte. *Reuters*, 5 jan. 2019. Disponível em: <https://br.reuters.com/article/domesticNews/idBRKCN1OZ0F8-OBRDN>. Acesso em: 9 fev. 2020.

GAIO, André Moysés. *Em busca da remissão*: a mobilização militar pela democracia. Londrina: Eduel, 1997.

GALIOTTO, Fabio. Suspensão de importação de couro brasileiro põe empresários de curtumes do Paraná em alerta. *Folha de Londrina*, 29 ago. 2019. Disponível em: <https://www.folhadelondrina.com.br/economia/suspensao-de-importacao-de-couro-brasileiro-poe-empresarios-de-curtumes-do-parana-em-alerta-2959845e.html>. Acesso em: 9 fev. 2020.

GALVÃO, Gay Cardoso. *Coluna Prestes, por quê?* Campo Grande: Cooperativa Autônoma de Promoção de Autores, 1996.

GALVÃO, Gay Cardoso; SANTOS, Hélio Tenório. *Os oito últimos dias do general Miguel Costa*: o legítimo condutor da Divisão Revolucionária que se agregaram os "homens do Rio Grande", Prestes. Campo Grande: Cooperativa Autônoma de Promoção de Autores, 2006.

GARCIA, Felipe Ramos. *Esquerda Policial em São Paulo (1946-1964)*. Marília, 2019. Dissertação (Mestrado) – Faculdade de Filosofia e Ciências, Unesp.

GASPARI, Elio. *A ditadura encurralada*. São Paulo: Companhia das Letras, 2004.

_____. Bolsonaro errou o tiro no "melancia". *Folha de S.Paulo*, Colunas e Blogs, 24 jul. 2019. Disponível em: <https://www1.folha.uol.com.br/colunas/eliogaspari/2019/07/bolsonaro-errou-o-tiro-no-melancia.shtml>. Acesso em: 21 fev. 2020.

GELAPE, Lucas; MORENO, Ana Carolina; CAESAR, Gabriela. Número de policiais e militares no Legislativo é quatro vezes maior do que o de 2014. *G1*, 8 out. 2010. Disponível em: <https://g1.globo.com/politica/eleicoes/2018/eleicao-em-numeros/noticia/2018/10/08/numero-de-policiais-e-militares-no-legislativo-e-quatro-vezes-maior-do-que-o-de-2014.ghtml>. Acesso em: 8 mar. 2020.

GENERAL MOURÃO ADMITE QUE, NA HIPÓTESE DE ANARQUIA, PODE HAVER "AUTOGOLPE" DO PRESIDENTE COM APOIO DAS FORÇAS ARMADAS. *G1*, 8 set. 2018a. Disponível em: <https://g1.globo.com/politica/eleicoes/2018/noticia/2018/09/08/general-mourao-admite-que-na-hipotese-de-anarquia-pode-haver-autogolpe-do-presidente-com-apoio-das-forcas-armadas.ghtml>. Acesso em: 8 fev. 2020.

GENERAL MOURÃO, VICE DE BOLSONARO, CRITICA 13º SALÁRIO E ABONO DE FÉRIAS: "JABUTICABAS BRASILEIRAS". *O Globo*, 27 set. 2018b. Disponível em: <https://oglobo.globo.com/brasil/general-mourao-vice-de-bolsonaro-critica-13-salario-abono-de-ferias-jabuticabas-brasileiras-23106803>. Acesso em: 12 fev. 2020.

GENERAL MOURÃO LIGA ÍNDIO À "INDOLÊNCIA" E NEGRO À "MALANDRAGEM". *Exame*, 7 ago. 2018c. Disponível em: <https://

exame.abril.com.br/brasil/general-mourao-liga-indio-a-indolencia-e--negro-a-malandragem/>. Acesso em: 12 fev. 2020.

GENERAL ENQUADRA OLAVO E DIZ QUE GURU DO CLÃ É DESEQUILIBRADO. *Brasil 247*, republicado por *Blog do Magno Martins*, 25 mar. 2019a. Disponível em: <https://www.blogdomagno.com.br/ver_post.php?id=199511>. Acesso em: 10 fev. 2020.

GENERAL MOURÃO DIZ QUE EXÉRCITO AGIRÁ: "SE STF NÃO CUMPRIR COM SUA RESPONSABILIDADE, ENTRAREMOS NA ROTA DO CAOS, E SÓ AS FORÇAS ARMADAS PODEM IMPEDIR ISSO". *Brasil Agora*, 2 ago. 2019b. Disponível em: <http://brasilagora.net.br/?p=710&fbclid=IwAR2k3TKc7BuMSQKpAft_QTk0IbCVzRf7eavRTzjVJeXv2PQg_ke-iRaZ__Q>. Acesso em: 12 fev. 2020.

GERMER, André. Democracia nas Forças Armadas alemãs (o respeito aos direitos individuais e as obrigações dos soldados). *Padeceme*, Rio de Janeiro, n.15, 2007.

GIELOW, Igor. Jabuticaba diplomática de Bolsonaro pode agradar aliados, mas já causa estrago. *Folha de S.Paulo*, Caderno Mundo, 31 mar. 2019a. Disponível em: <https://www1.folha.uol.com.br/mundo/2019/03/bolsonaro-cria-jabuticaba-diplomatica-para-agradar-israel-eua-e-evangelicos.shtml>. Acesso em: 9 fev. 2020.

_____. Justiça cassa liminar que proibia governo de comemorar golpe de 1964. *Folha de S.Paulo*, Caderno Poder, 30 mar. 2019b. Disponível em: <https://www1.folha.uol.com.br/poder/2019/03/justica-cassa-liminar-que-proibia-governo-de-comemorar-golpe-de-64.shtml>. Acesso em: 12 fev. 2020.

_____. Militares fazem defesa contida de 64, mas celebram volta à democracia. *Folha de S.Paulo*, Caderno Poder, 27 mar. 2019c. Disponível em: <https://www1.folha.uol.com.br/poder/2019/03/ministro-faz-defesa-sobria--de-64-mas-celebra-volta-a-democracia.shtml>. Acesso em: 12 fev. 2020.

GLOBO DEFENDE DEMISSÃO DE ERNESTO ARAÚJO. *Brasil 247*, 15 mar. 2019. Disponível em: <https://www.brasil247.com/pt/247/midiatech/386938/Globo-defende-demiss%C3%A3o-de-Ernesto--Ara%C3%BAjo.htm>. Acesso em: 10 fev. 2020.

GODOY, Marcelo. Manifesto de militares critica colegas que atacaram ministras. *O Estado de S. Paulo*, A9, 18 mar. 2012. Disponível em: <https://politica.estadao.com.br/noticias/geral,manifesto-de-militares-critica--colegas-que-atacaram-ministras,850219>. Acesso em: 22 fev. 2020.

_____. Nas bibliotecas do Exército, nazismo é movimento de extrema direita. *O Estado de S. Paulo*, 4 abr. 2019a. Disponível em: <https://politica.estadao.

com.br/noticias/geral,nas-bibliotecas-do-exercito-nazismo-e-movimento-de-extrema-direita,70002778776>. Acesso em: 9 fev. 2020.

_____. Para generais, Weintraub é o ministro da "falta de educação". *O Estado de S. Paulo*, 18 nov. 2019b. Disponível em: <https://politica.estadao.com.br/noticias/geral,para-generais-weintraub-e-o-ministro-da-falta-de-educacao,70003093624>. Acesso em: 10 fev. 2020.

GODOY, Marcelo; VENCESLAU, Pedro. Clã Bolsonaro negocia migrar para nova UDN. *O Estado de S. Paulo*, 17 fev. 2019. Disponível em: <https://politica.estadao.com.br/noticias/geral,cla-bolsonaro-negocia-migrar-para-nova-udn,70002724799>. Acesso em: 10 fev. 2020.

GÓIS, Fábio. Temer, dois anos de gestão: denúncias de corrupção, crises institucionais e aposta na economia. *Congresso em Foco*, 12 maio 2018. Disponível em: <https://congressoemfoco.uol.com.br/especial/noticias/temer-dois-anos-de-gestao-denuncias-de-corrupcao-crises-institucionais-e-aposta-na-economia/>. Acesso em: 8 mar. 2020.

GOMES, Angela de Castro. *A invenção do trabalhismo*. São Paulo: Vértice/Iuperj, 1988.

GOMES, Angela de Castro (coord.); FLAKSMAN, Dora; STOTZ, Eduardo. *Velhos militantes*: depoimentos. Rio de Janeiro: Zahar, 1988.

GONÇALVES, Carolina. Mais de 70 candidatos com patente militar foram eleitos em todo o país. *AgênciaBrasil*, 8 out. 2018. Disponível em: <http://agenciabrasil.ebc.com.br/politica/noticia/2018-10/mais-de-70-candidatos-com-patente-militar-foram-eleitos-em-todo-o-pais>. Acesso em: 8 fev. 2019.

GORENDER, Jacob. *Combate nas trevas*. São Paulo: Ática, 1987.

GRAEL, Dickson. *Aventura, corrupção, terrorismo*: a sombra da impunidade. Petrópolis: Vozes, 1985.

GRUPO DE POLICIAIS DE ESQUERDA VAI SE FILIAR AO PSOL. *CartaCapital*, 10 ago. 2017. Disponível em: <https://www.cartacapital.com.br/politica/grupo-de-policiais-de-esquerda-vai-se-filiar-ao-psol/>. Acesso em: 24 fev. 2020.

GUEDES DE OLIVEIRA, Marcos Aurélio. *O Comintern e a Aliança Nacional Libertadora*. Recife: Edições Bagaço, 1996.

GUEIROS, José Alberto. *Juracy Magalhães*: o último tenente. Rio de Janeiro: Record, 1996.

GUIMARÃES, Eduardo. Relator da ONU diz que recomendação de Bolsonaro sobre golpe é "imoral". *Blog da Cidadania*, 29 mar. 2019. Disponível em: <https://blogdacidadania.com.br/2019/03/relator-da-onu-diz-que-recomendacao-de-bolsonaro-sobre-golpe-e-imoral/>. Acesso em: 12 fev. 2020.

GUIMARÃES, Arthur et al. Michel Temer e Moreira Franco são presos pela Lava Jato do RJ. *G1*, 21 mar. 2019. Disponível em: <https://g1.globo.com/rj/rio-de-janeiro/noticia/2019/03/21/forca-tarefa-da-lava-jato-faz-operacao-para-prender-michel-temer-e-moreira-franco.ghtml>. Acesso em: 8 mar. 2020.

GULLINO, Daniel. Bolsonaro não descarta privatização da Petrobras: "Tudo o governo estuda". *O Globo*, 22 ago. 2019. Disponível em: <https://oglobo.globo.com/economia/bolsonaro-nao-descarta-privatizacao-da-petrobras-tudo-governo-estuda-23894836>. Acesso em: 9 fev. 2020.

HAFFNER, Sebastian. *A revolução alemã (1918-1919)*. São Paulo: Expressão Popular, 2018.

HAHNER, June E. *As relações entre civis e militares (1889-1898)*. São Paulo: Pioneira, 1975.

HENNIGAN, Tom. Anniversary of Brazil's 1964 Military Coup Unearths New Tensions. *The Irish Times*, 30 mar. 2019. Disponível em: <https://www.irishtimes.com/news/world/anniversary-of-brazil-s-1964-military-coup-unearths-new-tensions-1.3843118>. Acesso em: 12 fev. 2020.

HOBSBAWM, Eric. *Era dos extremos*: o breve século XX, 1914-1991. São Paulo: Companhia das Letras, 1995.

HOFFMANN, Gleisi. Precisamos falar sobre militares e soberania. *Site do PT*, 8 jan. 2019. Disponível em: <https://pt.org.br/gleisi-hoffmann-precisamos-falar-sobre-militares-e-soberania/>. Acesso em: 9 fev. 2020.

HORN, Daniel. *The German Mutinies of World War I*. New Brunswick: Rutgers University Press, 1969.

HUNTINGTON, Samuel P. *O soldado e o Estado*: teoria e política das relações entre civis e militares. Rio de Janeiro: Bibliex, 1996.

HUPSEL FILHO, Valmar. "O PSL vai ser o primeiro partido a ter compliance", diz advogada de Bolsonaro. *O Estado de S. Paulo*, republicado por *UOL*, 21 abr. 2019. Disponível em: <https://noticias.uol.com.br/ultimas-noticias/agencia-estado/2019/04/21/o-psl-vai-ser-o-primeiro-partido-a-ter-compliance-diz-karina-kufa.htm>. Acesso em: 10 fev. 2020.

IMPRENSA INTERNACIONAL REPERCUTE DISCURSO DE BOLSONARO NA SUÍÇA: "DESASTRE". *Brasil de Fato*, 22 jan. 2019. Disponível em: <https://www.brasildefato.com.br/2019/01/22/imprensa-internacional-repercute-discurso-de-bolsonaro-em-davos-desastre/>. Acesso em: 9 fev. 2020.

ISENBURG, Teresa. *O Brasil na Segunda Guerra Mundial*: uma página das relações internacionais. São Paulo: 22 Editorial, 2015.

"JAIR BOLSONARO TEVE UM DESEMPENHO PÍFIO EM DAVOS", AFIRMA LEITOR. *Folha de S.Paulo*, Painel do Leitor, 24 jan. 2019. Disponível em: <https://www1.folha.uol.com.br/paineldoleitor/2019/01/jair-bolsonaro-teve-um-desempenho-pifio-em-davos-afirma-leitor.shtml>. Acesso em: 9 fev. 2020.

JANAINA PASCHOAL: "REAÇÃO DE FLÁVIO PARECE A DE AÉCIO E A DE LULA". *O Estado de S. Paulo*, republicado por *Estado de Minas*, 27 jan. 2019. Disponível em: <https://www.em.com.br/app/noticia/politica/2019/01/27/interna_politica,1025045/janaina-paschoal-reacao-de-flavio-parece-a-de-aecio-e-a-de-lula.shtml>. Acesso em: 10 fev. 2020.

KAREPOVS, Dainis. *Luta subterrânea*: o PCB em 1937-1938. São Paulo: Hucitec/Editora Unesp, 2003.

KONCHINSKI, Vinicius. "Não estabeleci nenhuma condição para assumir ministério", diz Moro. *UOL*, 13 maio 2019. Disponível em: <https://noticias.uol.com.br/politica/ultimas-noticias/2019/05/13/nao-estabeleci-nenhuma-condicao-para-assumir-ministerio-diz-moro.htm>. Acesso em: 8 mar. 2020.

KONDER, Leandro. *A derrota da dialética*: a recepção das ideias de Marx no Brasil até o começo dos anos 30. Rio de Janeiro: Campus, 1988.

KOVAL, Boris. *História do proletariado brasileiro*: 1857 a 1967. São Paulo: Alfa Omega, 1982.

KRENDEL, Ezra S.; SAMOFF, Bernard. *Unionizing the Armed Forces*. Filadélfia: University of Pennsylvania Press, 1977.

LAQUE, João Roberto. *Pedro e os lobos*: os anos de chumbo na trajetória de um guerrilheiro urbano. São Paulo: Editorial, 2010.

LELLIS, Leonardo. Filho de Mourão é promovido a assessor da presidência do BB. *Veja*, 8 jan. 2019. Disponível em: <https://veja.abril.com.br/politica/filho-de-mourao-e-promovido-a-assessor-da-presidencia-do-bb/>. Acesso em: 12 fev. 2020.

LEMOS, Renato. *Benjamin Constant*: vida e história. Rio de Janeiro: Topbooks, 1999.

LIMA, SUED. Os comunistas na Aeronáutica. In: SEMINÁRIO INTERNACIONAL 90 ANOS DE MOVIMENTO COMUNISTA NO BRASIL, mesa "Os militares e os comunistas no Brasil", 2012 (mimeo).

LINDNER, Julia. Mourão evita comentar homenagem de Bolsonaro a Olavo. *UOL*, 2 maio 2019. Disponível em: <https://noticias.uol.com.br/ultimas-noticias/agencia-estado/2019/05/02/mourao-da-parabens-a-condecorados-e-evita-comentar-homenagem-a-olavo-de-carvalho.htm>. Acesso em: 21 fev. 2020.

LINHARES, Hermínio. *Contribuição à história das lutas operárias no Brasil*. São Paulo: Alfa Omega, 1977.

LOPES, Gilmar. Bolsonaro disse que Chávez é "uma esperança para a América Latina"? *E-farsas*, 14 dez. 2017. Disponível em: <http://www.e-farsas.com/bolsonaro-disse-que-chavez-e-uma-esperanca-para-america-latina.html>. Acesso em: 8 fev. 2020.

LOPES, Nathan. Não dá para Bolsonaro governar com a cabeça em 64, diz Janaina Paschoal. *UOL*, 27 mar. 2019. Disponível em: <https://noticias.uol.com.br/politica/ultimas-noticias/2019/03/27/janaina-paschoal--bolsonaro-golpe-1964-comemoracoes.htm>. Acesso em: 12 fev. 2020.

LUNA, Denise et al. Em discurso a fuzileiros navais no Rio, presidente afirma que estará "ao lado de pessoas de bem" e que "amam a pátria"; governo atenua frase, que mobiliza redes sociais. *O Estado de S. Paulo*, 7 mar. 2019. Disponível em: <https://politica.estadao.com.br/noticias/geral,bolsonaro-liberdade-so-existe-quando-as-forcas-armadas-assim-o--querem,70002746450>. Acesso em: 12 fev. 2020.

MACAULAY, Neil. *A Coluna Prestes*: revolução no Brasil. Rio de Janeiro: Difel, 1977.

MACHADO, Antonio Felipe da Costa Monteiro. As batalhas da Cantareira: a luta dos marítimos em Niterói (1918-1928). *Revista Espaço Acadêmico*, Maringá, n.210, nov. 2018. Disponível em: <http://periodicos.uem.br/ojs/index.php/EspacoAcademico/article/view/44720/751375138575>. Aceso em: 8 mar. 2020.

MACHADO, Paulo Henrique. *Pão, terra e liberdade na cidade imperial*: a luta antifascista em Petrópolis no ano de 1935. Rio de Janeiro: UFRJ/IFCS, 2015.

MACIEL, Wilma Antunes. *Militares de esquerda*: formação, participação política e engajamento na luta armada (1961-1974). São Paulo, 2009. Tese (Doutorado) – Programa de Pós-Graduação em História Social, FFLCH, USP.

MADEIRO, Carlos. Desde saída de cubanos, 3 milhões perderam assistência por falta de médicos. *UOL*, 8 de jul. 2019. Disponível em: <https://noticias.uol.com.br/saude/ultimas-noticias/redacao/2019/07/08/desde-saida-de-cubanos-3-milhoes-perderam-assistencia-por-falta-de-medicos.htm>. Acesso em: 9 fev. 2020.

MAESTRI, Mário. *Cisnes negros*: uma história da Revolta da Chibata. São Paulo: Moderna, 2000.

MAFFEI, Eduardo. *A batalha da Praça da Sé*. Rio de Janeiro: Philobiblion, 1984.

MAGALHÃES, Mário. *Marighella*: o guerrilheiro que incendiou o mundo. São Paulo: Companhia das Letras, 2012.

MAGNOLI, Demétrio. Círculo militar. *Folha de S.Paulo*, Colunas e Blogs, 23 fev. 2019. Disponível em: <https://www1.folha.uol.com.br/colunas/demetriomagnoli/2019/02/circulo-militar.shtml>. Acesso em: 9 fev. 2020.

MAIORIA DOS BRASILEIROS REJEITA COMEMORAR GOLPE DE 1964, DIZ DATAFOLHA. *Veja*, 6 abr. 2019. Disponível em: <https://veja.abril.com.br/politica/maioria-dos-brasileiros-rejeita-comemorar--golpe-de-1964-diz-datafolha/>. Acesso em: 12 fev. 2020.

MAIS MÉDICOS: MENOS DE 10% DOS INSCRITOS SE APRESENTARAM PARA TRABALHAR. *UOL*, 28 nov. 2018. Disponível em: <https://noticias.uol.com.br/saude/ultimas-noticias/redacao/2018/11/28/mais-medicos-menos-de-10-dos-inscritos-se-apresentaram-para-trabalhar.htm>. Acesso em: 9 fev. 2020.

MALINA, Salomão. Política Democrática, *Revista de Política e Cultura*, Brasília/DF: Fundação Astrojildo Pereira, n.1, jan./abr. 2001

MALTA, Maria Helena. *A Intentona da vovó Mariana*. Rio de Janeiro: Rosa dos Tempos, 1991.

MALTA, Octávio. *Os tenentes na revolução brasileira*. Rio de Janeiro: Civilização Brasileira, 1969.

MARCHAO, Talita. Discurso violento de líderes cria clima de "liberou geral", diz ex-ministro. *UOL*, 21 fev. 2019a. Disponível em: <https://noticias.uol.com.br/cotidiano/ultimas-noticias/2019/02/21/paulo-sergio-pinheiro-ex--ministro-de-direitos-humanos-comissao-arns.htm>. Acesso em: 8 fev. 2020.

_____. Sob Bolsonaro, Comissão de Anistia muda critérios e vítima vira terrorista. *UOL*, 10 ago. 2019b. Disponível em: <https://noticias.uol.com.br/politica/ultimas-noticias/2019/08/10/anistiando-terrorista-e--decisao-com-base-em-infancia-militar-as-decisoes.htm>. Acesso em: 10 fev. 2020.

_____. Alvo de Carlos Bolsonaro, Mourão se reúne só com 8 políticos opositores. *UOL*, 30 abr. 2019c. Disponível em: <https://noticias.uol.com.br/politica/ultimas-noticias/2019/04/30/mourao-carlos-bolsonaro.amp.htm>. Acesso em: 12 fev. 2020.

MARCO FELICIANO QUER PEDIR IMPEACHMENT DO VICE DE BOLSONARO, HAMILTON MOURÃO. *Estado de Minas*, 12 abr. 2019. Disponível em: <https://www.em.com.br/app/noticia/politica/2019/04/12/interna_politica,1046042/marco-feliciano-quer--impeachment-vice-de-bolsonaro-hamilton-mourao.shtml>. Acesso em: 12 fev. 2020.

MARCOS PONTES: TENHO UM "NÓ NO ESTÔMAGO" QUANDO OUÇO QUE A TERRA É PLANA. *Rádio Band News FM*, 2 jan. 2019. Disponível em: <http://www.bandnewsfm.com.br/2019/01/02/astronauta-marcos-pontes-tenho-um-no-no-estomago-quando-ouve-que-a-terra-e-plana/>. Acesso em: 9 fev. 2020.

MARINE LE PEN: "BOLSONARO DIZ COISAS DESAGRADÁVEIS, INTRANSPONÍVEIS NA FRANÇA. *CartaCapital*, 11 out. 2018a. Disponível em: <https://www.cartacapital.com.br/mundo/marine-le-pen-bolsonaro-diz-coisas-desagradaveis-intransponiveis-na-franca/>. Acesso em: 8 fev. 2020.

MARINE LE PEN CRITICA BOLSONARO: DIZ COISAS "EXTREMAMENTE DESAGRADÁVEIS". *UOL*, 11 out. 2018b. Disponível em: <https://www.cartacapital.com.br/mundo/marine-le-pen-bolsonaro-diz-coisas-desagradaveis-intransponiveis-na-franca/>. Acesso em: 12 fev. 2020.

MARIZ, Renata. Dirigente da nova UDN vê como "via natural" ida de família Bolsonaro para sigla. *O Globo*, 18 fev. 2019. Disponível em: <https://oglobo.globo.com/brasil/dirigente-da-nova-udn-ve-como-via-natural-ida-de-familia-bolsonaro-para-sigla-23460299>. Acesso em: 10 fev. 2020.

MARQUES, José. PSDB considera indevidas comemorações sobre golpe de 64, diz Alckmin. *Folha de S.Paulo*, 27 mar. 2019. Disponível em: <https://www1.folha.uol.com.br/poder/2019/03/psdb-considera-indevidas-comemoracoes-sobre-golpe-de-64-diz-alckmin.shtml>. Acesso em: 12 fev. 2020.

MARREIRO, Flávia. Próxima vaga do STF é de Sérgio Moro, o "compromisso" público de Bolsonaro. *El País*, 13 maio 2019. Disponível em: <https://brasil.elpais.com/brasil/2019/05/12/politica/1557677235_562717.html>. Acesso em: 8 mar. 2020.

MARTINS, Marco Antônio. PM do Rio expulsa 11 policiais que aderiram à greve. *Folha de S.Paulo*, Caderno Cotidiano, 21 mar. 2012. Disponível em: <https://www1.folha.uol.com.br/cotidiano/2012/03/1065319-pm-do-rio-expulsa-11-policiais-que-aderiram-a-greve.shtml>. Acesso em: 26 fev. 2020.

MARTINS FILHO, João Roberto. *O palácio e a caserna*: a dinâmica militar das crises políticas na ditadura (1964-1969). São Paulo: Edufscar, 1995.

_____. *A Marinha Brasileira na era dos Encouraçados, 1895-1910*. Rio de Janeiro: Editora FGV, 2010.

MARX, Karl. *Crítica à filosofia do direito de Hegel*. São Paulo: Boitempo, 2010.

MARX, Karl; ENGELS, Friedrich; LÊNIN, Vladimir. *Escritos militares*. Rio de Janeiro: Global, 1981.

MATTOS, Rômulo Costa. Favelas na Primeira República: tentativas de demolição e indícios de resistência. In: XIV Encontro Regional de História da ANPUH-Rio: Memória e Patrimônio, 2010, Rio de Janeiro. *Resumos dos XIV Encontro Regional de História da ANPUH-Rio*: Memória e Patrimônio, 2010. p.294-4.

MATTOSO, Camila. Bolsonaro submete Moro a inédito desgaste interno com ordem para desligar Ilona. *Folha de S.Paulo*, Painel, 1 mar. 2019a. Disponível em: <https://painel.blogfolha.uol.com.br/2019/03/01/bolsonaro-submete-moro-a-inedito-desgaste-interno-com-ordem-para-desligar-ilona/>. Acesso em: 9 fev. 2020.

_____. Primeiro indicado de Bolsonaro a comissão de desaparecidos vinculou esquerda a "praga" e ao nazismo. *Folha de S.Paulo*, Painel, 2 ago. 2019b. Disponível em: <https://painel.blogfolha.uol.com.br/2019/08/02/primeiro-indicado-de-bolsonaro-a-comissao-de-desaparecidos-vinculou-esquerda-a-praga-e-ao-nazismo/>. Acesso em: 10 fev. 2020.

MAXIMIANO FORA DO MINISTÉRIO. *Última Hora*, Notícias de Última Hora, Rio de Janeiro, 20 mar. 1984. Disponível em: <http://memoria.bn.br/pdf/386030/per386030_1984_11234.pdf>. Acesso em: 25 fev. 2020.

MAZIEIRO, Guilherme. Chave na eleição, bancada "boi, bala e Bíblia" agora nega apoio a Bolsonaro. *UOL*, 30 abr. 2019. Disponível em: <https://noticias.uol.com.br/politica/ultimas-noticias/2019/04/30/bancada-boi-bala-biblia-governo-bolsonaro.htm>. Acesso em: 9 fev. 2020.

MAZUI, Guilherme. Jair Bolsonaro é eleito presidente e interrompe série de vitórias do PT. *G1*, 28 out. 2018. Disponível em: <https://g1.globo.com/politica/eleicoes/2018/apuracao/presidente.ghtml>. Acesso em: 8 mar. 2020.

MEIHY, José Carlos Sebe. *A revolução possível*: história oral de soldados brasileiros na Guerra Civil Espanhola. São Paulo: Xamã, 2009.

MEIRELLES, Bolívar Marinho S. *Conflitos políticos e ideológicos nas Forças Armadas brasileiras (1945-1964)*. Rio de Janeiro, 1990. Dissertação (Mestrado em Administração Pública) – Escola Brasileira de Administração Pública, FGV.

MEIRELLES, Domingos. *As noites das grandes fogueiras*: uma história da Coluna Prestes. Rio de Janeiro: Record, 1995.

MELLO, Igor. Bolsonaro insultou meus filhos e destila ódio contra LGBTs, diz Glenn. *UOL*, 31 jul. 2019. Disponível em: <https://noticias.uol.com.br/politica/ultimas-noticias/2019/07/31/bolsonaro-insultou-meus-filhos-e-destila-odio-contra-lgbts-diz-glenn.htm>. Acesso em: 21 fev. 2020.

MELLO, Patrícia Campos. Empresários bancam campanha contra o PT pelo WhatsApp. *Folha de S.Paulo*, Caderno Poder, 18 out. 2018. Disponível em: <https://www1.folha.uol.com.br/poder/2018/10/empresarios-bancam-campanha-contra-o-pt-pelo-whatsapp.shtml>. Acesso em: 8 mar. 2020.

MELO, Edilberto de Oliveira. *General Miguel Costa*. São Paulo: CORPM, 2000.

MELO, Edilberto de Oliveira; CANAVÓ FILHO, José. *Polícia Militar*: asas e glórias de São Paulo. São Paulo: Imprensa Oficial do Estado de São Paulo, 1978.

MENDES, Selva Corrêa. *Sargento também é povo*. João Pessoa: Ideia, 2000.

MENDONÇA, Marina Gusmão de. *O demolidor de presidentes*. 2.ed. São Paulo: Códex, 2002.

MENEZES, Cynara. "Tem esquerda na PM", diz o coronel comunista. *Outras Mídias*, 26 jul. 2017. Disponível em: <https://outraspalavras.net/outrasmidias/tem-esquerda-na-pm-diz-o-coronel-comunista/>. Acesso em: 24 fev. 2020.

MENEZES, Delano T. *Como pensam os militares*: a construção social da subjetividade dos militares. São Paulo: Baraúna, 2016.

MERCADANTE, Paulo. *A consciência conservadora no Brasil*. Rio de Janeiro: Nova Fronteira, 1980.

"MEU NETO É UM CARA BONITO, BRANQUEAMENTO DA RAÇA", DIZ VICE DE BOLSONARO. *Terra*, 6 out. 2018. Disponível em: <https://www.terra.com.br/noticias/brasil/meu-neto-e-um-cara-bonito-branqueamento-da-raca-diz-vice-de-bolsonaro,654031bcbdb15e8419a0d5e736adbd3dj4uchxhv.html>. Acesso em: 12 fev. 2020.

MÍDIA AMERICANA RIDICULARIZA BOLSONARO. *TopBuzz*, 19 mar. 2019. Disponível em: <http://www.topbuzz.com/article/i6670253928363328005?app_id=1116&gid=6670253928363328005&impr_id=6670412126386915589&language=pt&region=br&user_id=6667131982557921286&c=wa?null>. Acesso em: 9 fev. 2020.

MIGUEL, Luís Felipe. O problema de Olavo de Carvalho não é a falta de diploma, mas a desonestidade intelectual. *DCM*, 4 maio 2019. Disponível em: <https://www.diariodocentrodomundo.com.br/o-problema-de-olavo-de-carvalho-nao-e-a-falta-de-diploma-mas-a-desonestidade-intelectual-por-luis-felipe-miguel/>. Acesso em: 9 fev. 2020.

MILITÃO, Eduardo. Previdência ameaça apoio das polícias Civil e Federal a Bolsonaro. *UOL*, 16 jun. 2019. Disponível em: <https://noticias.uol.com.br/politica/ultimas-noticias/2019/06/18/policia-jair-bolsonaro-apoio-eleicoes-reforma-previdencia.htm>. Acesso em: 9 fev. 2020.

MILITARES DO PLANALTO ATUAM PARA AMENIZAR RUÍDOS ENTRE MOURÃO E BOLSONARO. *Folha de S.Paulo*, Caderno Poder, 24 abr. 2019. Disponível em: <https://www1.folha.uol.com.br/poder/2019/04/militares-do-planalto-atuam-para-amenizar-ruidos--entre-mourao-e-bolsonaro.shtml>. Acesso em: 12 fev. 2020.

MILITARIZAÇÃO DO GOVERNO ATINGE 2º E 3º ESCALÕES. *O Estado de S. Paulo*, republicado por *Estado de Minas*, 3 mar. 2019. Disponível em: <https://www.em.com.br/app/noticia/politica/2019/03/03/interna_politica,1035210/militarizacao-do-governo-atinge-2-e-3-escaloes.shtml>. Acesso em: 10 fev. 2020.

MINISTRO DIZ QUE NÃO HOUVE GOLPE EM 1964 E QUE LIVROS DIDÁTICOS VÃO MUDAR. *Folha de S.Paulo*, Caderno Educação, 3 abr. 2019a. Disponível em: <https://www1.folha.uol.com.br/educacao/2019/04/livros-didaticos-vao-negar-golpe-militar-e-ditadura-diz--ministro-da-educacao.shtml>. Acesso em: 10 fev. 2020.

MINISTRO ENVIA NOTA CARTA, RETIRA SLOGAN DE BOLSONARO, MAS MANTÉM VÍDEO DE ALUNOS. *O Estado de S. Paulo*, reproduzido por *Estado de Minas*, 27 fev. 2019b. Disponível em: <https://www.em.com.br/app/noticia/nacional/2019/02/27/interna_nacional,1034119/ministro-envia-nova-carta-retira-slogan-de-bolsonaro-mas--mantem-vide.shtml>. Acesso em: 10 fev. 2020.

MINISTRO DA DEFESA DIVULGA TEXTO PARA CELEBRAÇÕES DO GOLPE: "LEGÍTIMAS ASPIRAÇÕES" DOS BRASILEIROS. *Revista Fórum*, 27 mar. 2019c. Disponível em: <https://www.revistaforum.com.br/ministro-da-defesa-divulga-texto-para-celebracoes-do--golpe-legitimas-aspiracoes-dos-brasileiros/>. Acesso em: 12 fev. 2020.

MONTE, Roberto de Oliveira. "Eles querem pegar o pessoal da Associação de Praças do Exército". Entrevista a Rudson Soares. *Revista Adusp*, set. 2010. Disponível em: <http://www.dhnet.org.br/direitos/militantes/robertomonte/adusp_48_materia_rudson.pdf>. Acesso em: 25 fev. 2020.

MONTEIRO, Tânia. Dilma pede reprimenda a militares após novo manifesto de oficiais. *O Estado de S. Paulo*, 1 mar. 2012. Disponível em: <https://politica.estadao.com.br/noticias/eleicoes,dilma-pede-reprimenda-a-militares-apos-novo-manifesto-de-oficiais-imp-,842378>. Acesso em: 21 fev. 2020.

_____. Bolsonaro estimula celebração do golpe militar de 64. *UOL*, 25 mar. 2019. Disponível em: <https://noticias.uol.com.br/ultimas-noticias/agencia-estado/2019/03/25/bolsonaro-estimula-celebracao-do-golpe--militar-de-64.htm>. Acesso em: 12 fev. 2020.

MONTEIRO, Álvaro; WINAND, Érika C.; GOLFONI, Luiz Rogério Franco (orgs.). *Pensamento brasileiro de defesa*: VI Enabed. Aracaju: Editora UFS, 2013.

MORAES, Dênis de. *Prestes com as palavras*: uma seleção das principais entrevistas do líder comunista. Campo Grande: Letra Livre, 1997.

_____. *A esquerda e o golpe de 64*. São Paulo: Expressão Popular, 2011.

MORAES, Dênis de; VIANA, Francisco. *Prestes*: lutas e autocríticas. Petrópolis: Vozes, 1982.

MORAES, João Quartim de. *A esquerda militar no Brasil*: da Coluna à Comuna. São Paulo: Siciliano, 1994.

_____. *A esquerda militar no Brasil*: da conspiração republicana à guerrilha dos tenentes. São Paulo: Expressão Popular, 2005.

MORAES NETO, Geneton. Cenas dos bastidores do poder, no tempo em que Presidentes eram escolhidos no quartel: o dia em que o general Médici disse que queria "passar o bastão" para Jarbas Passarinho. *G1*, Dossiê Geral, 7 out. 2010a. Disponível em: <http://g1.globo.com/platb/geneton/tag/medici/>. Acesso em: 12 fev. 2020.

_____. Os bastidores do regime militar: general Newton Cruz descreve o dia em que saiu de Brasília para o Rio para desmontar um novo atentado que militares estavam tramando depois do Riocentro. *G1*, Dossiê Geral, 10 abr. 2010b. Disponível em: <http://g1.globo.com/platb/geneton/2010/04/10/os-bastidores-do-regime-militar-general-newton-cruz-descreve-o-dia--em-que-saiu-de-brasilia-para-o-rio-para-desmontar-um-novo-atentado--que-militares-estavam-tramando-depois-do-riocentro/>. Acesso em: 25 fev. 2020.

MORAIS, Ronaldo Queiroz. *Newton Estillac Leal*: o militar de esquerda e o Exército na frágil democracia brasileira do pós-guerra. Disponível em: <http://www.uft.edu.br/revistaescritas/sistema/uploads/newton-estillac-leal-o-militar-de-esquerda-e-o-execc81rcito-na-fracc81gil-democracia-brasileira-do-pocc81s-guerra.pdf>. Acesso em: 8 mar. 2020.

MOREIRA, Luiz Carlos. Vozes de caserna. *O Estado de S. Paulo*, 20 maio 2012. Disponível em: <https://alias.estadao.com.br/noticias/geral,vozes--de-caserna-imp-,875365>. Acesso em: 22 fev. 2020.

MOREIRA, Matheus; PICOLO, Thiago. Homens de farda não choram. *Pública*, 20 fev. 2019. Disponível em: <https://apublica.org/2019/02/homens-de-farda-nao-choram/>. Acesso em: 26 fev. 2020.

MOROSINI, Liseane. *Mais deveres que direitos*: os sargentos e a luta pela cidadania negada (1930-1960). Rio de Janeiro, 1998. Dissertação (Mestrado em História) – UFRJ.

MOSKOS, Charles C.; WILLIAMS, John Allen; SEGAL, David R. (eds.). *The Postmodern Military*: Armed Forces after the Cold War. Oxford: Oxford University Press, 2000.

MOTTA, Rodrigo Patto Sá. *Em guarda contra o perigo vermelho*: o anticomunismo no Brasil (1917-1964). São Paulo: Perspectiva/Fapesp, 2002.

MOURA, Pedro Marcondes de. Racha na caserna. *IstoÉ*, 28 mar. 2012. Disponível em: <https://istoe.com.br/196023_RACHA+NA+CASERNA/>. Acesso em: 23 mar. 2020.

MOURÃO, JANAINA, PRÍNCIPE, ASTRONAUTA... QUEM VAI SER O VICE DE BOLSONARO? *Gazeta do Povo*, 31 jul. 2018a. Disponível em: <https://www.gazetadopovo.com.br/eleicoes/2018/mourao-janaina-principe-astronauta-quem-vai-ser-o-vice-de-bolsonaro-66nbqxvntm-4z4i6e67llflprt>. Acesso em: 8 fev. 2020.

MOURÃO CHAMA PAÍSES AFRICANOS DE "MULAMBADA". *DCM*, 17 set. 2018b. Disponível em: <https://www.diariodocentrodomundo.com.br/essencial/mourao-chama-paises-africanos-de-mulambada/>. Acesso em: 12 fev. 2020.

MOURÃO CONTRARIA BOLSONARO E RECEBE REPRESENTANTES DA CUT EM BRASÍLIA. *Último Segundo*, 7 fev. 2019a. Disponível em: <https://ultimosegundo.ig.com.br/politica/2019-02-07/cut-com-mourao.html>. Acesso em: 12 fev. 2020.

MOURÃO: "BOLSONARO JAMAIS FARÁ POR MERECER UM IMPEACHMENT". *UOL*, 9 mar. 2019b. Disponível em: <https://noticias.uol.com.br/politica/ultimas-noticias/2019/03/09/mourao-bolsonaro-jamais-fara-por-merecer-um-impeachment.htm>. Acesso em: 21 fev. 2020.

MOZART NEVES RAMOS SERÁ MINISTRO DA EDUCAÇÃO DE BOLSONARO, DIZ JORNAL. *Metrópoles*, 21 nov. 2018. Disponível em: <https://www.metropoles.com/brasil/politica-br/mozart-neves-ramos-sera-ministro-da-educacao-de-bolsonaro-diz-jornal>. Acesso em: 9 fev. 2020.

MULLER, Luiz. Queda de 28% nas exportações do agronegócio é só sinal da tragédia de Bolsonaro. *TopBuzz*, 20 mar. 2019. Disponível em: <https://www.topbuzz.com/article/i6670564973153878533?app_id=1116&gid=6670564973153878533&impr_id=6670635584521767173&language=pt&region=br&user_id=6667131982557921286&c=wa?null>. Acesso em: 9 fev. 2020.

NA ESTEIRA DE BOLSONARO, 72 MILITARES SÃO ELEITOS PARA CARGOS LEGISLATIVOS. *UOL*, 8 out. 2018. Disponível em: <https://noticias.uol.com.br/politica/eleicoes/2018/

noticias/2018/10/08/militares-eleitos-2018-camara-senado-assembleia--legislativa.htm?cmpid=copiaecola>. Acesso em:

NASSIF, Lourdes. General Mourão é transferido de cargo após novas declarações sobre intervenção. *GGN*, 9 dez. 2017. Disponível em: <https://jornalggn.com.br/seguranca-publica/general-mourao-e-transferido-de--cargo-apos-novas-declaracoes-sobre-intervencao/>. Acesso em: 8 fev. 2020.

NASSIF, Luis. Xadrez da contagem regressiva para a queda de Bolsonaro. *GGN*, 20 mar. 2019. Disponível em: <https://jornalggn.com.br/geopolitica/xadrez-da-contagem-regressiva-para-a-queda-de-bolsonaro-por--luis-nassif/>. Acesso em: 10 fev. 2020.

NETO, Lira. *Castello*: a marcha para a ditadura. São Paulo: Contexto, 2004.

_____. *Getúlio*: do governo provisório à ditadura do Estado Novo (1930-1945). v.2. São Paulo: Companhia das Letras, 2013.

NEVES, Rafael. Governo Bolsonaro já passa de 30 militares em postos-chave. *Congresso em Foco*, 18 jan. 2019. Disponível em: <https://congressoemfoco.uol.com.br/governo/governo-bolsonaro-ja-passa-de-30-militares-em--postos-chave/>. Acesso em: 9 fev. 2020.

NOGUEIRA, Davi. Vídeo: ao CQC, Bolsonaro diz que teria se alistado no exército de Hitler. *DCM*, 11 out. 2018. Disponível em: <https://www.diariodocentrodomundo.com.br/video-ao-cqc-bolsonaro-diz-que-teria--se-alistado-no-exercito-de-hitler/>. Acesso em: 8 fev. 2020.

NOGUEIRA, Kiko. "Mau militar. Só não perdeu o posto de capitão por causa de um general amigo", disse Jarbas Passarinho sobre Bolsonaro. *DCM*, 19 set. 2018a. Disponível em: <https://www.diariodocentrodomundo.com.br/mau-militar-so-nao-perdeu-o-posto-de-capitao-por-causa-de-um--general-amigo-disse-jarbas-passarinho-sobre-bolsonaro/>. Acesso em: 8 mar. 2020.

_____. Vídeo: Mourão defende fim do 13º e do pagamento de férias. *DCM*, 27 set. 2018b. Disponível em: <https://www.diariodocentrodomundo.com.br/video-mourao-defende-fim-do-13o-e-do-pagamento-de-ferias/>. Acesso em: 12 fev. 2020.

_____. Ditador paraguaio louvado por Bolsonaro governou por 35 anos, torturou 20 mil e foi acusado de pedofilia. *DCM*, 26 fev. 2019. Disponível em: <https://www.diariodocentrodomundo.com.br/ditador-paraguaio--louvado-por-bolsonaro-governou-por-35-anos-torturou-20-mil-e-foi--acusado-de-pedofilia/>. Acesso em: 12 fev. 2020.

NOGUEIRA, Marco Aurélio. *As desventuras do liberalismo*: Joaquim Nabuco, a Monarquia e a República. São Paulo: Paz e Terra, 1984.

NO MEMORIAL DO HOLOCAUSTO, BOLSONARO DIZ QUE NAZISMO ERA DE ESQUERDA. *Jornal Nacional*, 2 abr. 2019. Disponível em: <https://g1.globo.com/jornal-nacional/noticia/2019/04/02/no-memorial-do-holocausto-bolsonaro-diz-que-nazismo-era-de-esquerda.ghtml>. Acesso em: 9 fev. 2020.

NOME "VITÓRIA DE PIRRO" REMETE À VITÓRIA "INÚTIL", DIZ LAVA JATO. *UOL*, 12 abr. 2016. Disponível em: <https://noticias.uol.com.br/politica/ultimas-noticias/2016/04/12/nome-da-nova-fase-da-lava-jato-remete-a-vitoria-inutil-na-cpi-da-petrobras.htm>. Acesso em: 8 mar. 2020.

NOTA DE APOIO A MANIFESTAÇÃO DO PFDC SOBRE O DIA 31 DE MARÇO. *Abed*, 29 mar. 2019. Disponível em: <https://www.abedef.org/informativo/view?ID_INFORMATIVO=137&fbclid=IwAR2lGDb4n35tOFvib41FgH8_H-ewSPMMeQ5X6uENFLOzwYg0v52JkkGSMEo>. Acesso em: 12 fev. 2020.

A NOVA TFP. *IstoÉ*, 29 nov. 2013. Disponível em: <http://istoe.com.br/337199_A+NOVA+TFP/>. Acesso em: 21 fev. 2020.

NOVO CÓDIGO PENAL MILITAR ENDURECE REGRAS: "MÁQUINA PARA COAGIR MILITARES", DIZ ADVOGADO. *Duplo Expresso*, 3 dez. 2019. Disponível em: <https://duploexpresso.com/?p=109202>. Acesso em: 20 fev. 2020.

NUCCI, João Paulo. Mourão diz que foi pego de surpresa com indicação de Eduardo Bolsonaro à embaixada. *O Estado de S. Paulo*, republicado por *Tribuna da Internet*, 17 jul. 2019. Disponível em: <http://tribunadainternet.com.br/mourao-diz-que-foi-pego-de-surpresa-com-indicacao-de-eduardo-bolsonaro-a-embaixada/>. Acesso em: 12 fev. 2020.

NUNES, Jônathas de Barros; WEYNE, Gastão Rúbio de Sá. *1964, o DNA da conspiração*: o depoimento de dois oficiais do Exército que não aderiram ao golpe militar de 1964. São Paulo: Scortecci, 2012.

NUZZI, Vitor. "Nova" Comissão de Mortos e Desaparecidos tem admiradores de 64, de Olavo e de Ustra. *DCM*, 2 ago. 2019. Disponível em: <https://www.diariodocentrodomundo.com.br/nova-comissao-de-mortos-e-desaparecidos-tem-admiradores-de-64-de-olavo-e-de-ustra-por-vitor-nuzzi/>. Acesso em: 10 fev. 2020.

OLAVO DE CARVALHO QUESTIONA SE TERRA ORBITA O SOL; O QUE DIZ A CIÊNCIA? *UOL*, Canal Tilt, 9 jan. 2019a. Disponível em: <https://noticias.uol.com.br/ciencia/ultimas-noticias/redacao/2019/01/09/o-que-a-ciencia-diz-sobre-a-terra-ser-o-centro-do-universo.htm>. Acesso em: 9 fev. 2020.

OLAVO DE CARVALHO DIZ QUE NÃO EMITE OPINIÕES SOBRE TEORIA DA TERRA PLANA. Boletim da Liberdade, 14 jan. 2019b. Disponível em: <https://www.boletimdaliberdade.com.br/2019/01/14/olavo-de-carvalho-diz-que-nao-emite-opinioes-sobre-teoria-da-terra-plana/>. Acesso em: 9 fev. 2020.

OLAVO DE CARVALHO DIZ QUE, ATÉ AGORA, NÃO ENCONTRA ARGUMENTO PARA REFUTAR TEORIA DA TERRA PLANA. *DCM*, 29 maio 2019c. Disponível em: <https://www.diariodocentrodomundo.com.br/essencial/olavo-de-carvalho-diz-que-ate-agora-nao-encontra-argumento-para-refutar-teoria-da-terra-plana/>. Acesso em: 9 fev. 2020.

OLAVO DE CARVALHO DIZ QUE MOURÃO É UMA "VERGONHA" PARA AS FORÇAS ARMADAS. *Poder 360*, 4 fev. 2019d. Disponível em: <https://www.poder360.com.br/governo/olavo-de-carvalho-diz-que-mourao-e-uma-vergonha-para-as-forcas-armadas/>. Acesso em: 12 fev. 2020.

OLIVEIRA, Cida de. Bolsonaro coloca executivo do mercado financeiro como ministro da Educação. *Rede Brasil Atual*, 8 abr. 2019. Disponível em: <https://www.redebrasilatual.com.br/educacao/2019/04/bolsonaro-coloca-executivo-do-mercado-financeiro-como-ministro-da-educacao>. Acesso em: 10 fev. 2020.

OLIVEIRA, Eliezer Rizzo de. *Forças Armadas*: pensamento e ação política. In: MORAES, Reginaldo; ANTUNES, Ricardo; FERRANTE, Vera B. (orgs.). *Inteligência brasileira*. São Paulo: Brasiliense, 1986.

OLIVEIRA, Mariana. Defensoria pública pede que Justiça proíba comemorações sobre golpe de 64. *G1*, 26 mar. 2019. Disponível em: <https://g1.globo.com/politica/noticia/2019/03/26/defensoria-publica-pede-que-justica-proiba-comemoracoes-sobre-golpe-de-64.ghtml>. Acesso em: 12 fev. 2020.

OLIVEIRA, Thais Reis. Aprovação do governo Bolsonaro é a menor em 1º mandato desde 2003. *CartaCapital*, 26 fev. 2019a. Disponível em: <https://www.cartacapital.com.br/politica/aprovacao-do-governo-bolsonaro-e-a-pior-em-1o-mandato-desde-2003/>. Acesso em: 9 fev. 2020.

_____. Promovido, filho de Mourão ganhará 37 mil no BB como assessor especial. *CartaCapital*, 8 jan. 2019b. Disponível em: <https://www.cartacapital.com.br/politica/filho-de-mourao-e-promovido-a-assessor-especial-no-bb-e-ganhara-37-mil/>. Acesso em: 12 fev. 2020.

OLIVEIRA, Tiago Siqueira. *A Liga de Defesa Nacional*: um projeto de modernização para o Brasil. Marília, 2012. Dissertação (Mestrado em Ciências

Sociais) – Programa de Pós-Graduação em Ciências Sociais, Faculdade de Filosofia e Ciências, Unesp.
OLIVEIRA FILHO, Moacyr de. *Praxedes*: um operário no poder. A insurreição comunista de 1935 vista por dentro. São Paulo: Alfa Omega, 1985.
PAIVA, Paulo Ricardo da Rocha. Presidente Bolsonaro... o homem não está regulando bem. *Defesanet*, 24 jul. 2019. Disponível em: <http://www.defesanet.com.br/cm/noticia/33644/Cel-Paulo-Rocha-Paiva---PRESIDENTE-BOLSONARO-----O-HOMEM-NAO-ESTA-REGULANDO-BEM/>. Acesso em: 21 fev. 2020.
PARA MILITARES, CEDER ESPAÇO PARA BASE DOS EUA É "COISA DO MENINO FRACO QUE CHAMA O AMIGO FORTE". *Revista Fórum*, 5 jan. 2019. Disponível em: <https://www.revistaforum.com.br/para-militares-ceder-espaco-para-base-dos-eua-e-coisa-do-menino-fraco--que-chama-o-amigo-forte/>. Acesso em: 9 fev. 2020.
PARUKER, Paulo Eduardo Castello. *Praças em pé de guerra*: o movimento político dos subalternos no Brasil (1961-1964) e a revolta dos sargentos em Brasília. São Paulo: Expressão Popular, 2009.
PAULO SÉRGIO PINHEIRO: AMEAÇAS ESTÃO POSTAS PELO CAPITÃO QUE ASSUMIRÁ PRESIDÊNCIA. *Rede Brasil Atual*, 10 dez. 2018. Disponível em: <https://www.redebrasilatual.com.br/cidadania/2018/12/mundo-vive-onda-autoritaria-nos-70-anos-da-declaracao--universal-dos-direitos-humanos>. Acesso em: 8 fev. 2020.
PEDROSA, J. Fernando de Maya. *A grande barreira*. Rio de Janeiro: Bibliex, 2001a.
_____. *O enigma dos submarinos*: Nordeste do Brasil, 1942. Maceió: Edições Catavento, 2001b.
PEDROSO JÚNIOR, Antonio. *Sargento Darcy*: o lugar-tenente de Lamarca. Bauru: Centro de Estudos Sociais, Políticos e de Preservação Histórica, 2003.
PENNA, Lincoln de Abreu (org.). *A trajetória de um comunista*: depoimentos de Geraldo Rodrigues dos Santos sobre sua vida e sua experiência no PCB. Rio de Janeiro: Revan: 1997.
_____. (org.). *Manifestos políticos do Brasil contemporâneo*. Rio de Janeiro: E--papers, 2009.
PEREIRA, Astrojildo. *Ensaios históricos e políticos*. São Paulo: Alfa Omega, 1979.
PERFIL DOS ATINGIDOS: Mitra arquidiocesana de São Paulo. Petrópolis: Vozes, 1987.
PERICÁS, L. B. M. *Os cangaceiros*: ensaios de interpretação histórica. São Paulo: Boitempo, 2010.

PESQUISADORES DENUNCIAM DESMONTE DA DEFESA E DA SOBERANIA NACIONAL. *Brasil 247*, 15 jul. 2019. Disponível em: <https://www.brasil247.com/brasil/pesquisadores-denunciam-desmonte-da-defesa-e-da-soberania-nacional>. Acesso em: 9 fev. 2020.

PICCELLI, Aline Maria. *Neoliberalismo, crime organizado e milícia nos morros cariocas nos anos 1990 e 2000.* Londrina, 2013. Dissertação (Mestrado) – Programa de Pós-Graduação em Ciências Sociais, UEL.

PIMENTEL, Carlos Henrique Lopes. *A Força Expedicionária Brasileira*: um olhar à esquerda, 1942-1952. Londrina, 2012. Dissertação (Mestrado) – Programa de Pós-Graduação em História Social, UEL.

PIMENTEL, Matheus. O que o acordo da base de Alcântara representa para o Brasil. *Nexo*, 29 mar. 2019. Disponível em: <https://www.nexojornal.com.br/expresso/2019/03/29/O-que-o-acordo-da-base-de-Alc%C3%A2ntara-representa-para-o-Brasil>. Acesso em: 9 fev. 2020.

PINHEIRO, Paulo Sérgio. *Estratégias da ilusão*: a revolução mundial e o Brasil, 1922-1935. São Paulo: Companhia das Letras, 1991.

PINHO, Angela. Fundadores da TFP brigam com mais novos por brasão e ideologia. *Veja São Paulo*, 1 jun. 2017. Disponível em: <https://vejasp.abril.com.br/cidades/religiao-brigas-tfp-ipco-brasao/>. Acesso em: 21 fev. 2020.

PINTO, Eduardo Costa. Bolsonaro e os quartéis: a loucura como método. *Texto para Discussão*, Rio de Janeiro, UFRJ-IE, n.6, mar. 2019. Disponível em: <https://www.researchgate.net/publication/333609631_Bolsonaro_e_os_Quarteis_a_loucura_com_metodo>. Acesso em: 8 mar. 2020.

UM POLICIAL MILITAR EM DEFESA DA LEGALIZAÇÃO DAS DROGAS. *CartaCapital*, 24 jun. 2014. Disponível em: <https://www.cartacapital.com.br/sociedade/um-policial-militar-na-defesa-da-legalizacao-das-drogas-9728>. Acesso em: 24 fev. 2020.

POLICIAL MILITAR CONCLUI DOUTORADO E DEFENDE TESE FARDADO. *Policial Pensador*, 24 jan. 2015. Disponível em: <http://www.policialpensador.com/2015/01/policial-militar-conclui-doutorado--e.html>. Acesso em: 24 fev. 2020.

POMPEU, Ana. As frases polêmicas de Jair Bolsonaro. *Congresso em Foco*, 5 ago. 2017. Disponível em: <https://congressoemfoco.uol.com.br/especial/noticias/as-frases-polemicas-de-jair-bolsonaro/>. Acesso em: 8 fev. 2020.

POPULARIDADE DE GOVERNO BOLSONARO CAI 15 PONTOS DESDE JANEIRO, DIZ IBOPE. *Exame*, 20 mar. 2019. Disponível em: <https://exame.abril.com.br/brasil/popularidade-de-governo-bolsonaro-cai-15-pontos-desde-janeiro-diz-ibope/>. Acesso em: 9 fev. 2020.

A POSTURA DO CLÃ BOLSONARO NO CASO MARIELLE. *Deutsche Welle*, reproduzido por *CartaCapital*, 14 mar. 2019. Disponível em: <https://www.cartacapital.com.br/politica/a-postura-do-cla-bolsonaro-no-caso-marielle/>. Acesso em: 10 fev. 2020.

PRAZERES, Leandro. A "escolhida". *UOL*, 11 mar. 2019. Disponível em: <https://noticias.uol.com.br/reportagens-especiais/entrevista-com-damares-alves-ministra-da-familia-mulher-e-direitos-humanos/tematico-5>. Acesso em: 10 fev. 2020.

PRESIDENTE QUE NÃO ENTENDE QUE "O CONGRESSO É FORTE" NÃO GOVERNA E "PODE CAIR", DIZ FHC. *G1*, 24 mar. 2019a. Disponível em: <https://g1.globo.com/politica/noticia/2019/03/24/presidente-que-nao-entende-que-o-congresso-e-forte-nao-governa-e-pode-cair-diz-fhc.ghtml>. Acesso em: 10 fev. 2020.

PRESIDENTE DO CLUBE NAVAL DEFENDE ATOS PRÓ-GOLPE DE 64 E DIZ QUE TORTURA É "TÉCNICA DE INTERROGATÓRIO". *Revista Fórum*, 28 mar. 2019b. Disponível em: <https://www.revistaforum.com.br/presidente-do-clube-naval-defende-atos-pro-golpe-de-64-e-diz-que-tortura-e-tecnica-de-interrogatorio/>. Acesso em: 21 fev. 2020.

PRESTES, Anita. *A Coluna Prestes*. São Paulo: Brasiliense, 1991.

_____. *Da insurreição armada (1935) à "união nacional" (1938-1945)*: a virada tática do PCB. São Paulo: Paz e Terra, 2001.

_____. *Luiz Carlos Prestes e a Aliança Nacional Libertadora*: os caminhos da luta antifascista no Brasil (1934/35). São Paulo: Brasiliense, 2008.

_____. *Uma epopeia brasileira*: a Coluna Prestes. São Paulo: Expressão Popular, 2009.

PRIMEIRA BAIXA DO GOVERNO, PRESIDENTE DA APEX NÃO TINHA PRÁTICA NA ÁREA. *Reuters*, republicado por *Exame*, 10 jan. 2019. Disponível em: <https://exame.abril.com.br/brasil/governo-troca-comando-da-apex-em-apenas-uma-semana-para-contornar-crise/>. Acesso em: 9 fev. 2020.

PRIORI, Ângelo; MATHIAS, Meire; FIORUCCI, Rodolfo (orgs.). *O anticomunismo e a cultura autoritária no Brasil*. Curitiba: Prismas, 2017.

PROBLEMA MILITAR. CÚPULA EXALTA POLITIZAÇÃO DOS CLUBES DE OFICIAIS MAS PROÍBE GRADUADOS DE CRIAR ASSOCIAÇÕES OU SE MANIFESTAR CONTRA PROJETO DE LEI. *Revista Sociedade Militar*, 16 ago. 2019. Disponível em: <https://www.sociedademilitar.com.br/wp/2019/08/problema-militar-cupula-exalta-politizacao-dos-clubes-de-oficiais-mas-proibe-graduados-de-criar-associacoes-ou-se-manifestar-contra-projeto-de-lei.html>. Acesso em: 26 fev. 2020.

PUPO, Amanda. Vítimas da ditadura vão ao Supremo contra pedido de celebração do golpe de 64. *UOL*, 27 mar. 2019. Disponível em: <https://noticias.uol.com.br/ultimas-noticias/agencia-estado/2019/03/27/vitimas-da-ditadura-vao-ao-supremo-contra-pedido-de-celebracao-do-golpe-de-64.htm>. Acesso em: 12 fev. 2020.

QUADROS, Vasconcelo. O media training do general Mourão. *Pública*, 26 fev. 2019a. Disponível em: <https://apublica.org/2019/02/o-media-training-do-general-mourao/>. Acesso em: 12 fev. 2020.

_____. Militares de baixa patente romperam com Bolsonaro, diz sindicalista. *Pública*, 10 dez. 2019b. Disponível em: <https://apublica.org/2019/12/militares-de-baixa-patente-romperam-com-bolsonaro-diz-sindicalista/>. Acesso em: 26 fev. 2020.

QUEIROZ, Suely Robles Reis. *Os radicais da República* (Jacobinismo: ideologia e ação – 1893-1897). São Paulo: Brasiliense, 1986.

QUEIROZ, Tito Henrique Silva. *O associativismo militar no Brasil*: 1880-1940. Rio de Janeiro, 1997. Dissertação (Mestrado em Ciência Política) – UFF.

QUEM ESTÁ PAGANDO A CONTA DE QUEIROZ NO HOSPITAL MAIS CARO DO BRASIL, O ALBERT EINSTEIN? *DCM*, republicado por *Plantão Brasil*, 8 jan. 2019. Disponível em: <https://www.plantaobrasil.net/news.asp?nID=102863>. Acesso em: 10 fev. 2020.

RACHA NA ELITE: ESTADÃO ATACA BOLSONARO E DIZ QUE ELE É INCOMPETENTE, IGNORANTE, INDECOROSO E AUTORITÁRIO. *DCM*, 3 mar. 2019. Disponível em: <https://www.diariodocentrodomundo.com.br/essencial/racha-na-elite-estadao-ataca-bolsonaro-e-diz-que-ele-e-incompetente-ignorante-indecoroso-e-autoritario/>. Acesso em: 10 fev. 2020.

RAMALHOSO, Wellington. Atos pró-Bolsonaro são "lenha na fogueira" com Congresso, dizem analistas. *UOL*, 27 maio 2019. Disponível em: <https://noticias.uol.com.br/politica/ultimas-noticias/2019/05/27/atos-pro-bolsonarao-melhoram-relacao-com-o-congresso-dizem-analistas.htm>. Acesso em: 9 fev. 2020.

RAPOSO, Eduardo; CARVALHO, Maria Alice Rezende de; SCHAFFEL, Arita. *Para pensar o Exército brasileiro no século XXI*. Rio de Janeiro: Editora PUC Rio, [no prelo].

REBELLO, Aiuri. Janaina vê obra de Deus em votação recorde: Devo ter algo grande pra fazer. *UOL*, 14 mar. 2019. Disponível em: <https://noticias.uol.com.br/politica/ultimas-noticias/2019/03/14/janaina-ve-obra-de-deus-em-votacao-recorde-devo-ter-algo-grande-pra-fazer.htm>. Acesso em: 10 fev. 2020.

REINALDO AZEVEDO: BOLSONARO FOI MEDÍOCRE EM DAVOS. *Brasil 247*, 22 jan. 2019. Disponível em: <https://www.brasil247. com/pt/247/midiatech/381195/Reinaldo-Azevedo-Bolsonaro-foi--med%C3%ADocre-em-Davos.htm>. Acesso em: 9 fev. 2020.

REIS, Dinarco. *A luta de classes no Brasil e o PCB*. 2v. São Paulo: Novos Rumos, 1981.

REIS FILHO, Daniel Aarão. *Luís Carlos Prestes*: um revolucionário entre dois mundos. São Paulo: Companhia das Letras, 2015.

REMIGIO, Marcelo. Como Bolsonaro, Marina e Daciolo se tornaram evangélicos – que somam um quarto do eleitorado brasileiro. *Época*, 16 set. 2018. Disponível em: <https://epoca.globo.com/como-bolsonaro-marina--daciolo-se-tornaram-evangelicos-que-somam-um-quarto-do-eleitorado--brasileiro-23072463>. Acesso em: 8 fev. 2020.

RESENDE, Sarah Mota. Bolsonaro diz que maioria de imigrantes não tem boas intenções e que apoia muro de Trump. *Folha de S.Paulo*, 19 mar. 2019. Disponível em: <https://www1.folha.uol.com.br/mundo/2019/03/bolsonaro-diz-que-maioria-de-imigrantes-nao-tem-boas-intencoes-e--que-apoia-muro-de-trump.shtml>. Acesso em: 9 fev. 2020.

A REVOLUÇÃO DE 30. In: Seminário realizado pelo Centro de Documentação e Memória de História Contemporânea do Brasil (CPDOC) da Fundação Getúlio Vargas, set. 1980, Rio de Janeiro. Brasília: Editora UnB, 1983.

RIDENTI, Marcelo; REIS FILHO, Daniel Aarão (orgs.). *História do marxismo no Brasil*. Partidos e organizações dos anos 20 e 60. v.5. Campinas: Editora da Unicamp, 2002.

RODRIGUES, Douglas. Militares se unem e devem lançar 117 candidatos nestas eleições. *Poder 360*, 14 jul. 2018. Disponível em: <https://www.poder360.com.br/eleicoes/militares-se-unem-e-devem-lancar-117-candidatos-nestas-eleicoes/>. Acesso em: 8 fev. 2020.

RODRIGUES, Edgar. *Alvorada operária*. Rio de Janeiro: Mundo Livre, 1979.

RODRIGUES, Fernando. *Indesejáveis*: instituição, pensamento político e formação profissional dos oficiais do Exército brasileiro (1905-1946). Jundiaí: Paco Editorial, 2010.

RODRIGUES, Leôncio Martins. O PCB: os dirigentes e a organização. In: FAUSTO, Boris (coord.). *O Brasil republicano*: sociedade e política (1930-1964). História da civilização brasileira. 3.ed. t.III. São Paulo: Difel, 1986.

RODRIGUES, Cândido Moreira; BARBOSA, Jefferson Rodrigues (orgs.). *Intelectuais & comunismo no Brasil, 1920-1950*: Gustavo Barroso – Plínio Salgado – Alceu Amoroso Lima – Jorge Amado – Miguel Costa. Cuiabá: EDUFMT, 2011.

ROSA, Ana Beatriz. Sob névoa de nepotismo, indicação de filho para embaixada nos EUA é inédita em democracias. *Huffpost*, 14 jul. 2019. Disponível em: <https://www.huffpostbrasil.com/entry/eduardo-bolsonaro-embaixada_br_5d28e4cfe4b0060b11ec28e0>. Acesso em: 12 fev. 2020.

ROSE, R. S. *O homem mais perigoso do país*: biografia de Filinto Müller, o temido chefe de polícia da ditadura Vargas. Rio de Janeiro: Civilização Brasileira, 2017.

ROSE, R. S.; SCOTT, Gordon D. *Johnny*: a vida do espião que delatou a rebelião comunista de 1935. Rio de Janeiro: Record, 2010.

ROUQUIÉ, Alain (coord.). *Os partidos militares no Brasil*. Rio de Janeiro: Record, 1980.

RUIZ, Carlos Henrique dos Santos. *A revolta que não houve*: Adhemar de Barros e a articulação contra o golpe civil-militar (1964-66). Marília, 2018. Dissertação (Mestrado em Ciências Sociais) – Programa de Pós-Graduação em Ciências Sociais, Faculdade de Filosofia e Ciências, Unesp.

SADEK, Teresa (org.). *Delegados de polícia*. São Paulo: Sumaré, 2003.

SADI, Andréia. Skaf oferece jantar a Mourão e 30 empresários: "Foco na Previdência e na reforma tributária". *G1*, 26 mar. 2019. Disponível em: <https://www.bbc.com/portuguese/brasil-47715967; https://g1.globo.com/politica/blog/andreia-sadi/post/2019/03/26/skaf-oferece-jantar-a-mourao-e-30-empresarios-foco-na-previdencia-e-na-reforma-tributaria.ghtml>. Acesso em: 12 fev. 2020.

SAHD, Luiza. "Ouço até a Damares": fala de Bolsonaro provoca debate sobre misoginia. *UOL Universa*, 22 mar. 2019. Disponível em: <https://universa.uol.com.br/noticias/redacao/2019/03/22/ouco-ate-a-damares-fala-de-bolsonaro-provoca-debate-sobre-misoginia.htm>. Acesso em: 8 fev. 2020.

SAINT-PIERRE, Héctor Luis. *A política armada*: Fundamentos da guerra revolucionária. São Paulo: Editora Unesp, 2000.

SALLES, Isa. *Um cadáver ao Sol*: a história de um operário brasileiro que desafiou Moscou e o PCB. Rio de Janeiro: Ediouro, 2005.

SAMET, Henrique. *A revolta do Batalhão Naval*. Rio de Janeiro: Garamond, 2011.

SANCHES, Mariana. Indicação de Eduardo Bolsonaro para embaixada é "cara de pau", "imoral" e "perigosa", diz Bebbiano. *BBC News Brasil*, 6 ago. 2019. Disponível em: <https://www.bbc.com/portuguese/brasil-49256031>. Acesso em: 10 fev. 2020.

SANDER, Roberto. *O Brasil na mira de Hitler*: a história do afundamento de navios brasileiros pelos nazistas. Rio de Janeiro: Objetiva, 2007.

SANSÃO, Luiza. São policiais. Querem outra polícia. *Outras Mídias*, 17 jan. 2016. Disponível em: <https://outraspalavras.net/outrasmidias/sao--policiais-querem-outra-policia/>. Acesso em: 24 fev. 2020.

SANTIAGO, Tatiana. Justiça mantém decisão que reconhece coronel Ustra como torturador. *Veja*, 14 ago. 2012. Disponível em: <https://veja.abril. com.br/brasil/justica-mantem-decisao-que-reconhece-coronel-ustra--como-torturador/>. Acesso em: 8 fev. 2020.

SANTOS, Andréa Paula dos. *À esquerda das Forças Armadas Brasileiras*: história oral de vida dos militares nacionalistas de esquerda. São Paulo, 1998. Dissertação (Mestrado em História Social) – FFLCH, USP.

SANTOS CRUZ REJEITOU PROJETO DE R$ 400 MIL PARA PROGRAMA DE OLAVO DE CARVALHO NA EBC E NA TV ESCOLA. *Revista Fórum*, 15 jun. 2019. Disponível em: <https://www.revistaforum. com.br/santos-cruz-rejeitou-projeto-de-r-400-mil-para-programa-de--olavo-de-carvalho-na-ebc-e-tv-escola/>. Acesso em: 10 fev. 2020.

SANTOS, Davino Francisco dos. *A marcha vermelha*. São Paulo: Saraiva, 1948.

_____. *A Coluna Miguel Costa e não Coluna Prestes*. São Paulo: Edicon, 1994.

SANTOS, Eduardo Heleno de Jesus. *Extrema direita, volver*: memória, ideologia e política dos grupos formados por civis e militares da reserva. Niterói, 2009. Dissertação (Mestrado) – Programa de Pós-Graduação em Ciência Política, UFF.

SANTOS, Hélio Tenório. O general Miguel Costa. *A Força Policial*, n.62, jun. 2009.

SANTOS, José Vicente Tavares dos. *Violências e conflitualidades*. Porto Alegre: Tomo Editorial, 2009.

SANTOS, Lauciana Rodrigues. *Da roseta às estrelas*: um debate sobre a representação feminina na Marinha brasileira. Marília, 2014. Dissertação (Mestrado em Ciências Sociais) – Programa de Pós-Graduação em Ciências Sociais, Faculdade de Filosofia e Ciências, Unesp.

SANTOS, Leonardo Montanholi dos. *Ajude a esmagar o Eixo!* A campanha de propaganda dos bônus de guerra no Brasil e nos Estados Unidos da América (1941-1945). Curitiba: Prisma, 2018.

SARTI, Ingrid. *Porto vermelho*. Paz e Terra: São Paulo, 1981.

SASSINI, Vinicius. MPF em 18 estados recomenda que quartéis deixem de comemorar golpe de 1964. *O Globo*, 27 mar. 2019. Disponível em: <https:// oglobo.globo.com/brasil/mpf-em-18-estados-recomenda-que-quarteis-deixem-de-comemorar-golpe-de-1964-23554760>. Acesso em: 12 fev. 2020.

SCHREIBER, Mariana. "Temo que Bolsonaro acabe se colocando numa postura subalterna ao Trump", afirma ex-embaixador nos EUA. *BBC News*

Brasil, reproduzido por *UOL*, 19 mar. 2019. Disponível em: <https://noticias.uol.com.br/ultimas-noticias/bbc/2019/03/19/temo-que-bolsonaro-acabe-se-colocando-numa-postura-subalterna-afirma-ex-embaixador-nos-eua.htm>. Acesso em: 9 fev. 2020.

SEABRA, Catia. Apuração sobre Flávio pode avançar sobre milícias, PSL e primeira-dama. *Folha de S.Paulo*, Caderno Poder, 17 maio 2019a. Disponível em: <https://www1.folha.uol.com.br/poder/2019/05/apuracao-sobre-flavio-pode-avancar-sobre-milicias-psl-e-primeira-dama.shtml>. Acesso em: 10 fev. 2020.

SEABRA, Catia; NOGUEIRA, Italo. Corretor em negócio suspeito com Flávio admite fraude em outra transação de imóvel. *Folha de S.Paulo*, Caderno Poder, 17 maio 2019b. Disponível em: <https://www1.folha.uol.com.br/poder/2019/05/corretor-em-negocio-suspeito-com-flavio-admite-fraude-em-outra-transacao-de-imovel.shtml>. Acesso em: 10 fev. 2020.

SENADO: "MEDALHÕES" NÃO CONSEGUEM SE REELEGER E RENOVAÇÃO SURPREENDE. *Gazeta do Povo*, 8 out. 2018. Disponível em: <https://especiais.gazetadopovo.com.br/eleicoes/2018/senado-medalhoes-nao-conseguem-se-reeleger-e-renovacao-surpreende/>. Acesso em: 8 mar. 2020.

SENA JÚNIOR, Carlos Zacarias. *Os impasses da estratégia*: comunistas, o antifascismo e a revolução burguesa no Brasil, 1936-1948. São Paulo: Annablume, 2009.

SEQUEIRA, Claudio Dantas; COSTA, Octávio. Ministro afirma que não assumiu cargo para politizar Forças Armadas, revela manifesto militar e diz que não haverá retaliações. *IstoÉ*, 4 abr. 2012. Disponível em: <https://istoe.com.br/196769_A+COMISSAO+DA+VERDADE+E+O+EPILOGO+DA+TRANSICAO+DEMOCRATICA+/>. Acesso em: 21 fev. 2020.

SHALDERS, André. Mourão na Fiesp: "População precisa saber que tem também obrigações, não só direitos". *BBC News Brasil*, 27 mar. 2019. Disponível em: <https://www.bbc.com/portuguese/brasil-47715967https://g1.globo.com/politica/blog/andreia-sadi/post/2019/03/26/skaf-oferece-jantar-a-mourao-e-30-empresarios-foco-na-previdencia-e-na-reforma-tributaria.ghtml>. Acesso em: 12 fev. 2020.

SIKKINK, Kathryn; MARCHESI, Bridget. Nothing but the Truth: Brazil's Truth Commission Looks Back. *Council of Foreign Affairs*, 26 fev. 2015. Disponível em: <https://noticias.cvrs.fiocruz.br/?p=1075>. Acesso em: 8 mar. 2020.

SILVA, Adige. Bolsonaro ataca governador do Maranhão e chama Nordeste de "Paraíba". *JCOnline*, 19 jul. 2019. Disponível em: <https://jconline.ne10.

uol.com.br/canal/politica/nacional/noticia/2019/07/19/bolsonaro-ataca-governador-do-maranhao-e-chama-nordeste-de-paraiba-383677.php>. Acesso em: 21 fev. 2020.

SILVA, Francisco da. A qual classe social pertencem os soldados da PM? *Esquerda Online*, 20 nov. 2016. Disponível em: <https://esquerdaonline.com.br/2016/11/20/a-qual-classe-social-pertencem-os-soldados-da-pm/>. Acesso em: 24 fev. 2020.

SILVA, Hélio. *A grande marcha*. Rio de Janeiro: Civilização Brasileira, 1971.

SILVA, Luiz Henrique de Castro. *O revolucionário por convicção*: a vida e ação de Câmara Ferreira. Rio de Janeiro: Editora UFRJ, 2010.

SILVA, Maurício Gomes. *Militares e militantes*: a militância comunista na Casa do Sargento do Brasil e na Casa do Sargento de São Paulo 1947-1952. Santo André, 2017. Dissertação (Mestrado) – Programa de Pós-Graduação em Ciências Humanas e Sociais, UFABC.

SILVA, Ricardo Santos. *Os não anistiados*: os militares da Associação dos Marinheiros e Fuzileiros Navais do Brasil. Marília, 2011. Dissertação (Mestrado) – Faculdade de Filosofia e Ciências, Unesp.

SILVADO, Américo Brazílio. *A Nova Marinha*: resposta à "Marinha d'outrora" do sr. Affonso Celso de Assis Figueiredo (ex-Visconde de Ouro Preto). Rio de Janeiro: Tip.-Lit. Carlos Schmiidt, 1897.

SINDICALISMO MILITAR NA EUROPA EM DEBATE. *Abril*, 21 fev. 2019. Disponível em: <https://www.abrilabril.pt/nacional/sindicalismo-militar-na-europa-em-debate>. Acesso em: 27 fev. 2020.

SMALLMAN, Shawn C. *Fear & Memory in the Brazilian Army & Society, 1889-1954*. Chapel Hill: The University of North Carolina Press, 2002.

SOARES, Jussara. Vice de Bolsonaro diz que brasileiro herdou "indolência" do índio e "malandragem" do africano. *O Globo*, 6 ago. 2018. Disponível em: <https://oglobo.globo.com/brasil/vice-de-bolsonaro-diz-que-brasileiro-herdou-indolencia-do-indio-malandragem-do-africano-22955042>. Acesso em: 12 fev. 2020.

SOARES, Samuel Alves. Da Constituinte à Comissão Nacional da Verdade: a questão militar como entrave perene ao Estado de direito e à democracia no Brasil. *Perseu: História, Memória e Política*, São Paulo, Centro Sérgio Buarque de Holanda, n.18, p.151-167, 2019. Disponível em: <http://revistaperseu.fpabramo.org.br/index.php/revista-perseu/article/view/319/261>. Acesso em: 8 mar. 2020.

SODRÉ, Nelson Werneck. *Ideologia do colonialismo*. Rio de Janeiro: Iseb, 1961.

_____. *História da imprensa no Brasil*. Rio de Janeiro: Civilização Brasileira, 1966.

_____. *Memórias de um soldado*. Rio de Janeiro: Civilização Brasileira, 1967.
_____. *A Coluna Prestes*: análise de documentos. Rio de Janeiro: José Olympio, 1985.
_____. *A Intentona Comunista de 1935*. Porto Alegre: Mercado Aberto, 1986.
_____. *História militar do Brasil*. Rio de Janeiro/São Paulo: Civilização Brasileira/Expressão Popular, 1965/2010.
"SOU HOMOFÓBICO, SIM, COM MUITO ORGULHO". *Catraca Livre*, 11 out. 2018. Disponível em: <https://catracalivre.com.br/cidadania/sou-homofobico-sim-com-muito-orgulho-diz-bolsonaro-em-video/>. Acesso em: 8 fev. 2020.
SOUTO MAIOR, Laércio. *Luiz Carlos Prestes na poesia*. Curitiba: Travessa dos Editores, 2006.
SOUZA, Adilson Paes. *O guardião da cidade*: reflexões sobre casos de violência praticados por policiais militares. São Paulo: Escrituras, 2013.
SOUZA, Beatriz. 7 vezes em que gays e mulheres foram alvo de Bolsonaro. *Exame*, 11 dez. 2014. Disponível em: <https://exame.abril.com.br/brasil/7-vezes-em-que-gays-e-mulheres-foram-alvo-de-bolsonaro/>. Acesso em: 8 fev. 2019.
SOUZA, Josias de. Bolsonaro confunde Washington com a Disney. *UOL*, Coluna Josias de Souza, 19 mar. 2019a. Disponível em: <https://josiasdesouza.blogosfera.uol.com.br/2019/03/19/bolsonaro-confunde-whashington-com-a-disney/>. Acesso em: 9 fev. 2020.
_____. Brasil agora tem um chanceler de quarto escalão. *UOL*, Coluna Josias de Souza, 19 mar. 2019b. Disponível em: <https://josiasdesouza.blogosfera.uol.com.br/2019/03/19/brasil-agora-tem-um-chanceler-de-quarto-escalao/>. Acesso em: 10 fev. 2020.
_____. Há pergunta nova no ar: Vai concluir o mandato? *UOL*, Coluna Josias de Souza, 25 mar. 2019c. Disponível em: <https://josiasdesouza.blogosfera.uol.com.br/2019/03/25/ha-pergunta-nova-no-ar-vai-concluir-o-mandato/>. Acesso em: 10 fev. 2020.
STF AUTORIZA REVISÃO DE ANISTIA DE 2,5 MIL MILITARES PERSEGUIDOS APÓS 1964. *Exame*, 16 out. 2019. Disponível em: <https://exame.abril.com.br/brasil/stf-autoriza-revisao-de-anistia-de-25-mil-militares-perseguidos-apos-1964/>. Acesso em: 26 fev. 2020.
STUENKEL, Oliver. How Bolsonaro's Rivalry with His Vice President Is Shaping Brazilian Politics. *Americas Quarterly*, 18 abr. 2019. Disponível em: <https://www.americasquarterly.org/content/how-bolsonaros-rivalry-his-vice-president-shaping-brazilian-politics>. Acesso em: 12 fev. 2020.

STUMPF, Fernanda. Para mídia internacional, fala de Bolsonaro foi curta e superficial. *Metrópoles*, 23 jan. 2019. Disponível em: <https://www.metropoles.com/brasil/politica-br/para-midia-internacional-fala-de-bolsonaro-foi-curta-e-superficial>. Acesso em: 9 fev. 2020.

SUHET, Ingred. "Heróis matam", afirma Mourão sobre Brilhante Ustra. *Metrópoles*, 7 set. 2018. Disponível em: <https://www.metropoles.com/brasil/politica-br/herois-matam-afirma-mourao-sobre-brilhante-ustra>. Acesso em: 8 fev. 2020.

TAJRA, Alex. "Somos o último obstáculo para o socialismo", diz Bolsonaro sobre militares. *UOL*, 27 mar. 2019. Disponível em: <https://noticias.uol.com.br/politica/ultimas-noticias/2019/03/27/somos-o-ultimo-obstaculo-para-o-socialismo-diz-bolsonaro-sobre-militares.htm>. Acesso em: 12 fev. 2020.

TAJRA, Alex; QUIERATI, Luciana. "Como ele é lindo, meu Deus", diz Damares sobre o deputado Túlio Gadêlha. *UOL*, 10 abr. 2019. Disponível em: <https://noticias.uol.com.br/politica/ultimas-noticias/2019/04/10/ministra-damares-alves-deputado-tulio-gadelha.htm>. Acesso em: 10 fev. 2020.

TARTUCE, Flávio. STJ reconhece responsabilidade civil do Coronel Ustra por torturas praticadas na ditadura militar. *Jusbrasil*, 2015. Disponível em: <https://flaviotartuce.jusbrasil.com.br/noticias/156580775/stj-reconhece-responsabilidade-civil-do-coronel-ustra-por-torturas-praticadas-na-ditadura-militar>. Acesso em: 8 fev. 2020.

TAVARES, A. de Lyra. *O Brasil de minha geração*. Rio de Janeiro: Bibliex, 1976.

TAVARES, Rodrigo Rodrigues. *A "Moscouzinha" brasileira*: cenários e personagens do cotidiano operário de Santos (1930-1954). São Paulo: Humanitas/Fapesp, 2007.

TÁVORA, Juarez. *Uma vida e muitas lutas*: memórias. Da planície à borda do altiplano. v.1. Rio de Janeiro: Bibliex/José Olympio, 1974.

TEIXEIRA, Lucas Borges. Por Amazônia, multinacionais querem boicotar couro, soja e carne do Brasil. *UOL*, 28 ago. 2019. Disponível em: <https://economia.uol.com.br/noticias/redacao/2019/08/29/empresas-paises-boicote-produtos-brasileiros-queimadas-amazonia.htm>. Acesso em: 9 fev. 2020.

THE GUARDIAN CRITICA SUGESTÃO DE BOLSONARO DE EXÉRCITO COMEMORAR O GOLPE DE 1964. *Brasil 247*, 27 mar. 2019. Disponível em: <https://www.brasil247.com/pt/247/mundo/388274/The-Guardian-critica-sugest%C3%A3o-de-Bolsonaro-de-Ex%C3%A9rcito-comemorar-o-golpe-de-1964.htm>. Acesso em: 12 fev. 2020.

TOLEDO, José Roberto de. Sob Bolsonaro, militares perdem popularidade. *Piauí*, 25 abr. 2019. Disponível em: <https://piaui.folha.uol.com.br/sob-bolsonaro-militares-perdem-popularidade/>. Acesso em: 9 fev. 2020.

TRAUMANN, Thomas. "Fomos colocados à prova e passamos. Não vejo nenhum risco à democracia", diz Villas Bôas. *O Globo*, 15 dez. 2019. Disponível em: <https://oglobo.globo.com/brasil/fomos-colocados-prova-passamos-nao-vejo-nenhum-risco-democracia-diz-villas-boas-24139377>. Acesso em: 10 fev. 2020.

TRINDADE, Hélgio. *Integralismo* (o fascismo brasileiro na década de 30). São Paulo/Porto Alegre: Difusão Europeia do Livro/Editora da UFRGS, 1974.

"TRÓTSKI DE DIREITA", DIZ EX-COMANDANTE DO EXÉRCITO SOBRE ATAQUES DE OLAVO. *UOL*, 6 maio 2019. Disponível em: <https://noticias.uol.com.br/politica/ultimas-noticias/2019/05/06/trotski-de-direita-diz-ex-comandante-do-exercito-sobre-ataques-de--olavo.htm>. Acesso em: 10 fev. 2020.

TURTELLI, Camila; HAUBERT, Mariana. Bancada evangélica prepara manifesto em que se diz independente de Bolsonaro. *O Estado de S. Paulo*, 13 mar. 2019. Disponível em: <https://politica.estadao.com.br/noticias/geral,bancada-evangelica-prepara-manifesto-em-que-se-diz-independente-de-bolsonaro,70002754529>. Acesso em: 9 fev. 2020.

URIBE, Gustavo. Com resistência de Bolsonaro, CUT é recebida por Mourão e critica reforma. *Folha de S.Paulo*, Caderno Mercado, 7 fev. 2019. Disponível em: <https://www1.folha.uol.com.br/mercado/2019/02/com-resistencia-de-bolsonaro-cut-e-recebida-por-mourao-e-critica-reforma-previdenciaria.shtml>. Acesso em: 12 fev. 2020.

VALENTE, Rubens. Militares já se espalham por 21 áreas do governo Bolsonaro, de banco estatal à Educação. *Folha de S.Paulo*, Caderno Poder, 20 jan. 2019a. Disponível em: <https://www1.folha.uol.com.br/poder/2019/01/militares-ja-se-espalham-por-21-areas-do-governo-bolsonaro-de-banco--estatal-a-educacao.shtml>. Acesso em: 9 fev. 2020.

_____. Ordem para celebrar golpe é inédita nos últimos 20 anos e incomoda também militares. *Folha de S.Paulo*, Caderno Poder, 29 mar. 2019b. Disponível em: <https://www1.folha.uol.com.br/poder/2019/03/ordem-para-celebrar-golpe-e-inedita-nos-ultimos-20-anos-e-incomoda--tambem-militares.shtml>. Acesso em: 12 fev. 2020.

VASCONCELOS, Cláudio Beserra. *Repressão a militares na ditadura pós-1964*. Rio de Janeiro: Arquivo Nacional, 2018.

VASCONCELLOS, Jorge. Reforma da Previdência dos militares afasta Bolsonaro de praças. *Correio Braziliense*, 2 dez. 2019. Disponível em: <https://

www.correiobraziliense.com.br/app/noticia/politica/2019/12/02/interna_politica,810938/reforma-da-previdencia-dos-militares-afasta-bolsonaro-de-pracas.shtml>. Acesso em: 26 fev. 2020.

VAZ, Lúcio. Inocente ou culpado? Os 30 anos do julgamento que pôs fim à carreira militar de Bolsonaro. *Gazeta do Povo*, 10 maio 2018. Disponível em: <https://www.gazetadopovo.com.br/vozes/lucio-vaz/inocente-culpado-30-anos-julgamento-que-pos-fim-carreira-militar-bolsonaro/>. Acesso em: 8 mar. 2020.

VIANA FILHO, Luís. *O governo Castelo Branco*. Rio de Janeiro. Bibliex/Livraria José Olympio, 1975.

VIANNA, Marly de Almeida Gomes. Luís Carlos Prestes. *Novos Rumos*, São Paulo, ano 13, n.27, 1998.

_____. *Revolucionários de 35*: sonho e realidade. São Paulo: Companhia das Letras/Expressão Popular, 1992/2007.

_____. (org.). *A insurreição da ANL em 1935*: o Relatório Bellens Porto. Rio de Janeiro: Revan, 2015.

VICE CONFESSA QUE BOLSONARO CONVIDOU MORO PARA MINISTÉRIO ANTES DA ELEIÇÃO; JUIZ VAZOU DELAÇÃO SEM PROVAS ANTES DA ELEIÇÃO PARA AJUDAR A ELEGER BOLSONARO. *Plantão Brasil*, 1 nov. 2018a. Disponível em: <https://www.plantaobrasil.net/news.asp?nID=102169>. Acesso em: 8 mar. 2020.

VICE ESTÁ ENTRE JANAÍNA, PRÍNCIPE E DEPUTADO MINEIRO, DIZ BOLSONARO. *Estado de Minas*, 31 jul. 2018b. Disponível em: <https://www.em.com.br/app/noticia/politica/2018/07/31/interna_politica,976805/vice-esta-entre-janaina-principe-e-deputado-mineiro-diz-bolsonaro.shtml>. Acesso em: 8 fev. 2020.

VICE DE BOLSONARO, MOURÃO RELACIONA FAMÍLIAS "SEM PAI OU AVÔ" COM NARCOTRÁFICO. *Poder 360*, 18 set. 2018c. Disponível em: <https://www.poder360.com.br/eleicoes/vice-de-bolsonaro-mourao-relaciona-familias-sem-pai-ou-avo-com-narcotrafico/>. Acesso em: 12 fev. 2020.

VITOR, Frederico. Bolsonaro vê imigrantes como "ameaça" e chama refugiados de "a escória do mundo". *Jornal Opção*, n.2097, 18 set. 2015. Disponível em: <https://www.jornalopcao.com.br/ultimas-noticias/bolsonaro-ve-imigrantes-como-ameaca-e-chama-refugiados-de-a-escoria-do-mundo-46043/>. Acesso em: 8 fev. 2020.

VIVIANI, Fabrícia Carla. *A trajetória política dos tenentes enquanto processo*: do Forte de Copacabana ao Clube 3 de Outubro (1922-1932). São Carlos, 2009. Dissertação (Mestrado em Ciência Política) – Ufscar.

WAACK, William. *Camaradas*: a história secreta da revolução brasileira. São Paulo/Rio de Janeiro: Companhia das Letras/Bibliex, 1991/1993.
WASHINGTON POST: BRASIL DEU VEXAME COM BOLSONARO. *Brasil 247*, 20 mar. 2019. Disponível em: <https://www.brasil247.com/pt/247/mundo/387460/Washington-Post-Brasil-deu-vexame-com-Bolsonaro.htm>. Acesso em: 9 fev. 2020.
WEBER, Max. *Ensaios de Sociologia*. Rio de Janeiro: Guanabara: 1981.
WEISSHEIMER, Marco. "Nós vamos ver os militares na política brasileira por um bom tempo", diz pesquisador. *Sul21*, 24 jun. 2019. Disponível em: <https://www.sul21.com.br/areazero/2019/06/nos-vamos-ver-os-militares-na-politica-brasileira-por-um-bom-tempo-diz-pesquisador/>. Acesso em: 8 mar. 2020.
WEYNE, Gastão Rúbio de Sá. *A esquerda militar brasileira*: de Getúlio Vargas a Michel Temer. São Paulo: Scortecci, 2017.
WHITING, Charles. *Gehlen, um gênio da informação*. Rio de Janeiro: Bibliex, 1986.
WILLIAN, Wagner. *O soldado absoluto*: uma biografia do marechal Henrique Lott. Rio de Janeiro: Record, 2005.
WINAND, Érica C. A.; RODRIGUES, Thiago; AGUILAR, Sérgio (orgs.). *Defesa e segurança do Atlântico Sul*. v.1. São Cristóvão: Editora UFS, 2016.
XENOFOBIA GANHA INEDITISMO COM GOVERNO BOLSONARO, DIZ PESQUISA. *Blog do Esmael*, 23 fev. 2019. Disponível em: <https://www.esmaelmorais.com.br/2019/02/xenofobia-ganha-ineditismo-com-governo-bolsonaro-diz-pesquisa/>. Acesso em: 8 fev. 2020.
ZAIA, Cristiano. Retórica do governo levará agronegócio à estaca zero, diz Blairo. *Valor Econômico*, 15 ago. 2019. Disponível em: <https://mobile.valor.com.br/brasil/6391459/retorica-do-governo-levara-agronegocio-estaca-zero-diz-blairo?origem=G1&fbclid=IwAR2HmlWseZw9TlECQmQm1LsXLS3wgk_CRVRC7HGWjJyjyTckNtPLWy1F_jg>. Acesso em: 9 fev. 2020.
ZANINI, Fábio. Aliança de Bolsonaro é mais radical de direita do que Arena da ditadura. *Folha de S.Paulo*, Caderno Poder, 17 nov. 2019. Disponível em: <https://www1.folha.uol.com.br/poder/2019/11/alianca-de-bolsonaro-e-mais-radical-de-direita-do-que-arena-da-ditadura.shtml>. Acesso em: 10 fev. 2020.
ZIMBARG, Luis A. *O cidadão armado*: comunismo e tenentismo (1927-1945). Franca, 2001. Dissertação (Mestrado em História e Cultural Social) – Faculdade de Ciências e Letras, Unesp.

Jornais e revistas

CartaCapital
Época
Folha de S.Paulo
História & Luta de Classes
IstoÉ
Le Monde Diplomatique Brasil
Novos Rumos
O Estado de S. Paulo
O Globo
Política Democrática
Princípios
Veja

Entrevistas e depoimentos

ANÍSIO, Hélio (coronel). Entrevistas ao autor. Rio de Janeiro, 29 out. 2001; 26 nov. 2002; 31 mar. 2003.

BESSA, H. (major da Força Pública). Entrevista ao autor. Campo Grande, 24 ago. 2010.

CAMPOS, Geraldo. Entrevista ao autor. Brasília, 4 dez. 2012.

CAVALARI, Sérgio (coronel). Entrevista ao autor. Rio de Janeiro, 22 ago. 2001.

CRISPIM, José Maria. Entrevista in: CÔRREA DA COSTA, Carlos Frederico. *Direi...ta, volver! Esquer...da, volver!* História de experiências de vida de militares. São Paulo, 1996. Tese (Doutorado em História Social) – FFLCH, USP.

FIGUEIREDO, João Baptista. [Entrevista]. Reportagem de Geneton Moraes Neto. *Fantástico*, TV Globo. 26 dez. 1999. Disponível em: <https://www.youtube.com/watch?v=f-h0e2flvMw&oref=https%3A%2F%2F>. Acesso em: 25 fev. 2020.

GANDRA, Ives. Depoimento sobre a intervenção militar constitucional. *Direito e Justiça em Foco*. 6 jan. 2016. (4m47s). Disponível em: <https://youtu.be/QyL8AThzFdU>. Acesso em: 8 mar. 2020.

GORENDER, Jacob. Entrevista ao autor. São Paulo, 20 set. 2007.

GUEDES, Paulo Eugênio Pinto (coronel). Depoimento ao CPDOC/FGV. E63, [s.d.].

PEREIRA, Augusto Heleno Ribeiro (general). Entrevista a Débora Bergamasco et al. *Poder em Foco*, 18 nov. 2018. Disponível em: <https://www.youtube.com/watch?v=w4txPZCzUlE>. Acesso em: 10 fev. 2020.

_____. Pronunciamento na Comissão de Relações Exteriores e de Defesa Nacional. Audiência pública conjunta das comissões CDHM e CREDN. *TV Câmara*, 10 jul. 2019. Disponível em: <https://www.youtube.com/watch?v=ZHso4fbLToQ&t=3s>. Acesso em: 9 fev. 2020.

REIS, Dinarco. Entrevista a Berenice Cavalcante Brandão, 1 dez. 1982. Disponível em: <https://fdinarcoreis.org.br/fdr/2012/07/09/entrevistas-com-a-historia-dinarco-reis/>. Acesso em: 8 mar. 2020.

RODRIGUES, Paulo Mário da Cunha. Fatos importantes da vida naval: depoimento ao capitão de fragata FN Heraldo P. Gonçalves. Rio de Janeiro, fita 17, SDM, 1983.

SILVEIRA, Delcy. Entrevista in: SANTOS, Andréa Paula dos. *À esquerda das Forças Armadas brasileiras*: história oral de vida dos militares nacionalistas de esquerda. São Paulo, 1998. Dissertação (Mestrado em História Social) – FFLCH, USP.

Filmes e documentários

Olga. 2004. Direção: Jayme Monjardim. Elenco: Camila Morgado, Caco Ciocler, Luís Mello, Eliane Giardini, Mariana Lima, Floriano Peixoto. 141 min.

O país dos tenentes. 1987. Direção: João Batista de Andrade. Elenco: Paulo Autran, Buza Ferraz, Cássia Kiss, Giulia Gam, Carlos Gregório, Ricardo Petraglia. 85 min.

O Velho: a história de Luiz Carlos Prestes. 1997. Direção: Toni Venturi. Depoimentos de Leonel Brizola, Eliane Brum, Carlos Heitor Cony, Roberto Freire, Fernando Gabeira. 105 min.

Documentos

Inquérito Policial Militar – Encarregado capitão-tenente Lúcio Martins Meira. Br_RJ_0_APL_0111_V3_m0001de0510.tif

Relatório Final da CNV – Militares perseguidos. Disponível em: <http://www.cnv.gov.br/images/pdf/relatorio/Volume%202%20-%20Texto%201.pdf>. Acesso em: 8 mar. 2020.

ANEXOS

Aos brasileiros

Na condição de oficiais reformados, sócios dos Clubes Militares, somos forçados a discordar do abaixo-assinado subscrito por vários oficiais da reserva, em apoio ao recente Manifesto dos Presidentes dos Clubes, que foi retirado do site do Clube Militar, após terem recebido ordens dos comandantes das Forças, que, numa atitude exemplar e equilibrada, recomendaram que o fizessem. Esse documento continha referências à presidente Dilma Rousseff, por não censurar seus ministros, que fizeram *críticas exacerbadas aos governos militares*. Agora, esse abaixo-assinado, subscrito por esses oficiais (da reserva e reformados) e também pelo coronel Carlos Alberto Brilhante Ustra, ex-chefe do DOI-Codi, aparelho de repressão da ditadura em São Paulo, que está sendo acusado na justiça de torturar presos políticos (crimes que ele nega), refere-se de modo desafiador ao ministro da Defesa, Celso Amorim, "a quem não reconhecem qualquer tipo de autoridade ou legitimidade para fazê-lo", o que, a nosso juízo, além de ser um comportamento desrespeitoso, inaceitável na vida militar, configura, induvidosamente, uma insubordinação, uma "quebra da disciplina e da hierarquia". Só para lembrar aos signatários desse insensato documento, o tal Manifesto cobrava da presidente o compromisso em que afirmava, no discurso de posse dos ministros:

"*De minha parte, não haverá discriminação, privilégios ou compadrio. A partir da minha posse, serei presidenta de todos os brasileiros e brasileiras, respeitando as diferenças de opinião, de crença e de orientação política.*"

E foram além em suas críticas, asseverando:

"*Parece que a preocupação em governar para uma parcela da população sobrepuja-se ao desejo de atender aos interesses de todos os brasileiros.*"

Queremos, desde logo, restabelecer uma verdade, que os presidentes dos Clubes Militares e alguns desses senhores teimam em não reconhecer, a de que o verdadeiro regime democrático é o que estamos vivendo, e não aquele dos *governos militares*, que não permitiriam, jamais, tais *diferenças de opinião, de crença e de orientação política*. Por outro lado, faz-se necessária uma correção, a de que a presidente Dilma Rousseff (que não nos deu procuração) não governa para *uma parcela da população*, e sim para todos os brasileiros, vitoriosa que foi nas urnas por uma indiscutível e expressiva votação, o que deve ter desagradado a todos esses senhores.

Quanto às críticas *exacerbadas aos governos militares* pelo que fizeram durante o regime de exceção, elas continuarão sendo feitas, sim, pois estamos vivendo em pleno regime democrático, em que todos os segmentos organizados da sociedade mostram-se ansiosos por descerrar esse véu que encobre a verdadeira história da repressão. *Pois sem responsabilização, as histórias ficam sem fim, soltas no espaço como fiapos elétricos, e o passado nunca vai embora,* como afirmou o editorialista Veríssimo, em *O Globo* de 1/3/2012. E isso não é revanchismo, porque, afinal, aquelas críticas referem-se a um contexto no qual pessoas, que se encontravam presas e indefesas sob a tutela do Estado (ditatorial), mesmo assim, foram barbaramente torturadas, muitas até a morte, o que sempre mereceu a reprovação dos seres humanos civilizados. O povo brasileiro traz consigo a marca da generosidade, pois soube suportar com resignação as violências nesse tempo praticadas, como corretos foram muitos de nossos companheiros de caserna, que se mantiveram dignos e não sujaram as suas mãos, nem se envolveram nos expedientes da repressão e da tortura. O ideário do chamado "capitalismo selvagem", que plasmava as ações da nova ordem mundial, sob a liderança dos Estados Unidos, o que se acha confirmado pelo depoimento do embaixador americano de então, o sr. Lincoln Gordon, exigia que fossem contidos todos os governos que, politicamente, demonstrassem uma posição antagônica aos seus interesses, e mostrassem preocupações com as questões sociais dos seus povos. Sob a chancela dessas forças, coincidentemente, e no mesmo momento histórico, foram instaladas ditaduras nos países da América Latina, através de golpes de Estado. Prevaleceu a "velha cantilena", que deu origem à ridícula história de que "era preciso impedir o avanço do comunismo internacional", o que veio sensibilizar alguns incautos e desavisados, sem nenhum estudo ou leitura (coitados!) sobre o que se passava no mundo da Guerra Fria, inobstante estivesse em vigor uma Constituição que proclamava a liberdade de pensamento. O que se lamenta é que muitos dos nossos colegas, que eram, à época, jovens oficiais, recém-saídos das escolas militares, a quem ensinaram, durante a ditadura, que a ideologia da segurança nacional se sobrepunha a qualquer outra, passaram anos sem liberdade, impedidos que foram de conhecer, e até de professar, qualquer outro credo político. Até hoje tem sido assim porque, se o fizerem, serão "demonizados" pelos demais.

  Estamos exercendo o legítimo direito da contestação, que a ordem democrática vigente assegura aos seus cidadãos. Não estamos mais em ditadura, que serviu a interesses escusos de alguns, em que a suspensão das garantias constitucionais, a censura à imprensa, as prisões ilegais e arbitrárias (até mesmo, por simples delação), a prática da tortura (o que levou o presidente Geisel a punir chefes militares em São Paulo), tudo isso deixou marcas profundas para ser esquecido, porque faz parte da história contemporânea do nosso Brasil. Tais fatos nos enchem de vergonha perante o mundo, pelas indesculpáveis violações aos direitos humanos praticadas sob o manto protetor do aparelho de Estado. Estão alegando que o STF, em recente decisão, concluiu pela anistia dos agentes que praticaram tais *crimes políticos ou conexos*. Apenas para esclarecer, seria correto examinar, e, para tanto, chamamos a atenção do Conselho Federal da OAB, os textos da Lei 6.683/79 e da Emenda Constitucional nº 26/85, que, respectivamente, nos seus art. 1º e 4º, parágrafos 1º e 2º, assim expressam:

Lei 6.683, de 28 de agosto de 1979
"Art. 1º É concedida anistia a todos quantos, no período compreendido entre 2 de setembro de 1961 e 15 de agosto de 1979 [o grifo é nosso], cometeram crimes políticos ou conexos com estes..."

Emenda Constitucional nº 26/85
"§ 1º – É concedida, igualmente, anistia aos autores de crimes políticos ou conexos..."
"§ 2º – "A anistia abrange os que foram punidos ou processados pelos atos imputáveis previstos no "caput" deste artigo, PRATICADOS NO PERÍODO compreendido entre 2 de setembro de 1961 e 15 de agosto de 1979" [o grifo é nosso].

Como ficam os crimes e os criminosos das três bombas colocadas, no dia 27 de agosto de 1980, em três instituições, no Rio de Janeiro, como descreve um jornal da época:

"Duas bombas de alto teor explosivo provocaram a morte de uma senhora e ferimentos em outras seis pessoas, ontem, no Rio, em dois atentados ocorridos no início da tarde: um, na sede da Ordem dos Advogados do Brasil, e outro, na Câmara dos Vereadores. Num terceiro atentado, de madrugada, uma bomba de pouca potência destruiu parcialmente a sala do jornal *Tribuna da Luta Operária*, não fazendo vítimas. A bomba colocada na sede da OAB atingiu a secretária da entidade, Lida Monteiro da Silva, que teve o braço decepado, vindo a morrer minutos após ter dado entrada no hospital. No atentado na Câmara dos Vereadores, o sr. José Ribamar de Freitas, tio e assessor do vereador Antônio Carlos de Carvalho, do PMDB, perdeu um braço e uma vista, encontrando-se até a noite de ontem em estado grave. Outras cinco pessoas que estavam no local foram feridas." (*Folha de S.Paulo*, quinta-feira, 28 de agosto de 1980)

E a bomba do Riocentro, cuja explosão se deu em 30 de abril de 1981!, que a imprensa assim noticiou:

"A explosão ocorreu dentro de um automóvel Puma, na noite de 30 de abril de 1981, com a bomba no colo do sargento do Exército Guilherme Pereira do Rosário, cuja morte foi instantânea. Ao lado do sargento, no volante, estava o capitão Wilson Luiz Chaves Machado, o qual, ato contínuo, sai do Puma segurando vísceras à altura do estômago." (Fonte: CMI Brasil)

Que ninguém duvide que o que queremos é *um regime de ampla democracia, irrestrita para qualquer cidadão, com direitos iguais para todos*.

Os *torturadores* (militares e civis), que não responderam a nenhum processo, encontram-se "anistiados" (?), permaneceram em suas carreiras, e nunca precisaram requerer, administrativa ou judicialmente, o reconhecimento dessa condição, diferentemente daqueles, suas vítimas, que até hoje estão demandando junto aos tribunais, para terem os seus direitos reconhecidos.

ONDE ESTÃO OS CORPOS DOS QUE FORAM MORTOS PELAS AGRESSÕES SOFRIDAS? OS SEUS FAMILIARES QUEREM SABER, POIS TÊM DIREITO A ESSA INFORMAÇÃO!

Assim sendo, também queremos a mesma ANISTIA AMPLA, GERAL E IRRESTRITA, assegurada a esses insanos agentes da ditadura. E temos certeza de que isso não é nenhum absurdo, pois tem a aprovação das pessoas sensatas, daqueles diletos companheiros de caserna (dos quais, de muitos, somos amigos), que não se envolveram em práticas criminosas, e que têm, no rol dos seus deveres éticos, o que se acha inscrito nos estatutos militares: *exercer, com autoridade, eficiência e probidade, as funções que lhes couberem em decorrência do cargo; RESPEITAR A DIGNIDADE DA PESSOA HUMANA; ser justo e imparcial no julgamento dos atos e na apreciação do mérito dos subordinados.*

Finalmente, como afirmava o mestre Darcy Ribeiro: "Só há duas opções nesta vida: se resignar ou se indignar. E eu não vou me resignar nunca".

Rio de Janeiro, 29 de fevereiro de 2012.

Luiz Carlos de Souza Moreira
Capitão de Mar e Guerra

Fernando de Santa Rosa
Capitão de Mar e Guerra

Carta do Rio de Janeiro

A anistia dos militares

As entidades, que atuam em defesa dos militares perseguidos pela ditadura, e que foram *retirados de suas carreiras por um ato de força, sem direito a um julgamento justo, pelo crime de terem permanecido fiéis a um governo legalmente constituído*, em virtude do grande debate que se instalou no país com as ações e procedimentos da Comissão da Verdade, visando a apuração e a identificação dos autores dos crimes praticados durante o regime de exceção, vêm, por seus membros e associados, enquanto cidadãos, emprestar o seu apoio e a sua irrestrita solidariedade a essa Comissão, e renovar o seu repúdio às barbáries praticadas por esses agentes, e, ao mesmo tempo, manifestar o seu sentimento de respeito e apreço às famílias daqueles que pereceram, vítimas dessas violências. E o fazem porque, conforme prolatou em decisão um ilustre magistrado, *a tortura constitui a negação arbitrária dos direitos humanos, pois reflete – enquanto prática ilegítima, imoral e abusiva – um inaceitável ensaio de atuação estatal* tendente a asfixiar e, até mesmo, a suprimir a dignidade, a autonomia e a liberdade com que o indivíduo foi dotado, de maneira indisponível, pelo ordenamento positivo.

A Lei nº 6.683/79 foi editada em pleno regime de exceção, que, diferentemente do que aspirava a sociedade brasileira, comprometida que estava com a causa das liberdades, da justiça e da democracia, teve, pelo que se lê no seu texto, a pretensão de beneficiar os agentes que atuaram na repressão, assegurando-lhes, presumidamente, o perdão para os seus crimes, frustrando, assim, os sonhos dos que lutaram em favor da defesa dos direitos humanos.

Em qualquer país civilizado, a tendência moderna é no sentido de adotar o princípio da responsabilidade do Estado por qualquer ato danoso praticado por seus agentes. Dessa forma, o direito pátrio, também, a partir de 1988, reafirmou o seu propósito de preservar a garantia individual de cada cidadão, impondo-se ao Estado o dever de indenizar o ofendido pela prática de qualquer restrição injusta à sua liberdade. Por conseguinte, o Estado brasileiro terá que responder pelos danos morais e perdas materiais que tiveram todos, ao longo desses quarenta e nove anos. Imputa-se a responsabilidade estatal porque o Poder Público, em um Estado Democrático de Direito, também deve plena submissão ao dever jurídico de reconstituir o patrimônio dos indivíduos, cuja situação pessoal tenha sido prejudicada em virtude do desempenho inconstitucional de qualquer de suas funções, daí porque é induvidoso que os seus efeitos têm, nitidamente, o caráter da reparação. Ademais, em mandamento constitucional está expresso, que *as pessoas de direito público e as de direito privado prestadoras de serviços públicos responderão pelos danos que seus agentes, nessa qualidade, causarem a terceiros, assegurado o direito de regresso contra o responsável nos casos de dolo ou culpa*.

O que se percebe, e o que temos registrado, até hoje, é a existência de um deliberado propósito de retardar o cumprimento das leis de Anistia, o que denota a existência, ainda, dos ranços autoritários de setores, sobretudo do estamento militar, que não querem encerrar esse triste momento da vida nacional, que infligiu muitos sofrimentos aos brasileiros.

Quarenta e nove anos depois de atingidos em seus direitos, essa longa espera tem gerado um grande contencioso do Estado com os anistiados. Os militares do círculo de praças, que já deveriam estar anistiados pelas anteriores leis de Anistia, só agora, e com muitas restrições, estão tendo os seus pleitos examinados pela burocracia militar. Mesmo assim, até o Ministério da Justiça, por suposta pressão militar, ignorando normas de direitos adquiridos, vem revogando portarias que reconheciam tais direitos.

O Estado brasileiro, através das Forças Singulares (Exército, Marinha e Aeronáutica), continua qualificando "os ex-cassados" como ANISTIADOS POLÍTICOS MILITARES, ao invés de MILITARES INATIVOS, não fazendo com que retornem ao *status quo ante*, mesmo sabendo que Anistia é *a volta à situação anterior*, colocando-os num segmento à parte, para segregá-los e distingui-los dos demais companheiros de caserna.

Como consequência de tudo isso, os perseguidos políticos de 1964, apesar de muitos já estarem anistiados por diferentes leis de Anistia, ainda se veem obrigados a reclamar judicialmente a correta aplicação dessas leis. Está o estamento militar assessorado por advogados da União, mudando "as regras do jogo", e, intencionalmente, ferindo de morte os princípios da ANISTIA. Sem qualquer provisão legal para os seus atos, esses burocratas vão criando situações novas em desacordo com o estabelecido nas disposições da EC nº 26/85, do art. 8º, do ADCT, e da própria Lei 10.559/2002, onde se encontram definidos os verdadeiros direitos dos anistiados. Outrossim, com descabidas e ilegais interpretações das leis de Anistia, vão expandindo os seus entendimentos, cuja inconstitucionalidade já está sendo arguida junto ao Supremo Tribunal Federal com a ajuda do Conselho Federal da OAB, sem prejuízo das situações já constituídas, uma vez que esses intérpretes insistem em colocar os militares anistiados num inexistente REGIME JURÍDICO DO ANISTIADO POLÍTICO MILITAR, quando só existe um REGIME JURÍDICO para os militares, que é o regulado pelo seu Estatuto. Ao que parece, não querem o encerramento das lembranças desse nefasto ciclo da história brasileira, quando não cumprem os mandamentos constitucionais, as leis, os decretos, e, até mesmo, as decisões do Judiciário.

Por tais interpretações, os perseguidos políticos de 1964 estão tendo os seus direitos desconstituídos; estão sendo DESANISTIADOS, para não mais serem militares inativos, com direitos e prerrogativas estabelecidos na Constituição e no seu Estatuto – Lei n° 6.880, de 9 de dezembro de 1980, onde estão definidos o "seu REGIME JURÍDICO" e as características e peculiaridades de suas carreiras, cuja observância é determinada pelas diferentes leis de Anistia; seus ganhos não mais serão "proventos de inatividade", e sim reparação econômica, e seus herdeiros, não mais usufruirão dos benefícios da Lei de Pensões.

Ficam as indagações:

MILITAR, QUANDO ANISTIADO, NÃO RETORNA À CARREIRA? EM QUE TEXTO DAS LEIS DE ANISTIA SE INSEREM AS RESTRIÇÕES AOS DIREITOS DOS MILITARES ANISTIADOS PROMOVIDAS PELAS FORÇAS MILITARES?

Pelo exposto, propõem:

I – Que a excelentíssima senhora presidenta da República, em obediência às leis vigentes, determine o encerramento desses litígios, estabelecendo, através de expedientes normativos, o cumprimento, sem restrições, das leis de Anistia por parte dos diferentes órgãos do Executivo, fazendo com que terminem as resistências e as intolerâncias, sobretudo as que têm origem na burocracia militar.

Ninguém tem poderes para mudar o REGIME JURÍDICO DOS MILITARES a não ser o presidente da República, conforme disposição contida no art. 61, § 1°, inciso II, letra f: "São de iniciativa privativa do presidente da República as leis que disponham sobre militares das Forças Armadas, seu regime jurídico, provimento de cargos, promoções, estabilidade, remuneração, reforma e transferência para a reserva".

E a Lei n° 10.559/2002 não foi da iniciativa do presidente da República e sim do Congresso Nacional, assinada pelo presidente da mesa do Senado, o senador RAMES TEBET.

II – Que a burocracia militar seja impedida de, na aplicação das leis, instituir normas ou editar atos, que estão a restringir os direitos dos anistiados, em frontal oposição aos princípios da Anistia.

III – Que seja reafirmada a competência do senhor ministro da Justiça, prevista na Lei nº 10.559/2002, visando reconhecer que ele é a única autoridade do Estado com poderes para decidir sobre as questões de Anistia.

IV – Que as portarias anistiadoras tenham outro modelo de redação, para não mais permitir interpretações equivocadas e restritivas, que estão a ensejar as violações de direitos postas em prática pela administração militar, ressalvando, sempre, que a Anistia é concedida nos termos do art. 8º, do ADCT, e não de acordo com a Lei 10.559, que é, tão somente, uma norma regulamentadora de parte daquele dispositivo constitucional. À guisa de sugestão, apresentamos o modelo de texto abaixo, a ser utilizado na edição dessas portarias:

"O MINISTRO DE ESTADO DA JUSTIÇA, no uso de suas atribuições legais, ... resolve: Conceder Anistia a ...., nos termos do art. 8º, do ADCT, cujo regime jurídico (declarando qual o seu Regime – quando se tratar de servidores civis ou militares) é o regulado pela Lei nº 6.880, de 9 de dezembro de 1980 (Estatuto dos Militares) e/ou pela Lei nº 8.112, de 11 de dezembro de 1990 (Regime Jurídico dos Servidores Civis da União, das autarquias e das fundações públicas federais) e, como tal, reconhecer o seu direito à (indicar os benefícios – promoção, pensão militar, correção do seu tempo de serviço, percepção da gratificação tal, e a isenção do IR etc.), previsto(s) na Lei nº 10.559, de 13 de novembro de 2002."

V – Que os servidores públicos civis e militares anistiados por anteriores leis de Anistia também fazem jus, nas condições estabelecidas no caput do art. 8º do Ato das Disposições Constitucionais Transitórias, aos benefícios instituídos pela Lei nº 10.559, de 13 de novembro de 2002, de acordo com o que dispõe o seu art. 6º, onde se incluem as aposentadorias, pensões ou proventos.

VI – Que os direitos dos servidores públicos civis e militares previstos nas leis de Anistia, (que compõem as suas aposentadorias, pensões ou proventos), por sua natureza indenizatória, serão assegurados de forma progressiva e continuada, até que se promovam plenamente as suas reparações, sem que isso se constitua em acumulação de quaisquer pagamentos ou benefícios ou indenização com o mesmo fundamento, não implicando a sua percepção, nos termos do art. 16, da Lei nº 10.559, de 23 de novembro de 2007, em exclusão dos conferidos por anteriores normas legais ou constitucionais, respeitadas as restrições quanto à acumulação, previstas na Constituição (art. 337, XVI, modificado pela EC nº 19/98).

VII – O regime do anistiado político de que trata o art. 1º, da Lei nº 10.559, de 13 de novembro de 2002, não se aplicará a, nem excluirá, direitos de servidores públicos civis e militares já anistiados (que têm um REGIME JURÍDICO próprio), que se encontram ao abrigo de normas legais e constitucionais, uma vez que só foram excluídos da carreira, e nunca da condição jurídico-militar, sempre mantida desde as suas cassações.

VIII – Que o advogado geral da União ponha termo às interpretações isoladas dos seus membros, que atuam nas consultorias jurídicas dos ministérios, e que estão a descaracterizar os reais propósitos e objetivos da Anistia, ao estabelecerem, com suas interpretações, restrições e a retirada de direitos anteriormente concedidos por leis constitucionais. Que se produza um parecer, a exemplo do JD I, de 25/4/2003, do consultor geral da União, dr. João Francisco de Aguiar Drumond, adotado pela AGU em 20/10/2003, tratando da correta aplicação das leis de Anistia, uniformizando a sua interpretação. Que seja aprovado pela presidente da República, para ser cumprido por toda a administração pública.

IX – Que as pensões militares sejam concedidas aos beneficiários do militar anistiado, da forma como dispõe o Estatuto dos Militares, no seu art. 50, IV, l, combinada com as leis 3.765, de 4/5/1960, MP nº 2.215-10, de 31/8/2001, assegurando-se às suas filhas, em qualquer condição, o mesmo direito.

X – Para dirimir quaisquer dúvidas, encerrando tais resistências da burocracia militar, apresentam como proposta o Decreto anexo, que repõe os direitos que estão sendo sonegados em virtude de distorcidas interpretações das leis de Anistia:

Decreto nº 0000, de 00 de 00 2013
Regulamenta o art. 16 e 19, da Lei nº 10.559, de 13 de novembro de 2002

O PRESIDENTE DA REPÚBLICA, no uso da atribuição que lhe confere o art. 84, inciso IV, da Constituição, e tendo em vista o disposto no art. 16 e 19 da Lei nº 10.559, de 13 de novembro de 2002,
DECRETA:
Art. 1º – O REGIME JURÍDICO dos servidores públicos civis e militares anistiados, a que se referem a Emenda Constitucional nº 26, de 27 de novembro de 1985, o art. 8º do Ato das Disposições Constitucionais Transitórias, de 5 de outubro de 1988, e a Lei 10.559 de 13 de novembro de 2002, é o regulado pela Lei nº 8.112, de 11 de dezembro de 1990 – Estatuto dos Servidores Públicos Civis da União, e Lei nº 6.880, de 9 de dezembro de 1980 – Estatuto dos Militares, que estabelecem um conjunto de normas inderrogáveis, ao definir prerrogativas, direitos e deveres desses servidores.

Art. 2º – Os servidores públicos civis e militares anistiados por anteriores leis de Anistia continuam integrando o seu verdadeiro REGIME JURÍDICO, e fazem jus, nas condições estabelecidas no caput do art. 8º do Ato das Disposições Constitucionais Transitórias, aos benefícios instituídos pela Lei nº 10.559, de 13 de novembro de 2002, de acordo com o que dispõe o seu art. 6º, onde se incluem as aposentadorias, pensões ou proventos de inatividade.

Art. 3º – O valor da prestação mensal, permanente e continuada percebida pelos servidores públicos civis e militares anistiados, como se em atividade estivessem, corresponde aos proventos de aposentadoria e de inatividade dos seus paradigmas, considerado o posto ou a graduação a que teriam direito, obedecidos os prazos para promoção previstos nas leis e regulamentos vigentes, e asseguradas as promoções ao oficialato, independentemente de requisitos e condições, respeitadas as características e peculiaridades dos seus REGIMES JURÍDICOS, como consta no artigo 8° do ASCT.

Art. 4° – No caso de falecimento do anistiado político, o direito à pensão, por ser direito adquirido, transfere-se aos seus beneficiários, inclusive às filhas em qualquer condição, observados os critérios fixados no art. 50, combinados com o art. 156 do Estatuto dos Militares – que regula o REGIME JURÍDICO DOS SERVIDORES MILITARES DA UNIÃO, e da forma como dispõe a Lei 3.765, de 4/5/1960.

Art. 5° – Os direitos dos servidores públicos civis e militares anistiados, por sua natureza indenizatória, além dos previstos nas anteriores leis de Anistia, serão assegurados de forma progressiva e continuada, até que se promovam plenamente as suas reparações, não implicando a sua percepção, nos termos do art. 16, da Lei n° 10.559, de 23 de novembro de 2007, em acumulação de quaisquer pagamentos ou benefícios ou indenização com o mesmo fundamento.

Art. 6° – A Comissão de Anistia do Ministério da Justiça, órgão que assessora o ministro de Estado da Justiça, conforme previsto nos parágrafos 3°, 4° e 5°, do art. 12 da Lei n° 10.559, de 13 de novembro de 2002, tem poderes para diligenciar junto aos órgãos da Administração Pública e quaisquer outras entidades o cumprimento do presente Decreto.

Art. 7° – Este Decreto entra em vigor na data de sua publicação.

Brasília.

DILMA ROUSSEFF
Presidenta

Associação Democrática e Nacionalista – ADNAM
Brigadeiro Rui Moreira Lima – Presidente

Rio de Janeiro, 4 de maio de 2013.

Pelo major-brigadeiro RUI BARBOZA MOREIRA LIMA – Presidente

A FEB: símbolo vivo da união nacional

Aos Exmos. Srs.

D. D Presidente e Membros do Diretório Central da L.D.N. Ao ensejo das patrióticas realizações encabeçadas pela L.D.N. – Liga de Defesa Nacional –, sentem-se os soldados do Brasil, combatendo na Europa, no dever de agradecer aos dirigentes e a todos os Departamentos dessa entidade as sucessivas provas de carinho e conforto, que tão constantemente se vêm refletindo no moral de nossas tropas, pela consciência de que toda nossa pátria encontra--se unida para os sacrifícios da mesma luta. O nosso gesto não somente expressa agradecimento, mas também consigna admiração e reverência às tarefas de exaltação cívica e esforço unificador para a vitória, que, no Brasil, a Liga de Defesa Nacional vem levando a efeito incansavelmente.

Desde os primeiros momentos da arregimentação até a chegada das Forças Expedicionárias às terras convulsionadas da Europa, a fim de combater o imperialismo prussiano-fascista, retrógrado, opressor e sanguinário, tem sido a patriótica entidade fator importante de amparo moral e de estímulo cívico, tanto na distribuição de utilidades, oferecidas por todas as camadas populares, aos nossos soldados, como, principalmente, na segura orientação das grandes reservas morais da nação, em favor do nosso esforço. Esta é uma guerra nem só de governos, nem só de Forças Armadas. Esta é uma guerra de povos, em que governos, Forças Armadas e todas as forças vivas nacionais confraternizam-se para dar combate ao baluarte hitleriano da agressão imperialista. Precisamente, a observação quotidiana da posição realística e produtiva assumida pelas maiores organizações populares da Grã-Bretanha, Estados Unidos, União Soviética, China, França, Iugoslávia e outras nações unidas é que nos estimulam a considerar com atenção os trabalhos dessa entidade, na luta sem tréguas contra o agressor nazifascista e na atitude coerentemente unitária com relação aos problemas da paz. Dentro das circunstâncias econômicas, históricas e de interesses internacionais, peculiares ao nosso país, toma a L.D.N. uma posição realística, definida e produtiva.

Essa posição inutiliza, decididamente, a obra criminosa dos sabotadores internos, agentes nazi-integralistas, desmascara os elementos confusionistas, forjadores de vis intrigas, com o objetivo de perturbar a união pacificadora da família brasileira, e contribui, afinal, para a mobilização e organização das forças progressistas nacionais congregadas num bloco inquebrantável para a vitória de uma causa justa. Essa compreensão manifesta-se através da coordenação de energias e das realizações nos múltiplos trabalhos da retaguarda; no aceleramento do processo da união nacional, já profundamente enraizado no coração dos brasileiros honrados e conscientes; na preparação das condições nacionais para os próximos problemas de pós--guerra, cuja acertada solução encontraremos exclusivamente num clima de fraternidade interna que criará incomensuráveis possibilidades ao desenvolvimento de um Brasil forte, emancipado, econômica e politicamente, democrático e progressista.

Queremos declarar, na presente mensagem, que os esforços da L.D.N harmonizam-se esplendidamente aos ideais pelos quais lutamos, que são os mesmos ideais tão heroicamente defendidos pelos nossos camaradas das Forças Armadas norte-americanas, soviéticas, francesas, britânicas, chinesas, iugoslavas, os mesmos ideais expressos nos princípios renovadores da Carta do Atlântico e nas Conferências do Cairo, Moscou, Teerã, Dumbarton, Oaks e Criméia. Na Conferência de São Francisco, onde estão reunidas todas as nações unidas para forjar o arcabouço do futuro organismo da segurança internacional, rejubilamo-nos em constatar que nossa pátria está sendo guiada pelos princípios da liberdade e progresso, aos quais a sua vida interna vem sendo ajustada. É esta mais uma vitória da união nacional e mais uma legítima contribuição dos esforços da L.D.N. Ao mesmo tempo que vemos crescer a estrutura industrial e a emancipação econômica de nosso país, que permitirão um pacífico reajustamento das classes média e trabalhadora, não regatearemos os nossos mais entusiásticos aplausos à realização das próximas eleições, objetivando o funcionamento legal dos órgãos representativos do povo. Em tal oportunidade, queremos reafirmar que somente o processo de união nacional poderá dar ao povo brasileiro esclarecida consciência política para eleger seus legítimos mandatários e consolidar, ampliando e aperfeiçoando, as liberdades democráticas fundamentais, que são um dos motivos de nossa luta. Nós, soldados expedicionários, esperamos que, do próximo pleito, surjam as premissas de uma era verdadeira de democracia para a nossa pátria, solidamente assentada sobre o exercício constante, e a garantia, pela lei e pelos sentimentos soberanos do povo, das quatro liberdades fundamentais enunciadas pelo grande presidente Roosevelt. A orientação patriótica, segura e definida que VV. Ex.as vêm imprimindo aos trabalhos da L.D.N. durante a contingência da guerra e nas perspectivas da paz é, pois, indestrutível penhor dos ideais de todos nós, soldados do Brasil, herdeiros do discortínio pacificador e unitário de Caxias e de Floriano; é, também, a bandeira desfraldada por aqueles que já tombaram para sempre, no fragor das batalhas travadas pela sobrevivência da humanidade civilizada.

Aqui, no campo de batalha italiano, combatem jovens procedentes de todos os pontos cardeais do Brasil, do Norte, Centro e Sul, combatem, ombro a ombro, católicos, protestantes e judeus, brancos e negros, jovens das mais diversas classes e concepções políticas, todos constituindo, em face do perigo e da morte, um símbolo vivo de união nacional contra os bandos armados de Hitler!

Generoso sangue pátrio cobre vales e montanhas da Itália libertada, num sacrifício que jamais poderá ser em vão, porque estará sempre no altar e nos fastos imorredouros da pátria, como expressão das mais nobres aspirações de liberdade e progresso do povo brasileiro. E sobre o sangue de nossos bravos, juramos defender os postulados fundamentais das quatro liberdades que inspiraram a Carta do Atlântico e lutar sem desvanecimentos por uma nova era de liberdade, paz e progresso para o povo brasileiro e das nações entre si!

Nós, soldados do Brasil, temos consciência da missão que aqui desempenhamos, e nenhuma dúvida paira em nosso espírito sobre as nossas responsabilidades nesta guerra e diante dos problemas internacionais de uma paz justa e duradoura. As tarefas patrióticas que a L.D.N. vem realizando no Brasil encerram, pois, o verdadeiro sentido da luta da Força Expedicionária, luta que não terá termo antes que as hordas saqueadoras e escravagistas do nazismo baqueiem para sempre, esmagadas pelas forças vitoriosas das nações amantes da liberdade e da democracia!

Tudo pela união nacional do povo brasileiro!
Todo o apoio às liberdades democráticas e ao desenvolvimento econômico de nossa pátria!
Tudo pela vitória das nações unidas!
Tudo pela fraternidade dos povos num universo de paz, autodeterminação popular, justiça internacional e livre progresso!

Itália, abril de 1945.

Assinam no original os seguintes:

Capitão Eter Newton
Capitão Aldevio Barbosa de Lemos
Primeiro-tenente Fernando de Souza Martins
Primeiro-tenente Eduardo de Cerqueira Cezar
Primeiro-tenente Waldemar Dantas Borges
Primeiro-tenente Cícero C. Cidade
Primeiro-tenente Ruy Caldeira Ferraz
Primeiro-tenente Werther Pinto
Capitão Álvaro Felix de Souza
Segundo-tenente Vicente Ferraz de Almeida Prado Netto
Primeiro-tenente Alcione Mello
Primeiro-tenente Manoel Collares Chaves Filho
Primeiro-tenente José Maria Antunes da Silva
Segundo-tenente Wilson Quadros de Oliveira
Primeiro-tenente Benedicto Felix de Souza
Segundo-tenente Mário de Carvalho Camargo
Segundo-tenente Felix Eduardo da Silva Loureiro
Segundo-tenente Ademar Marques Curvo
Major Henrique Cordeiro Oeste
Capitão Luiz Dantas de Mendonça
Capitão Leônidas Salles Freire
Capitão Manoel Ignacio de Souza Júnior
Capitão Carlos José Proença Gomes
Primeiro-tenente Manoel Luiz Machado

Primeiro-tenente Med. Hugo Mallet Soares
Capitão Milton Tavares de Souza
Primeiro-tenente Joffre Borges Salus
Aspirante José Miguel
Aspirante Milton Guerra Viana
Segundo-tenente Azuil Fernandes
Primeiro-tenente Med. Guilherme Lucena
Capitão Newton Raulino de Oliveira
Primeiro-tenente Med. Moacyr Pereira Lima
Primeiro-tenente Wilson de Almeida Fortes
Primeiro-tenente Murillo Otavio de Barros
Segundo-tenente Pedro de Souza
Segundo-tenente Christovam R. T. Maciel
Primeiro-tenente Beatty Teixeira Salles
Segundo-tenente Ismael da Rocha Teixeira
Segundo-tenente Raymundo Nonato Ribeiro da Silva
Primeiro-tenente Hélio Boher Veloso da Silveira
Segundo-tenente V. Erickson
Segundo-tenente Helmo Levy Mendonça
Primeiro-tenente Ivany de Oliveira
Segundo-tenente Luiz José Torres Marques
Primeiro-tenente Agenor Monteiro
Segundo-tenente Ítalo Diogo Tavares
Segundo-tenente Paulo de Mello Prates
Major João Carlos Grossi
Capitão Vaz Curvo
Primeiro-tenente Aldir Quadrado
Primeiro-tenente Jair Carvalho de Abreu
Segundo-tenente Murillo V. H. Carrão
Segundo-tenente Benedito Ayres Filho
Primeiro-tenente Inácio F. Oliveira
Capitão Alberto Tavares da Silva
Primeiro-tenente E. Simões de Paula
Primeiro-tenente Hélio de Moura
Segundo-tenente Eugenio Martins Ramos

Segundo-tenente José Aréco
Capitão João Evangelista Mendes da Rocha
Segundo-tenente Wagner Flamarion Tavares
Segundo-tenente Ircio de Camargo
Segundo-tenente Helvidio Augusto de Mattos
Segundo-tenente Edu Vayrol
Segundo-tenente Hugo Alves Corrêa
Capitão Aldenor da Silva Maia
Segundo-tenente Clovis Gross
Primeiro-tenente João Ângelo Abatayguara
Primeiro-tenente José Moya Filho
Capitão Ernani Ayrosa da Silva
Segundo-tenente Med. Mario Pontes Alves
Segundo-tenente Dent. Antonio Archamp Câmara
Primeiro-tenente Armando Veiga Cabral
Major Humberto Diniz Ribeiro
Capitão Francisco Ruas Santos
Capitão Leonel Martins Ney da Silva
Capitão Leandro José de Figueiredo Jr.
Capitão Geraldo Alvarenga Navarro
Primeiro-tenente Augusto de Barros Lovaglio Jr.
Major Ivens de Monte Lima
Major Manoel Rodrigues Carvalho Lisbôa
Segundo-tenente Hélio da Rocha
Primeiro-tenente Nelson Cavalcante
Capitão Luiz Gonzaga Pereira da Cunha
Capitão João Baptista Pereira Bicudo
Segundo-tenente Dent. José França Americano
Primeiro-tenente Nogue Vilar de Aquino
Primeiro-tenente João Luiz Filgueiras
Primeiro-tenente Ito Carvalho Bernardes
Primeiro-tenente Silvino Olegário de C. Filho
Capitão Moacir Nunes de Assumpção
Primeiro-tenente Oswaldo Lopes
Primeiro-tenente José Gomes Barreto

Primeiro-tenente Adão Hernandez
Capitão Olegário Memória
Major Luiz Tavares da Cunha Mello
Primeiro-tenente Med. Almir de Castro Neves
Primeiro-tenente Luiz de Azevedo Guimarães
Primeiro-tenente Med. Rubens Lourenço Ramos
Primeiro-tenente Sólon Rodrigues Avila
Capitão Luiz Gonzaga de Oliveira Leite
Primeiro-tenente Alberto Firmo de Almeida
Capitão Eduardo D'Avila Mello
Primeiro-tenente Joaquim Miranda Pessôa de Andrade
Segundo-tenente Carlos Gomes Vilela
Segundo-tenente Aluízio Carneiro da Rocha
Capitão Arthur Guaraná de Barros
Primeiro-tenente Med. Jair Garcia de Freitas
Primeiro-tenente Newton Muller Rangel
Primeiro-tenente Hunaldo Teixeira Gomes
Capitão Antonio Carlos de Andrade Serpa
Primeiro-tenente Pedro Cordolino F. de Azevedo Filho
Segundo-tenente Eduardo de Ulhoa Cavalcanti
Capitão Loubec Vitor Paulino
Primeiro-tenente Amphilophio Viana de Carvalho
Primeiro-tenente Guinemé Muniz
Primeiro-tenente Carlos Augusto de Oliveira Lima
Primeiro-tenente Adhemar de Mesquita Rocha
Segundo-tenente Alirio Granja
Segundo-tenente Nelson Zamorra
Capitão Paulo de Carvalho
Primeiro-tenente José Alfredo Barros da Silva Reis
Capitão Alberto Jorge Farah
Segundo-tenente Luciano Celestino Benradt
Primeiro-tenente Miguel Cirne
Segundo-tenente Antonio Tavares Bordeaux Rêgo
Segundo-tenente Jurandir Loureiro Acioli
Capitão Plinio Pitaluga

Segundo-tenente Med. Raul de Miranda e Silva Junior
Capitão Antonio Tavares de Lima
Capitão Tercio Morais de Souza
Capitão Murilo Valporto de Sá
Primeiro-tenente Silvio Silveira
Primeiro-tenente Antonio da Silva Campos
Primeiro-tenente Jorge Silva E Souza
Primeiro-tenente Luiz Corrêa Lima
Primeiro-tenente José Arthur Borges Cabral
Primeiro-tenente Murilo Gomes Ferreira
Primeiro-tenente Ayrton Rodrigues dos Santos
Primeiro-tenente Sydney Vieira Braga
Capitão João do Amor Divino
Primeiro-tenente Paulo Scatena
Major Syseno Sarmento
Major Argnes do Monte Lima
Primeiro-tenente Rubens Fonseca Hermes
Capitão Antonio de Barros Moreira
Primeiro-tenente Celso Expedito Nogueira
Primeiro-tenente Carlos Martins Seixas
Segundo-tenente Mario Barroso Lisbôa
Capitão Capelão Militar Padre João Baptista Cavalcanti
Primeiro-tenente Med. José Francisco da Silva
Capitão Clovis Galvão da Silveira
Aspirante Gyl Mirilli
Capitão Heitor Caracas Linhares
Capitão Demostenes Ribeiro dos Santos
Capitão Paulo Moretzsohn Brandi
Tenente Pedro Prado Peres
Capitão Cordeiro Neto
Primeiro-tenente Luiz Augusto Teixeira Mendonha
Primeiro-tenente Moacir Pereira Monteiro
Capitão Adger de Cunha Mendes Barreto
Primeiro-tenente Armando Lopes Fontenelle Bezerril
Segundo-tenente Cleber Bonecker

Segundo-tenente Jorge Nazad
Aspirante Israel Rosenthal
Segundo-tenente Luciano E. Pinto
Capitão José Rabelo Machado
Segundo-tenente Tarcisio Monteiro Sampaio
Aspirante Luiz P. Bonfim
Aspirante Roberto Benjamim Fernandes Moss
Aspirante Ayrton Vasconcelos Teixeira
Major Joaquim Innocêncio de Oliveira Paredes
Tenente Ernani Marones
Segundo-tenente Dalton Santos Martins da Costa
Segundo-tenente Fernando de Albuquerque Bastos
Segundo-tenente Guilherme Dourado de Barros
Segundo-tenente José Feijó da Rosa
Segundo-tenente Paulo M. de Lacerda
Segundo-tenente João Guilherme Schultz Marques
Capitão Antonio Ferreira Marques
Primeiro-tenente Cid Silveiro Pacheco
Primeiro-tenente Med. Luiz Gonzaga Ribeiro
Primeiro-tenente Walter Monteiro de Oliveira
Capitão José Raul Guimarães
Capitão Milton Luiz Kluge
Primeiro-tenente Agberto de Miranda
Primeiro-tenente José Ribeiro Dias
Segundo-tenente José Carvalho Figueiredo
Primeiro-tenente Nilton Ferreira de Freitas
Capitão Celestino Nunes de Oliveira
Segundo-tenente Moacir Alves de Mendonça
Primeiro-tenente Ayres Tovar Bicudo de Castro
Aspirante Evilásio Lopes
Capitão Marcos de Souza Vargas
Segundo-tenente João Eduardo Goulart
Primeiro-tenente Antonio de Almeida Rosa
Primeiro-tenente Murilo Queiroz
Segundo-tenente Joaquim Thiago Fonseca

Capitão Heitor Furtado Arnizaut de Matos
Capitão Kardec Leme
Segundo-tenente Benedito Rodrigues
Primeiro-tenente Humberto Amorim
Capitão Nelson M. da Rocha
Primeiro-tenente Paulo Avila da Costa
Segundo-tenente Helio Nazário Severo Leal
Capitão Antonio Adolfo Manta
Capitão Manoel da Graça Lessa
Segundo-tenente Miguel Marcondes Armando
Aspirante Jesus José Ferreira
Capitão Paulo Braga da Rocha Lima
Capitão Walter Fernandes de Almeida
Primeiro-tenente Med. Antonio Samuel Baptista
Segundo-tenente Temístocles Navarro Dias de Macedo
Major Aristóbulo Codevilla Rocha
Primeiro-tenente José Ribamar Goulart de Carvalho
Primeiro-tenente Nicolau José de Seixas
Segundo-tenente Agostinho José Rodrigues
Primeiro-tenente Med. Pedro Andrade
Major Candido Alves da Silva
Primeiro-tenente Mauricio Leal e Silva
Primeiro-tenente Francisco Alberto Moreno Maia
Aspirante Salomão Maline
Capitão Sidney Teixeira Álvares
Primeiro-tenente Floresmundo Zaragosa
Segundo-tenente Arlindo Ferreira
Segundo-tenente Marcial de Oliveira
Segundo-tenente Iporan Nunes de Oliveira
Primeiro-tenente José Aguiar Corrêa
Capitão Adhemar Rivermar de Almeida
Capitão Dilson Siciliano Loureiro
Capitão-aviador Fortunato Camara Oliveira
Coronel Fernando Lavaquiel Biosca
Tenente-coronel Pedro Paulo Sampaio de Lacerda

Primeiro-tenente José Pinto de Carvalho
Capitão João Alvarenga Soutto Mayor
Primeiro-tenente Waldemar Rangel Bonfim
Capitão Florimar Campelo
Capitão Mario Fernandes
Capitão Renato de Paiva Rios
Capitão Carlos F. da Motta e Albuquerque
Capitão Antonio Saraiva Martins
Primeiro-tenente Thomas Walter Inversen
Capitão José Faria de Andrade Serpa
Primeiro-tenente Celso Rosa
Capitão Antonio Barcellos Borges Filho
Primeiro-tenente Paulo de Andrade Carqueja
Capitão Tiago Cristiano Bevilaqua
Segundo-tenente Omar Dantas Moura
Primeiro-tenente Mario J. A. Pernambuco Filho
Primeiro-tenente Marcello Pires Cerveira Junior
Segundo-tenente de Cav. George F. Paes Leme
Segundo-tenente Heitor de Carvalho França
Primeiro-tenente Mario Ernesto de Souza Junior
Primeiro-tenente Paulo Nunes Leal
Capitão Octavio Ferreira Queiroz
Primeiro-tenente Asdrubal Esteves
Primeiro-tenente Edison Medeiros
Danilo Elmeyer Filho
Primeiro-tenente A. M. Linhares
Primeiro-tenente Domingos Sá Reis Filho
Primeiro-tenente Darcidio de Oliveira
Primeiro-tenente Walter Pereira Nunes
Primeiro-tenente Hugo Xavier Pinto Homem
Primeiro-tenente Wilson A. Fontoura
Primeiro-tenente Roberto Netto
Capitão Paulo Fernandes de Freitas
Aspirante Góes de Andrade
Primeiro-tenente Djalma de Paula Machado

Capitão Hilnor Canguçú de Mesquita
Coronel Gastão Luiz Detz
Tenente Luiz Leivas Otero
Capitão Carlos Marques De Oliveira
Raymundo Mendes da Costa
Ernesto Varega
Primeiro-tenente Ney Modesto
Tenente Fabio D'Albuquerque Camanho
Capitão Dent. Ennio Villela
Capitão-aviador Lafayette Cantarino Rodrigues de Souza
Capitão Giordano Rodrigues Mochel
Tenente Antonio Potí
Tenente-aviador Ismar Ferreira da Costa

Grupo de Jaguariúna[1]

Recomendações à Comissão Nacional da Verdade
Diante do exposto, este Grupo de Estudos propôs o que se segue:

1) O desenvolvimento pelo Poder Executivo de um projeto objetivo de democratização no campo da defesa, o que deve incluir a disposição de enfrentar com firmeza as eventuais manifestações de desagrado militar;
2) A revisão dos regulamentos disciplinares, adequando-os ao estado de direito;
3) Maior participação do Poder Legislativo nos assuntos de defesa, com destaque para elaboração de legislação adequada quanto ao emprego das Forças Armadas, restringindo seu uso em funções de polícia e na repressão de movimentos populares;

---
1 Vinculado ao Grupo de Trabalho sobre a Perseguição a Militares da Comissão Nacional da Verdade; além das recomendações, o texto exposto que subsidia as recomendações também pode ser visto na íntegra em Winand, Rodrigues e Aguilar (2016, p.257-269).

4) Revisão dos artigos 142 e 144 da Constituição Federal, no sentido de definir como missão exclusiva das Forças Armadas a defesa nacional, de caráter externo, e eliminar a atual configuração militar das forças de segurança pública;
5) Promoção de pesquisas coordenadas por especialistas no sentido de identificar o tipo de profissional militar que vem sendo formado nos estabelecimentos de ensino das Forças Armadas, sua visão sobre o país e sobre a corporação a que pertence; bem como o estímulo à criação de um conhecimento mais aprofundado sobre a temática militar, principalmente na universidade;
6) Instituição de uma Secretaria Especial de Governo (ou de Estado) com objetivo de dar continuidade aos trabalhos da CNV;
7) Criação de comissão destinada a apurar a qualidade dos currículos adotados nos estabelecimentos militares de ensino brasileiros, a adequabilidade de sua estrutura e sua relação com sistemas educacionais já consagrados em outros países com maior presença militar global, determinando as necessárias reformulações no sentido de democratizar o diálogo com a sociedade civil. Caberia, ainda, a essa comissão avaliar a necessidade de mudança na Lei de Diretrizes e Bases da Educação Nacional, de forma a evitar seu uso em estabelecimento militares como base legal para impor abordagens didáticas descoladas da verdade histórica brasileira;
8) Fim do Regime do Anistiado Político, que vem sendo aplicado aos militares cassados, e o reconhecimento deles como integrantes do Regime Jurídico dos Militares de que trata a Lei 6.880, de 9 de dezembro de 1980 (Estatuto dos Militares);
9) Reconhecimento pelos comandos de cada Força de que foram cometidos crimes contra os direitos humanos em dependências militares, durante a ditadura, acompanhado pelo pedido formal de desculpas à sociedade brasileira.

Manifesto dos policiais antifascismo

O Movimento dos Policiais Antifascismo é um campo de atuação política, não institucionalizada e suprapartidária, formado por trabalhadoras e trabalhadores do sistema de segurança pública, representados por policiais civis e militares estaduais e federais, bombeiros, guardas municipais, agentes penitenciários e do sistema socioeducativo.

Reunidos nos dias 28 e 29 de setembro, na cidade do Rio de Janeiro, em plenária final do I Seminário Nacional dos Policiais Antifascismo, na sede da OABRJ, deliberamos o presente Manifesto, visando divulgar as nossas pautas e reivindicações para conhecimento de todas as categorias policiais, movimentos sociais e instituições interessadas na luta antifascismo e na construção de uma sociedade mais justa.

1) O fascismo é um modo de vida, que se manifesta como reação violenta de ódio às diferenças. Ele aponta a guerra, as armas e o sistema penal como solução para problemas sociais, esvaziando as ações políticas que efetivamente podem realizar transformações sociais. O Movimento Policiais Antifascismo se coloca, neste momento histórico de crescimento do autoritarismo no Brasil, como uma força viva contra estas manifestações, na perspectiva da construção de uma política de segurança pública democrática e pautada na garantia dos direitos humanos para todos.

2) Policiais devem ser construídos como trabalhadores! O reconhecimento do direito de greve, de livre associação, de livre filiação partidária, bem como o fim das prisões administrativas, são marcos nesta luta contra a condição de subcidadania à qual muitos policiais estão submetidos. Acreditamos que este é o único caminho pelo qual policiais possam vir a se reconhecer na luta dos demais trabalhadores, sendo então reconhecidos por toda classe trabalhadora como irmãos na luta antifascismo.

3) Não estamos em guerra! Qualquer tentativa midiático-policial de construir tal discurso como política pública tem por objetivo legitimar as políticas racistas de massacre, promovidas pelo Estado contra a população negra, pobre e periférica de nosso país. Tal política belicista acaba também por vitimar policiais, que operam na base das corporações do sistema de segurança, recrutados nos mesmos estratos sociais daqueles que são construídos como os seus "inimigos".

4) A desmilitarização da segurança pública se coloca como uma pauta urgente. Somos contra a participação das Forças Armadas em ações de segurança e defendemos a desvinculação das policias militares estaduais como forças auxiliares do Exército. Não podemos mais aceitar que policiais sejam reduzidos à condição de soldados, despido de muitos dos seus direitos como cidadãos e trabalhadores, ao mesmo tempo em que se estabelece um modelo de segurança pautado em ações militares violentas e letais contra a nossa população.

5) É preciso pôr fim às políticas de proibição das drogas, que tem servido como dispositivo da militarização da segurança, sob o falso argumento de proteção à saúde pública. As ações militares contra o comércio das drogas feitas ilícitas acabam por gerar um quadro de destruição e de dor, principalmente nas populações pobres. A proibição das drogas mata mais do que o consumo das drogas, revelando assim a irracionalidade deste modelo proibicionista.

6) O Movimento Policiais Antifascismo coloca ainda como urgência o debate sobre a reestruturação das forças policiais em nosso país, através da abertura do diálogo horizontal entre todas as categorias de trabalhadoras e trabalhadores da segurança pública com a sociedade. É preciso discutir a hierarquização das forças policiais, que cria um sistema de castas que permite privilégios àqueles que estão nas cúpulas, em detrimento do trabalho árduo e sem proteção daqueles que estão em contato com o dia a dia da população. Pautas como o ciclo completo, carreira única, unificação das policias, entre

outras, que hoje tramitam em projetos de emendas constitucionais do Congresso, devem ser amplamente discutidas por todas as categorias policiais e não apenas no interesse daquelas que se encontram na direção e comando destas corporações.

7) Entendemos, por fim, que estas pautas e reivindicações atendem aos interesses das classes policiais trabalhadoras, bem como aos anseios de todos os setores progressistas da sociedade, que desejam e lutam por uma vida não fascista em uma sociedade justa e igualitária.

SOBRE O LIVRO

Formato: 14 x 21 cm
Mancha: 23,7 x 42,5 paicas
Tipologia: Horley Old Style 10,5/14
Papel: Off-white 80 g/m² (miolo)
Cartão Supremo 250 g/m² (capa)
1ª edição Editora Unesp: 2020

EQUIPE DE REALIZAÇÃO

Edição de texto
Fábio Fujita (Copidesque)
Marcelo Porto (Revisão)

Capa
Marcelo Girard

Editoração eletrônica
Sergio Gzeschnik (Diagramação)

Assistência editorial
Alberto Bononi